清仁宗

嘉庆传

曹金洪◎编著

团结出版社

图书在版编目（CIP）数据

清仁宗嘉庆传 / 曹金洪编著. -- 北京 : 团结出版社, 2015.8（2023.1重印）
ISBN 978-7-5126-3743-6

Ⅰ.①清… Ⅱ.①曹… Ⅲ.①嘉庆帝（1760～1820）—传记 Ⅳ.①K827=49

中国版本图书馆CIP数据核字(2015)第176313号

出　　版：	团结出版社

（北京市东城区东皇城根南街84号　邮编：100006）

电　　话：	（010）65228880　65244790（出版社）
	（010）65238766　85113874　65133603（发行部）
	（010）65133603（邮购）
网　　址：	http://www.tjpress.com
E-mail：	zb65244790@163.com（出版社）
	fx65133603@163.com（发行部邮购）
经　　销：	全国新华书店
印　　刷：	唐山楠萍印务有限公司

开　　本：	650毫米×920毫米　16开
印　　张：	22
字　　数：	270千字
版　　次：	2016年1月　第1版
印　　次：	2023年1月　第2次印刷

书　　号：	978-7-5126-3743-6
定　　价：	68.00元

前　言

　　悠悠几千年，纵横五万里，站在中国文明辽阔而又源远流长的历史天幕下，仰望着令无数人叹为观止的帝王将相的流光溢彩的天空，尽阅朝代更迭的波澜起伏，无处不闪耀着先人用心、用生命谱写的辉煌。

　　封建帝王将相是历史的缩影，自嬴政以来，秦皇汉武，唐宗宋祖……他们或以盖世雄才称霸天下，或以绝妙文采震烁古今，或以宏韬伟略彪炳史册，或以残暴不仁毁灭帝业，铸就了一部洋洋洒洒长达两千余年的封建帝王史……

　　恍然间，我们看到了"千古一帝"秦始皇"横扫六合"的雄伟身姿；大汉朝开国皇帝刘邦从"市井无赖"到"真龙天子"的大变身；汉武帝刘彻雄赳赳地将中华带上顶峰的威风场景；光武帝刘秀吞血碎齿战八方，于乱世中成就霸业的冲天豪情；乱世枭雄曹操耍尽"奸计"，玩转三国的高超智慧；亡国之君隋炀帝的骄纵狂妄；唐高祖李渊率众起义、揭竿而起，建立唐王朝的惊天伟业；唐太宗李世民玄武门兵变的狠辣果断；一代女皇武则天勇于创造命运的步步惊心；宋太祖赵匡胤"杯酒释兵权"的聪明睿智；元世祖忽必烈以蒙古铁骑横扫欧亚大陆的英雄豪迈；一代天骄成吉思汗开创铁血王朝的钢铁毅力；"草根帝"朱元璋从"乞丐"到"皇帝"的辛酸血泪；清太祖努尔哈赤以十三副铠甲起兵，开辟锦绣前程的创业史；大清王朝第一帝皇太极夺取江山的谋略手段；少年天子顺治为爱妃做到极致的痴心情意；清军入关的第二位皇帝康熙除权臣，平叛逆，锐意改革的天才谋略；最富争议的皇帝雍正的精彩人生；乾隆皇帝钟情于香妃的风流韵事；慈禧太后将皇帝与权臣操纵于股掌之间的惊天手段；历代名相为当朝政务呕心沥血，助帝王打造繁荣盛世……

在浩瀚无边的中国历史长河之中，帝王将相始终是核心人物，或直接或间接地掌控着历史的舰舵，影响着历史的进程。虽然他们已是昨日黄花、过眼云烟，但查看他们的传奇人生，研究他们的功过是非，仍然可以让读者借鉴与警醒！

即便如此，很多人依然会"坚定"地摇着头回答："NO！"因为在他们看来，"历史、帝王将相"等于"正统、严肃"，这些东西早被当年的历史考试浇到了冰点！尽管明知"读史可以使人明智"，也再没有耐心去研读、探索那些"枯燥"的历史了。其实，历史并不是课本上那些无聊的年份表，帝王将相也不是人物事件的简单罗列。真实的帝王将相的生活要丰富得多，有趣得多。

为了解决这个问题，让读者心甘情愿地"抢读"历史，本套图书精心挑选了在历史上影响力颇大的帝王或名相，突破了枯燥无味、干巴巴的"讲授"形式，以一种幽默诙谐的语言，用一种立体的方式将一个帝王或名相的多样性与丰富性展现在广大的读者面前。

全书妙语如珠，犀利峥嵘，细述每个帝王或名相的政治生活、历史功绩、家庭生活、情感轶事等，充满了故事性、知识性与趣味性，让读者在轻松愉悦的享受中体味人生的变化莫测；在"观看历史大片"的过程中收取成功的法门秘诀。

为了保证书稿的质量，编辑工作者查阅了大量的相关资料与文献，并且专门请教了很多长期从事历史教学与研究的专家学者。不过，由于时间与精力有限，如果本套图书存在些许错误，敬请广大的读者朋友们批评指正。

"古人不见今时月，今月曾经照古人"，与浩瀚的宇宙相比，人类的生命短暂得微不足道。因此，在这有限的时光中，我们要尽一切可能多学知识，少走弯路，让我们的人生变得更加绚丽多彩！

目　录

清仁宗嘉庆传

第一章

尚书房中出英才　骑射场上得皇宠

寒风萧瑟中，整个紫禁城沉浸在一片静谧的夜色中。乌蓝的天空寂静而高远，几粒寒星不停地眨着眼睛。

一会儿功夫，隆宗门内旁侧的书房就被烛光照得透亮。

自从康熙爷那时候起，就立下了这样的规矩，皇子到了六岁，就要到尚书房每天跟着师傅读书。第一天来上学的十五阿哥永琰，个头不高，脸庞白皙，穿了件描金边的衬里马甲。见到屋子里书籍落落满架，宽大的书案上整齐地摆放着笔墨，他两只眼珠子来回瞧着，就连脑后的小辫子也不安分地来回摆着。

五哥永琪轻轻说："赶紧坐好，师父就要来了。"他这才连忙静下心来坐下，摩挲着细腻柔软的宣纸，压抑不住内心的紧张，整颗心怦怦直跳。

尚书房一共有五间，宽敞肃静。四角的镏金铜火盆炭火熊熊，整个屋子暖意浓浓。大家舒舒服服地伸个懒腰，此时只听到外面有轻微的脚步声，一个年纪大约五十上下，身穿锦鸡补服，头发花白的老人家走了进来。众皇子连忙纷纷上前行礼，嘴里喊着"师傅"。永琰知道，他就是兵部侍郎奉宽了。他之前就听哥哥们说过，现在负责教导他们读书的兵部侍郎奉宽，是皇阿玛十分器重的宿儒，为人宽厚，老成持重，尤其是《诗经》与《尚书》，讲得很有一套。

奉宽一眼就看到站在最后面发愣的永琰，面含微笑语气和蔼地说："这就是十五阿哥吗？第一天上学就来得这么早，真是难得啊，难得！"

之后转身从大案上捧出一个卷轴，恭敬地展开，"十五阿哥，这里有皇上早年对尚书房师傅张廷玉的训诫。皇上在训诫中提到，尚书房师傅者，出尚书房乃是臣子，进尚书房，便是师傅。皇上还说过，皇子们年纪尚小，然陶淑涵养之功，必自幼龄始。卿等可悉心教导，倘有不服管教者，卿等不妨过于严厉。从来设教之道，严有益而宽有损，将来皇子长成自知也。十五阿哥，这些你听明白了吗？"

看到那印着飞龙图案的米黄色布帛，永琰的心中立刻有一种神圣的感觉，撩袍摆跪在地上，双手捧过卷轴，逐字逐句地说到："父皇殷殷爱子之心，儿臣已了然于胸。请师傅不要顾念我年龄尚小，今后与诸位阿哥们一视同仁即可。管教越是严厉，便越是疼爱！"

见永琰稚嫩的嗓音却说出这样通情达义的话，奉宽伸手抚摩着永琰的双肩频频点头说道："好，好，皇家天根，果真是不同寻常。来吧，大家都坐好，咱们接着昨天的功课，开始诵读《诗经》。"

大家的目光全都在永琰的身上，根本没有注意到晨光熹微中，在尚书房最西侧一扇开着透气孔的窗户前，乾隆身穿便袍，正在目光炯炯地注视着屋子里发生的一切。

新的皇子头一天上书房，按照往年的规矩，乾隆应该在师傅的面前好好训导他一番。但是看到永琰刚才的一举一动，乾隆不动声色地笑笑，冲身后随侍太监摆摆手，一行人悄悄出了隆宗门，走向乾清宫。

在永琰逐渐熟悉了尚书房的学习生活之后，乾隆特意传旨，在坤宁宫召见了永琰与负责领班的阿哥永琪。

"永琪，朕吩咐御膳房专门给你做了一些滋补身体的药粥，你用过了吗？这些日子是不是感觉强壮了许多？"乾隆的声音稍有些温和。永琪停顿了一下，不紧不慢地回答道："禀皇阿玛，儿臣经常服用，的确感觉内气大增。儿臣一定会好生保养自己的身子，不让皇阿玛操心。"

"嗯，这样就好。你一定要知道，国以人为要，人以身为宝，若是没有好的身体，即便有鸿鹄一般的志向，也只是心有余而力不足啊。"

乾隆两只眼睛在永琪和永琰身上打转，心中感慨颇多。永琪聪颖善良，特别是在学习这方面，十分下功夫，这一点上，永琪和永琰堪称皇子中的佼佼者。虽然乾隆的皇子不少，但是早逝的早逝，胸无大志的胸无大志，真正能够让他感到放心和满意的，也就这么两个。论年龄，永琪比永琰大，从长幼上来说，乾隆一直有意将五皇子永琪立为储君。

"永琪，身体一定要强壮，七分锻炼三分将养。夏秋季节，你跟随朕到避暑山庄或者射箭场好好活动一下，锻炼一下筋骨，成大事者，就要上马拎得起刀枪，下马拿得住笔墨。不过也不要太往心里去，随便走走，不要因此累坏了身子，那倒适得其反，反而不美。"

乾隆好像从来没有用这种口气对皇子们说过话，缓慢轻柔的腔调，让站在一旁的永琰心头一热，禁不住眼睛湿润了。永琪的眼眶也噙着泪花，嗓音哽咽地说："是，儿臣一定遵守皇阿玛的嘱咐。"转头看看永琰，好像想起了什么，抬起头说，"皇阿玛，让永琰也一起跟着去吧，我们在一起读书，很多道理就是在闲聊的时候琢磨出来的。若是围猎……"

"三人同心，其利断金，更何况是自己的亲弟弟？"乾隆摆摆手不让他再说下去，忽然有些感慨说，"看到你们兄弟相处得这般融洽，朕心中甚是欣慰。不过，永琰到底还是小些，上不得烈马拉不动硬弓，更何况刚刚上学没有多久，登堂而未入室，最需要的还是勤奋苦读，发奋治学，千万不要骄傲自满啊。"

乾隆知道永琰用功的程度并不在五阿哥永琪之下，不过他到底还是一个小孩子，多贬低少拔高，或许可以更好地鞭策他好好读书。

永琰虽然并不能了解皇阿玛的一番苦心，不过还是认真地点了点头。

但是，乾隆万万没有想到的是，五阿哥永琪在参加围猎后不久就一病不起，而且病得很急，没有几天功夫，竟然就匆匆地离开了人世，离开了他最关心和喜爱的兄弟永琰。

在永琰心里，五哥永琪就像一颗流星一般，恍然从天际间划过，消失在浩瀚的星河之中。永琪死后的很长一段时间，他都沉浸在悲伤中，郁郁寡欢。

一直到来年春暖花开，他才渐渐地忘掉伤痛，舒缓过来，强迫着自己振奋精神，专心读书，不然五哥在地下也不会安心的，更何况皇阿玛对于自己还有那么多的期待。

随着自己渐渐长大，永琰慢慢明白了，庞大的皇家子弟中，其实真正可以为皇阿玛分忧的并不多。皇九子、皇十子、皇十三子、皇十六子，都在很小的时候不幸夭折了，接连的丧子之痛，对于皇阿玛的打击很重。特别是五哥永琪的离开，更让皇阿玛在一夜之间苍老了很多。如今尚书房读书的"永"字辈，也就只剩下了八阿哥永璇、十一阿哥永理和十二阿哥永瑾，当然，还有自己。

在这四个人当中，永璇的年纪最大。但是永璇天性散漫、懒惰，整日和十一阿哥沉溺在书画的收集和鉴赏上，或者没事时吟吟诗句，并不关心政事。因此，皇阿玛对于永璇并不待见，对待他们总是不冷不热。

十二阿哥永瑾，按道理说他是皇后所生，是嫡子，占据着讨皇阿玛喜欢的最大优势。不过皇后乌拉那拉氏得不到皇阿玛的喜爱，两人一直冷冷淡淡，这也让十二阿哥在宫中的地位大为下降。很显然他是明白这一点的，永琰每次见到他时，他总是愁眉苦脸，一副大祸将要临头的样子。

又一个姹紫嫣红的夏天来到了。皇子皇孙们齐聚在圆明园，到勤政殿旁侧的尚书房去读书。这天下学之后，永琰正在与永理在角门西的花园中品茶。永理拿出自己刚刚画好的一柄扇子递给永琰："十五弟，你瞧，这画工，还有下边的印章，可还算精致？"

永琰刚要答话，内侍小太监从门外踩着小碎步来到他们面前，急急忙忙地道个跪安："奴才给十一阿哥、十五阿哥请安，万岁爷这会儿要急着召见十五阿哥。"

永琰没来得及多问，就随着匆忙来到了勤政殿偏殿。永琰来到之后，见到乾隆正在专心致志地批阅奏章，永琰也不敢打扰，垂手站在门旁，屏息静气。

转眼大半个时辰过去了，乾隆终于缓缓转过身来："永琰来了，怎么也不出声呢，在这站了多久了？"

"禀皇阿玛，儿臣刚到，见到皇阿玛正为国事操劳，不忍心打扰……"永琰声音清脆地说。

"坐下，朕想要问问你近来读书的情况。"乾隆忽然见到了永琰手中捏着把扇子，上边淡雅精工的山水画十分醒目，"这个是哪里弄来的，拿给朕瞧一瞧。"说着伸手接过来，端详片刻。

"这是十一阿哥赠与儿臣的，上面还有他的新画，还有几句题诗。"永琰见到乾隆眉角轻微一跳，好像不大高兴，连忙解释说。

"唉，十一阿哥的确是一个人才，但是却不为朕分担半点忧愁！"乾隆顺手将扇子放在桌案上，摇着头轻声叹道。

尚书房的日子闲淡而舒适，一转眼已经过去数个春秋了，永琰也已经十四岁了。从功课上来说，他在皇子皇孙中是出了名的博学多闻，文字典籍更是精通得很。近一两年，永琰渐渐有些疏远永璇与永理，反而和侄子绵恩的接触密切起来。

绵恩是乾隆众皇孙中最受宠的一个。因为绵恩是乾隆长子永璜的儿子，永璜年纪轻轻就去世了，乾隆就将自己的父子之爱转移到了绵恩身上。不过绵恩也确实有很多让人喜欢的地方。他不但读书认真，更喜欢练习骑射工夫，在校场上的多次武艺演示都显得出类拔萃，这完全符合了乾隆对于皇子皇孙们的要求，当然会对他另眼相看。

永琰有意和绵恩接近，正是想要从中学到些什么。绵恩虽然是侄子，但是两个人的年纪相仿，比起其他的阿哥，这两个人更能说到一起，玩到一起。很快，两个人就成了形影不离的好伙伴。永琰的骑射本领有了长进，这让乾隆感到很欣慰，也更使他的额娘放心。

一转眼又是初春季节，每年一次的校场演武照常进行。这既是武官得到皇上赏识的一个绝好机会，也是皇上考察皇子们全面素质的最佳场所。以前很多皇子能够顺利继承皇位，和校场表现优异有很大关系。因此，大家都捏着一把汗，憋着一股劲，整个校场隆重热烈而肃穆。

校场正前方的高台上，乾隆正襟危坐。皇子皇孙们井然有序地按年龄大小排成一列，行礼过后，开始准备上场。

队列当中，有争强好胜喜欢露脸的，早已摩拳擦掌，跃跃欲试；也有胆小怯场或者偷懒没练习过的，不住地抬起衣袖擦拭头上冷汗。

乾隆佯作什么也没看见，命令开始。大家挨个儿出场，结果有好有差，乾隆一律微微颔首，并不发表什么见解。忽然他眼睛一亮，十五阿哥永琰从人群中站出来了。论个头儿，他在众多阿哥中并不显眼，可是他脸上刚毅自信的表情，给乾隆留下很深印象。永琰和几个哥哥已经有了明显差别，他不像哥哥们那样面色苍白文气十足，圆中见方的脸上容光焕发，一身戎装衬托下，更显得少年英武。

只见永琰不慌不忙地翻身跃上马背，左手持十多石的硬弓，右手拉弦，缓缓举过眉梢，略停留片刻，手指一松，羽翎箭长了眼睛般，笔直地蹿出去，砰的一声脆响，钉在靶心上，尾部仍不停地颤抖。

"好，好呀！"喝彩声群起雷动。乾隆再也掩饰不住，喜形于色地走下座位，当着众人拍了拍永琰的肩膀："朕以前教训你们，要你们不但研习书本，更不许忘了我草原勇武的根本。正所谓下得工夫，上天有路，万事都怕一个勤字呀！不过……只此一箭，总有些偶然，服不了人的。这样，你若再射中一次，朕就把这次校场演示的最高奖赏赐予你。"

永琰单腿点地，答应一声，也不上马，退后两步，和刚才一样，上箭拉弓，众人还没看清他的动作，嗖的一声，靶心上又多了一支羽翎箭，两箭紧紧靠拢，几乎钉在同一点上。

"好，真厉害呀！"一片喝彩叫好声波浪般滚动过来。

乾隆哈哈大笑，挥手叫人取过一件黄马褂，亲手披在永琰身上，抚着胡须上下打量着："好像过于宽大，不过也好，朕可以提前看看你们长大后的模样。"在嫉妒、羡慕或者真心替他高兴的目光交织中，永琰跪倒在地，郑重其事地叩头谢恩。

这次演武，比他略小的绵恩也同样出类拔萃，得了皇上赏赐的黄马褂。两人劲头更足了，读书之余，相互切磋，演习不辍。尚书房那边一散学，他俩顾不得和别的阿哥搭话，携手大步流星地跑到后边空地上，时而舞动刀枪，时而拉开弓箭练习。

忙碌充实的时光过得总是飞快。转眼到了乾隆三十二年。这年秋天，直隶一带旱情严重，正应了庄稼怕秋旱的大忌，广袤的田地里尽是干枯的庄稼秆子，几乎颗粒无收。地方上饿殍遍野，就是京城繁华大街上，哀哀乞民也日渐增多。告灾的紧急公文在御案上摞起几尺高，各地不断有反民作乱的消息传到朝堂。

乾隆深感时局不稳的同时，加紧皇室内部的整顿。看到几个年长儿子一味玩弄字画，似乎对政事没有半点兴趣，乾隆不得不退而求其次，把目光转移到年龄渐大的小儿子和孙子们身上。对于自己一向喜爱的绵恩，他大胆地决定，让尚不满二十的绵恩担任火器营统领，负责整个京城内外治安。在八旗几个军营中，要数火器营装备最先进，兵力最强盛，把这样的职位交给谁，本身就表明皇上对谁的器重信任程度。朝野大臣们都知道，绵恩即便将来不继承皇位，做个权重一时的王侯，应该是丝毫没有悬念。

永琰当然为绵恩高兴，只是绵恩就要结束尚书房读书的日子，不能时时见面，未免不是个遗憾。但遗憾毕竟没有欣慰多，永琰还是欢欢喜喜地送走了这个和自己年龄差不多的侄子。

绵恩走马上任时，乾隆心里却如同巨浪正风起云涌地上下翻腾。他再清楚不过，岁月的脚步越来越急促，虽然仍觉得精力相当充沛，但以自己眼下的年龄，确立皇储的事情已经迫在眉睫了。

可是确立皇储，又是想来就叫人心痛头疼的问题。绵恩当然是自己最喜欢的孩子，但作为皇孙，放着那么多儿子，立他为继承人，显然不合适。前朝朱元璋的教训，就在那里明摆着。儿子呢，该从中挑选谁？他感觉仿佛陷进了无边的泥潭。

"唉，烂泥摇桩，越摇越深。是该作决定的时候啦！"斜倚在宽大的软榻上，乾隆自言自语地说，在心里翻检着儿子们的底细。

除了死去的和过继给亲王的几个儿子，能供选择的，也就四个。在这四个中，八阿哥永璇喜欢作画写诗，性情懒散，近来因为几次私自出宫，又沾染上沉溺酒色的毛病，根本就不是做君王的材料。这点，不但自己，所有大臣都很清楚。况且，退一步讲，永璇因为长期缺乏锻炼，身体文弱，单这一点，就让人不能满意。

接下来就是十一阿哥永理了。这孩子天资也很聪明，而且相貌倜傥，仪表端庄。若是抛开别的事情不谈，确实是个很好的人选。可惜这别的事情偏偏抛不开。或许受他八哥影响太深，也或许他本人就天性如此，他也同样耽于诗画中不能自拔，近来也受永璇影响，流连诗酒，对大小政务从不过问。这明显的就是腐儒习气，这样的人做了皇帝，还不成为第二个李煜？那大清也就是第二个南唐了。那是万万不行的。

接下来考虑的还有十七阿哥永璘。从情意上讲，乾隆最牵挂的就是他了。一来永磷在阿哥当中排行最小，而且身体孱弱，从小多病，怜惜之余，乾隆对他的关心自然就多些。可是让人深感痛心的，虽然和十五阿哥永琰属于一母同胞，但两人秉性却大相径庭，甚至可以说天壤之别。他生性怯懦不说，从不喜欢读书，十多岁了，像样的诗句文章背不出几篇来，除了讲究吃喝，就是玩乐，同他的两个哥哥一样，也经常溜到市井中游荡寻衅，不断招惹是非，完全没有半点皇家子弟的风范，更别提君王威严了。

乾隆把前几个阿哥在心里来回掂量了几遍，实在找不出一个让他们继承大位的理由。那么十五阿哥永琰呢，乾隆仔细思量起来。这孩子虽然是一般嫔妃所生，但是一直勤奋好学，正好迎合了自己一贯提倡的勤字。尤其是在教练场上的表演，更是给大家留下了深刻的印象。这孩子从小在宫中长大，基本没出过门，在皇家典章礼仪调教下，知书达理，进退有据，做人沉稳，办事严谨，是一个好苗子。

再仔细想想，乾隆总觉得永琰还有些许不足之处，就是他受书本的影响太深，待人处事也过于心慈手软，缺少那种雷厉风行的干练。"唉，金无足赤，人无完人，恐怕也只能退而求其次了。"乾隆长叹了一声，在心里对自己说。虽然心里已经有了主意，但前朝皇权争夺带来的祸患，依旧是乾隆心中的痛，真的要将江山交给某个人，还需要慢慢揣摩观察。自此之后，乾隆将眼光更多地放在了十五阿哥永琰身上。

一直到乾隆三十八年的深冬，乾隆终于拿定了主意。其实他也明白，自己没有更多的选择。就在这一年的冬天，他仿照先皇的成例，将十五阿哥永琰的名字写在了黄帛上，放进一个镶金小木匣中，存放在正殿上方正大光明匾额的后面。和先皇一样，他并没有透露半分。只有将这个天大的秘密保留到最后，诸位皇子们个个心存侥幸，不至于过早地自相残杀，等到最后谜底揭晓的时候，即便他们想要有所企图但为时已晚了。说到底，还是先皇们更聪明啊！乾隆经过深思熟虑，除了这样做似乎并没有什么好的办法了。

既然已经决定要将江山交到十五阿哥永琰的手里，乾隆当然开始了不动声色地在他身上多下些功夫。首先，他要给永琰挑选一个在他看来可以母仪天下的福晋。挑来挑去，最终选择了内务府总管和尔径额的女儿喜塔腊氏。对于喜塔腊氏的温柔贤惠，乾隆还真是听说了不少，想来应该不会差。另外，这个内务府总管经常和自己打交道，乾隆知道这个人忠厚老实，尤其是他办事谨慎小心，让人很是放心。皇后家的子弟篡夺大权，在前朝已是数不胜数，要是宽厚仁慈的永琰摊上这样一家有野心的，那后果必定不堪设想，现在看来应该不会重蹈前代覆辙了。

第二章

宫中之子结连理　奉旨寻访木鱼石

　　第二年的秋天，又是一个秋高气爽的日子，金灿灿的太阳肆无忌惮地将阳光洒遍整个紫禁城，平静中略透着威严。

　　乾清宫门外，大臣们聚在一起，跪拜在东边台阶下，宗人府值日大臣正在朗声宣读乾隆的谕旨：

　　奉天承运，皇帝诏曰：副都统、内务府总管之女喜塔腊氏，贤淑有德，可配皇子永琰为福晋。诏书发布之日，各部即着手筹备大婚事务。钦此！

　　大臣们赶忙朝拜祝贺。特别是和尔径额，和皇家攀上了亲戚，更是喜出望外，叩头谢恩不迭。接下来臣僚们纷纷叫嚷着让他请客。和尔径额正在兴头上，当然是一口答应了。大家拉扯着，欢天喜地地走了。

　　时隔一天，永琰穿着簇新的大红绸缎锦绣宽袍，骑在披红挂绿的高头大马上，前去拜见未来的泰山泰水。身后跟着一大帮内务府官员，个个穿戴整齐，两人一组，挑着大小箱笼各式礼品。大喜的日子里，永琰并没认真揣摩皇阿玛何以在自己婚礼上这么下工夫，他只是激动地想看看，和自己相依相伴的新人到底什么模样。

　　在欢喜激动而期待的心情中，时间总是过得缓慢而飞快，明天就是大婚的日子。

　　喜塔腊氏的父母心情何等兴奋可想而知。便是喜塔腊氏自己，也辗转反侧，一夜难眠。对未来充满羞涩的期待和憧憬，特别是未来的夫婿，到底是个什么样子？个头儿是高是低，相貌英俊吗？和自己多少次梦里梦到的人有多少相像之处？不管怎么说，人家的相貌肯定差不了，皇后嫔妃都是万里挑一进宫去的，龙生龙，虎生虎，能差到哪儿去？不知怎的，一想到生这个字，喜塔腊氏就立刻脸红了，虽然房里没人，还是赶紧捂住脸颊。喜塔腊氏听父母说过，这位十五阿哥，在几个阿哥中是最忠厚善良守规矩的一个，也最勤奋好学，当今皇上很喜欢他，从送来的礼品上边就能看出来。若是那样，自己还有什么可遗憾的？既然没什么可遗憾的，那就不要多想了，赶紧歇着吧，明天还要忙活呢。可是越不让自己多想，脑子越像个不听话的小孩，活跃得控制不住。隔过朦胧的夜色，仿佛能看到绚丽的未来，能听到朵朵鲜花绽放的声音，她忽然咬着被角，偷偷笑了。

好不容易天色开始蒙蒙发亮，内务府总管家立刻开始忙碌起来，人声嚷嚷，脚步杂沓。喜塔腊氏再也躺不住，翻身起床。隔壁的丫头听见动静，忙过来招呼着精心梳妆。因为小姐就要走了，主仆们边忙活边有说不完的道别话。

按照规矩，娘家要先向女婿那边送过去嫁妆，然后才等着人家来接闺女，虽然是帝王家，规矩就是规矩，也不例外，内务府总管几乎搜刮尽这些年积攒下的家业，把嫁妆置办得直晃人眼。不过他也清楚，跟皇家做了亲戚，还发愁没钱花？这些东西其实仍旧是自己的，用不了多久，就会成倍地回到自己这里。

皇宫里的气氛更为热烈。从子时起，紫禁城内外就挂满了灯盏，红艳艳的灯光把座座宫殿映照得如同人间仙境。道道宫门贴满烫金的喜字，从宫女、太监到嫔妃，从苏拉到内务府管事到亲信大臣，人人脸上洋溢着笑意，这是他们最放松的一天，最忙碌也最轻松的一天。

不过，让大家没想到的是，乾隆传出口谕，要亲自主持十五阿哥的婚庆大典。这当然暗示出某种东西，只是很多人并没在意。即使是和珅，也略微愣怔一下，随即释然地想，眼下没成婚的，除了十五阿哥，就是十七阿哥了，皇上还能经历两次儿子的婚事，当然要格外珍惜，想亲自主持也在情理之中。

转眼吉时已到，在典礼官的吆喝下，永琰穿着浆得棱角分明的蟒袍，神采奕奕，皇家尊贵气质表现得淋漓尽致。乾隆看在眼里，满意地点点头。在典礼官指挥下，永琰先向太后行礼。接着到乾清宫叩拜皇阿玛和皇后，然后到内宫拜见额娘。——叩拜完毕，便在众人前呼后拥下，整顿车轿去接新娘了。

　　整个京城为之轰动。永琰在漫无边际的轰动中，在人声交织中，在万民瞩目下，骑着精心装扮起来的枣红骏马，伴着震耳的喧阗鼓乐，前后左右到处都是锦旗飘扬的仪仗队伍。他夹在队伍中间，仿佛万山丛中一点红，整个京城的目光都集中到这个千万年才能修来这等福分的皇子身上。

　　女方那边也派来内务府属官二十名，护卫四十名，站在半路迎接。从皇城到喜塔腊氏家，路途并不很远，却磨磨蹭蹭走了一个多时辰。所有繁琐仪式一项一项终于进行完毕，永琰终于看到了自己真实的妻子。

　　虽然有宽大的宫袍罩着，依旧能看出她窈窕的身材，小巧精致的脸庞如同白玉雕琢，简直无懈可击，无可挑剔。细长的脖颈柔滑细嫩，充盈着勃勃生机和青春的气息。顺着脖颈再往下看时，大红的宫袍掩映下，令人忍不住想入非非。永琰在宫里，宫女们见得多了，倒也没怎么有太多想法，但今天不同，他明显感觉自己忽然成长起来了，一种从未有过的感觉荡漾在全身，喷薄欲出。

　　为了掩饰自己，他转眼去观察布置一新的洞房。淡淡的清香中，悬挂着各种小玩意儿，典雅而不失浪漫，处处显示出新婚气象，就连喜床上的帐子，也描画许多送子观音和胖乎乎的小娃娃，个个乖巧可爱。永琰心神荡漾，会心地笑了。接下来有宫女嬷嬷伺候着，夫妻盘膝在床上坐下，饮了交杯酒，合卺仪式标志着婚礼的高潮过去，天色已经悄悄暗淡，众多贺喜的大臣纷纷拥向大厅中开始放开肚皮吃喝。而洞房内却安静下来。

　　再凝神望着新婚的妻子，永琰发觉她其实也正盯着自己。目光相互撞击，两人浑身一震，暖意流淌在两颗怦怦乱跳的心间。好像安排好似的，素纱帐子飘然垂下，花烛跳跃里，缠绵如同春意般盎然。

如胶似漆的甜蜜日子里，太阳出来盼望着快快落下，好让两个人享受单独的幸福，每个夜晚总希望不要天亮，好让两个人把缠绵的话说完。然而日子还是毫不留情地无声滑过，转眼多半个月过去，夫妻两个拜见完该拜见的人，乾隆便有口谕传下，十五阿哥新婚后，当更加奋发向上，切勿一味贪图儿女私情，从明日起，到尚书房继续读书。

虽然心有不甘，永琰还是收拾笔墨，按时来到书房，开始以前的日子。尚书房中来了位新师傅，姓朱名珪字石君，是乾隆专门召来教导他的名儒。

关于这个朱珪，永琰从前也听人说起过。知道他是京城附近人氏，十八岁就中了进士，在当时特别受人羡慕和推崇。并且还听人说，朱珪担任过好几处地方官职，不但清正廉洁而且很有办法对付那些藏奸耍滑的官吏，尤其在学问和人品上的确不同凡响，正因如此，乾隆才特意让他做永琰的师傅，其用意相当深刻。

不过，乾隆之所以让朱珪来做尚书房师傅，不仅因为他才学很高，同时也因为他在时务上还有点开窍，不同于那些满口之乎者也，脑子却如缺了油的门枢，只知道死板教条的腐儒。这点从朱珪做地方官时，能拿出一套行之有效的办法就可以看出。既有学识，又不迂腐，这是乾隆心目中最好的读书人标准。就这样，永琰开始了和朱珪的交往，而朱珪对他的影响，是他们都未曾意料到的深远。

在这段学习期间，永琰的个人生活渐渐发生了很大变化。师傅朱珪对他来说，已经超越了师徒情谊。他对朱珪除了在学识上钦佩外，更多了一层似乎父子间的依赖亲近感。或许因为自己父亲是皇上，身上一种无法解释的神圣威严，让自己难以彻底接近。特别是近两年来，步入老年的皇阿玛无论对大臣还是皇子，更加专制，除了能与和珅说笑外，其他人几乎很难见到他的笑容。对待永琰似乎显得比其他人还要苛刻，动不动就要教训斥责，以至永琰对他崇敬到恐惧的地步。这其中自然有乾隆自己的心思，永琰是自己密定的未来皇上，必须得到更好更多的历练，但永琰对此并不知情，当然难以理解。相比之下，朱珪就和善许多，有许多话，自己更愿意和师傅交流。

皇阿玛这几年来，开始变本加厉地宠爱和珅，似乎满朝文武中，只有和珅一个人能让他看上眼。而永琰对和珅的印象一直不怎么样。在他眼里，和珅除了相貌俊秀、口舌伶俐外，剩下的就只是谄媚和敛财。像这样一个口中天花乱坠，胸中没有半点国计民生的人物，皇阿玛怎么如此看重呢？永琰经常思考这个问题，却怎么也想不明白。不过有一点他很清楚，自从皇阿玛宠信了和珅后，生活比以前更加排场，而且再不用担心府库的银两不够自己挥霍。或许，这就是和珅最大的本领，也是皇阿玛之所以重用他的秘密？

能够聊以安慰的，除了和师傅谈古论今切磋学问，还有温柔体贴的福晋喜塔腊氏。每次回到家里，他就沉浸在一片浓浓的温馨中，所有的疑惑烦闷登时烟消云散。一个中年男人，家就是最好的休息场所，是最惬意的港湾，自己目下说是中年似乎还有点早，但已经明显感到这一点。

尚书房渐渐人丁稀少，最后几乎成了永琰的个人书斋。朱珪特意在门上题写匾额，龙飞凤舞地四个大字："味余书室"，并解释说，自古以来，但凡有大出息者，无不把勤字当作人生第一教条，不管做什么事情，懈怠懒惰则不足，勤勉向上则有余，其中真昧，慢慢就体会到了，这就是所谓"味余"的含义。

揣摩着匾额上"味余"两字的含义，永琰专门写了两篇文章阐述自己的理解："民生在勤，勤则不匮，自天子以至庶民，咸知勤之为要，则庶政修而万事理矣。贵贱之等、内外之分虽有不同，而朝夕兢惕，各勉于勤，自能臻善而寡过也……孔子曰：与其奢也宁俭者，何哉？原乎礼制之始，有朴素之质，而后有周旋之文，不务浮华，专事节俭，此太古之风也……

"先生，我方才两篇文章中只提到勤俭两字，但经常听先生讲到为政要仁，这仁字，我觉得似乎不太好把握，先生怎么看待这个问题？"

没等朱珪回过神来，永琰又从桌子上翻检出一张纸，指着上边的文字说："先生，这是我以前写的一点心得，请先生指教。"

朱珪接过来，见上边仍然整齐地写着："博爱只谓仁，尚矣。圣人应天受命，调御万方，作之君，作之师，以不忍人之心，行不忍人之政，家国以治，天下以平，流泽子孙，其根本深厚于仁……"

"好，好，"朱珪连连颔首，"在家为孝，在国为仁，两者本为一体，皇子能将两方面结合在一起看待，足以说明皇子对圣人教诲理解非常深刻。不过我还想提醒你一句，关乎仁，应当从两方面来领会。为人为君若不仁，则流于暴虐，但过于仁厚，则很容易成为懦弱。百姓有句俗话，家有千百万，不如出个硬汉，就是这个道理。既要让百姓臣僚感受到恩泽，又不能事事宽恕丧失原则，这其中的界限的确很难掌握，需要长期琢磨才能找到一个适合实际情况的做法。"

永琰钦佩地点点头。然而他那时并没想到，自己以后统领大清江山时，恰恰没有把握好这个很重要的原则，给自己、更给千万百姓、给整个大清朝廷，都带来了巨大而深远的影响。

在愉快的尚书房学习期间，并非一帆风顺，也经常有些磕磕绊绊。期间最让永琰痛心的，莫过于侧福晋给自己生下的长子才几个月就夭折了。虽然尚谈不上父子情深，但永琰仍接连好长时间都郁郁寡欢，脸色也憔悴不少。心情刚刚转好些，朱珪又被任命为外官，师徒要分离了。

纵然一千个不情愿，但事实无法改变。师徒依依惜别，朱珪再三叮咛他要继续读书，腹有诗书气自华，总归有益无害，还能培养勤奋的习惯，对以后定会大有裨益。永琰满眼含着泪花，使劲点头答应着表示记住了。

望着永琰动情的神色，朱珪忽然笑了："咱们以前讨论过仁的把握程度，皇子倘若因为一个短暂分别就泪下沾襟，似乎又过于仁厚。谨记，谨记！"永琰不好意思地也笑了。

朱珪走后，永琰经常单独在尚书房复习功课，把以前读过的书拿出来翻看，回想着朱珪当时讲解的情形，果然温故而知新，心里充实不少。

时光荏苒，平静的日子中，小的不觉长大，大的不觉变老，春来秋往，日子轰隆隆向前飞驰而去。一切都还如意，最让永琰心里想起来就不舒坦的，仍是和珅，他似乎越发受到皇阿玛的信任，信任程度已经超出一般皇子。最让永琰忍受不了的，皇阿玛竟然把他最喜爱的小女儿十公主，许配给了和珅的儿子。

一天午后时分，有太监传来皇上口谕，说是皇上要在尚书房召见十五阿哥。跪拜后，永琰见尚书房内除了皇阿玛站在宽大的书桌旁边，一向跟随在皇阿玛左右的贴身太监兼护卫，那个后宫人人都熟悉的长丰也站在跟前。长丰虽然是个太监，但自小在武当山练习武艺多年，各路拳法刀枪都很精通，堪称一等一的高手，许多宫廷侍卫还经常向他请教，乾隆也多次让长丰负责训练御林军。

乾隆在书桌旁宽大的靠背椅上坐下，眼光绕过永琰，直视着长丰，沉吟片刻才慢慢说："朕近读黄老养生之说，深有所感。少思虑以养心气，勿妄动以养骨气，戒嗔怒以养肝气，薄滋味以养胃气，省言语以养神气，多读书以养胆气，顺时令以养元气。由此看来，人之一身，最珍贵的就是一个气字。朕看十五阿哥虽勤于读书，但毕竟年轻，心浮气躁，还是缺乏胆气。朕倡导读书，但最怕皇子皇孙们丢掉书中精髓，却把糟粕当成宝贝，从里到外沾染汉人文弱偏执的气息，失去我满人勇武干练的气魄和体格。若是如此，这书反倒不如不读了！"

顿一顿，乾隆略微缓和了口气："方才朕也想过，皇子们读书，除了三两个师傅外，便是不会开口说话的书本。时间长了，能不文弱偏执吗？所谓尽信书不如无书，就是这层意思。看来阿哥们书是读得不少，却还缺乏历练啊！长丰，你到朕跟前来。"

长丰不知乾隆要干什么，呆愣着躬身走过去。"长丰，你跟随在朕身边少说也有三十年了吧？朕本打算过两三年再添几个人手，给你安排个清净地儿。现在看来，老马识途，还得辛苦你啦！朕知道你心细如发，身手更没得说，故此让你陪十五阿哥出宫一趟，给朕寻访传说已久的木鱼石。"

"啊？"长丰心头一震，目瞪口呆。进宫几十年，关于木鱼石的传闻，他早就听说过许多。木鱼石在满语里叫"安倭阿"，满蒙一带的百姓和达官贵人都认为它是一种有灵性的神圣石头。只要拍打它，这种石头就会唱出美妙的歌声，听到歌声的人，则能从心底受到某种启迪，充满超人的智慧、力量和勇气。尽管谁也没有亲眼见过木鱼石，但人人却坚信它的存在。并且大家都认为，只有最勇敢最聪慧的人，才能有幸触摸到它。现在皇上竟然让自己和皇家贵胄翻越千山万水，去找那虚无缥缈的木鱼石。江湖险恶，万一阿哥出了差池，那自己……长丰立刻感到肩头万斤重担，张张嘴说不出话来。

乾隆立刻看出他的心思，长叹口气："皇宫如同一个金丝鸟笼，待在这里虽然没有半点风险，但难免会变成呆鸟，有机会还是出去看看的好。观民风知民俗，天下大局才能了然于胸嘛！就是有几分风险，也是值得的，总不能因噎废食。朕另外再物色两个武进士出身的侍卫做帮手，沿途之上，朕也会有所安排，你不必过于担心。"

长丰猛地想起，乾隆三十八年冬至，在南郊举行大祀，那天皇上特意吩咐十五阿哥代祀东陵。循着以往的规矩，祀东陵者不是皇上便是太子。现在皇上又让十五阿哥出宫历练，莫非已暗中把十五阿哥当作了储君？这样一想，心头豁然开朗，紧张之余多了几分惊喜，忙跪拜答应："皇上这般信任老奴，那是老奴的福分。皇上放心，老奴一定能照顾好阿哥！只是……出宫寻找木鱼石，十天半月未必能回来……倘若宫中有人怀疑阿哥去向……"

乾隆摆摆手："这个你不用操心，朕自有安排。"

永琰听说要让自己出宫历练见世面，去寻找神奇的木鱼石，一时也把握不住是喜是忧。不过有长丰跟随在身边，倒也不用担心，只是想到要离开妻子喜塔腊氏，又不舒服。

第二天早朝后，大殿外张贴出一张告示："十五皇子永琰年龄渐长，宜静养身性。朕已将其迁出本宫，别处隔离，不得私自外出半步。后宫诸人并王公大臣，勿得探视干扰！"

暮春天气，和风曛畅，花木原野仿佛浸泡在温水浴中，懒洋洋地打着瞌睡。永琰穿一身月白宁绸长衫，腰束淡蓝丝绦，油光浓黑的大辫子齐齐整整梳在脑后，浑身上下透着干练利落，清秀中蕴涵一股说

不出的英豪气概，骑匹身材不高的白马走在路上，分明是一位游学的富家公子。乾隆特意挑选的两名侍卫额隆和继英，一左一右紧紧扈从。长丰则青衣小帽，不远不近地跟在后边，一副管家奴仆的神情。这四人看上去悠然自得，倒也没人怎么去注意他们。

刚出西直门，正要拐上官道，忽然看见路旁一家匾额鲜亮的货栈前，围了一堆人。永琰初出宫门，对什么都感到好奇，跳下马走过去，看里边有什么稀罕把戏。长丰来不及制止，只好手牵马缰紧走两步，和两个侍卫贴在他身旁。

永琰挤进人堆中，伸长脖子向里看。原来并不是耍把戏的，人群内一辆木板推车翻倒在地上，黄澄澄的小米撒出一大片。旁边躺着个中年汉子，头上脸上鲜血淋漓，地上也殷红了一摊。几个赤膊短裤的人正苦着脸议论，显然不知该怎么办才好。看样子他们都是一道拉车的车夫。

围观的有人高声说："光哭丧脸有什么用？还不赶紧抬到郎中那里去，血流多了要死人的！"

一个车夫强打精神冲大家解释："这个俺们还能不懂？俺们都是给四海货栈拉车的，可是货栈里定的规矩半年一结账。乡下人出苦力，本来就挣不了几个血汗钱，再给拖上半年，出力流汗干上一天，连稀饭都没钱喝饱啊。俺这兄弟昨儿起就水米没打牙，还得饿着肚皮拉车。要是缺一天工，前边的就算白干。他就是饿昏了才把车翻倒在树沟里的，头也叫车把给打破了。没钱郎中也不搭理哟！"说着他佝偻腰就势抱头蹲在地上。

众人还没来得及答话，忽然看见从货栈内走出一个大胖汉子，青丝半截褂斜搭在身上，露出肩头厚墩墩的肉块，前胸刺着一只吊睛猛虎，张牙舞爪，更衬得满脸横肉咄咄逼人，凶神恶煞。

那大汉看看躺在地上的血人，眉头一皱，挥动手掌大声叫嚷："你们都是吃干饭的？连车子也拉不了？这么好的米撒到土里头，扣你们半月的工钱！快点把他给弄走，别死在门口，让大爷们也沾染了晦气！"

众车夫在大汉面前顿时矮了半截，期期艾艾说不出话来。永琰看到这番惨相已经觉得心酸，又见大汉颐指气使，全无半点救人的意思，再也压不住心头怒火，挺身上前大声说："你这汉子，怎么全无心肝！他们为你家货栈拉米，就是因为连干饭也吃不到，才饿昏过去。你不赶紧想法子搭救，却心痛那几粒米。朗朗大清的天下，怎能容你这样草菅人命？"

大汉吓一大跳，待看清说话的是个半大后生，眉清目秀，满脸不谙世事的书生气息，顿时怒目圆睁："他奶奶的，爷爷当是哪路救苦救难的活菩萨呢，原来是个长着鸟卵的雌货！两条腿的穷鬼比米还多，就是死上个几百几千的有什么打紧，还用你这黄嘴嫩货说三道四？别说几个穷鬼，就是你这样的酸货，爷爷弄死几个也不是事儿！"说着从腰间抽出一根软鞭，不等永琰看清，抖手甩过来。

永琰没料到他这么穷凶极恶，躲闪不及，肩头挨了一下，火辣辣地钻心疼痛。直到这时，他才明白过来，这里不是皇宫，真闹出事来，别指望有人庇护自己。但话已出口，后悔也晚了。急切间想要往后退，可那大汉不依不饶，三把两把分开众人，直逼过来要出恶气。怎么办，真厮打起来，自己受皮肉之苦倒还在其次，岂不把皇家威严都给丢尽了？

"好狗不挡道，看以后谁还敢多管爷爷的闲事！"大汉狰狞着伸出毛茸茸的大手，朝永琰劈胸抓来。电光石火间，不知从哪里探出一只手来，两个指头恰到好处地扣住大汉脉门。大汉顿时觉得手腕发麻，整条胳膊登时酸软。就在一愣神工夫，那手灵巧地一掌拍在他前胸，看似轻飘飘的很随意，大汉却站立不住，接连倒退几步。

一捏一拍，轻盈灵快，并没引起人们注意。但大汉却心里明白，对方看似文弱，只怕不是一般平头百姓，犹豫一下嘴上仍不服软："你他奶奶的，大爷看你细皮嫩肉，一巴掌下去，就能捏成手抓羊肉！大爷我今天就积点德，赶快滚回家吃你娘的奶去吧！"

方才是长丰眼疾手快，挤到永琰身后解了围。这时额隆和继英也来到跟前，见主子肩头的衣袍都被软鞭抽开一条口子，怕回去后皇上责怪护卫不周，立刻提气运力，要痛揍大汉，替主子解恨。

永琰生怕事情闹大，忙伸手拦住："罢了，好鞋不踩臭狗屎，何苦和他一般见识？你们去给车夫几个钱，让他们赶紧抬了人去找郎中。"

额隆和继英压住怒火，狠狠瞪了大汉一眼。继英从腰里掏出一块碎银子，叫声："接着！"冲刚才诉苦的车夫扔过去。额隆和长丰则一左一右护着永琰，跟随四散的人群走回马前。

四人沿官道走出一截，永琰因为刚才闹腾一场，全没了心绪。长丰他们见小主子不吭声，也闭了嘴闷头走路。忽然听见后边有人叫喊："公子，公子留步！"

永琰回头一看，见有个人跟跟跄跄地向这边跑来，边跑还边招手。四下看看，空旷的大路上就自己一行人。永琰奇怪又有些警惕地想，出了皇宫，就再没有一个熟识的人，谁这么匆忙地叫喊追赶？长丰他们也想到这层，瞪大眼睛围成半圈，以防不测。等那人跑到跟前，大家才看清，原来是车夫。永琰跳下马来在路边站下，奇怪地问："你不去找郎中，追赶我们做什么？"

那人气喘吁吁，汗水顺着下巴滚下，前襟已经打湿一大片。他摇晃着身子喘息片刻才说出话来："公子……郎中给俺兄弟包裹了伤口，说没有大碍，就是连饿带累，虚脱得厉害，将养几天就缓过来了……俺看兄弟没事，忽然想起公子的救命大恩，还有几句话没顾上说。这才一路赶了来。"

"你辛苦一趟，就是为了说句谢恩的话？"永琰看他累得着实够呛，不觉心下侧隐，又有几分不解。

车夫看大道上空空荡荡，并没什么行人，才放心大胆地说："俺拼了命地追赶公子，是想问一声，公子是北京城的人，还是从外地过来的？"

永琰听他问得奇怪，眨眨眼睛反问一句："你把话说清楚些，北京城的怎样，外地的又怎样？"

"公子，俺没别的意思，"见永琰神情严肃起来，车夫忙作个揖解释，"公子方才扶危济困，却得罪了四海货栈的二老板。这四海货栈可不是一般的店铺，人家后台可是朝廷里的大人。慢说普通百姓，就是有头有脸的达官贵人，也要躲避三分。常言说破家的县令，灭门的刺史，可人家的后台，随便动个小手指头，就够一大帮县令刺史忙活大半年。你想想，谁不害怕？俺是说，公子若是北京本地人，赶紧回去躲在家里，十天半月的别露面。公子要是外地来的，那就千万不要耽搁，立刻赶回去，省得路上出了差错。"

听他说得煞有介事，永琰越发动了好奇心，走近两步问："果然是京城地面，无官都要大三分。区区一个货栈，竟然有这么大来头。你倒说说，他们的后台是哪位大人，看我听说过没有？"

车夫又四下张望两眼，才小心翼翼地说："也就是公子对俺们穷兄弟有救命的恩情，要不然，谁敢乱嚼舌头？提起人家朝中的后台，公子肯定听说过，和珅和大人，乾隆爷跟前说一不二的大红人。慢说公子，只怕连刚上学堂的小孩都知道呢！"

"神乎其神的，我当是谁呢，原来是和珅！"永琰心头突地一动，脸上却懵懂茫然，"和珅这个名字倒是听说过，他和货栈又有什么关系，北京城那么多货栈，都是他和家开的不成？"

"唉，"车夫忽然长叹一声，"虽然不能这么说，但人家插手的店铺、钱号，却谁也说不清。尤其这个四海货栈，说来还有点故事在里头。货栈老板姓刘，叫刘逊，原是太原府一个卖米的，前几年赶上山西河北闹饥荒，利滚利地发了横财，拼着银子捐了个知县过过官瘾。听人讲，这位刘知县斗大的字不识一箩筐，敛财却是上等好手，上任几年间，巧立各种名目，想着法子要钱。特别拿手的是捕风捉影地制造冤枉案子，不知害得多少人家妻离子散。就这样，人家刘逊钱褡子越来越鼓，两任知县下来，简直就是往家里搬了座金山银山……"

"他既然做了贪官，怎么又开起货栈？怎么又与和珅拉扯到一起？"永琰听他打开了话匣子，看看长丰三人站在一旁等着赶路，就打断他，简洁地问。

车夫谈兴上来，抹把脸上的汗，吞口唾沫接着说："刘知县仗着银子开路，往京城里爬，也不知是谁从中间穿针引线，和大人竟然很乐

意地要见他。这位刘大人虽然生意场上混得烂熟，但朝廷大官却没见过几个。临去拜见和大人前，他专门找人教他怎样叩拜，怎样作揖，见了面怎样措辞说话。不料准备得水泼不进，拜见的时候还是怯了场。刘大人见和珅衣服簇新，气势大得好像天神，慌忙上前趴到地上，脸色憋成了猪肝，汗珠子吧嗒直掉，把学过的礼数忘个一干二净。没奈何只得无师自通地恭维说："下官久仰和大人，和大人老奸巨猾，满朝大官小官谁个不怕！'和大人一听，哭笑不得，本想摆手把他轰走，可人家几箱白花花银子在一边放着，不看僧面看佛面，便耐着性子替他出个主意，说他不是当大官的料，硬着头皮当成了，也难免出差错，反而不美。倒不如两人合股，在京城开家货栈，专门经营米面，官商一体，发大财是稳拿的事。那刘大人没当上大官，买卖场上却无意中找下个厚实靠山。公子你想，这样手眼通天的人物，谁惹得起？还是赶紧躲远点好。"

听他絮絮叨叨说出一大通，永琰这才隐约知道，官场上原来还有这等龌龊情形，微微一哂："难得你这么热心，我们小心就是。"说着示意额隆再给他一点碎银。看那车夫千恩万谢地走了，扭头凝视片刻才怏怏地跨马上路。

几天下来，四人穿过房山，翻越紫荆关，绕过涞源县城。道路渐渐崎岖，已经行走在太行山连绵不断的峡谷中。马匹走得磕磕绊绊，有时还得下马步行一阵。举目四望，山势蜿蜒，两侧山峰对峙，忽高忽低，宛若长蛇飞舞。山坡上层冈积翠，山峰间云气往来，形态各异，气象万千，变幻无穷。远远近近悬崖沟壑，乱石丛林，不时闪过一个个幽深古洞，侧耳倾听，似乎还能听到里面溪水叮咚。

永琰整日闷在宫院，走过的最远地方也不过热河行宫，何曾见过这样奇瑰的山色？当下心旷神怡，赞不绝口。见主子高兴了，长丰三人也轻松许多，对着山梁松柏指指点点，低声议论。忽然继英指着西边的落日大叫："哎呀，只顾看风景了，竟没发觉太阳就要落山。你们不知道，平原落日行十里，天黑得慢，山里正好相反，看着太阳还有一竿高，说黑片刻工夫就黑下来了。前不着村后不着店的，怎么安歇?"

经他一提醒,长丰也省过神来。山风凉飕飕地吹过,大家禁不住打个寒战。几乎一瞬间,山色齐刷刷暗淡下来,夜幕转眼落下。三个护卫中,长丰年纪最长,又是领班,自然也数他最着急。流落在荒山野岭中,野兽出没,危险随时就潜伏在左右,皇子万一有个好歹,那就等于要了自己的命。他不敢往下想,蹭地跳上一块半丈高的巨石,穷极目力向远处张望。薄暮朦胧中,忽然发现正前方山梁上有火光一闪,再仔细看,好像有袅袅烟雾升起,分明是人家在准备炊饭。

有人家就有村落。长丰心头一宽,跳下石头冲额隆和继英招手:"穿过这道峡谷,前边山梁上就有人家。咱们紧走两步,正好赶上用晚饭呢!"

昏暗中看不清脚下碎石,四人趔趄着,沿羊肠小道登上一座山头。果然看见峭壁下有几间草房,一个人影正在草房外的锅灶旁忙活着做饭,米香四溢。永琰忍不住咽口唾沫。长丰加快脚步走上前,还没来得及说话,做饭的人已经听到马蹄声,转身看看四人,愣怔片刻,忽然"呀"的一声尖叫,丢掉勺子冲进房中。那情形似乎见了催命判官,极度惊恐。

永琰已经看清那是个半老妇人,衣着整齐,白净脸色,和他想象中的山里人不大一样。至于她何以这么恐慌,永琰颇觉奇怪。

妇人冲进茅草房时,还没忘记把白木板门随手带上。听见里面嘀嘀咕咕,有人急切地说话,似乎商议什么重大事情。伸长脖子看看附近再没其他人家,长丰顾不得讨人嫌,走上前拍门:"老乡,我们是赶路的读书人,在山里迷了道,讨碗水喝!"

里面的说话声戛然止住,有个苍老些的声音轻轻嘟囔一句:"是福不是祸,是祸也躲不过。还是自然些,别没事弄出事来。"说着脚步声挪动,把门打开。

天色愈发暗下来。永琰和额隆、继英走到门口,见屋内人影乱晃,却辨不清面孔。还是长丰经历多,做出十分熟识的口吻说:"哟,老乡,咋这么节省,天都黑这样了,连灯也不点,当心米饭吃进鼻孔里去。不过也是，常言说得好，集腋成裘，积土成丘，若是夜夜都这样，几十年下来，怕要省出不少银钱呢！"

门首站着一个身板宽厚高大的老者，听长丰说话温和随意，不像恶人，忙干咳着笑笑："客人莫怪，山里人没见过世面，让诸位见笑了。结儿，赶紧把灯点上！"

几声火石碰撞之后，昏黄的灯光摇曳起来。这时，永琰才隐隐约约地看清楚，窄小的屋子里站着四个人，不用多问是老少两代。老人已经年近六十岁，眯缝着眼睛上下打量着永琰与长丰，默不作声地微微点点头，连口气也变得热情许多："公子一看就是读书人，瞧瞧我们这山里人，见不得风吹草动。赶紧，这边坐！"

第三章

永琰微服晓民情　乾隆教子明朝事

走了一整天的路，着实是累坏了。永琰也不客气，在一个摇摇欲倒的凳子上坐了下来。额隆与继英站在门旁，确定真的没有什么危险之后，放心地说："老人家，您这可有什么能吃的东西，尽管拿上来，我们一定会多多给您银两！"

老者微微一笑："客人多心了。出门一里，不如屋里，谁还能顶着房子跑？山里人虽然穷苦，有了银钱却也没处花。隔壁屋子是我儿子两口住的，就先让给几位过去歇歇脚，饭菜随后就熟。"说着转身让儿子提桶热水过去，让客人洗涮。

四人在隔壁茅草房里坐下。房屋破烂不堪，收拾得却很整洁，物品摆放井然有序，竟有几分幽雅气息。大家烫过脚，舒舒服服地半躺着坐下，浑身劳累散去大半。永琰这才皱起眉头："你们都是走南闯北见多识广的，我看这户人家绝非普通山民。刚才他们惊慌失措，也并非是没见过世面，其中定有缘故！"

长丰点点头："阿哥猜测得极是。常年山风吹烈日晒，山民往往黑瘦。而他们个个面色白净，特别是那老者，举止大方得体，话语斯文，很让人生疑。"

永琰低头沉吟片刻："咱这一路过来，见过的百姓不少，奇闻怪事也时有听说，要用心探察，林林总总的小事就能关乎国运。书上不是说了吗，处事先求大体，居官当厚民风。咱们不居官，但多采集民风，将来禀报给父皇，肯定大有好处。"

"阿哥放心，我们见机行事就是。"三人连忙答应。长丰则暗中盘算，既然这家人有蹊跷，谁知他是隐逸君子还是江洋大盗，今夜要多加提防。

正议论着，老者的儿子过来招呼大家用饭。来到这边屋子，饭桌上已经安排停当，几盘菜肴冒着热气，还有一只盐水卤鸡，香味袅袅，分外诱人。老者请永琰在上首坐了，长丰三人挨次两边作陪，自己则打横，斟茶倒酒。

长丰抽一下鼻子："好酒，能在深山里闻到酒香，真是难得。"永琰看看老者说："尊长，怎么不让家里人一起用？"

老者拱拱手："狗肉上不得桌面，老朽看得出，公子非是一般人家出身。他们怎好同坐，影响了公子胃口？"

"老人家何必客套？你说我并非一般人家，分明是抬举过甚。但我却看出老人家绝非山里贫民，大概遭遇蹉跎，才流落至此吧？自古观贫贱人，当观其度量，如宽宏坦荡者，则其福必臻，而其家必裕。还是让他们都过来同吃，这样更像一家人。"永琰有意试探他，故意不动声色。

老者一愣，招手让老妇人和儿子、儿媳搬过板凳在桌边侧身坐了。饮过两杯酒，气氛渐渐活跃，永琰乘机又问："老人家，我们不过是普通行路的，叨扰一点茶饭，方才为何把你们惊吓成那样？"

"刚才还以为你们是官府的人呢！"不等老者回答，一旁的儿子心直口快，随口答道。

"结儿，咱良民百姓，与世无争，又不是朝廷逃犯，可不要胡说！"老者瞪儿子一眼。

长丰知道永琰的用意，接过话题说："老哥，我年轻时游历过许多地方，算命看相学过几手。观老哥面相，似乎并非穷苦出身，至少也是小康人家。只是刚刚有场劫难，不得不退避山林。看老哥气色，眼下是吉欲来而凶未尽。不过不必担心，过不了多少时日，定能逢凶化吉，否极泰来。有道是事有机缘，不先不后，刚刚凑巧；命若蹭蹬，走来走去，步步踏空。运命这东西，虽说玄虚，却也不可不信哪！大家萍水相逢，本来就是个机缘，有什么不可说的？掖掖藏藏，窝在心里，反而难受。"

听长丰言之凿凿，似乎一眼看透许多东西，老者心有触动，放下酒杯长叹一声："唉，多谢兄弟吉言。我就知道，真人眼前，有些事情瞒也瞒不住，不过即便说出来，也于事无补，没多大意思。有道是福来休喜，也要会受，祸到休愁，也要会救。可惜祸到临头时，咱却只能干瞪眼，不懂如何补救。姑妄言之，姑妄听之吧！"说着自斟自酌咂摸一杯，语气幽幽地扯开话题。

"老汉本来在直隶一带也是富裕人家，果园不说，单是良田就有五六百亩，一家老小安乐，日子自由自在。本以为这辈子就这样颐养天年地过去，不料树大招风，我那田产，被县令看着眼馋，他捏造罪名，说我私通白莲教匪，家中财产专用来资助匪徒粮饷，匪徒带领兵马把老汉宅院给围住，要捉拿全家，没收家产。幸亏老汉在县衙里有个当都头的朋友，他提前给我透露了风声。自古穷不与富斗，富不与官争。纵有满腔冤屈，也只能先逃命要紧。匆忙之下，我带着妻儿钻到荒山中。唉，庄稼怕秋旱，人怕老来贫，没想到老啦老啦却逢上这灾祸，真不知道往后日子怎么过！"

"这可真正是欲加之罪，何患无辞了！"永琰到底气盛，瞪着眼睛问，"天下这么大，县令上边有府官，有朝廷，你不会去告他吗？"

老者更加颓然地长叹一声："公子生活在大宅院内，还不晓得世事有多艰难。官府当然是给百姓主持公道的，话虽这样说，但一具体到事情上，就变味了。衙门里的各级官员之间，相互盘根错节，简直就是铁板一块，谁能撼动半分？而我们这个县令，更加了不得，慢说府里，就是真的告到朝廷，怕也越告越糟，弄不好不但家破，还要人亡。"

"噢？"永琰有些不服气，"一个知县，就能有这么大势力，那州府、总督等人物，岂不是连朝廷也管束不住了？"

"公子有所不知，这县令大有来头，"老者戒心渐渐放松，"人家是当今朝廷最大红人和珅的管家的一个远房亲戚，靠搜刮来的银钱孝敬

和珅管家，跟和珅有了一面之交。就这一面之交就了不得，那可就相当于皇亲国戚了。当今上至朝廷小到百姓，谁不知道，皇上老大，和珅老二，而实际操纵大权决定下边官员百姓生死的，恰恰是这个老二……"

永琰脸色由红发青，嘴唇直打哆嗦。长丰在旁边看出不对劲，唯恐招惹出别的是非来，忙把老者拉到一边："我们连日赶路，实在太困乏了。饭也吃好了，抓紧时间歇息，明天一早就走。这点意思，先收下。"说着塞给他一锭银子。

老者看看手里的银钱，还没说话，永琰眼中火光跳跃，忽然高声说："多给他一些！"

在永琰想来，木鱼石既然是石头，最有可能从山中找到。而长丰却建议说，满蒙一带流传有木鱼石的传说，汉人中间少有听闻，可见木鱼石应该藏在大清的龙兴之地盛京。永琰想想也确有道理，便决定一直向北，有山就查探，逢奇石就敲打，边寻找边向盛京进发。

离开太行山脉，再往北走，地势开始平缓，人烟渐渐稠密。沿途山坡上，叮叮当当的敲击声络绎不绝，煞是热闹。木鱼石喜好清净，这么多人踩踏，看来必然没有木鱼石了。见永琰皱眉，长丰介绍说，这是矿工们在采挖矿石。大同一带银矿和锡矿很多，朝廷特意在这里安扎矿场，大规模烧炼银锡，听人讲，府库中至少有三成银子是来自这里。

永琰听他这样说，有意放慢脚步仔细观察。从忻州到大同府，路边像模像样的矿场有上百个。来来往往推拉石头的大车络绎不绝，炼出的银子还不堆成小山？看来大同一带的百姓，一定要比别处好过些。

既然是山西大邑，街衢宽广交错，人声熙熙攘攘，既有肩挑马驮贩卖货物的，也不乏高鼻碧眼，衣着古怪手牵骆驼的外藩人种。街道两侧各式店铺招牌高挑，讨价还价声不绝于耳，南腔北调纠缠在一起，很是热闹。永琰自小还没见过这么繁华的所在，东看西瞧，目不暇接。

长丰三人紧紧护卫左右，不敢有丝毫松懈。正对城门的街道是有名的云中街，本来人就多，今天又是当月十五，交易的吉日，人就越发稠密。跟随人流缓缓蠕动，走到街中央的十字路口，往东拐，路过两个规模较大的骡马市场，行人才渐渐稀少。

大家长松口气。永琰掏出手袱擦把额头上的汗，张望一下："哟，行在闹市日头快，果然不假，太阳都当头了。咱们找个地方歇脚吃饭，然后再合计怎么走。"

经永琰一提醒，大家才感觉耳畔乱哄哄的大半晌，肚子已经咕咕叫了。长丰指着旁边一个酒楼："少爷，这家的门面还算干净，咱们尝尝大同府的饭菜味道如何。"

永琰在马上抬头望去，见街边鳞次栉比的店铺中间夹着一座三层小楼，琉璃瓦晶莹剔亮，飞檐斗拱轻巧灵动，颇有京城的楼阁风韵。大门上方一块巨大泥金匾额，隶楷糅杂地写着三个大字"水鱼轩"。

刚到店门口，有小伙计迎上来，接过缰绳，把马牵到后院饮水喂草料。长丰走在前头，信步迈进大堂。有个四十岁上下的汉子笑眯眯地过来拱手招呼："里边请，里边请！"叫过两个小伙计，把他们领到二楼的单间。

随意要了几个当地特色菜，外加莜麦面条，热气腾腾地摆上来，永琰招呼大家："还想吃什么尽管要，出了大同再往北走，怕就没这么热闹的地方了，少不得又要饥一顿饱一顿。"

用罢饭又喝了两壶茶，大家这才起身下楼。还是那汉子站在柜台后收账。额隆拿出银子递过去，汉子笑容可掬，把银子接在手中略一掂量，似乎感觉哪儿不对劲，将银锞子托在掌心翻来覆去查看，还用嘴咬一咬，摆手叫过一个伙计，把银子让他看，点头低声说："真是纯银，半点没掺假。"特别是伙计，两眼发亮，盯住银子接连啧啧：怕有好长时间都没见过这么纯正的银子了呢！"

永琰站在旁边不禁惊奇，开这么大的店面，一块银子有什么稀罕的，也值得大惊小怪？后来又听伙计说好长时间都没见过纯正的银子了，忍不住好奇，上前插话问："怎么，莫非大同府假银子多得很，以至于真的反倒不大正常了？"

汉子讪笑着打哈哈："少爷说的哪里话，眼下太平盛世，偶尔有拿假银子糊弄事也是有的，要说假的多过真的，那就是开玩笑了。都是咱小地方人，没见过世面，诸位不用在意，见笑了。"说着客气地让大家出门。临走时永琰注意到，汉子掩饰不住地喜形于色，这让他越发满心疑窦。

走出半里地，永琰忽然心事重重地停下："长丰，我看这里似乎不大对劲。皇阿玛的意思，咱们出来寻找木鱼石，大半还有观民风的职责。若能趁这个机会了解地方状况，恐怕比寻见木鱼石更有价值。"也不等长丰回话，吩咐继英，"你过去，还到那家水鱼轩酒店，想办法找一个伙计来，我有话要问他。咱们先在路边茶座等一等。"

继英来去迅速，片刻工夫带过一个人来。永琰见是刚才和汉子查看银子的那个，含笑点点头，让他在身旁坐了，慢声细语地说："其实也没别的事。我们一路游学，讲究读万卷书行万里路，什么事情都要弄明白心里才舒服。我想向你打听个闲事，耽误你做生意，当然有银钱补偿给你，不用担心。"

那伙计见永琰虽然气派不俗，终究是个半大后生，说话也和蔼，不像富家恶少，并不怎么紧张，作揖道："少爷谦逊了。咱这地方除了能挖矿外，穷山恶水，气候偏冷，加之十年九旱，庄稼收成微乎其微，人情风物上并没什么特别出奇的。"

永琰点点头："北人水旱，得命于天，原本也是平常。能挖矿也是生财之道，天无绝人之路嘛！我问你，刚才我们在你店里用饭，算账时看你们神情不大对头。你老实说，是不是这里假银子很多？"

听永琰又提到真假银子，伙计警惕地看看四周，见没什么客人，这才压低声音说："少爷，这话原不能随便乱说的。少爷既然好奇得很，看您又是外地人，信口说说也没什么打紧。只是少爷出门可别到处张扬，上头盯得紧着呢！"说着呷口茶，"少爷整日价躲在房里苦读圣贤书，哪知道如今世道，已经和书本上差出十万八千里去！如今市面上你来我往的银子，假的占了一半还多，特别是咱们大同府，假银子更是十有八九，别说一般百姓，就是我们成天跟银子打交道的，十天半月也难见上一回成色好些的。适才见少爷出手就是纯正不掺一星锡的银锭子，心里惊讶地想，莫不是京城来的阔少，否则整个大同地面上，谁能拿出这样的货色？"

永琰面无表情地点点头："大同府不是盛产银子吗，怎么还假货横行？"

伙计口舌慢慢伶俐起来："咱大同不但盛产银子，锡矿也特别多。锡比银子便宜，这个傻瓜也懂得，往银子里掺上锡，都是明晃晃的，把锡当银子使唤，谁不乐意？"

"这却奇了，"永琰拧起眉头，"银子里面有锡，你们又不是看不出来，他乐意使唤，你们就乐意要？难道官府就不知道这种事情，就不出面管？"

"哎呀，少爷，您果然是读书人，三言两语就问到点子上了，"伙计夸张地一拍大腿，"要不是官府，谁敢把假银子拿出来明目张胆地花？

就是官府带了头，大家才形成风气。我们这些开店的，也无可奈何，收了假银子，再当成真的花出去，以假换假，大家也都习惯了。现在大同府就是一个小王国，假银子就是官家通行的钱！"

永琰瞪大眼睛："大同的官府竟有这么大胆子，不怕朝廷追查下来？"

伙计鼻孔里哼一声："我们大同府尹老爷，就不害怕朝廷。这位府尹，那可是大有来头，人家是当朝第一红人和珅和大人的亲母舅，叫明保。您想想，和珅和大人在朝廷，那就是没有顶戴的皇上，谁不惧他三分？有这样的靠山，往银子里掺上锡强行让百姓使用，自己把真银子攥在手里，和外甥分了，那还不是再正常不过？听人说，不但世面上流通的尽是假货，就是给朝廷国库里上缴的，成色也……"他忽然意识到自己说得太多了，忙闭住嘴讪笑一下。

"明保？和珅的亲母舅。"永琰点点头，绷紧了面皮没说话。伙计不知道眼前这位阔少想什么，忙起身告辞："少爷，没事我就回去了，那边正忙着呢。您可记住喽，出门在外，逢人只说三分话，未可全抛一片心，刚才都是说着玩的，别当真。现今这年头，什么都是假的。"

看他匆忙出门走了，永琰忽然长叹口气，看看长丰，欲言又止，曲起两个指头敲敲桌面："好啦，咱们赶紧赶路吧。省得兑换出假银子来，出了大同府没地方花去！"

穿过阳高、天镇，三两天时间来到河北张家口，这里是南下北上的必经路口，行走在路上，听着人声喧哗，倒也不寂寞。只是永琰已经无心再去沿途山上寻找什么木鱼石，他只想尽快结束行程，见到皇阿玛，把所见所闻告诉他，至少应该告诉他一部分，否则自己即便找到了木鱼石，也会心有不安。

顺着大路一直往前赶，速度大大加快。中秋节前夕，他们已经来到盛京城内。这里是大清朝的龙兴之地，列祖列宗的英武伟绩，多以这里为源头。虽然盛京城没有自己想象的那般繁华威严，永琰仍倍感亲切，大有游子归故乡的感叹。沿盛京主要街道转悠一趟，来到昔日的王府大门。

刚刚进入门洞，远远看见两人正站在宫殿外白玉栏杆旁，向这边眺望。永琰发现这两人穿着簇新的黄马褂，头戴镶着亮红宝石的镂花金座冠，石青色九蟒麒麟补服，下幅是八宝平水，惊讶地想，什么人物，竟然一等宫廷侍卫的装束。

那两人也看见了永琰，上前紧走两步，单腿点地跪拜施礼："奴才叩见十五爷！"

没等永琰答话，长丰和额隆已经认出他们，是后宫御前值勤侍卫，忙替主子说："你们怎么也来了？皇上……"

永琰心头突地一跳："莫非皇阿玛也来了？"两人忙回话说："十五爷，皇上特意差遣我们日夜兼程，赶到这里，专候十五爷。皇上吩咐，等十五爷来到盛京，就立刻通知地方官府向京师通报。"

永琰这才明白，他们的行程早在皇阿玛掌握之中。他立刻猜测到，这趟寻找木鱼石的经历，恐怕就到此结束了。果然，盛京府尹知道十五阿哥来到盛京后，立刻派大批兵丁前来护卫，一方面飞马报入京城。

接到盛京禀报后，乾隆很快降旨，十五阿哥于盛京守祖陵省身数月，长进不小。今特旨回京侍奉驾前。即令十五阿哥领旨之日，即刻动身。

当永琰回到京城时，已经是来年开春。关外天气本来就冷，一路上又策马疾驶，脸上手上疙疙瘩瘩满是冻疮。北京略微暖和一些，但春寒料峭，仍然是北风呼啸。一行人从东华门进城时已经暮色苍茫，如血的残阳吊在老树枝丫间，暮霭被染成淡淡的紫色，冷清清全无生气，偶尔一声乌鸦鸣叫更显凄凉。这情景顿时把进京回家的喜悦冲淡大半。

来到乾清宫后殿，天已黑透，寒风呼啸着漫天而下，宫院中花草灌木瑟瑟发抖。永琰来不及换衣服，步履匆匆走进皇阿玛寝宫。刚踏进屋内柔软的地毯上，一股热气扑面而来，若不是勉强忍住，差点打个响亮的喷嚏。原本三间的寝宫用屏风隔成了两半，寝卧的一间更为暖和，四角各有一樽景泰蓝的熏炉，袅袅地散发着热气，两根大柱子用明黄锦褥裹个严严实实。正面花梨木精心雕刻的炕上铺着崭新的明黄毯子，靠墙边有彩绣靠背引枕，上面铺着黑白两色的狐皮坐褥。一切陈设看上去心里便觉得暖意融融。

乾隆安详地斜躺在坐褥上，脚下放着镶金的黄铜脚炉，凑在灯下看书。永琰忽然感到有股热辣辣的东西涌上来，泪水控制不住地夺眶而出，扑通跪倒，哽咽着说："皇阿玛吉祥，儿臣……回来了！"

"噢？是永琰，"乾隆明显颤抖一下，伸手撑着小案想坐起来，永琰忙上前搀扶。乾隆却用另一只手把他拨开，"朕又不是老态龙钟了，还用这样伺候？"说着努力坐直身子，仔细端详永琰，大半年不见，全没了文弱的书生气息，腰板挺直，两目炯炯闪光，脸色红扑扑的端正而刚毅。

"唔，好，"乾隆满意地点点头，"人无刚强，立身不长。你这个样子就很好，朕放心了。刚进京不是？离开这么长时间，该见的都见见，先回去歇着，明早进来说话。"

永琰慌忙回话："回皇阿玛，儿臣离家数月，行程千里，虽然寻遍沿途大小山水，却没发现木鱼石的踪迹。未能完成圣命，请皇阿玛治罪。"

"木鱼石乃我满人最神往的宝物，隐藏在云山缥缈间，贤者寻它，它亦在寻贤者，渺渺茫茫尽在定数，岂能说找就找到的？永琰，世间事情往往就是这样，三分天命，七分人为，不必强求，亦不必强避，随其自然的好，尽心而已，"乾隆的目光在红烛下熠熠闪亮，话语深沉，"朕方才一眼就看出来，你尽脱以前懦弱，已经沾染了木鱼石的灵气，朕的目的已经达到了。好啦，时候不早，快回去吧。"

听乾隆说得竟有几分禅意，永琰来不及仔细琢磨，从怀中取出一方折子："皇阿玛，儿臣虽然没寻找到木鱼石，但沿途所见所闻，还是自觉增长不少见识。略有心得，笼统记在纸上，请皇阿玛御览。"

乾隆信手接过来，展开看过两行，立刻被吸引住，从头到尾看下去。永琰不知皇阿玛看过自己讲述大同府明保所作所为，有什么反应，屏住呼吸忐忑不安。

乾隆半晌才把折子放下，既没永琰意料中的震怒，也没责怪他随意和三教九流交往，只是沉吟着长叹口气："能处处留心国事，这个就好。不过，偏听则暗，兼听则明，评判是非，还是要格外慎重，切莫妄下结论。为人君者，所遇事情纷繁芜杂，更应养成习惯。你先下去，待朕仔细想想，明日再议。"

永琰回忆起当初写折子的时候，气愤填膺，恨不能把明保立刻重重查办，好像铲除了明保这个祸根，大同就可以恢复太平祥和一般。这时候听到皇阿玛意味深长地剖析，显然自己过于意气用事了。在心里默默想到，为人君者的确不容易，方方面面都要想到，稍微凭心性判断，不知道有多少人要无辜蒙冤了。

虽然是这个道理，但是永琰依旧坚信，明保是一个不折不扣的贪官污吏，还有他背后的和珅，更是坑害整个国家的仓鼠。不过他在折子上并没有提及和珅。

永琰顺从的应着，慢慢退出门去。

第四章

皇上当众作试探　和珅私下偷安排

　　紫禁城内灯影憧憧，显得格外肃静。永琰在几个小太监的带领下，从乾清宫后门的碎石小径穿过养心殿，走过一道琉璃瓦搭建的游廊，七拐八拐，大约一刻钟，才走出宫院角门。继续往前走，就是阿哥们的府第了。这时，护卫们过来接住，低声恭维一句："阿哥吉祥，总算是把您给盼回来了，家里人想您想的紧啊！"永琰顾不上答话，他只是想要立刻见到自己的喜塔腊氏。

　　从大门进去，永琰立刻看见再熟悉不过的一溜五楹倒厦正房，上边那块洒金匾额，皇阿玛亲手题写"翠羽丹霞"四个大字，在灯光下仍依稀可辨。房门开着，黄晕的灯光从里面倾泻而出，柔和而温暖。一个人影正倚门而立，衣衫在风中飘摇，袅娜而坚定。

　　"喜塔腊！"永琰不管侍卫还在身边，高喊一声快步迎上去。喜塔腊氏下意识地往旁边躲闪，避开永琰伸展的双臂，眼光轻柔地抚摩着他的脸，微低着头口气淡淡地说："才走几个月，你就变了，从里到外都变了。"

　　永琰知道她指的是自己热烈的神态，斜眼看见侍卫们正知趣地退出二门外，毫不介意地拉住喜塔腊氏双手。

　　喜塔腊氏脸色更红，仿佛一枝摇曳不定的夜来香，声音发着颤："看你，越说越上来了，不怕人家看见，传出去当笑话讲。外边风大，你的手冰凉，还是赶紧进屋说话吧。"

　　永琰爽快地答应着，并不松手，拉着喜塔腊氏并肩走进房中。房

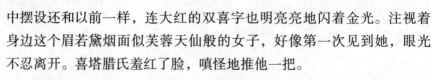
中摆设还和以前一样，连大红的双喜字也明亮亮地闪着金光。注视着身边这个眉若黛烟面似芙蓉天仙般的女子，好像第一次见到她，眼光不忍离开。喜塔腊氏羞红了脸，嗔怪地推他一把。

尽管这是难得的一夜安眠，永琰还是起得很早。头天晚上和喜塔腊氏缠绵入梦时，他还没忘记把闹钟开关扭转，以免错过御门听政的时辰。他不想因为贪恋片刻温柔乡而惹年迈的皇阿玛不高兴。再说，他还有心头念念不忘的事情要等着皇阿玛解决。

和珅这一夜却熬得十分艰难。一个多月前，听皇上降旨说十五阿哥被派到盛京时，和珅就大大地吃了一惊。他原以为皇上把永琰关在了后宫某个角落，没承想竟然神不知鬼不觉地跑到了那么远的地方。他是怎么去的，去那里干什么？单单就是为了养性？和珅觉得这个理由说不过去。不知怎么的，他总有些说不清楚的担心。或许自己亲朋门生故吏太多，又分布全国，难免会弄出些让人抓住把柄的差错？不管怎么样，得到消息后，和珅立刻派人偷偷赶往大同，询问明保，近期可有什么特殊人物路过，大同到河北到关外有什么事情发生过。

带回来的消息让和珅稍微放下心，大同到河北一带并没发现有重要人物出现，也没发生重大案件。尽管这样，值日太监告诉自己永琰回宫晋见皇上的时候，和珅仍然忐忑不安地想，这个平日憨乎乎的书呆子阿哥，会带给皇上什么消息呢，他爷儿俩在一起会谈论到自己吗？明日御门听政时，或许就会有新的内容，而这新内容，对自己有利还是不利？

躺在铺了三层填着安南进贡的貂绒锦缎褥子上，和珅怎么都感觉不舒服，烙大饼般翻来覆去。一旁陪寝的卿怜忍不住问："老爷，被褥整理得不平展吗？"和珅不理会她，刚刚云雨过一回，这会儿提不起兴致。

卿怜知道和珅准在琢磨事情，便不再多嘴，任他揣摩。

自从跟随乾隆以来，和珅就奇妙地发现，朝廷上的事情，自己的预感往往准确。正因为如此，凭借预感加上分析，凡事都能够未雨绸缪，照顾得滴水不漏。也正是这个原因，老爷子似乎从没对自己怀疑过什么。

这次和珅的预感又得到了应验。

卯正时刻，众大臣在首领太监引导下，穿过隆宗门，路过军机处，鱼贯进入乾清门。大殿正中高高摆放着须弥座，座前一张龙云翻转的雕花楠木大案，大案左前方有一块厚软的米黄色毡垫，用来供大臣奏事时跪拜。乾清门两侧戒备森严，侍卫站成长长两排，盔甲鲜亮，处处显示着皇家威严。大臣们恭恭敬敬，垂手肃穆，起居注官站在西边台阶旁，磨墨铺纸，做好上朝的准备。

和珅一眼便看见人群当中的十五阿哥永琰，有心上前问候，客套两句，或许能提前知道点风声。但众目睽睽，又感觉有些别扭。正犹豫着，静鞭啪啪甩响，御前侍卫高声叫喊："皇上御驾乾清宫！"

大家不由分说，齐刷刷跪倒叩拜，口中山呼："吾皇万岁，万岁，万万岁！"

乾隆一袭绣龙浅黄色棉袍，从夹道大步走上台阶，登上须弥座，略微虚虚抬手，语气十分随和："好啦，都平身吧。"

尽管乾隆轻描淡写，大家却不敢马虎，仍恭敬有加地再呼喊一次："谢皇上！"然后才快慢不一地爬起来，重新站好。乾隆气色很不错，严肃中略带笑意，比平常似乎还和善几分，和珅心头一宽，暗暗责怪自己把事情看得过于严重了。来不及多想，忙手捧装着奏折的镶铜黄匣子走出班列，跪在御案前的毡垫上，把匣子举过头顶，放在案上，然后退回原处。递呈奏折本是首席大学士的事情，但首席大学士阿桂不在朝中，便由和珅替代了。

和珅退下后，军机大臣王杰躬身站在御案前，把匣子打开，取出奏折。这都是昨天军机处接到的，等候皇上御笔批示。有些重要的，还要口述详情，代为解释。乾隆接过太监送上来的老花镜，看得分外仔细，偶尔询问几句。不过奏折当中，大部分无非各地州县年成几何，哪里有天降小麦、雪花九瓣等等所谓祥瑞，因为无关大体，批阅起来，并不费周折。不大工夫，已经批示一遍，仍旧放回匣中。

王杰回到班中，这才开始廷议朝政。乾隆把花镜放在一边，缓缓发话说："众爱卿，家凭长子，国凭大臣。天下之大，朕纵有三头六臂也照应不过来，这才有所谓封疆大吏之说。地方百姓议论朕是不是个好皇上，其实议论的不全是朕，大半是议论地方大臣。地方大臣若苛刻百姓，妄行不法，得好处的是他们，挨骂的却是朕！你们想想，朕替这帮人背黑锅，心里能舒坦？朕不严厉惩处他们，怎能过意得去？"

声音不高，口气却很重，看样子不是随意说说，分明有所指。众人低头聆听，眼珠子转动着，猜测是哪个地方官员出了问题，而地方官员的根子都在朝廷，拔起萝卜带出泥，不知谁又要挨整了。

乾隆忽然话题一转："当然，我大清入关定鼎，一统四海，也全赖封疆大吏奔波出力。朕并非指责哪一个，不过让大家明白慎终如始防微杜渐的道理。朕也曾数次巡视江南，亲眼睹察民风，感觉收获不小。没有夜夜做贼，只能夜夜防贼，民风还得一直察下去啊！可惜朕老啦，老不以筋骨为能，只好委派众爱卿替代。前些日子，十五阿哥永琰就出去走了一趟，大伙看看，身板结实了不说，心胸也从书本里挣脱开了，知道稼穑艰难百姓苦楚，这些情况翻烂书本也看不出来哟！"

乾隆的话刚一开头，永琰就知道一定和自己昨晚递上的折子有关系。果然，说着说着，话题落到自己头上。见有许多人偷偷朝自己这边看，永琰不自在地缩缩身子，尽量稳住神不去注意别人的表情。

和珅却心头咯噔一下，永琰果然向皇上说了什么，不然皇上绝不会无缘无故地发这番感慨。而永琰从京城到盛京，路过的无非就是山西、河北，尤其是山西，几乎全由自家亲信把持，莫非他们……

乾隆喘口气接着说："朕南巡之后，本想到北边东边各地也亲眼看看，可惜眼下天气寒冷，不是出门的时候。但是朕不出门，心里不清楚百姓日子如何，比出门受冻还难受。思来想去，还是先委派得力大臣，代朕到直隶、山西、山东等地方巡视，若发现地方官吏有贪墨枉法盘剥百姓者，火速报知朝廷，一定重重惩处！这副重担哪位爱卿愿意辛苦一趟挑起来啊？"

话说到这里，别人还没怎么听出味道来，和珅却彻底明白了。毫无疑问，永琰沿路之上发现了山西、河北等地方官员的问题，并且已经禀报给了皇上，看样子皇上至少相信了七八成。怎么办？可恨明保这个老东西，屁股都让人家给摸了，还蒙在鼓里，专门写信说什么百姓被管教得十分老实，压根儿没有朝廷人员踪迹，要自己一万个放心。真是个十足的呆鸟！

没等理清楚思绪，忽听身后有个声音叫喊一嗓子："我主圣明，以百姓为本，臣不胜感激涕零，愿意奉命出朝巡查，为圣上擒捉仓鼠蠹虫！"边说边快步走到御道中央，扑通跪倒在金砖上。

和珅跟随众人眼光望去，原来是内阁学士户部侍郎尹图壮。尹图壮这个老头和珅再了解不过，彻彻底底一个不通人情世故的老学究，为人处处以礼字为先，凡不符合礼的，都好像是他的仇人，口诛笔伐，一定要祛除心里才痛快。尹图壮常常讲，身为官吏，当洁身自好，贪赃枉法乃是最大的不讲"礼"，这比不孝孽子更让人痛恨。和珅曾试探着拉拢他几次，但人家根本不上套，反而对和珅更加鄙夷，若不是自己留心压着部分奏折，这个老家伙针对自己指桑骂槐的文字怕早引起皇上的警觉了。这样一个人巡查明保，不是要给自己釜底抽薪吗？

和珅脑子飞快地转动，许多设想风一般刮过。不容仔细推敲，他一甩马蹄袖，紧走两步跪在尹图壮身边："皇上，尹图壮年过五旬，身子骨一向不大爽利，却甘冒严寒出朝巡查，臣感动之余，自愧不如！出朝巡视，代天子行令，那是臣子莫大的荣光，话虽这样说，但诸事繁琐，体力耗费甚大。臣为尹侍郎计，最好还应增派一位年轻体壮者，两人有事可以商议，出力的事情还可以为尹侍郎代劳。再者，倘若真查出地方上有弊病，是费口舌的事，一人之辞，难免给地方官吏有可挑剔之处，若两人同时在场，他们自然无话可说。请皇上明察！"

乾隆抖动花白胡须略微颔首："尹图壮愿意替朕分忧，很好。和珅说得也不无道理，两双眼总比一双看得更清楚。和珅，那你说，派谁去做帮手呢？"

和珅似乎早就猜出皇上要这样问，不慌不忙地说："不妨就让皇上身边的庆成走一趟，他年轻体壮，眉眼活泛，正好可以弥补尹侍郎精力不济。再者，庆成回来后，在皇上左右当差，皇上可以随时问讯，这样方便些。"

永琰虽然对朝廷内部关系不甚了了，却也听说庆成好像是和珅的门生，两人关系一向走得很近，这是不是和珅的有意安排？虽然这样想，因为没有真凭实据，唯恐在大庭广众下惹得皇阿玛不高兴，只好掩饰住自己表情。焦急中，永琰忽然想起，若能让尹图壮和庆成私访，即使庆成是和珅的亲信，恐怕也堵不住百姓的嘴。

念头一闪而过，永琰不敢耽搁，急步上前跪奏："皇阿玛，关于巡查，儿臣有一想法，请皇阿玛斟酌。"

乾隆流露出一丝赞许的神色，点点头："唔，有什么想法，说出来大家听听。"

"皇阿玛，儿臣以为，居官当先厚民风，察物当观其细节。大臣出朝巡查，为的是挑剔地方治理方面的弊病，应当重点听取百姓议论，自下而上，观察地方管理的方方面面。正因如此，还是微服私访不惊动地方官府为好。勘察起来，会更切合实际情况。"永琰并没怎么在朝堂上说过话，总有点心虚，感觉声音中底气不足。

"微服私访，倒应了朕的巡查习惯。"话虽这样说，乾隆却不急着下结论，再看看和珅和尹图壮。

"皇上，阿哥能如此关心政事，且言之成理，足以证明皇家天胄兴旺发达连绵不绝，奴才高兴都来不及。"和珅扭头看一眼永琰，忙不迭地长跪着冲御座作个揖，"不过，关于微服私访，皇上兴致所至，与民同乐，自然是应该的。只是大臣若效仿皇上，也去私访，奴才恐怕传扬出去，好像我大清官府隐藏着什么不可见人的东西，反倒让百姓笑话。再者说，尹图壮他们巡查地方，求的是大体，并非处理疑难案件，若钻到百姓堆里到处询问官府好还是不好，弄得人心惶惶，也不是什么美事。照奴才说，最好依从朝廷规矩，明察为好，这样百姓安居乐业，官吏安心公干，不至于造成太大影响。"

永琰听和珅刚开始夸赞自己，以为他这下黔驴技穷，没什么招数了。不料他话题一转，来个软刀子扎人，道理圆通，找不出反驳的理由，心里恨恨地却说不出所以然来，只能暗中咬牙："老奸巨猾，果然老奸巨猾!"

乾隆沉吟一下:"说得也是。大清江山传到朕手中,苦心经营数十年,断不至于沦落到偷偷摸摸才能查出弊病的地步!就依和珅,令尹图壮和庆成择日出朝,巡查山西、直隶和山东等地方,重在挑剔官员不法事体,核实地方库银存粮,若有不实之处,随时奏报!"

见和珅处处遂愿,并且巧妙地让皇阿玛稍微动怒,不用多费口舌便堵住别人再发话。永琰第一次正面领教,不出一个回合就败下阵来,惊讶之余,更加深了对和珅的厌恶。

散朝回到家中,和珅也不回内室,直接到书房坐下,接过使女递上来的热毛巾擦把脸,刚要掀开茶盏润润喉咙,家人刘全碎步跑进来。和珅放下杯子斜着眼问:"怎么,来了?有没有人看见?"

听和珅口气不大放心,刘全哈腰凑近了说:"得了老爷吩咐,我立刻到庆成家,让庆成把身边的人打发走,这才将老爷的话对他说了。

庆成哪有半个不字?当即把朝服脱了,换上便装,悄悄从侧门出去,叫了辆篷车,先说往东走,去贤良寺,走到半截,又说去北边,到德胜门附近,走到半遭,又改口说想起来了,要走金鱼胡同,绕了一个大圈子,这才拐弯抹角地赶过来……"

"行了,行了,"和珅不耐烦地站起来摆手止住,"我是问你,你去庆成家的时候,有人注意了吗?"

刘全腰弯得更低:"老爷,我也是绕了老远,沿金鱼胡同横着过了校尉胡同,再直奔大木仓……"

和珅见他舌头翻动,又要报一串地名,站起身来踱两步:"人呢,快让他进来。"

"哎,哎,"刘全答应着退出门去。片刻工夫,一个中等偏上身材三十出头的汉子蹩进来,见和珅正对墙站着,忙冲背影单腿跪下:"学生叩见和相。"

和珅踱回太师椅前坐下:"起来吧,坐到跟前说话。"

庆成毕恭毕敬地又叩个头,侧着身子在对面矮凳上坐了。和珅啜口茶,既不严厉也不和蔼:"庆成啊,你是我一手培养起来的门生,从一介不入流的举人，让你中了举子，一步一步成了人人羡慕的御前侍卫。怎么样，感觉还算满意吧？"

听和珅翻起旧账簿，庆成知道准有事情要让自己费神了。不过想当初自己一个普通举人，学业上并没多少超人地方，幸亏得了和珅提拔，这才一路顺风毫无挂碍地闯了过来，光宗耀祖自是不说，前程上更有不敢想象的奔头。虽然当初为了接近和珅，掏空了家中几代积蓄，但比起现在的实惠，仍是一桩绝好的买卖。当然，自己也没有亏待和珅，他举荐自己当了御前侍卫，按照他的吩咐，自己冒险向他透露皇上起居，和什么人交谈，交谈的是什么内容乃至读的什么书，从没让他失望过。

庆成脑海里虽然风卷残云般晃过许多东西，但外表并没有丝毫异样，谦卑地拱手回话："恩师是学生的再生父母，学生没齿不敢忘怀。恩师有什么吩咐，学生拼了这一百多斤，也要遂了恩师的心。"

"好，有这份心就好。"和珅脸色松动一些，眯缝起眼睛徐徐说，"今儿上朝时，我推荐你和尹图壮同去巡查，你也是在场的。至于为何推荐你，你心里应该清楚。大同那边的明保，是我母舅，以前经常来家里，你大概也知道。太原、直隶和山东等地方人物，都和你一样，是我的门生，我不能厚此薄彼，都要一发照应到的。尹图壮的为人你可能不太清楚，腐儒一个，这等人其实很好对付，你应该知道怎么做。"

庆成对和珅心思的了解，如隔了层窗户纸，一点就破。庆成腾地站起来："学生知道该怎么办，恩师等着听好消息就是。"

和珅满意地点点头："我已经派下人去通知这些地方，让他们提前做好迎接朝廷钦差的准备。你就对尹图壮说，皇上已经给你交代好了路线，先去大同，再南下太原，回头勘察直隶。大同那边盛产银子，挪动起来很便宜。另外，户部的府库也安置在那里，必要时可以动用一下，先把大同府的银库给装满。其余的人也都这样安排，不过时间上要慢些，等你们勘察完大同，估计太原、直隶就收拾妥当了。听不听好消息，区区一个尹图壮，还谈不上。不过，看看这个倔强老东西的笑话，杀一儆百，也就足够了。"

回到家中闷坐半晌，永琰总觉得心里不踏实。这次委派大臣巡查，可以说因自己而起。倘若查来查去，被地方官员蒙混了，皇阿玛会怎样想，他会不会以为自己是故意夸大其词来标榜自己？若得出这样一个结论，不但皇阿玛对自己的好感全部冲淡，而且地方官吏会有恃无恐，闹腾得更加凶猛，地方百姓的日子自然也就更加难过。

不过永琰还是尽量宽慰自己，明明亲眼所见，怎么可能有假？况且尹图壮是有名的直臣，有他前去，就算那个庆成从中捣乱，也不难发现许多弊病。这件事情是十拿九稳的，根本用不着担心。

尽管把事情朝着好处想，永琰仍隐隐感觉不妙。要知道，这是在触动和珅的根基，和珅能这么轻易束手就擒吗？他不定会耍出什么让人防不胜防的花招来。永琰忽然想起老师朱珪有次讲到朝廷和地方官吏的关系时说过，任你朝廷官员清如水，难保地方黠吏滑如油。

地方官吏并不讲究什么名节，能捞到多少好处，便是他们做人的唯一原则，他们对付上峰，花样翻新，层出不穷，难对付啊！既然如此，尹图壮看似简单的事务就要大费周折了。永琰有心把尹图壮找来，仔细讲解自己亲眼见到的情形，嘱咐他小心行事。但自己身为皇子，不能私交大臣，连张纸条也不能随便传递，满腔的话，只能憋在心里沉甸甸地难受。

尹图壮并没考虑这么多。照他想来，钦差大臣巡查地方，那就如同猫捉耗子，不管暗访还是明察，都是居高临下，只要有弊病，没有发现不了的。尹图壮也知道庆成是和珅跟前的人，但那又怎么样，自己有眼睛有耳朵，不相信他的花言巧语，自己看自己听就是了，他还能有什么花招？

沿途之上，尹图壮摆出老前辈的架势，不轻易和庆成说话，偶尔议论个事情也面色严肃，借此机会给他一个下马威，让他到地方上不敢轻易糊弄自己。庆成似乎很识趣，处处低调，愣头小子不通世事的模样，尹图壮更放下心来。

遵照庆成转达皇上的意思，出京城后不走直隶，而是舍近求远，径直来到大同府。大同府尹明保自从外甥发达，鸡犬升天把自己也带动起来后，为官的年头也不算少了，上下应付已经完全自如。得到和珅送来的消息后，大张旗鼓地准备了一番，单等钦差大臣的到来。

明保派遣几个心腹，把户部管辖的铜厂和锡厂盈余白银搬进府库。专门负责守护库银的户部官员早已经成为明保的走狗，帮衬着把锡块用银封包整好。从表面上看，一封一封的银锭子码放的整整齐齐，可假银子却被压在了最下面，即便挨个检查，查个两三天，也很难发现破绽。

第五章

明保设局玩游戏　钦差中计走迷宫

明保接连忙碌了几天，事情总算是安排妥当了。这个时候，尹图壮就要进入大同府了。

明保顶戴补服穿饰起来，率领官员们，一直迎接到北门十多里。还未下车轿，尹图壮就见到迎接的队伍非常浩荡，场面简直壮观极了。虽然没有鸣炮奏乐，也不见彩旗飘扬，略微显得单调一些，但是隆重欢迎的心情却是表露在外的。尹图壮这一下子正好对了脾气，满意地点点头，招呼庆成下轿，一同迎了上去。

明保拱手见过尹图壮和庆成，说些一路辛苦之类的客套话，摆手请尹图壮上轿进城。尹图壮客气一句："你们也都上轿吧，大家一同进大同！"说完了还为自己调侃的话语自感得意。不料明保旁边的一个随员接口回答说："尹大人，我们明大人是走着来的，您上轿吧，我们跟在轿后走回去就是。"

尹图壮吃一惊："怎么，不是离城还有十余里吗，怎么不坐车轿？"

明保含笑还没回答，那随员撅起嘴用埋怨的腔调说："尹大人，我家明大人也真是，出门办差，十里二十里的，从来都是走着去，说安步当车好处多，不但可以强身健骨，更能亲眼看看百姓生活状况到底怎样，不至于受了属下的蒙蔽，碰到百姓们有什么冤情，还可以就地解决。明大人这样做倒是真给百姓做了许多好事，只坑苦了我们这些跟班的，脚掌上的老茧磨得都有一寸厚！"

"当着钦差大人，可不许胡说，回去后把我那双一直舍不得穿的新鞋送给你！"明保嗔怒着瞪他一眼，转过脸对尹图壮拱手，"尹大人见笑了。也都是我这府尹太没架子，凡事都和他们商量，结果他们蹭着鼻子上脸，说话也不分场合。如今虽说已经立春，大同比北京总要晚个节气，还是挺冷。尹大人快上轿吧，我们紧走几步就跟上了。"

尹图壮大为感动，望着明保寒风中有些泛红的脸，忙说："既是这样，我也不用轿了，咱们一道走回去，顺便看看大同风土人情。庆成，你说呢？"

庆成站在尹图壮后边笑嘻嘻地说："我年轻，怎么都成。"

明保满脸难为情地哎呀两声，却并不再勉强尹图壮上轿，慢悠悠迈开脚步往回走。一行人急忙跟在明保和尹图壮身后。

大同的气候果然比北京寒冷许多，走在荒郊野外，凛冽的北风毫无遮拦地劈头盖脸打下来，脸上被人掴了耳光般火辣辣的疼痛。尹图壮在轿中有脚炉暖着，并没穿多少衣服。寒风撕扯着他的袍摆衣袖，顺着空隙往里钻，在轿子里略微嫌热的夹衣，此刻就像纸一样单薄，简直就是光着身子站在外边，躲都没地方躲藏。

走出一里多地，尹图壮已是瑟瑟发抖，脸皮麻木得没了表情，清水鼻涕沿嘴角流到胡须上，擦也擦不完。偷眼看看身边的明保，见他虽然脸色泛红，但双手蜷缩在袍子中，谈笑风生，丝毫没有怕冷的意思。再注意一下身后的随员，都说说笑笑边走边聊，连庆成也和他们说得起劲，全然不把寒冷当回事。尹图壮暗暗奇怪，怎么就自己一个人冻成这样，莫非明保他们已经习惯了这里的气候？庆成呢，总不至于适应得这么快吧，或许是庆成年轻，火力壮，唉，自己老啦！尹图壮在心里感叹一声，却还得装成若无其事的样子，边走边留心观看路边的景色。

天寒地冻时节，大同郊外一片荒凉，灰蒙蒙的大地笼罩在阴云下，如同一张张死人的脸，没有半点生气。看过片刻，尹图壮厌烦地收回眼光，身上更感觉冷了。偏偏明保还殷勤地话语不断，谈大同的历史，询问京城的事情，尹图壮不得不强忍着答话，让冷气一口一口吞进肚里，从里到外冻得似乎成了冰砣。

尹图壮哪里知道，这一出是明保特意安排好的。他们都在袍子里边穿了厚厚的狐皮棉衣，脚上套了几层棉袜，就连庆成也提前得了报信，下轿时偷偷换上棉衣。结果一群人中，只有尹图壮一个老头子衣衫单薄，咬着牙挨冻。其余人谈笑之余看他浑身发抖的样子，在心里偷乐。

好容易挺到大同府衙，尹图壮手脚僵硬，跟跄着迈进门槛时，差点跌个跟头。好在及时扶住门框，才没让众人看笑话。

明保佯装什么都没看见，谦让着把尹图壮推搡到正中间位子上坐了。本指望在屋里会暖和些，不料主位正对大门，门扇半掩，冷风长了眼睛般径直扑向自己怀中，比起路上来简直没什么两样。再看看众人，大家分成两排靠墙而坐，缩头拢袖，舒舒服服。尹图壮有心让人把门关紧了，但自己是客人，主人不提，自己也不大好张口，否则就显得不大礼貌，只能硬挺着。

坐定后，明保热情洋溢地和尹图壮攀谈，神情恭敬但不失诚恳。谈到当今许多官员如何不理会皇上治理天下体恤百姓的苦心，谈到各地衙门如何奢靡淫逸。说到激动处，明保简直义愤填膺，差点要拍案痛骂。尹图壮听得淋漓痛快，暗暗叫好，心想人人都说和珅党羽如何败坏朝纲，这明保倒真是一个例外了。

强忍着寒冷谈论半晌，明保终于想起来似的一拱手："尹大人，也真是话逢知己千句少，光顾上谈论，竟忘了尹大人急匆匆一路赶来，还没有用饭。"一边挥手让人就在厅堂摆开饭桌。

尹图壮努力活动一下几乎要冻僵了的身子，忍不住连打两个响亮的喷嚏，看看众人一脸肃穆的样子，反倒是自己显得太弱不禁风，不觉暗暗脸红，想着等一会儿他们劝酒时要多喝两杯，去去寒气。

门外有人答应着，稍停片刻，饭菜端了上来。

尹图壮探头一看，心里不免稍稍有点失望。盘子碟子倒也不少，可惜里面盛的除了白菜帮子就是土豆粉条，虽然热气腾腾，但没有一点荤腥。明保对尹图壮的脸色视而不见，挥动筷子连连招呼："尹大人，饿半天了，快吃，快吃！"

不等尹图壮答话，明保身边一个随员兴奋地接了一句："明大人，今天怎么格外大方，整治了这么多菜？看来朝廷钦差的面子就是大，我们也跟着沾光，要大饱口福了！"

另一个随员抢着说："明大人，既然上这么多菜，是不是也来点酒？我们可是好几个月没闻过酒香了！"

明保含笑瞪一下眼："目下大同还有多少连饭都吃不饱的饥民，你们能吃上这样的饭菜就已经谢天谢地了，还想喝酒？你们算没算过这个账，酿一斤酒得用掉多少粮食，与其辣乎乎地灌到嘴里，不如多救济几家百姓。"

众人都不吭声。尹图壮是个实在人，听他们一唱一和，知道借酒暖肚子是没指望了，心里却更加高兴，点头称好。明保热情洋溢，亲自动手，把几样土豆白菜放在小碟子里，双手捧到尹图壮面前："尹大人，在下不才，没本事让大同百姓家家锦衣玉食，只能最大限度地保证他们安居乐业，填饱肚皮。既然咱本事小，也只好刻苦自励，带头勤俭。在下以为，为官勤则政通，为人俭则清正。两位钦差到此，在下不敢怠慢，硬着头皮奢侈一下，来，在下一腔热情都在这饭菜中，请两位大人一定要吃饱。"

尹图壮拱手谦让，发自肺腑地感慨："明大人，我以前去过不少州县，说句实在话，每到一处，地方官员簇拥环绕，来去大车小轿地接送。吃饭时，不管地方贫富，无不山珍海味，侈靡风气让人叹为观止。没想到来到大同，竟然遇到真君子，明大人治理大同，真是君子之德如风，沐浴地方。有这样的官员，真乃大同百姓的福分呀！今天就是饿上一顿，我心里也是高兴的！"

说着端起碟子来，大口大口地往嘴里填，虽然清水煮菜，简直没一点味道，但他仍吃得兴奋，全然不知周围满是冷笑的眼光。正吃了个半饥不饱，明保已经站起身，笑眯眯地拱手说："尹大人，两位钦差这次前来大同检查库银，一路鞍马劳顿，下官却没能招待好，惭愧得很。不过说句大胆的话，下官以为，在家者不知有官，在官者不知有家，方能守住自身本分。两位钦差既然来到地方，还是应该尽快检查才好，一来免得皇上牵挂，再者也可以让地方百姓一睹朝官雷厉风行的风采。"

尹图壮把筷子停在空中，听明保侃侃而谈，虽然觉得赶得紧了点，却找不出合适的话来对答，况且见对方出于一片赤心，更加欢喜，恋恋不舍地放下碗筷："好，就听明大人的，咱立刻去银库！"

坐在一旁的庆成一直慢条斯理地品茶，几乎没摸过筷子，忽然接过话头说："哎，明大人，我知道你向来办事利落，整个大同府上下没有不翘大拇指的。可是这回总要例外一下吧，尹大人恁大年纪了，连日没休息好，好容易到地方了，喘口气都不行吗？要不，叫我说，就明天开始吧！"

明保绷着脸，做出为难的样子："看我，总不自觉地把自己办事的习惯流露出来。好，那就请尹大人先到客馆歇息，明日一大早开始检查，如何？"

不等尹图壮回答，庆成已经替他满口答应："这样才像个主人的样子嘛。我年轻，歇息不歇息没什么打紧，尹大人歇息不好，我可是要负责的！"

听他俩说的也确实是实情，尹图壮满怀感激地点点头。既然不去检查了，正好接着填饱肚子。可是低头一看，刚才说话的空儿，饭菜已经撤了下去。自己堂堂钦差，当然不好意思张口说没吃饱，只能将就着喝几口茶暖身子。

一杯茶水没喝完，明保又笑眯眯地发话了："既然这样，下官就不打扰了，改日请教。"说着转身冲外头喊一声，"快把轿子抬过来，送尹大人到客馆去，好生伺候着！"

两个侍卫打扮的人应声进来，冲尹图壮躬身施礼："大人，您请！"

尹图壮和庆成正要起身，明保抚着胡须一笑："庆大人，你刚才不是说年轻不感觉劳累吗，那就让下官先陪着去府库那边认认路，熟悉一下情况。这样，明日尹大人检查时就会轻松许多，不知意下如何？"

庆成犹豫地看一下尹图壮："尹大人，您一个人在驿馆，不用我伺候吧？"

尹图壮想也不想地赶忙回答："我身子骨硬朗得很，驿馆也不缺杂役。咱们同是来为皇上效力的，哪里谈得上你伺候我？明大人一心为着朝廷着想，你就跟着先去看看也好。"

有了尹图壮这话，庆成不动声色地一笑："那好，那好，我听尹大人的。明大人，等尹大人走后，咱就过去看看。"

尹图壮满意地和大家一一告辞，跟在侍卫后边，走出门去。

看尹图壮坐上轿子拐出二门，很快消失了。明保忽然哈哈一笑，大家会意，也都跟着哄堂大笑起来。许多人边笑边翘着拇指奉承明保："果然是明大人棋高一着，真正是高！"

明保嘴角一撇："哼，任你奸诈似鬼，到头来还是要喝咱的洗脚水。庆大人，怎么样，这出戏演得还可以吧？"

庆成笑嘻嘻地凑近了说："三百六十行，行行出状元，这演戏也分个三六九等。戏台上的戏，和明大人比起来，那简直就是皮影！我回去后，一定把详情禀报给和大人，他说不定乐成什么样呢！"说着忽然眉头一皱，"这鬼地方，还真他娘够冷的，穿这么厚的貂皮袍子都给冻透了，那老家伙能挺着走出这门去，身子骨果然够硬朗！哎，我说，咱赶紧换个暖和地方吧？"

明保满脸含笑："点到为止就好，否则真冻死在咱这儿，还说不清呢！走，走，到后边花厅去！"

一行人簇拥着明保和庆成，转过琉璃屏风，沿抄手游廊走出一段，来到后院的正房前，恭恭敬敬地先请两人进去。

刚进门，一股热气扑面而来，周身如同洋溢在温水里。庆成四下打量，见偌大一个花厅，都用屏风隔成小间，四个墙角各有景泰蓝的大熏炉，生着淡蓝色炭火。地上横七竖八地围着熏笼，从上到下，热气蒸腾。房子中间竖了四根大柱，用云锦花纹的彩绸包裹着，正对面是个大炕，炕上铺着崭新的绸缎，沿炕边设了一溜软座，都铺着光泽闪亮的狐狸皮。别说坐，看看都觉得舒服。

庆成点点头："明大人，你这后房可真够豪华的，简直可以同和大人的０媲美了。怎么样，弄几个美娇娘藏在这里，日子快活赛过神仙，怕是赶都赶不走喽!"

明保和庆成同属于和珅跟前的贴心人,与和珅的私下交易,彼此都心照不宣,说话也就很随便。

听庆成啧啧赞叹,明保不无得意地拍拍他肩膀:"庆老弟,你这话只说对了一半。舒服自然是没得说,不过咱哪里敢跟和大人相比?天上朱蕊宫,人间宰相家,和大人的家底,幸亏皇上不明了,不然,皇上都要与和大人换换位置呢!"见后边的随员都跟了上来,明保赶忙打住话题,摆手招呼,"来,来,请庆大人中间坐好了,陪老家伙饿了大半晌,咱这就开宴!"

大家纷纷围着庆成和明保坐下,舒舒服服地伸个懒腰,把官袍内的皮袄脱下来,交给炕下站立的丫头。脱去了沉重的厚衣服,大家更加精神抖擞,谈笑着恭维庆成和明保。

少顷,门外一阵轻微脚步响动,十余个花红柳绿的袅娜女子,端着精致的青瓷碟盘依次走进来。香气袅绕中,各种珍馐满满当当摆开一大桌子。炕下一个大黑坛子揭开了封,酒香立刻充溢整个大厅。

庆成抽抽鼻子:"好香!看来明大人这次下了血本啦,这汾酒恐怕窖藏十年都不止!"

明保跟前一个贴身随官面带巴结笑容,替主子回答:"庆大人果然懂得行当的。我家明大人专门藏了几十坛掐头去尾的老窖汾酒,平时谁也不许动,就是明大人自己,也是轻易不喝的。明大人说了,要想启开坛子封,除非皇上跟和大人来,要不也得是平生知己才成。今儿明大人特意吩咐搬一坛子过来,庆大人在明大人心头的地位,就可想而知啦!"

庆成得意起来:"那还用说?别看我比你家明大人小好多,在一起共事的日子可不算少。明大人最讲义气不过,你们要忠心耿耿地对待主子,明大人绝对不会亏待了你们!"

众人忙恰到好处地附和:"那是,那是,这个不消庆大人吩咐,我们也知道,明大人就是我们的再生父母,不管有什么事情,只要大人一句话,我们立马去办!"

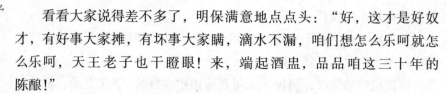

看看大家说得差不多了，明保满意地点点头："好，这才是好奴才，有好事大家摊，有坏事大家瞒，滴水不漏，咱们想怎么乐呵就怎么乐呵，天王老子也干瞪眼！来，端起酒盅，品品咱这三十年的陈酿！"

几杯酒下肚，气氛更加活跃。庆成见满桌上宫廷菜肴、江南海味，加上北地特色野味，海鲜生猛，几乎应有尽有，连吃几大口，啧啧称赞："味道不错，明大人能把这样的好厨子挑拣到身边，好眼光，好眼光！"说罢又吃。吃喝一阵忽然想起来，"可叹尹图壮那个冤大头，这会儿在驿馆不知凄惶成什么样了呢！"

"软刀子割人不觉死，这正是明大人的妙处。谁让这家伙又老又硬死认真呢，老眼昏花看不清大形势喽，受了罪活该！"有人趁机奉承一句。

尹图壮连日来马不停蹄地赶路，来到了大同府，本以为能吃上顿热腾腾的可口饭菜，好好歇息一下。不料还没进大同城，先冒着寒风步行十几里地，又在正对着风口的地方坐了两个时辰，不冷不热地弄个半饱，没等到达驿馆，已经头晕眼花得简直挺不住。

轿子摇摇晃晃，拐弯抹角，穿街过巷，尹图壮迷迷糊糊，也辨不清方向。只觉得冷风从破了的帘子里直灌进来，又饥又冷，哆嗦成一团。

好容易到地方了，尹图壮脸色铁青，扶住轿门，抖抖索索地走出来。一个差役见他踉踉跄跄，差点跌倒，忙跑过来扶住，推推搡搡走上驿馆二楼，住进早已安排好的房间。

等众人客气几句相继离开，尹图壮才强打精神环视一下房间。不大也不算很小的房间里，空空荡荡，只有一张床榻，床边一张小桌，桌上放着一盏枯了油的灯。

"唉，大同这地方果然是苦寒之处，堂堂钦差的驿馆尚且如此，百姓的日子就可想而知了。幸亏明保为官勤俭，否则情形就会更惨。"尹图壮在心里感叹一句，忽然听见"呱嗒"声不断，原来是窗纸开裂，冷风一股一股地钻进来。难怪这屋子和冰窖一样，尹图壮苦笑着披紧衣服，蜷缩在同样冰凉的硬床板上。

等候半晌，并没人来过问，更没有差役主动端茶送水。尹图壮实在忍不住了，走到门口张望。见楼梯口处有个小伙计，招手叫过来问："你们这驿馆怎么这样冷清，连个打杂的都没有？"

小伙计看看尹图壮，口齿伶俐地回答说："老爷，这您就有所不知了。咱大同这地方，土地贫瘠，天气苦寒，向来是人烟稀少，老百姓的日子很不好过。好在我们明大人勤政爱民，处处为百姓着想。他刚一到任就吩咐，凡是官家场所，尽量少役使百姓，让大家有空闲整治田地，冬季还可以跑个小买卖，使日子好过些。就这么着，驿馆里并没几个干活的，算上我总共三个。有两个到附近帮着百姓修补房屋去了。刚才送老爷过来的几个侍卫，也因为大同到北京的一段道路结了冰，往北京运送货物的乡民很难通行，都去帮忙推车了。这里就剩下我一个人，还得在门口照看着有没有客人，实在分不开身去招呼老爷，对不住得很。"

尹图壮点点头："君子之德如风，你们明大人的仁厚，已经感染到差役，难得呀，难得！"赞叹两句，心里略微暖和些，回到房间里和衣躺下，拉过脏兮兮的被子，昏沉沉地睡过去。

明保后花厅内，此刻已经个个酒足饭饱，庆成意犹未尽地用迷离醉眼看着明保："明……明大人，这就完……完了？没什么可消遣的了？"

明保笑呵呵地伸指头点着他："你那点爱好，老哥我还能不了解？好戏还没开场呢，你就猴急了！"说着使劲拍两下巴掌。

声音未落，一队袅娜女子从屏风后边如仙子凌波般款款走出来。她们在炕下站成一排，先叉手道个万福，随着鼓乐响起，放开歌喉，边唱边舞。庆成红着眼睛，盯住她们苗条的身姿，眼光在她们脸上扫来扫去，吹奏声似乎充耳不闻。最后终于忍不住，跳下炕去，拉住一个搂在怀里，猥亵地上下乱摸。歌女尖着嗓子直叫，众人却见怪不怪地哈哈大笑。

"去告诉那个老头，就说今天检查银库弄到天黑，我就将就着在这里住一晚，不回去了！"庆成对门外一个戈什哈喊一声，花厅里顿时男男女女的调笑声混杂在一处。

尹图壮一夜冻醒好几回，迷迷糊糊直到窗外发亮了，才勉强睡去。刚进入梦乡，忽听有人轻轻地敲门。尹图壮打个激灵，翻身坐起："谁？"

就听门外有人似笑非笑地说："尹大人，是不是还没起床啊？下官得罪了。"

一听是明保的声音，尹图壮道一声惭愧，人家果然勤政，头一次共事，就把自己堵到门口。赶忙胡乱收拾一下，开了门，不好意思地笑笑。

明保官服整齐，似乎并没看见尹图壮一脸憔悴的狼狈相，拱手施礼说："尹大人，下官有个坏脾气，但凡有什么差命，非得一气做完了方好安心，否则就食不甘味，夜不能寐。这不，昨晚陪庆大人到府库那边转了转，回来已是前半夜，但想起皇上重托，一时竟无法安眠。和衣熬到天色微明，就迫不及待地赶来了。还请大人见谅！"

尹图壮愈发惭愧，期期艾艾地应付两句，立刻就要去检查。明保张罗着要安排早饭，尹图壮逞英雄般执意推辞。

一路仍然是步行，大半晌才到府库。明保命府库看守把门打开，引领尹图壮和庆成进去。高大宽敞的府库中，一封一封的银锭子码得整整齐齐，堆得小山一样。众人来到跟前，明保亲自动手，把外边的封纸撕开，明灿灿直晃人眼，入库时的封条完好无损，不用细看就知道，是上等成色的银子无疑。

见尹图壮点头，明保不厌其烦，撕开了一锭又一锭，大有将全库银子都拿出来让尹图壮查看一遍的意思。最后尹图壮自己都觉得有些不忍心，拉住明保的手："明大人，检查检查，也就是拣几个样子查查就行，哪能挨个儿查看一遍？明大人的认真劲头，我着实领教了，还是赶紧住手吧。"

尹图壮阻拦好几次，明保方才罢休，做出不甚满意的神情说："尹大人信得过下官，这是下官的荣幸，但公是公，私是私，下官向来讲究公私如泾渭，一定要分清。这次就听尹大人吩咐，不再继续拆开看了，不过已经拆开的银锭子，分量到底够不够，尹大人一定要亲自称量一番，下官才放心，才算对尹大人对皇上有个交代。"

尹图壮不好回绝，接过精细小称，一封一封的银子挨个儿称。没称出多少，已经一个多时辰过去。昨天就没有吃饱，早晨又饿着肚皮，尹图壮觉得眼前阵阵发黑，头上直冒虚汗，咬紧牙关，才硬撑着没有瘫软在地上。

庆成在一旁看尹图壮脸色越来越不对劲，冲明保使个眼色，气嘟嘟地说："明大人，你也太认真过头了。这满库房的银子都要尹大人称量一遍，那还不得长期驻扎在你大同府？尹大人都说相信你了，你就省点事吧！"

明保一脸为难，犹豫一阵终于开口说："两位大人休要怪罪，下官长期养成这种积习，倒连累两位大人了……也好，一切看尹大人的意思就是。"

尹图壮终于感觉自己要顶不住了，他怕瘫倒在这里，让人抬回去，传到朝廷，岂不成了天大的笑话，忙借着台阶说："庆成说得也是，上下一心，黄土成金。明大人为官风采，我已经深有领会了。这银子嘛，刚才称量了许多，没有半丝半毫差池，足见明大人清正廉洁，府库盈余，比朝廷规定的还要多出许多，难得，难得！其余的，就不必麻烦了，让他们包起来好了。"

尹图壮在大同府连续住了两天，明保顿顿请他坐在门前的风口处，吃萝卜、白菜，喝清茶，而且每天夜里还得硬挺着挨冻。这两天中，尹图壮把地方府库和户部银库都挨个儿查了一遍，每一次查询，都是明保带头拆封，一直拆到庆成埋怨为止。

第六章

乾隆设宴庆甲子 永琰施计除大患

第三天早上，尹图壮被窗户外的冷风吹醒，翻身意图做起，突然觉得天昏地暗，几乎要栽倒在床上。他暗叫不好，两天来连饿带冻，再加上休息不好，只怕是坚持不下去了。反正已经看到明保如此勤恳，谅再检查也没有多大意思，干脆赶紧打道回府吧，省得老骨头躺倒在这里，到时候丢了人，一定会成为同僚们的笑话。

就这样，尹图壮雄心勃勃的检查，成了一次难忍的煎熬。回到京城后，把检查情况的折子递上去，强打精神赞叹一番明保为官如何清廉如何勤政，简直是世所罕见。见皇上对奏答还算满意，长舒口气，退出殿外。

如同得了卸甲风一般，站在午门外，尹图壮再也支撑不住，摇摇晃晃地瘫倒在地，两眼一黑，昏了过去。两旁卫士赶忙上前，七手八脚地把他抬出皇城，交到在外边等候的家人手中。家人和轿夫见老爷走着进去，躺着出来，不知发生了什么，更是慌作一团，将老爷塞进轿子里，急匆匆赶回去找郎中了。

尹图壮向皇上禀奏此次去大同检查的具体情形时，永琰就站在跟前。他本来满怀希望能听到耿直的尹图壮怒斥和珅党羽。然而大出意外，尹图壮提到明保，眉飞色舞，赞不绝口，把明保夸成天下官员的楷模，地方大员的翘楚。还具体讲到明保如何生活简朴，简直到了刻苦的地步，讲到他如何勤政，几乎是宵衣旰食。至于大同府的实际情况，尹图壮肯定地说，那里的府库非常充盈，地方百姓安居乐业，是他见过的最好的一个州郡。

乾隆微闭双目，悠然地轻轻点头，显得非常满意。永琰想起先前对父皇提到的地方情形，恰好和尹图壮所说形成鲜明对比，似乎自己是在撒谎，有意耸人听闻。这样一来，父皇会怎样想……他不觉如芒刺在背，汗津津地浸透了内衣，贴在身上，分外难受。

恰在这时，永琰抬头看见父皇眯缝着的眼睛正盯住自己，目光细微，摇曳不定，似乎无意，又似乎包含了很多意思，让自己捉摸不住。

永琰内心一阵狂跳，忙低下头去。

直到走出殿外，永琰仍想不通，为什么尹图壮所说的，和自己所见的竟然大相径庭？莫非尹图壮受了明保的巨额贿赂，来个上天言好事，下界保平安？可是这个念头一闪而过，永琰马上摇头否定了，他坚信尹图壮的为人。那他极力赞美明保的依据，又从何而来呢？

按照规矩，朝臣退下后，自己还应该留下来侍奉父皇转回内宫，或者父皇对朝臣的奏对有什么看法，也会偶尔跟自己谈上几句。但这次永琰心里有事，等尹图壮告退时，情急之下也躬身请安。乾隆似乎知道永琰的心事，格外大度地微微一笑，摆手让他们下去了。

永琰紧跟在尹图壮身后，迫不及待地要把他去大同检查的具体情形问个究竟。不料还没等到张口，尹图壮竟然昏倒在冰冷的青石地上。人家都成这样了，怎么好意思追到家里询问？只好闷闷地沿小径走回去。

和府深处，藏金楼后边的暖阁里，和珅斜倚在貂皮躺椅上，品着香茗，脑子里演绎出明保戏弄尹图壮的种种情节，不禁哑然失笑："这家伙，大概看戏看多了，演起来倒无师自通！"

"哟，老爷夸谁演戏演得好呢，是不是又瞅中了哪个小娘们？"一声莺啼般的婉转打俏，从屏风后传来。

和珅愣一下神，这才发现，是自己最宠爱的卿怜。卿怜身材中等偏上，双肩飞削，腰若摆柳，自有一种令人痴迷的风韵。单从面容上讲，卿怜也是女子中少见的姿色，一颦一笑都让人神魂动摇。不过和珅之所以宠爱她，并不仅仅因为这些。这个卿怜，不但姿容娇娆善解人意，更有一样不得不令人佩服的，就是她的理财本领。

和府中几乎每天都有各个渠道送上的各种金银奇珍，财物种类五花八门，送财物的人，其动机也是分门别类。这些事情，若放在别人手里，别说一一应付，光听嗡嗡嘤嘤的说话声也要心烦意乱。但卿怜似乎天生有副应对的本领，她每天指挥家人，什么东西放在什么地方，什么人的东西放在什么地方，出于什么动机送东西的，该如何分开来存放，都有条不紊，极有层次，日后盘查起来，一目了然。卿怜的这种本领，和珅不得不佩服，也就从精神到家事，都越来越离不开她。

卿怜一步三摇来到和珅跟前，就势和他挤在一处，笑着问："老爷，又看中哪个戏子啦，多少银子？我给老爷合计合计，看价钱贵不贵。"

和珅也不恼，伸开胳膊拢住她脖子："卿怜哪，这个戏子可是特别，中看不中用，说不中用吧，又中大用。唉，这类怪才，不用咱花银子，倒是他把银子源源不断地给你送来。你看，这戏子多好。"

卿怜何等乖巧，马上猜出，不知是哪个党羽上哄下骗，又给和珅干了件漂亮事。至于具体是谁，和珅党羽那么多，她也懒得问，感慨一句："都说天地大舞台，人活在世上，还不是处处演戏？演得好了，名利双收，人见人爱，要是一不留神演砸了，那就只好流落到街头喝西北风去，谁也埋怨不得，只能怪自己没那个本事！"

"唔，这话说得还真有几分高屋建瓴的意思。"和珅凝住笑意，沉思着点点头，忽然认真起来，使劲搂一下卿怜肩膀，"不过也不尽然，在外演戏，在家就不必要，不然还不累死了？比如我对你，那就是真心实意，半点儿不掺假的。"

卿怜依偎在和珅胸前，用含糊不清的语气回答一句："但愿老爷这句话不是台词。"

永琰低头走回隆宗门外自己的宅院，侍卫叉手施礼，他连看也没看，径直进了大门。侍卫待在原地直嘀咕，王爷虽然贵为天胄，为人却向来和蔼，即便像自己这样的低等武官，每次施礼请安时，他也略微点一下头，算是答应，今天怎么了，想必有什么不顺心的事？

一直穿过厅堂过道，接近小书房时，永琰的思绪才渐渐开阔起来。和珅党羽在大同在太原，乃至在全国各地，已经结成了一个看不见却细得很的大网。尹图壮每走一步，都是在人家事先编织好的网内挣扎，事情的结果，那还不明摆着吗？况且还有个庆成跟着，这小鬼头，年岁不大，坏点子不少，有他上下撺掇，尹图壮如何是他们的对手？

　　推开虚掩的门，迈步进到书房。书房不大，却收拾得相当整洁利落，沿墙排开一溜书架，靠窗户放着书桌，特意用细棉纸糊的窗子，透进来的光线既明亮又不刺眼。

　　熟悉的墨香扑鼻而来，他习惯性地朝书桌走两步，猛抬头，却发现桌前端坐着一个人。瞬间惊愕后，他忽然暗笑自己实在过于紧张一了。除了福晋喜塔腊氏，谁还敢轻易走进这里？

　　喜塔腊氏似乎看出了永琰的心思，拉他在桌前坐下。桌上摊开一卷书，显然是喜塔腊氏刚才读过的。

　　"夫君你看，妾闲来无事，随意翻翻书本，恰好看了这几句，心里不知怎的，突地一动。"喜塔腊氏用手在书本上指点一下，轻声念给他听，"治道之要，在知人；君德之要，在体仁；御臣之要，在推诚；用人之要，在择言；理财之要，在经制；足用之要，在薄敛；除寇之要，在安民。"

　　见永琰若有所思，喜塔腊氏忙指着下边："夫君，还有这一句，刑罚当宽处即宽，草木亦上天生命；财用可省时便省，丝缕皆下民脂膏。"

　　"唔，"沉思片刻，永琰点了点头，"果然是金玉良言。福晋的意思，我明白了。泱泱大国，林林总总，什么人什么情况都有可能发生啊！唉，任你官清如水，难保吏滑如油，治国当从根本治理，懈怠不得也急躁不得。好，我心里有数了。"

　　看永琰渐渐平静下来的脸色，喜塔腊氏放心地笑了笑。他们跟着四处走走。两三年中，大家先后西巡五台山，东谒祖陵，到曲阜祭拜孔庙，去木兰秋狝围猎。一向沉闷的后宫活跃许多。

　　不仅如此，乾隆还格外显示出以前从没有过的恩惠。乾隆五十四

年，为了迎接明年的八十万寿大庆，乾隆颁发诏旨，晋封六皇子永珞为质亲王，十皇子永理为成亲王，十五皇子永琰为嘉亲王，十七皇子永磷为贝勒。其余皇子也都各有加封。

转眼到了乾隆六十年的元旦。乾隆早早传下旨意，六十乃一甲子，不仅要照例庆贺，而且要大庆，越隆重越好。安排庆典的事宜，自然照旧落到和珅身上。和珅比平时更加忙碌了。

年终的脚步悄无声息地走近又走过，乾隆六十年元旦的早晨，黑暗仍然笼罩着大地的时候，盛大的庆典已经拉开了帷幕。

整个皇城灯火辉煌，各式各样的灯笼沿各条宽阔甬道排列开来，前不见头后不见尾，放眼望去，蔚为壮观。天色稍亮一点的时候，爆竹开始响起，开始零零散散，越到后来越密集，轰鸣声震彻天地。

随着天色渐渐泛白，正对保和殿御道前的大门轰隆隆打开。早就等候在外边的皇子皇孙宗室王公，按辈分大小，鱼贯而入。紧跟在后边的，是蒙古各部落王公，还有准噶尔、回部乃至西藏喇嘛及各国使节，他们不远万里赶来，向乾隆朝贺。

在领班太监引导下，众人小心翼翼地迈进保和殿大门，恭恭敬敬地站立成几排。片刻鸦雀无声后，忽然有静鞭甩响，司礼官高声吆喝："皇上驾到！"

吆喝声未落，乾隆一身簇新皇袍，神采奕奕地走上宝座。大家来不及细看，慌忙俯身跪倒，三叩六拜，嘴里高声叫喊："吾皇万岁，万岁，万万岁！"

乾隆面含微笑，看看众人，满意地点点头，轻抬右手："都起来吧。"

一片谢恩声中，皇子王孙、宗室王公依次上前单独拜贺，献上各具特色的礼物。乾隆依旧雍容大度地微微笑着，点头向每个人致意。由于人很多，拜贺献礼一直用了将近两个时辰才算结束。

拜贺典礼完毕后，乾隆向后边一招手，有太监捧上回礼，分发给大家。乾隆事先吩咐过，当今大清正处于国力鼎盛时期，对于外藩使节和蒙回王公，赏赐礼物一定要贵重，否则不足以显示大国的隆昌富足。不仅如此，乾隆还特意在保和殿后厅摆开酒筵，酒菜规格一定要上等的精工细作，格外隆重。

乾隆并没有想到，就在此刻，距离皇城门不足半里地的粥厂，头天晚上冻饿而死的难民尸体或三五成堆或零零散散，已经成了大坟场。和珅心细，他怕皇上万一走出皇城与民同乐，目睹此情此景。即便皇上不出来，外藩使节看了也不雅观。大清早他来不及禀奏庆典的准备情况，先横眉竖眼咬牙切齿地指挥兵丁，把所有尸体都清除干净，有奄奄一息尚未死透的，也当成尸体给运送到郊外大坑中掩埋。

丰盛的酒筵已经摆开，一桌连着一桌，把足有半里地长的厅堂挤得满满当当。典礼官正声音洪亮地宣读："我皇治国六十载，万民开泰，文治武功超越历代，直堪称'十全老人'。何为'十全'？缘于'十功'，何为'十功'？吾皇有言，十功者，平准噶尔为二，定国部为一，扫除金川为二，靖台湾为一，降缅甸、安南各一，二次受廓尔喀降，合为十。十功十全，盛德隆焉！诸王公大臣，各藩使节，当尽享太平，同受庆筵，共祝吾皇万寿无疆。"

话音未落，众人齐刷刷离了座位，呼啦啦跪倒一大片："吾皇万岁，万岁，万万岁！"几百张嘴同时喊叫，声震瓦屋。

乾隆手捋胡须，微微颔首。"十全老人"是自己最得意的称谓，既"老"且"全"，三皇五帝之下，谁有这个福分？众人叩拜完毕，刚刚起身落座，典礼官亮嗓子高喝："礼成，开筵！"

就在隆重的庆贺大典不久，和珅敏感地觉察到，乾隆好像换了一个人。本来就不喜欢多说话的他，现在更加沉默了，许多时候坐在书房里，望着窗外，似乎要决定什么重大的事情，而又似乎顾虑重重，有难以言说的心事。皇上到底在想什么，一向自诩为皇上肚子里应声虫的和珅，也感觉捉摸不定了。

和珅调动起以前所有的回忆，想找到皇上情绪突然变化的蛛丝马迹，然而总是想象不出，如今无论于公于私，还有什么令皇上不满意的地方。和珅也几次试图从乾隆嘴里探出口风，但总被乾隆顾左右而言他，给有意无意地把话题岔开。

皇上失去了以往的欢乐，和珅觉得这是自己最大的失职，他为此坐立不安。好在皇上的低迷情绪并没影响到他对自己的宠爱和信任，重要的财权和人事调动，仍放心地让自己看着去办。在不安和猜测中，大半年过去。转眼又一个秋天走向末尾，天气渐渐寒冷，花木不同程度地开始了凋零。和珅没有想到，更让自己不安的事情，突然降临。

午后时分，天色格外温暖，和珅照例前来问安。乾隆好像有了点兴致，谈论起今年的收成，说到湖广和四川一带的白莲教匪徒作乱以及朝廷兵马进展等情况。和珅小心翼翼地揣摩着作了合体的回答。

乾隆满意地点点头，起身来到院中。和珅弓腰跟在后边，思量着皇上接下来要问什么。望着秋风中瑟瑟抖动的花草，乾隆摇摇头轻叹口气，仿佛自言自语地说："落叶孕育萌芽，生机藏于肃杀，又是一年将尽啦！不过也好，推陈出新，新的固然嫩点，但总比陈朽的好。"

和珅听出来乾隆话语里的伤感，上前一步轻声说："皇上，自古仕女伤春，文人悲秋，正因为春秋乃气候变动之际，天人一体，总不免有心绪波动。皇上万乘之尊，胸怀四海，自然超越尘世……"

乾隆并没像以前那样笑呵呵地听他搔痒般说话，冲身后摆一下手："不必说了。衰老还是年轻，如鱼饮水，冷暖自知，用不着别人提醒的。朕当初许过大愿，在位六十年当传于后嗣，决不敢贪恋大位，这个你是知道的。算上今年，朕已经执政六十年整，于祖宗于自己，都可以说交代得过去。好啦，该过去的总要过去。"说着缓缓转过身，盯和珅一眼，"再过几天就是十月初一，按往年规矩，要颁发《时宪书》，而新的时宪书中，就用新皇帝的年号，朕要实践诺言，退居后宫颐养天年，也当几天闲散老人。你留意准备一下。"

"皇上……"伶牙俐齿的和珅顿时呆愣住。乾隆以前所说的要禅位等言辞，自己和许多人都没十分在意。至高无上的皇权，那是多少人拼着性命也要争到手的，岂是说让就让？不过故意做做姿态罢了。可现在，乾隆旧话重提，单从语气上和珅就能听出来，他是认真的。就在一瞬间，和珅忽然明白，这大半年来乾隆情绪反常的原因。看来这个问题他已经想过不止一次，不可能的事情就要发生了。

和珅了解乾隆脾性，这个头脑清晰的老头，虽然时常话语随便，给人一种随和的感觉，而实际上，他一旦决定了的事情，那就是如同大清律上白纸黑字写下了般坚定，如果没有极其特殊的情况，万难更改的。

但是和珅再明白不过，乾隆一旦不做皇上，自己的好日子也就到了尽头。不管接下来哪个皇子接替皇位，都难以再重用自己。或许他们还会找个借口，把自己给收拾掉。和珅知道，这些年来，自己都做了什么，随便拉出一个由头来，都足以让自己丢掉性命。

情急之下，和珅凑近两步，几乎是贴在乾隆身边，绵声细语地说："皇上几十年来为国为民，夙兴夜寐，耗费多少心血。皇上不贪恋权位，天下人所共知，奴才不敢恭维地说，自古以来，如皇上这般豁达者，可谓绝无仅有。不过……如今四海承平，皇子们无不孝敬有加。皇上虽然年过七旬，但没丝毫衰老迹象。三皇五帝，都是绝代圣明的君主，他们在位时间都超过了六十年，皇上恩德并不比他们差，怎么能舍得骤然离弃百姓呢？这是大事，皇上还须三思。况且眼下皇子们并不特别老成，皇上……"

乾隆不耐烦地摆了摆手："朕发过宏愿，当政时间决不超过先皇，这也算是朕的一点孝心吧。今蒙天佑，甲子已周，六十年平安而过，天下太平，百姓安乐，朕已经再没了欲求，还有什么可说的？皇十五子永琰虽然在排行中并不靠前，但他能够恪守朕的教导，比起前几个阿哥来，更叫朕欣赏。朕已遵守祖法，把十五阿哥的名字写在锦帛上，藏于正大光明匾额之后。朕思谋着，九月初三是大吉日子，朕要召集在朝大臣，宣布永琰为太子，命他嗣位，明年改元。"

和珅立刻想到永琰看自己时的冷冷目光，那目光出自一个皇子或者亲王眼里，可以不去理会，但倘若这人成了皇上，自己……

和珅不知道自己怎么辞别皇上走出宫门的。坐在轿子里，他反复思索着这个已成定局而对自己十分不利的事实。怎么办，接下来怎么办？要不，和硕礼亲王永恩联合递上奏折，请皇上暂缓禅位？永恩性情稳重，说出话来，皇上不可能不仔细考虑。或许皇上会破天荒地收回自己的意思，毕竟，高高在上的宝座，谁也不想轻易下来。

但是随着轿子颤悠两下，和珅忽然思忖到另一个问题，让永琰继承皇位是铁定的事情，只不过迟一天早一天的问题。若自己递奏折，请求皇上不要让位给永琰，皇上答应不答应还在两可不说，仅此一点，就得罪了将来的主子。皇上迟早要驾崩，他死之后，我……好在皇上还多少讲点情义，把这个天大的秘密泄露给我，或许还有挽救自己和永琰情感裂缝的机会，或许这正是皇上有意给自己的一个机会？

一路上胡思乱想，回到内厅中还没思量清楚。沉着脸走进书房，但屁股刚挨椅子又如坐针毡，不耐烦地在屋里踱来踱去。

怎样拉拢住未来的新皇上呢？想来想去，和珅终于拿定主意，给永琰送去一柄玉如意为最上策。这东西说金贵，也未必特别金贵，避免了行贿的嫌疑，但它有种特殊的含义，倘若永琰能觉察出自己的良苦用心，那一切都尽在不言中了。这是试探他内心想法的最佳途径。对，就这样办！做，王爷面前怎敢造次？好几天没见王爷，心里思念得很……奴才这会儿见王爷丰神俊爽，也就踏实了。临来时，正好手边有柄这玩意儿，特地拿过来献给王爷，祝王爷千岁事事如意。"

和珅的阿谀奉承虽然无人不知无人不晓，但近几年来，能得到和珅这样奉承的，除了乾隆，没第二个人能有福享受，皇子也不例外。见和珅双手奉上的玉如意，永琰不禁心头一震，猛地想起皇阿玛前几日说过，明年的《制宪书》要用新年号，那时候新皇上也就诞生了。当时自己并没特别在意，现在两下里对应，他意识到，皇阿玛的话是认真的。永琰知道，如意值不值钱是另一回事，但它的意义却很特别，只有某人地位发生本质升迁的时候，别人才会送上这样的礼物。现在和珅突然拿来这东西，永琰敏感地联想到皇位的继承问题。莫非皇阿玛要宣我为太子？莫非他提前知道了消息，转过身来要投靠新主子？

永琰不动声色，一边命人端上安南兰香茶，话语里透着受宠若惊的恭敬："我们几个皇子，只知道一味读书，于事理不大通达。昨儿我们几个还商量着，怎么样让和大人知道我们的迂腐，多担待些呢！以后和大人大可不必客气，就像对待自家子侄一样，该说的就说，我们反倒会感觉踏实。"

话头扯开，和珅渐渐随意许多，两人东拉西扯谈了些无关紧要的话。永琰还有意谈论起道听途说的风花雪月等市井韵事，显得毫无戒心，完全把和珅当成忘年交。

经过一番试探，和珅终于完全放下心来。阿哥到底还是一介书生啊！嫩得很哩，不管怎么说，以后的好日子算保住了，两朝不倒翁，也够风光喽！和珅斜躺在宽大的软轿中，轻轻哼起小曲。

送走和珅后，永琰随意扒拉几口饭菜，便匆匆回到卧房，想安静地想想这突然而至的事情。翻来覆去一夜不曾合眼，把事情利害关系反复想过几遍，永琰终于想清楚，和珅带来的消息，只能是喜忧参半。即使有一天自己真的登上皇位，但皇阿玛争强好胜的性格，怎么可能甘心退居幕后？也就是说，自己充其量能做个摆设皇帝，并没有实权在手。如此一来，不但对皇阿玛只能俯首帖耳，而且还要受到和珅这个狗贼的控制。

想到和珅，永琰心绪更加复杂。只要有皇阿玛在，不管自己是王爷还是皇帝，若和珅在皇阿玛跟前旁敲侧击，把自己整治下去，并非难事。再有，自己若真的继承了帝位，但是要想有所作为，困难重重是不言而喻的。如果想在这盘棋中获胜，第一步必须稳住和珅，解除和珅的警惕。

秋风瑟瑟中，很快就是乾隆六十年的九月初三。圆明园的勤政殿里，亲王和大臣们济济一堂，气氛分外庄严。乾隆沉吟着，命值日太监亮开嗓门儿宣读道："立皇子十五阿哥为皇太子！兹于十月朔日颁旨，召皇子皇孙王公大臣等，立皇子十五子嘉亲王永琰为皇太子。于冬朔月颁发此书，立明年为嘉庆元年。朕斋戒后，皇太子即移居嘉庆宫，以定储位。皇太子名上一字改为'颙'，以示尊敬，凡遇军国大事，当协同办理。"

颙琰静静地听着，复杂心绪再次涌上心头。正如他起初所想到的，皇阿玛并没有给他一点实权，所谓协同办理，也不过掩人耳目罢了，自己完全是一个空架子，成为父皇安排好的"儿皇帝"。诏书上说得很明白，一切军国大事以及人事，仍由太上皇亲自过问，皇上所要做的，只有唯唯诺诺。

颙琰一夜无眠，反复思量后，第二天一大早来到坤宁宫后殿，向乾隆面奏："儿臣幸得皇阿玛信任，册立为皇太子。然则儿臣之材质，仅当任一省官员。至于接管国家大事，儿臣恐不能胜任。诚惶诚恐之下，食不能安，夜不能寐，望父皇收回成命，继续做儿臣及万民之帝王，以至永年。儿臣定谨遵教诲，请皇阿玛体谅！"

说这样的话，颙琰可谓煞费苦心，既表现出自己的恭敬，又抬高了皇阿玛威信，满足皇阿玛最看重的面子和虚荣心。乾隆对颙琰的低姿态果然很满意，半是安慰半是提醒地说："丑媳妇总要见公婆，不会可以学，有朕在，担心什么？"

有人欢喜有人忧中，新年的脚步终于姗姗而至。旧皇禅位新皇登基的仪式，终于在万人瞩目下拉开帷幕。

大典由才名满天下的大学士刘墉具体操办。因为这次登基仪式相当特殊，完全没有先例可以遵循，许多不得不临时变通的礼数经过反复讨论，直到大年三十傍晚，才基本确定下来。刘墉将种种礼仪规格具体做法详细写清楚了，奏请乾隆圣裁。

崭新而特殊的一天，比以往任何一次朝会都更早地降临皇宫。昨日还是乾隆年间，今天就开始嘉庆元年，每个人都在心里默默念叨着，以免说漏了嘴，给自己惹下麻烦。

初一那天，天色灰蒙蒙的似晴非晴，夜幕还笼罩着大地，皇城中已经张灯结彩，灯火通明。殿内殿外金碧辉煌，亮如白昼。本来就华丽炫目的太和大殿，被精心装扮得越发巍峨庄严，从外表上看，太和殿布置和以往皇帝登基大略相同。正殿当中的御座前，设有皇帝拜褥，东侧设有香案，上面摆放着乾隆亲笔书写的传位诏书。西边的红木大桌上，高高悬挂起和珅牵头联名写成的传位贺表。大红毡子铺就的御道尽头，皇上须弥座左右设有两个燃着天竺香的矮脚案几，左边的专门用来安放玉玺大印，右边的则供御史记录皇上口谕。殿外檐下，左右两边分别排列着演奏中和韶乐的宫廷乐师，丹墀大乐的乐队则安排在太和门内。众人屏住呼吸，静等着司礼官吆喝。这百年不遇的盛大庆典，没人敢有丝毫差池。

天色渐明，太阳渐渐探出了头，一缕灿烂阳光倾泻而来，整个大殿顿时光芒四射。伴随着"吉时——到——"的吆喝声，午门外钟鼓齐鸣，声音响彻云霄，整个大殿宛如升腾到云霄中的天宫。

在司礼官的吆喝声中，大家逐一行完各项跪拜大礼。平身重新站好后，太子颙琰在大学士、军机大臣阿桂与和珅引领下，走向乾隆宝座前。走在右边的是白发苍苍步履蹒跚的阿桂，左边则是皇上第一宠臣和珅。一个是资历最深，一个是受宠最重，倒也相得益彰。

两人几乎搀扶着颙琰，让他小心地跪在拜褥上，自己则向后退两步，陪着跪在左右。三跪三拜后，阿桂站起身，脸色肃穆，郑重地捧出"皇帝之宝"，上前几步，登上高高的台阶，跪下举过头顶，交给乾隆。乾隆伸手接住这块象征着人间最高权威的玉石，一时间想起很多，却又什么都捉摸不定。这块神奇的石头，伴随自己六十年，正是凭借着它的威力，自己傲视天下，想起那一幕幕热烈的场面，多么令人神往！

凝视着玉玺，多少值得回忆的往事似乎就在眼前晃动，在耳畔回响。乾隆百感交集，内心的情绪难以言喻。不过在大臣眼里，他也只是沉吟片刻，立刻就明白了现在是什么场合。接过大印的一瞬间，众大臣恰到好处地舞拜欢呼，高喊："万岁，万岁，万万岁！"登极大典的气氛达到最高潮。然而万岁的呼喊声，在乾隆听起来从未有过的刺耳，尽管早有心理准备，乾隆还是不堪忍受这种热烈喜庆的气氛，越是热烈，他就越感到孤凄。草草接受了众人拜贺后，当众人转而拜贺新主子的时候，太上皇悄悄乘舆回宫去了。

登位后的嘉庆内心很清楚，贵为一国之君，但其实只是个摆设，一切权力，也都还是太上皇掌控。自己犹如风筝一般，虽然高高在上，但始终有一根线在束缚着，只要稍微不小心，就有可能摔得很惨，甚至有性命之忧。他必须保持低调。

从和珅方面来讲，他觉得，嘉庆似乎低估不得，不可大意。若是趁现在扳倒嘉庆，应该不是一件特别困难的事，把握还是有一些。但和珅更加明白，如此一来，自己也就参与了所谓君王的废立，和当年的赵高没太大的区别，引火上身啊！福大害亦大，机深祸也深，和珅还是时刻告诫自己，不到万不得已，决不能轻举妄动。

既然不能轻易发动废立皇帝这样的大事，就得下工夫琢磨嘉庆了。和珅不明白嘉庆处处缩手缩脚，内心想的究竟是什么，他是在行晦韬之计，还是真的没有褪掉书生气？是自己以前对嘉庆的估计有误，还是这根本就是嘉庆装出来的？和珅沉吟许久才明白，当务之急是要弄清楚，未来的主子心里到底在想些什么。

和珅接着往下考虑，你嘉庆掩饰伪装得再好，言谈举止或者诗作里也会露出蛛丝马迹，总能够揣摩出点东西来。对，要动他的根，先动他的心，就这样办！和珅立刻调任心腹吴省兰到乾清宫，以吴省兰诗画皆佳为由，让他做嘉庆的侍读学士，秘密吩咐下任务，要吴省兰通过整理诗稿，继而窥探嘉庆的内心世界。

嘉庆表面上装聋作哑，心里却比任何时候都亮堂。他明白自己现在的处境，得罪了和珅或直接与和珅硬拼，肯定不会有好结果。眼下自己要做的，就是要以静制动，虚己以待。他想起朱珪说过的，所谓以静制动，就是要虚己，要隐藏自己，不显露自己的真实意图，让人看不清自己，也就不能琢磨自己。

这样一想，嘉庆心里平静许多，他开始时刻留意克制自己，隐藏起心中的任何一点所谓志向，终日吟诗作乐，所咏之物无非是珍珠玉饰，有时也装作无意地赞美和珅如何忠心于太上皇，如何有才能，而且还别出心裁地吟诵些和珅身上无关痛痒的小毛病，比如抽烟把牙给抽黑了，落得一身臭味。坦荡之余多少抖落出幼稚，流露出对目前小日子的沾沾自喜。这些诗赋经吴省兰誊抄，一字不落地传到和珅跟前。望着满纸文字，和珅露出满嘴黑牙，得意地笑了："秀才起兵，三年不成。嘉庆胸无城府，是个典型的懦弱书生，有什么可害怕的？"

这期间最让嘉庆感到痛心的，还是皇后喜塔腊氏不幸病逝。而皇阿玛下诏书说，不能大操大办，要尽量放低调子。嘉庆知道，人老了，最害怕听到死、亡之类的字眼，他得尽量顺着皇阿玛的意思，不然和珅更有话说。他强压心头悲伤，带头表现出轻松模样，心里却不住地流泪，自己欠下皇后的太多了。

就在嘉庆落寞孤寂和内心矛盾中，日子轰隆隆地飞驰向前。身体一向硬朗的乾隆忽然病倒了，而且病得快来得猛，才几天工夫，竟然卧床不起。

肃穆威严的宁寿宫，此时掩饰不住一缕缕哀凉。嘉庆侍立在病榻前，面色憔悴，嘴唇干裂，几日几夜寸步不离，眼中红丝缠绕。年前腊月二十九，乾隆还接待外国使者，和他们一起看杂戏，三十那天还参加了在保和殿举行的盛大年终宴，看上去虽然颤颤巍巍，却很硬朗。然而才一天，初一大清早，乾隆忽然挪不了身子，随即开始头晕目眩。此刻，也许已经意识到即将走完人生的旅程，他从未这么安静地躺着，温顺如同婴儿。

在众人注视下，乾隆终于从昏睡中醒来，艰难地睁开浮肿的眼睛。然而满眼一片灰白，什么也看不清楚。他扬起手示意要下床，可是刚一翻身坐起，立刻觉得天旋地转，一头栽倒在嘉庆怀里。嘉庆与和珅在众人七手八脚的帮助下，把太上皇放在床上。

和珅激灵一下忽然意识到，乾隆也许活不过今天了。念头闪过，内心顿时一阵紧张，眼睛不由自主地看看身旁的嘉庆。如果太上皇崩逝了的话，自己就再没了稳固的靠山，以后的命运将如何呢？嘉庆又将怎样对待我呢？虽然这些年来，嘉庆一直称自己为相公，所有的军政大事也先请教自己，毫不掩饰对自己的信任和依赖。可是太上皇一旦驾崩，他还会那样对待自己吗？人都是会变化的，谁又能保证亲政后的他，还是以前那个平庸的书生呢？

胡思乱想中，见乾隆嘴唇翕动，喉咙里发出浑浊的声音，和珅忽然心里一亮，忙贴近乾隆的耳边问："太上皇，您是要颁发诏告吗？"

乾隆轻微地点一点头。和珅急忙拿过纸笔，含泪跪在床边："太上皇，奴才听旨。"乾隆含糊不清地说了几句，和珅似乎听得很明白，在纸上飞快地书写。嘉庆冷眼旁观，深知和珅此举不过是想借太上皇的

《遗诰》来钳制新皇上，保全他以后的富贵罢了。哼，人有千算，天只一算，看到头来谁算得过谁！你和珅有《遗诰》又能怎样，遗诏是死的，人却是活的。遗诏还不由活人解释？

初二日下午，太上皇乾隆驾崩。紧接着《遗诰》颁示天下。

殡殿里，和珅跪拜在乾隆的灵位前，哀哀哭泣。嘉庆跪在另一侧，悲伤之余感到前所未有的轻松。而这轻松并不能对任何人说，也不能在脸色眼神上表现出来，要使劲压抑在心底。他心头正盘算着，和珅固然死期已到，但他毕竟还是当朝相国，若没有足够人证物证，想治和珅于死地，新皇帝刚亲政，就诛杀先皇最宠信的大臣，这样是否妥当？天下臣民会怎样想？

如何处理和珅，嘉庆构思了几套方案。他知道，和珅的党羽不少，要让事情顺利，还不伤着自己，最重要的是行之于无形，令和珅毫无防备。那么趁着国丧之期动手，自然是最好的时候，也是和珅最难防备的大好机会。

按照这个思路，嘉庆每天安排刘墉等亲信大臣，以治办国丧为名，晚上进宫在后殿值班，和自己商议对策，拿出一套方案。刘墉同和珅斗了大半辈子，提议说："皇上，以臣之见，要治和珅，得联络几个重要大臣联名弹劾。师出有名，不怕和珅不倒台。"

嘉庆也要找一个正当的理由，频频点头说道："正合朕意。那么依你之见，朕应该笼络朝中的那几位大臣呢？"

刘墉提名八王爷与十一王爷等几位大臣，又将自己的方案仔细地向嘉庆陈述了一遍。嘉庆听后觉得很有道理，便当即定了下来："好，就照你说的办！"随后仍以治丧为名，紧急召见八王爷永璇与十一王爷永瑆等人匆匆入宫，大家反复商议妥帖之后，这才决定动手。

第七章

心头大患终除灭　临朝亲政梦成真

第二天一大早，众位大臣上朝商议大丧的事情。和珅作为治丧大臣，依然在殡殿里，不用上朝议政。其实，当时嘉庆选派和珅为治丧大臣就是为了调开他，不让他上朝商议政事。而和珅又认为自己在治丧大臣中居首位，允许给先皇守灵，本身就说明嘉庆要继续重用自己，虽满脸悲戚，但喜色实是掩盖不住。

和珅在后边守灵，前边大殿上，刘墉正和几位重臣联名弹劾和珅欺罔擅专，贪墨纳贿。言之凿凿的罪名就有三十多项，还呈上大量证据。

嘉庆看完奏折，板起面孔假作震惊地说："没想到和珅堂堂一国之相，竟如此徇私枉法，欺君罔民，父皇叫他蒙蔽这么多年，实在太可恶了，真是罪不容诛！"

朝中的和珅党羽，见和珅正如大家所预料的那样轰然坍塌，一个个战战兢兢，紧张地思索着怎样来个墙倒众人推，跟着狠狠弹劾和珅几条罪名，以保住自己小命。嘉庆知道，要治和珅，必须赦免他的党羽，不然牵连太多，难免阻力重重。震惊之后话题悠然一转，和珅罪大恶极，群臣皆有责任除之而后快，至于当时与和珅有染者，朕现今既往不咎，只是希望众爱卿能共同提供证据，群心拿下这个国之大奸！和珅党羽们一听这话，大有死里逃生的感觉，如蒙大赦，卖力地把和珅往黑里描。

而此时的和珅，半跪在殡殿里，正想着以后怎样在嘉庆面前发挥

· 71 ·

才智，找回乾隆时期的感觉。忽然看见八王爷和十一王爷率领侍卫，脚步杂沓地来到殡殿。和珅迎上去，满脸堆笑说："二位王爷亲自驾到，是不是皇上要来祭奠啦？"

永理冷冰冰地看和珅一眼，站直了身子大声吆喝："和珅接旨！"

听他语气不对，和珅大感震惊，身不由己扑通跪下。永理一字一顿地念道："奉天承运，皇帝昭曰：今有给事中王念孙，御史广兴、广泰，大学士刘墉等列款奏劾和珅欺罔擅专，贪婪纳贿，言之凿凿，特诏命革去和珅大学士、军机大臣等职，下狱审讯，钦此！"

和珅骤听圣旨，愣怔片刻才知道人家说了些什么，犹如五雷轰顶，还没弄明白怎么回事，就被侍卫牵拽而去。

和珅被抓，胜败形势立刻分明，弹劾和珅的奏折像雪片一样飞来。奏折中罗列的罪名应有尽有，大至和珅的几桩命案，小至和珅家中的器物陈设，无不被人们当成宝贝一般你说了我说，不亦乐乎。

随着案子逐步审理，和珅家产逐渐清理出来，共计白银九亿多两，相当于大清十年的财政收入！几经商议，嘉庆觉得，只有判和珅凌迟处死抛尸街市，才能出自己这几年来压抑的气。消息一出，举国沸腾。通过和珅一案，嘉庆深知要杜绝贪污受贿，必须从自己及宫中做起，又接连颁布多道诏书，令地方官员摒弃前朝呈献宝物等风气，令朝中大臣以崇尚奢华为耻，以爱惜民力朴素成风为荣。并宣布地方官员万不可学和珅！

就在处置和珅的决议基本确定下来时，十公主闯进殿内，披头散发地跪在地上："罪人拜见皇上。"

嘉庆见她这副模样，心头一震："十妹不必如此，快起来说话，有什么事情好商量。"他又何尝不知道这是句废话，也知道自己这个最让人疼爱的妹妹要说什么。十公主抽咽着说："皇兄，请看在大行太上皇的面上，对和珅酌情宽大处置，恳求皇上赐他个全尸。他毕竟是先朝大学士、首席军机，又是皇考最宠爱的大臣，不看僧面看佛面。他不仅是我的老公公，还是皇阿玛的亲家，若将和珅凌迟处死，抛尸街头，父皇大丧之日，这样做合适吗？"

爆竹似的崩出一席话，说得嘉庆哑口无言。正在这时，刘墉进到尚书房，见此情景，立刻明白怎么回事。刘墉跪在嘉庆面前拱手禀奏："皇上，公主请求皇上法外施恩，未尝没有道理。和珅固然罪大恶极，虽千刀万剐，还嫌太轻。但他毕竟是先朝首辅、皇亲国戚，若将他凌迟剐杀，对朝廷、皇上影响都不好。看来还是应当减轻量刑才是，请皇上三思。"听他也这样说，嘉庆沉吟片刻徐徐说："给朕一点时间，给朕一点时间，容朕斟酌处理。"说着亲手扶起妹妹十公主。

　　几经思索，嘉庆最终决定从轻发落，赐和珅自尽，赏他个全尸。侍郎吴省兰等作恶死党，一律罢黜治罪。

　　双手捧着嘉庆赐给的丝带，和珅心如刀绞，五内俱焚。想到自己由朝廷第一权臣忽而沦为阶下囚，并且马上就要用这根白练结束百般保养的生命，虽不甘但也无奈。由一个无名侍卫，攀升为无人不知无人不晓的都院大臣，够啦，够啦，该结束的总要结束，只是迟天早天的事。唉，人生无常啊，认命就是啦！

　　和珅站起来，望了望梁柱，双手抓起了白练，准备上去，却又回过头来，挤出一丝微笑对福长安说："好好保重，我在那边等着你。"福长安仰头望去，和珅虽五十岁出头了，但和珅的面孔依旧那样年轻，面如美玉，光洁白皙，二目炯炯有神，神采奕突，颀长的身躯如玉树临风。

　　就要离开人世之前，和珅自我宽慰着抵制住将死的恐惧，感慨万千地对旁边人说："当初卿怜就说过，天地大舞台，人活在世上，还不是处处演戏？演得好了，名利双收，人见人爱，要是一不留神演砸了，那就只好流落到街头喝西北风去，谁也埋怨不得，只能怪自己没那个本事！如今我这出戏演砸了，谁也不怪，只好就此下台歇息啦！"说着挥手拿过方桌上的纸和笔，略一沉吟，龙飞凤舞地写下四句绝命诗：

　　五十年来梦幻真，今朝撒手谢红尘。他时水泛含龙日，认取香烟是后身。

　　掷笔在地，伸颈套上白练，结束了他万人瞩目的一生。

　　太阳高照，晴空瓦蓝。嘉庆从殡殿回到尚书房，心情亦如这大好天气。伴着明媚阳光的照耀，开始了真正属于自己的一天。他暗暗提醒自己，要按照朱珪所说的，为江山社稷废寝忘食，做君王要内心中正，身先节俭。为起到表率作用，嘉庆迅速发下诏书，告诫朝廷大臣和地方官员，不准借自己亲政为由，呈进宝物。

仿佛诚心要给嘉庆一个机会。嘉庆忽然想起，去年五月都尔嘉曾就叶尔羌采玉的事上奏折给朝廷，结果被和珅扣留在军机处。他立刻命令军机处找到原折，见奏折上工工整整地写着："叶尔羌之玉或是采自大泽，每过秋分，采玉人需浸入冰冷水中用脚去探；或是采自大山，采玉人需骑牦牛，身背大铁钉及巨绳，攀援危崖，将玉开凿，再用悬绳徐徐吊下，历年死伤致残者，不计其数。"

把奏折仔细看上两遍，嘉庆立刻下令召见军机大臣，拍打着桌案愤怒地说："你们看看，百姓为了不中用的东西，受害受到什么程度！这事全怪和珅上下蒙蔽，朕若早知此事，断不会劳役民众！你等速谕运解玉石的大臣，无论玉石现在运送到何处，都要抛弃路旁，采玉及运送玉石的百姓，酌情赏赐。"

听完嘉庆义正词严的呵斥，军机大臣董诰连忙出班禀奏说："皇上圣明。据君所知，从乾隆四十三年起，朝廷规定玉石由官方开采，不准当地人私自挖掘，更不准其售卖，朝廷还在那里派兵设卡，百姓岂不心存埋怨……"

不等董诰说完，嘉庆摆手打住："君上所贵者人心，所宝者民命，在朕看来，那些所谓玉石，简直粪土不如！"嘉庆的话掷地有声，在大殿内嗡嗡作响，在场大臣激动振奋，神情为之一凛。大家心里都清楚，乾隆爷在位时，特别是他执政后期，崇尚奢华的风气已经愈演愈烈，看样子似乎有扭转过来的希望。正月十五皇上刚刚下谕禁呈宝物，十八日杀过和珅后，十九日办的第一件事就是抛弃大玉，看来皇上改变奢靡风气的决心是坚定的。大殿上顿时响起一片歌功颂德声，嘉庆含笑点点头，在他看来，他们对自己的崇敬，至少这次是真诚的。

嘉庆亲政后，一系列励精图治的言谈和做法，赢得朝野一片赞叹。大家纷纷说，难怪老佛爷放着前边的皇子，偏偏选中了十五阿哥，到底是一代英君，果然有眼力。鹤鸣皋野，声闻于天。地方百姓的反应以及满朝文武的赞扬，嘉庆或听人传话，或亲见奏章，虽然脸色平静如初，但心底的喜悦不言而喻。他每每对着写满歌功颂德的奏折，信心百倍地感觉到，大清的另一个盛世就要来到了。

不过，众口一词的赞颂中，许多细心的大臣还是看出了一些问题。皇上简朴勤恳倒是不假，但是继雷厉风行地处置了和珅后，接着处理政务特别是处置有污点的官员时，则变了个人似的，显露出过分的怜惜甚至是懦弱。

比如前几天，督察院递上奏折，弹劾湖广总督景安镇压白莲教匪民畏首畏尾，任意克扣军饷，结果贼势汹汹，成星火燎原之势，请求皇上审查严办。

湖广非同别处，乃是大清钱粮的重要源地。湖广若出问题，牵一发而动全身，整个大江南北都会受到严重影响。嘉庆自然分外重视，立即发下诏旨，命刑部押解景安就地解职，押送京城审问。

一时间，湖广乃至朝内诸多大小臣僚，纷纷陷入恐慌。他们有人作为景安手下，向他进贡不少，自然得到的好处也更多；有人则利用身在朝廷的优势，接了景安的孝敬银两，上欺下瞒，替景安遮了不少丑事。此刻景安败露，皇上要亲自过问，到时候招供出自己来，那还能有好下场？恐怕自己掉脑袋都是轻的，祖宗八代都要跟着遭殃。更有胆小的，风雨未到，自己已经哆嗦成一团，家中亲眷如丧考妣，豪宅大院中时时有哭闹声传出。

然而景安被押进刑部大狱中，许多天过去，据说皇上确实亲自审讯过，但到底审讯结果如何，景安牵扯出哪些人，却毫无动静。惴惴不安中再等待几天，忽然有圣旨发下来，传谕众大臣，须仔细揣摩，务求体会圣上一片苦心。

大家苍蝇一样围了上去，只见圣旨上很简要地写道，景安在湖广督抚任上，不思为朝廷效力，贪生怕死，剿匪不利，实属无能。按其所作所为，本应重重治罪。不过朕念其平日操守尚且谨慎，本质未必败坏，更何况白莲教匪徒愈演愈烈，国家正当用人之际，有一分可取之处，便使其有一分效力之机。如今四川军需转运紧张，令景安痛切思过，既往不咎，立刻以伯爵身份前赴四川，负责军需事务。此系朕格外施恩，给其一条自新之路。其余臣僚应以此为戒，深省己过。

看罢诏书，几十双眼睛面面相觑，怎么，这么着就完了？我们这么多天来担惊受怕，原来是虚惊一场？景安贪墨舞弊，坑害了小半个江南，结果给弄到四川管理军需，这不同样是个肥缺，景安是克扣军饷的老手，这不是让他再次施展手段，如鱼得水吗？我们这些人以此为戒，那还有个什么戒头？

嘉庆的诏谕最先由内阁传出来，几位内阁大学士也知道得最早。虽然都对这个案子的处理结果感到吃惊，不过吃惊过后，也就把话压在肚里，并不说什么。老臣王杰却忍不住了，使劲一拍桌子，胡须剧烈抖动："这……这，这不是替景安抽了督察院一个耳光吗？不行，我得找皇上说说去！"也不理会大家眼色，脚步登登地走出内阁。

嘉庆正在乾清宫内殿批阅奏折，听太监禀报说王杰求见，微微点一点头："让他进来。"

王杰年近八十，腿脚不大利落，或许由于心情激动的缘故，这次进殿却动作迅速，马蹄袖甩得"啪啪"响亮，喊一嗓子："皇上，臣有要事禀奏！"

嘉庆似乎知道他要说什么，对他的激动神情视而不见，眼光依旧盯在奏折上，慢条斯理地说："王杰，有什么要事，连朕刚颁布的规矩都忘啦？"

王杰知道，嘉庆亲政后不久，颁布的第一条诏旨就是，为戒除偏听偏信，大臣不可单独面君，君亦不单独召见大臣。刚才自己一时着急，倒真把这个茬给忘了。不过既然来了，总得找个说头才行，况且自己确实有满腹的话要说。于是便颇有点倚老卖老地回禀："皇上，臣知道破规矩有罪。不过臣所奏的事，还是只让皇上单独听到为好。"

"王杰，朕知道你是老臣，忠心可嘉，但刚立的规矩，怎么能说破就破了的？朕之所以特意声明不和大臣单独谈话，一来是要告诉尔等，朝廷乃众臣共议之地，非一家所有；再则，当年和珅能够败坏纪纲，其阴谋得逞，多是单独奏议先皇，孤证无人反驳，致使先皇相信了他的一面之词，这才使他肆无忌惮，随意褒贬。如今虽无和珅之流，但前车之鉴，朕无论如何决不能和某人窃窃私语，招致天下人猜疑。朕的用心，你可明白？"

"臣，臣明白……"王杰犹豫一下，躬身退出门外。

然而片刻工夫，王杰和朱珪、董诰联翩而来，齐齐跪在御案下。嘉庆暗暗好笑，这个王杰，真是老而弥坚，越发上劲了。放下手中御笔，懒洋洋地靠在椅背上："有什么话，就赶紧说吧。"

王杰上前一步，神情激动地禀奏："皇上，恕臣直言。方才臣看过圣旨，臣以为，对景安的处置，实在太过宽松。景安是和珅的族孙，并没什么才智，品德亦难以服众，不过当年靠了和珅的势力，才位列公卿。以前他在山西做布政使时，就是出了名的铁箍子，借剿匪名义，克扣军饷勒索部下，白莲教匪进攻，他就撒腿逃窜，白莲教匪撤退，他就虚张声势追赶，谎报功劳。为此人送绰号迎送伯。皇上，像这种人物，严惩尚且不能解恨，却要宽办，让他继续掌管军需。此道圣旨一下，臣僚百姓会作何感想？常言说得好，威忌先破后立，法忌先宽后严。一旦形成宽松的习惯，再想严厉起来，就要空费许多周折。臣以为，这个宽松的口子万万开不得。"

嘉庆听得很仔细，嘴角挂着浅笑，又似乎漫不经心。等他说完了，沉默片刻才徐徐说："你的意思不无道理。不过朕也记得一句话，刑罚当宽处即宽，草木皆上天性命，过严则人人自危，宽松则和气一团啊！至于景安，正因为他是和珅族孙，身份特殊，朕才更要法外施恩，放他一马。朕要让天下臣僚百姓知道，朕乃仁义之君，并不恶屋及乌。另外，朕也想让和珅余党明白，他们只要从此用心为臣，朕可以既往不咎。如此一来，朝廷局面才能安稳呀！朕的良苦用心，你们需体会到才是。"

"可是……"王杰不料嘉庆更加振振有词，说出这样一番道理来，心头一急，脱口而出，"皇上，既往不咎，并非既往无罪。有罪不咎，并非仁义，为仁而求仁，则仁不可得呀！皇上，臣还是觉得，朝廷稳定，要的是雷厉风行纪法严明，若一味姑且，想求稳定，反而更会动荡。"

这话已经说得很不客气，朱珪生怕弄僵，忙站出来打圆场："皇上说得确有道理，身为天子，胸容四海，当然要宽大待人，怀柔天下。不过……王杰的话也并非空穴来风，对待景安之流，还是应该宽严并用，恩威并施，免除他们的侥幸心理。"

有朱珪发话，嘉庆脸色严肃起来，很认真地说："师傅说得不差。朕以后当把宽和严把握适度。景安这事先这样了，若以后他再有半点劣迹，一定重重查办，决不饶恕！"

话说到这个份儿上，皇上已经很给面子了，再说什么也无益。朱珪斜看王杰一眼，大家拱手退出大殿。

然而实际情况正如王杰等人所担心的那样，嘉庆在如何处理吏治上，渐渐地似乎更加没了章法。景安有罪却没治罪后，四川总督大臣魁伦上奏朝廷，说驻扎在四川的剿匪兵马，因统帅营私牟利，上下串通，恣意克扣军饷，导致兵士衣食无着，饥寒交迫，非但谈不上剿匪，反而为争夺银两闹起内讧，伤亡了好些人。

此奏折一上，嘉庆不得不分外重视。四川连着两湖，是大清赖以生存的基础，根基若是动摇了，那还了得？他当即传出旨，四川兵马副督统福宁总管粮务，以前就有人弹劾他挪用府库银两送贿和珅，想必旧习不改，新恶又犯。命吏部和刑部联手调查，一经证实，严惩不贷！

福宁在四川听到风声，惶惶之下，狗急跳墙地想，从前几个案子看，皇上不至于突然这么手硬呀。对，兔子临死还要蹬蹬腿，我千辛万苦爬到这个地位，不能这么就完了，既然闹出乱子，索性就大乱一场，说不定还能浑水摸鱼，侥幸逃脱了也未可知。

本着这个心思，福宁抢先奏上一本，奏文中先自称有罪，说自己平日疏于管理，让下边奸奴钻了空子，造成一点亏空，实在对不起皇上。接着笔锋一转，提到督军统帅勒保，言之凿凿地指出，勒保才是最大的贪污分子，其罪过远大于自己。最后得出结论说，勒保每月军饷十二万两白银之多，在各路剿匪军队中首屈一指，然而勒保带军剿匪，越剿匪人越多，这不是罪过又是什么？

面对福宁反咬一口，嘉庆手抚奏折，想想也是。这帮地方大员鼠蛇一窝，相互之间盘根错节，三扯两扯，难免会越扯越多。到时候弄得局面不可收拾，陷于被动的反而是自己。前思后想，嘉庆很快颁下第二道诏书，鉴于地方疏漏颇多，令魁伦为钦差，检查四川军政。若地方官员能知错立功，尚有奖励机会，倘仍顽固不改，一味贻误战机，费靡军需者，则必严惩不贷。诏令发出之日，魁伦即刻动身。

圣旨由军机处传下来后，表面上摆出严厉追查的气势，官吏们却从中看出端倪。既然要检查，却还没等得出结论，就先提到知错立功之类的话，这分明是虎头蛇尾，要来雷声大雨点小的招数，看来皇上仍走的是仁爱路子。

魁伦不是傻瓜，自然心里有数。皇上要宽宥人家，自己何必往身上揽事端？让去就去，无非上天言好事，下界保平安，混吃混喝捎带拿点土产。况且自己原来就是勒保部下，自己以前那点丑事，勒保也清楚，大家彼此彼此，谁好意思说谁？

魁伦一身轻松地来到四川。勒保隆重接待这位昔日部下今朝钦差。好酒好菜摆开满满一桌。大家开始还小心翼翼地叙旧，几杯酒下肚，话也多了，脸面也放下了，气氛开始活跃。勒保红光满面，笑嘻嘻地拉住魁伦："魁伦啊，咱们虽然分别这几年，但往昔军旅情分犹在眼前。老哥我做过什么，别人不晓得，你难道还不清楚？检查个什么呀，检查，倒不如热酒几盅来得痛快。只是有一条，既然是知己、朋友，就应该互相帮助，万不可彼此拆台。我是粗人，但意思应该不差。"

魁伦拿出当年做部下的恭敬，郑重地一抱拳："督帅放心，在下一定把四川的实际情况禀奏给皇上，让皇上知道四川固若金汤，督帅日夜奔忙，全不是小人诬陷的那样！"

"好，好，到底是自家弟兄。知我者，钦差也！"众人哈哈大笑，杯盏叮当乱碰，猜拳喝令充溢整个大厅。

魁伦很快"检查"完毕，回朝复命，向嘉庆奏报："臣赴川后，日夜巡视，大小情形不敢忽略。所谓匪贼越剿越多，只是表面现象。实际上是勒保严厉清剿下，匪徒为了保全自己，不得不大队分成小股，这样方便四处躲避。如此一来，贼人名头增多，而实际数量大大减少。四川形势估计很快就能平定，皇上不必担心。就是福宁，在臣看来，也并没多少贪墨迹象，倒是处理军政时有些书生意气，时时被贼人钻空子。"

听魁伦禀奏一大通，并没什么实在内容，简直等于和没说一样。不过嘉庆并不生气，反而暗暗松下一口气，没大问题就好，自己就怕有什么大娄子，不好开刀，不好处置。这下两边都乐得轻松，只是提到福宁过去曾虐杀过几百投降过来的教匪，太过残忍，把福宁解除职务，令其带着家产回家做了寓公。

不过，尽管能压则压，尽量表现出一派国泰民安的气派，但各地教匪此起彼伏警报连连，却让嘉庆无法彻底安下心来。特别是四川、湖北等腹心要地，更让嘉庆忧虑。不得已，他又派那彦成前往四川，督理军务，体察地方。那彦成作为吏部尚书兼任内务府大臣，平日里打交道多些，嘉庆觉得此人心地耿直，眼里容不得恶人恶事，满圈猪羊中还算一个能员，派他前去，应该能起到一定震慑作用。

那彦成平日里和王杰私交不错，也曾在一起议论过皇上如何仁慈，以至于新政之初便虎头蛇尾，使万民慨叹贪官偷乐。这次有了执掌大权的机会，那彦成决心替皇上好好教训一下这帮家伙。

到了四川兵营，实际情况比预想的更为糟糕。因为军饷被一级一级克扣，兵丁们衣衫褴褛，缺衣少食，竟然形同乞丐，哪有半点官家威风的影子？更为凄惨的，兵丁们半年没发军服，衣不蔽体，尚可对付，脚下连只完整的鞋子也没有，爬山行军，弄得脚掌鲜血淋漓，叫人看了心酸。至于所谓的奋勇杀敌，简直根本就谈不上。

见此情形，那彦成更激起满腔义愤。他拿出钦差大臣的架势，把几个将弁叫来，狠狠呵斥一通，挑出几个克扣军饷数量多的，就地斩首。

连杀带唬，还真起到了敲山震虎的作用。各军营大小将领纷纷收敛许多，迫于饥寒去抢劫当地百姓的兵丁，也规规矩矩地等着朝廷补发军饷。见此情形，那彦成不免暗自得意，忙构思奏折，一面报喜表功，一面也请求拨发军需，安定军心。

然而那彦成并没有想到，当下军旅腐败，已经有甚于官场。并且许多朝廷要员看到军饷是块肥得流油的肉，早已把手伸到兵营，许多将领名为剿除教匪，实则是替朝廷主子敛财。那彦成又斩杀又叫喊，大有一查到底的姿态，早有将领密报给远在京城的朝廷大员。空穴来风告状栽赃本来就是许多官员的拿手好戏，加之这事和自己的利益密切相关，哪有不上心的？还没等那彦成的奏折写成，皇上御案上弹劾他的奏章已经有好几封。大家商量好似的众口一词，添油加醋地说那彦成如何骄横，简直把朝廷兵马不放在眼里，动辄便打着皇上的招牌要摊派，稍不如意便杀人，还美其名曰先斩后奏，无端死于那彦成刀下的，不下百人。大家一致请求皇上，节制那彦成，否则激起兵中哗变，教匪乘虚而入，天下局面将一发不可收拾。

这些斟词酌句的话，句句敲打在嘉庆的心尖。从内心来讲，嘉庆最希望稳稳当当，把先皇基业完好地守住传下去，便可了却自己全部心愿。倘若和他们讲的那样，军队哗变，教匪一哄而起，那岂不是要天下大乱了？一封封言辞激烈又透着恳切的奏章，让嘉庆心烦意乱，他虽然还不大相信那彦成会骄横到目中无君的地步，但既然大家都提到这个问题，以他的脾性，做事有些过头是肯定有的。

沉思了一会儿，嘉庆终于拿定主意，凡事宁可不足，但决不可太过。他命八百里快骑传谕那彦成，毫不客气地警告说，国有国法，军有军纪，两者切不可混为一谈。四川军营督帅勒保尚且不可以轻易先斩后奏，更何况你仅是一个奉命督察的钦差？人命关天，朕哪里给过你先斩后奏的权利？若真有贻误军机贪污军饷者，可以和勒保进行商议，斟酌之后再行处理，倘若还是不可，还有朕在，切不可擅传旨意，扰乱军心！

第八章

君王宽严整吏治　白莲兴起势头猛

皇上的旨意快马加鞭传送到了军中，立刻被吵得沸沸扬扬。原来钦差是在假传圣旨，十有八九是要吃苦头了！很多眼巴巴盼着军饷救济的官兵，知道这下是没戏了，便故伎重演，偷空打劫附近百姓，闹腾的四邻不安。有劣迹正惴惴不安的大小将领，知道这件事情之后，一个个的把心放了下来，我说呢，皇上放过了那么多贪官，怎么会偏偏和咱们过不去？原来是那彦成这小子狐假虎威，有机会一定要收拾他！

一片弹冠相庆中，那彦成顿时成了孤家寡人。不但将领们不正眼看他，就是平常侍奉饮食起居的小兵，也知道他是失了势的，一副待理不待理的模样。那彦成本以为自己忠心耿耿，结果却弄到这般下场，好不丧气，再没脸面出来督察，写了半截的奏折扔到一边，心灰意懒打不起精神。反倒是勒保忽然热心起来，隔三差五地拉那彦成到大帐中喝酒，有意无意地说："尚书虽然深得皇上信任，但须知天威难测，无论何时何事，切不可草率呀！你看看我，千辛万苦地东征西讨，教匪们把我视为眼中钉不说，就是在朝廷，也不断有人捅上两下子，弄得你里外不是人。唉，为臣子者难哪！"

那彦成头脑昏沉，也分不清他这是体己话还是幸灾乐祸。但不管怎么说，那彦成知道，自己确实没有领会皇上的意思，把差事给办砸了。匆匆交代完手头事务，那彦成日夜兼程返回京师，上书请罪。

不过让那彦成既放心又不解的是，皇上似乎并没有责怪自己的意思，温和地问候自己一路辛苦，特意准假两日休沐。更让他不解的是，嘉庆末了又补充一句："那彦成为人忠厚，以后若有机会，朕仍派你去军中督察。"

怕是连皇上自己都不清楚，他现在是摸着石头过河，走一步再说下一步，只要别跌跟头，其余什么都好说。

嘉庆三年暮春季节，柔柔暖风从殿外飘然而来，仿佛一双双纤细的手在身上摩挲，令人昏昏欲睡。嘉庆坐在御案后边，望着空空的桌面，不禁有些怅然若失。下意识地扭过头，见身边除了侍立的笔墨太监外，连个大臣的影子也没有。本来每次到圆明园，朱珪是必定要跟随的，一面可以谈天说地，另一方面，从心理上也有些安慰。而现在，连朱珪也好几天没见面了，嘉庆不动声色地长出口气，抖抖地站起身来。

才出殿门，一股热气拂面而来，花木摇曳，鸟鸣啾啾，耳目顿时豁然开朗。嘉庆精神一振，信步沿细碎白石铺就的小道，走过桥栏，转过几座凉亭，见湖面虽然因为多日不雨，水位下降了不少，但仍旧波光潋滟，湖心小岛上杨柳依依，柳絮飘洒，正仿佛自己飞扬的思绪。他若有所思地停下来，出神地张望。

几串笑声传来，和这春光一样清脆。嘉庆心头一动，循声张望。

是钮钴禄氏领着几个宫女过来了。自从喜塔腊氏去世后，钮钴禄氏就算后宫最得意的人了。在后宫中，除了喜塔腊氏，就要数钮钴禄氏资格最老了，而且也和自己对脾气，虽然气度母仪方面比喜塔腊氏略微逊色些，才情上却是旁人比不了的。想着有好些日子没跟她打照面了，显然对她过于冷落，而且皇后去世这几年，她仍然没有一个正式的名分，不禁有点愧疚，忙调整了脸色。

钮钴禄氏已经快步走了过来，远远地领头跪下："奴婢叩见皇上，恭请皇上圣安。"

"哦？是你们呀。怎么，也来临风赏花，观看这柳絮因风起？那就一起看吧？"嘉庆佯作才发现她们，兴致勃勃。

钮钴禄氏道一声谢，款款站起身来。身后的宫女知趣地退到一边，垂手侍立。

"皇上，刚才奴婢还想来着。如今时节，圆明园中落英缤纷，莺声呖呖，放眼看去，绿水绕孤村，青山围小屋，真正是好鸟有声，野花无数。这大好春光哪里寻去？也不知皇上有没有闲情出来看看，总埋头政务，身子骨……等看见皇上果然站在外头晒太阳，妾一下子放了心……"钮钴禄氏无声地走到跟前，小心翼翼地看一眼嘉庆，努力提起情致，嗓音婉转。

"是呀，爱妃刚才几句话，简直就是绝妙好词。出口成章，才女呀！"嘉庆见钮钴禄氏今天衣着特别单薄，浅绿色裙子长长地拖在地下，宛如一汪湖水，发髻高高挽起，衬得脖颈嫩白细长，举手投足间，环佩丁当作响，衣带摇曳，飘然欲飞，如同凌波而来的仙子。顺着脖颈往脸上看，粉白的面颊泛着红润，神情凝若秋水，娇丽中自有一种说不出的妩媚。看得嘉庆心头突地一动。

钮钴禄氏也感觉出嘉庆在看自己，不由得红了脸色，更如欲绽不绽的芙蓉。嘉庆咽口唾沫："爱妃，几天不见，越发动人了。"

"皇上又开玩笑糊弄人，"钮钴禄氏微微扭动一下纤细的腰肢，"若是动人，还会惹得皇上几日不见吗？分明是皇上又找下更加可意的人儿，亲热累了，出来歇息，还不忘了耍弄人家。"

嘉庆知道她这是开玩笑，也不介意，笑着拉住她的手："若是真可意，哪有亲热累了的道理？唉，知我者，谓我心忧，不知我者，谓我何求。春风吹不尽，总是万般心潮如湖水呀！"

钮钴禄氏顺从地任嘉庆拉住自己的手抚摩，身子趁势更靠近些："皇上，妾一直担心皇上累坏了身子，但又不敢插言朝廷上的事情。皇上自从亲政以后，克勤克俭，办了多少大快人心的大事，这要搁在史书上，不定让后人夸赞成什么样呢！可惜皇上还不满足。妾知道不满足当然好，可也要注意，该歇息时就歇息，该放松时就放松，一张一弛……"

"好啦，好啦，这些朕都明白，"嘉庆盯住她的脸，含笑摇手不叫说下去，"春光移情，正是放松的大好机会，爱妃，春宵一刻值千金，陪朕放松一下如何？"

一看嘉庆的眼光，钮钴禄氏就明白了他的心思，这可是以前从来没有过的。她压抑住心头的惊喜，嗔怪地撅起嘴："皇上也不顾有人在跟前，不怕人家笑话……"声音软绵绵地几乎说不下去，柔若无骨得已经靠进嘉庆怀里。两人相拥着走向不远处的寝殿。

嘉庆终于在这个自己出生的寝殿找到一点寄托，暂时忘却亲政以来的种种烦恼。或许为了答谢钮钴禄氏给自己生活带来的些许色彩，嘉庆很快颁布诏旨，晋封钮钴禄氏为皇后，其余贵人也各有封赏，沉闷的后宫终于春风吹进，活气大增。

似乎要印证好事成双，嘉庆振作精神，一反宽厚常态，四下派遣钦差，检查地方和军队。没过几日，检查结果刚奏报到朝廷，处分紧接着下来，四川军中，勒保被革去花翎顶戴，听候处置；他的副手永保则由军中直接流放边地，永不叙用。其余有劣迹的军官，有的就地斩首，有的流放伊犁。地方上更是连革职带流放，撤换掉一大批大小官员，军机处和六部，也有不少人跌了跟头。倒了霉的家破人亡不说，侥幸保全下来的官员们无不心怀惴惴，皇上这是怎么了，一会儿宽一会儿严，宽严也没个规律？风浪扑面而来，人人都缩了头袖起手，规规矩矩小心翼翼。

说来也巧，自开春以来，一直没下过雨，京畿周边旱情十分严重。

整顿吏治不久，忽然一场甘霖铺天盖地普降大江南北，迫在眉睫的旱情立刻解除。正直大臣纷纷庆贺，看来天人感应，果然有感应呀！而嘉庆更从中得到鼓舞，劲头更加十足。

正是在这个劲头的鼓舞下，嘉庆大刀阔斧，于地方和军队接连换下一批旧官吏，给许多年轻有闯劲的新人提供更多的机会。朝野上下又有焕然一新的气象，俨然如同嘉庆刚亲政时一般。

年轻将领额勒登保担任全军经略后，大力整顿军队，重用有智谋有勇力的部将和地方乡勇。额勒登保采取兵力正面进攻的同时，很注意安抚各地百姓把军饷匀出一些来，接济实在过不去的人家，号令军队野外屯营，不得扰乱百姓耕作，不打仗的时候，还帮助百姓抢收抢种。这样一来，大有釜底抽薪的趋势，使白莲教武装失去乡民支持，势头立刻衰竭许多。

额勒登保要的就是这个效果，他瞅准时机，发起大规模进攻。咬住白莲教徐天德一支，穷追不舍，几乎转战整个陕西境内，使徐天德这支重要的白莲教兵力遭受严重损失。转眼到了秋末初冬季节，白莲教部众缺衣少食，更加艰难。徐天德知道大势已去，也知道朝廷会如何对待"匪民"，落到清兵手中，非但求生不得，只怕比死还要更难受。他带领几个重要头目跳水自杀，陕西境内全部肃清。

四川情形也是大致如此。由于额勒登保亲自坐镇指挥，赏罚分明，将领和兵丁们很是卖力。擒获白莲教重要头目王廷诏、樊人杰等白莲教主要发起者，除少数趁乱逃走外，其余人等皆战死军中。

两湖一带的白莲教势头也被遏制住了，捷报传到朝廷时，已经是嘉庆七年的春天。心腹大患终于消除，嘉庆心头一阵宽松。他颁布诏旨，晋封额勒登保为一等威勇侯，其余有功将领，都各有赏赐，一边命令各地严把关口，禁止百姓流动，从而根除白莲教匪徒。布置完毕，接着又在裕陵祭告上天和祖宗。想到皇阿玛临终前仍念念不忘剿匪的事情，如今大功告成，嘉庆心中洋溢着自豪，终于咂摸出一点英武帝王的感觉。

川陕两湖一带战事基本停顿下来后，有大臣禀奏，既然不再打仗，地方驻扎那么多兵力也就没有必要，只能白白耗费国家给养。请求皇上将这些兵丁裁撤，发放几个月的军饷算作安家本钱，让他们解散回家，各自安居乐业。这样既能充实地方发展，也给国家减轻负担。

嘉庆觉得有理，当即表示同意。颁发诏谕，裁汰各营兵力，遣散各地乡勇，让其回乡耕种。然而嘉庆没有料到，他手下的官吏们最擅长的本领，就是把简单的事情弄得非常复杂。遣散兵勇这个诏旨发到地方后，执行时往往节外生枝，所谓的皇恩浩荡，立刻大打折扣。

因为遣散兵勇涉及军饷的问题，而军饷就是钱，就是白花花的银子，地方官吏立刻如苍蝇见血，动开了脑筋。他们拿出以往伎俩，层层盘剥克扣，名目层出不穷。多发的几个月军饷，真正到了兵丁手中，已经寥寥无几。

而这样还不算，那些没机会捞到好处的地方小吏乃至豪绅，并不甘心。他们利用安置回乡兵勇的机会，接连向这些浑身伤瘢的人们发难。说是如今人丁过旺，田地不足，要想回家种地，也不是那么容易。不过既然朝廷有旨意，也只能大家都往外凑点田地，均给他们一些。可是大伙少了田地，这损失谁来担着？自然还是谁得了好处谁担，所以兵勇们要给乡里出点银子，日后也好跟乡亲们交代。

经过战场上的九死一生，又千里迢迢回到家乡的兵丁们，早已是两手空空，肚里窝着满腔怒火。本以为人不亲土亲，回到家乡后可以找点安慰，不曾想真正是天下乌鸦一般黑，哪里都没有自己的安身立命之处。上当受骗的感觉让他们从头凉到脚心。

"早知道这样，当初还不如和白莲教弟兄们合成一股，痛痛快快闹他娘的一场！"这些血气奔涌的汉子们禁不住发出异口同声的感慨。懦弱些的感慨过后，求爷爷告奶奶，忍气吞声挣得一口饭吃；刚强的则一跺脚转身离开，他们找到昔日战友，一拍即合，重新操起家伙。这帮人打家劫舍，啸聚山林，队伍滚雪球般迅速壮大。暂时蛰伏下来的白莲教势力，纷纷派人联络，思谋着合伙。

就在嘉庆祭告上天祖宗没多久，白莲教武装又悄悄在川陕和两湖一带迅速兴起。不过这次地方官员们学聪明了，他们知道变乱再起的根本原因是什么，倘若追查下来，教匪们没死，只怕自己会先掉脑袋。所以只能藏着掖着，尽量自己消化苦果。但越是遮掩，白莲教势力就越强盛，直到弄得无法收拾。

而此时嘉庆也没有精力顾及到地方上隐瞒不报的险情。就在祭告裕陵回来的时候，他同样碰到一件令他震惊的大事，这事情使他险些变成短命帝王。

内务府御膳房，原先有个老厨子，叫陈庄。这老头老家河南，年轻时曾在开封府最有名的酒楼碧云轩帮厨，由于他聪明好学，跟着各路来的名师学到不少手艺，尤其是中原菜系，更为拿手。后来自己掌厨，边干边学，技艺大精，成了名满开封的厨师高手。

后来内务府御膳房总管孟明有次去开封，听到陈庄大名，亲自品尝了几道菜，果然别具特色。想到若把这独特口味的饭菜摆到皇上饭桌上，肯定会龙心大悦，皇上一高兴，自己还不就平步青云了？于是他出高价钱，把陈庄聘请到御膳房，专门给乾隆老佛爷做菜。也不辜负孟明一番苦心，乾隆用过陈庄的中原菜后，大加赞赏。时间一长，陈庄的名声在内务府也是人人知晓。加上陈庄为人忠厚稳重，口碑相当不错。

陈庄靠着自己的手艺，日子殷实平淡，时间飞快地流逝过去。转眼嘉庆皇帝亲政，内务府按规矩要清理一批年老体衰的杂役，依岁数定，陈庄也在清理之列。在内务府当差多年，陈庄小有积蓄，养老已经不成问题，不过陈庄还有个心思，那就是自己的独子陈德跟在身边，厨艺学得相当精湛，却一直没有机会安置。

仗着自己和孟明的老交情，陈庄临走之际再三恳请，希望能把儿子陈德留在御膳房，接替自己的位置。孟明靠陈庄的手艺取悦了皇上，虽然没能更进一步，但御膳房总管这个美差总算没被人夺走，他倒也知足，很感激这个老厨子。现在陈庄提出要求，当然不能草率驳回。况且陈德的做菜本领确实有乃父当年之风，要伺候新皇上，还真得有个这样的人在跟前。两下里凑劲，他就乐得做个顺水人情，一口答应下来。

把儿子安置妥当，陈庄带着两个孙子，心满意足地返回老家准备颐养天年。陈德是个孝子，他唯恐父亲年老，母亲又去世多年，起居饮食照料不周，就让媳妇李氏跟着一道回去，料理一下家中事务，等安排好了，再由自己请假接回来。

就这样，一家四口雇辆马车，拉着积攒下的细软回乡去了。殊不知当时正是嘉庆亲政后不久，各地白莲教队伍和官兵交战激烈。河南自古人多地少，水旱灾害又特别频繁，百姓造反也多从这里发端。刚回到家乡，见过些世面的陈庄就觉得不对劲。这里已经连续两年黄河决堤，田地里没什么收成，青壮年大多归到白莲教旗下。整个河南简直就是个大战场。

面对这种局面，陈庄觉得要在乡间安身立命，情形很不容乐观。自己一个老头子，孙子还小，不懂事，儿媳妇年轻，不但不能帮上忙，反而要时时替她担心。殷实人家瞬间人财两空家破人亡的事情，哪天都在发生。若有天临到自己头上，这可……

越想越后怕，陈庄决定，不能坐等着大祸临头。他和儿媳妇李氏商量，看怎样寻个出路。李氏是个有主见的妇人，对公公说："地方上这么混乱，要我说，还是在天子脚底下最省心。要不，咱们还原路回京城去，在京城寻座房屋，过几天安心日子。"

陈庄点点头，犹豫片刻："回京城固然好，可是……京城里花销要高出许多，单是房屋，就得多破费许多银子。再者，俗话说，越是首善之区越不出息人，那里到处都是哥儿公子，俩孩子将来长大了，难免学坏。"

李氏清楚，公公说到底还是怕多花钱。不过老人既然不愿意，也不便勉强："那，您老人家看，怎样办才合适？"

陈庄显然已经想好："媳妇啊，中原大乱，听说靠边境那边还没什么动静。叫我说，还不如暂且去投奔甘肃甘谷县，你表叔在那里也算大户，有他照应，咱花银子买上几亩好地，好歹还能过上几天心静日子。"

李氏知道陈庄有个表弟在甘肃落户，只是甘肃离河南上千里都不止，这一家子老小，去一趟着实不容易。本想劝老公公几句，不过见陈庄已经打定主意，张了张嘴又把话咽回肚里。

就这样，陈庄弄辆马车，载了全部家当，迤逦向西赶路。沿途乏上，兵荒马乱，好几次险些被兵痞子祸害，幸亏陈庄伺候惯了人，眉眼灵活，都给躲了过去。

好容易来到甘肃境内，问问过路的，前边是天水关，过了天水，就是甘谷。千辛万苦，终于到达落脚的地方，陈庄抖擞精神，快马加鞭，小车颠簸着奔关口而来。

陈庄还不知道，近来陕西白莲教势力有向北转移的趋势，兵部命令严把各道关隘，不得让白莲教徒扩张地盘。甘肃官员正愁大乱之年，自己不能浑水摸鱼捞些好处，现在有了朝廷命令，立刻宣布全省戒严，对来往行人严加盘查。官兵们见到有衣着阔绰或者行李笨重的，往往百般刁难，总要勒索些钱财才罢休。更有的见到美貌妇女，还要动手动脚调戏一番。

来往客商都知道关卡厉害，尽量少出门。看着行人日益减少，大家正嘀咕着弄不上外快，可巧陈庄就马车嘚嘚地来了。

兵将们抖擞精神，围住马车，问三问四，眼光狠狠盯住李氏的脸蛋不放。陈庄虽然善于应付，无奈人家就是奔着钱财而来，任你好话说了上百句，兵将们听也不听，只管叫喊："好你个老头，油嘴滑舌，必定是白莲教匪徒派来的奸细！都下来，我们要仔细搜查！"

身强力壮的兵丁扯扯拽拽，把他们拉下车来翻箱倒柜，也是几天没打着食，见了白花花的银两，恨不得一口吞了下去。以前多少还给行人留下些，这次索性来个全兜，竟然一个铜子儿也没丢下。

陈庄见状如何不发急？辛苦大半辈子的积蓄打了水漂，后半生指望什么过活？他不顾一切地扑上去，要从兵丁的手里抢夺财物。兵丁哪里把他看进眼里，嘻嘻哈哈地甩手一把："这老东西，真是越老越财迷，为了几个钱，性命都不要了。再闹，一刀子穿了你，杀个白莲教匪徒，还能立功受赏，照样又是几两银子！"

陈庄踉踉跄跄摔倒在地，见那帮人裹了自己一辈子的血汗钱就要走，顿时急红了眼："老子连皇上也伺候过，到头来反倒受你们这帮龟孙的气。大清朝的天下，难道就没有王法了？"蹦上去拽住一个兵丁手里的包袱，死命往怀里拽。

"果然是白莲教的老土匪，不给你点厉害看看，你还真小瞧了爷们儿！"那兵丁冷笑着，刷地抽出刀来。

李氏见势不妙，正要叫喊，张了张嘴还没出声，就见白光在眼前一晃，公公摇晃两下，半截木桩般扑通倒下，鲜血喷洒出老远。

"啊！"李氏一个柔弱妇人，哪受得了这等血淋淋场面的刺激，也像挨了刀似的，摇摇晃晃扑倒在地，昏死过去。

不知过了多久，悠然醒来时，天色已经黑透。兵丁连同马车不见了踪影，只剩下两个小孩哀哀啼哭。抬眼四望，不见公公的尸首。问起两个小孩，才知道让兵丁们扔到马车上，拉回去请赏去了。

落难到人地生疏的他乡异地，李氏痛哭一阵，还得强打精神想办法安置两个孩子。一步一挨地进了天水城内，找个客店，好说歹说，人家见她着实可怜，勉强答应暂时寄居下来。正好客栈内有个甘谷过来的客商，说起来还和陈庄表弟熟识，李氏千恩万谢，求人家明天回去给捎个信，让表叔赶紧过来解救。

安排好后，李氏这才思谋到，公公死得冤屈，况且没了那些银两，日后在表叔家安身，也没有本钱。一定要到衙门里告那些兵丁，替公公出了这口怨气才行。

拿定主意后，第二天一大早，李氏就来到衙门击鼓鸣冤。岂料天水知府刚收到把关兵将进献上来的钱财，听李氏絮絮叨叨诉说冤情，请老爷惩处那些兵丁，还回钱财，不禁暗暗冷笑，到底是个女人家，连这点见识都没有，吞到狼嘴里的肉还能吐出来？不等李氏把话说完，怒气冲冲地拍响惊堂木："好你个大胆刁妇，你那所谓的老公公乃白莲教匪徒奸细，官兵奉朝廷命令捉拿匪徒，天经地义，有什么冤情？就是你自己，也不是什么好货，官兵见你一个女子，姑且放过。不料你竟然得寸进尺，还要倒打一耙！来呀，把这个妖妇给我押进牢里，等审讯清楚了，卖到边地给将士们解闷！"

兵丁们如狼似虎，扑上前架起胳膊就往后走。李氏没想到公堂上原来就是这个样子。这才想起人们常说屈死不告状是什么意思，可惜明白过来也晚了，现在的自己如同掉进虎狼窝里，根本容不得自己申辩。

被关进监牢中，李氏前思后想，再没什么办法。又想起公堂上大老爷说的，要把自己卖到边地，给那些当兵的消遣。要真是那样……她不敢想下去。如今公公已死，家财散尽，与其将来受辱，想活活不成，想死死不了，还不如自行了断了省事。好在表叔很快就来，两个孩子总算有着落。

哭一阵想一会儿，想了再哭，哭了再想，天明时分，李氏解下外

罩衣衫，悬挂在牢房栅栏上，上吊自尽了。

　　一个外路妇人突然在牢房里死了，大家见怪不怪，所以谁都没有在意，仅是拖出去埋了，就算了事。事情过了没两天，陈庄的表弟陈庆与儿子陈飞急匆匆赶来，找到客栈，见到只有两个孩子哭着叫着要找娘，就知道这件事不妙。托人上下打听之后，才清楚了李氏下落。叹息已无济于事，既然事已如此，只好算了房钱饭费，领着两个孩子回家去了。

第九章
白莲教徒忽行刺　君王嘉庆幸生还

　　自从老爹和媳妇儿子回家之后，陈德在御膳房接班掌厨，凭着在爹那儿学得的手艺，干这事简直是小菜一碟，孟明接连夸赞了好几回，满意极了。一转眼几个月过去了，总不见老家来信，这让陈德少不了牵肠挂肚。没事的时候听别人聊天，说河南一带白莲教闹腾得特别厉害，官匪交战的过程中，双方时常拿老百姓出气，有点积蓄的人家，十有八九都会家破人亡。

　　说者无意，听者有心。越想他越放心不下，终于下决心向孟明请了假，急急忙忙往老家赶。

　　风尘仆仆将近一个月，终于回到家乡。没等进门，老远陈德就感觉心头一冷。院子的两扇大门不知被什么人给卸走，院内蒿草半人多高，显然许久已经没人住了。忐忑地走进院中，见房屋凋敝，满眼狼藉。陈德惊出一头冷汗来，忙到左邻右舍打问。村中十室九空，连串好几家才了解到，爹和媳妇孩子们回来没住几天就走了，说是投奔一个远路的亲戚。

　　陈德立刻想到甘肃的表叔。爹常说那里兵灾少，年景也不错。看来一定是投奔他了。顾不上歇息，陈德又披星戴月地赶往甘肃。因为一个人赶路，年轻人腿脚利落，不出一个月，便来到甘谷县。陈庆是当地大户，没费多大劲就找到他家。

　　刚进院门，便看见自己两个儿子在房前玩耍，陈德心下一宽。闻听侄子来了，陈庆忙出来迎接。叔侄阔别多年，自然有许多话说个没完。站在门口说了好大一会儿话，也不见老爹和媳妇出来，陈德觉得不大对劲，忙截住话头问："表叔，我，我爹呢？"

陈庆愣了一下，掩饰着脸上的不自然："来，先进屋，咱慢慢说。"

陈德顿时涌上不祥预感，急不可耐地拉住陈庆："叔，我爹他们到底怎么样了？"

陈庆摇头叹口气："唉，有道是杀人可恕，情理难容。这帮昏官老爷兵痞子，真没办法呀！德儿，人活百年，总归一死，事情到了这种地步，还是要想开点……"

陈德听出不妙，但他立刻想到，一定是老爹接连赶路，给累出毛病，去世了。媳妇在后边守灵，出不来。倘若这样的话，也算正常。心头又一宽，点点头："叔说得是，可怜我爹没在京城享福，把命都折腾在路上了……我去看看爹……"说着就往后边走。

陈庆忙拉住他："德儿，你爹……他……唉！"使劲一拍巴掌，咬牙把事情经过详细说了一遍。

突然而至的消息，比自己最坏的预料还要坏。听说爹给人杀死，媳妇也不在了人世，家破人亡的凄凉如同当头一闷棍，险些将他打倒在地，瞠目结舌，半晌说不出话来。陈庆忙和几个家人把他扶进屋内坐下，捧上热腾腾的茶水。

好半天，陈德终于哭出声来，哭老爹命苦，死得冤屈。哭媳妇走得太早，留下两个孩子无依无靠。哭得在座众人无不心酸，陪着流了好多泪。

最初的悲痛过去后，怒火紧接着上来。"我爹是伺候过皇上的人，我现在也伺候着皇上，人家都说宰相家奴七品官，更何况皇上？不行，我得找那狗官算账，我爹要是就这样冤死，我这当儿子的，也太不孝了！"陈德气鼓鼓地拍桌子大喊。

"唉，"陈庆紧皱眉头，"德儿，穷不与富争，富不与官斗，这是常理，咱可不能饿着来呀。我表哥虽说给皇上做过饭，但到底拿不到台面上来，况且也没什么凭证，弄不好再给加上个胡言乱语的罪名，那可就更麻烦啦！再者说，人家知府就是相信了又能怎样，人死不能复

生不说，他总不至于给咱赔罪。唉，叫叔说，这事情就先到这里，咱吃哑巴亏，换个息事宁人。"

陈德知道确实是这个理儿。而且，把自己是皇宫厨子抖搂出去，真叫皇宫里的人知道了，也不是玩的。他听孟明说过，新登基的皇上，最讨厌宫里下人狐假虎威，打着皇上旗号给自己撑腰。可是，这杀父杀妻的大仇，就这样算了不成？

众人看陈德脸色铁青，纷纷劝解，吃过饭后，安排在后房去歇息。

等大家散了，面对两个没了娘的孩子，陈德又是一阵百感交集，搂住两个孩子直掉眼泪。两个孩子见爹哭，也呜呜地哭个不住。

父子三人正抱头哭作一团，门被轻轻推开，有人闪进来。陈德泪光迷离地抬头一看，原来是表哥陈飞。陈飞体格壮实，说话声音洪亮有力，也不多问，把几块糖膏递给俩孩子，哄他们出去玩。然后拉着陈德坐在床沿，目光灼灼地盯住他："兄弟，男子汉大丈夫，天塌地陷应该想法子对付，低头抹泪中什么用？"

陈德长吁口气："常言说，杀父大仇不报，来世必然猪走狗跑。可惜我陈德文不能写檄文讨伐，武不能手刃知府老贼，心里憋屈呀！"说着泪水又滚落下来。

"只要有报仇的想法，就是有志男儿，"陈飞不慌不忙，拉住陈德的手，"不过，要想报仇，谁是真正的仇人，可要认清楚。"

"真正的仇人？"陈德一愣，不明白他的意思。

"对，这个问题很关键，"陈飞直视着他，"兄弟试想，倘若仅仅把天水知府认作仇人，这就未免眼界太窄。天水关的兵丁为什么敢行凶杀人，因为有知府撑腰。天水知府为什么敢草菅人命，因为有皇帝撑腰。兄弟只看到自己家里遭难，殊不知，这样的情形每天都在发生。兰州知府为了向朝廷报功，屠杀无辜百姓一千多，这里边有多少人要家破人亡？河南、山东、河北，放眼全国，哪个官员不在祸害百姓，纵然你有浑身的武艺，能一个个挨着杀过来吗？"

一番话说得铿锵有力，陈德不得不信服，眨着眼问："那，那，照你说，真正的仇人是谁？"

陈飞大手在陈德肩膀上重重一拍："天下汹汹，百姓民不聊生，表面上看是地方官员太可恨，其实真正祸根在吃你做的饭那个人身上。他才是万恶之源！要想使天下太平，只有先将他除掉！"

"你是说……皇上！"陈德从来没这样想过，也没听人这样说起过，吃惊得瞪大眼睛。

"对，就是那所谓的皇上！"陈飞的口气不容置疑，"难将一人手，遮尽天下眼。皇上是什么东西，无才无德，却稳坐紫禁城深宅大院中，享受着民脂民膏，纵容手下徇私舞弊，把天下糟蹋得不成样子。他活着，普天下千百万百姓就不能活。大家伙要想过上太平日子，他就不能存在于世间！"

仔细想想陈飞的话，陈德终于慢慢点了点头："听表哥这么一说，还真是这个道理。偌大的皇宫，养活几百几千宫女、太监，还有打杂的、跑腿的、修盖的，每天得花费多少，能养活多少百姓。这么大气势，其实就供他一个人享受。这人都是肉长的，谁不是爹娘的心头宝贝，凭什么他就要压人一头？享受那么多，办点实事也罢了，他却连个贪官污吏都弄不了，你说，要这样的人，有什么用处？"

"哎，能这样想，就对了。看来兄弟有慧根，道理一说就明白。"陈飞走到窗前，盯着外边，"所以说，好男儿要报仇，就报大仇，替天下所有受难的人报仇！"说着使劲一捏拳头，"杀掉那个满洲狗皇上！"

陈德见陈飞咬牙切齿的模样，一激灵："表哥，你是……"

陈飞淡淡一笑："兄弟那么机灵，一定猜出来了。不错，我现在已经是白莲教甘肃坛主门下的卒长，掌握着甘谷、武山、陇西等地方的万余弟兄。可是尽管人数不算少，对抗起官兵来，仍寡不敌众，要暂时蛰伏，暗中积蓄力量。正因为如此，兄弟家遭难，我也只能暗暗伤心，却不能真刀实枪地灭了那狗官！不过眼下倒是有个绝妙机会，可以一劳永逸。或许是上天照应，这机会就在兄弟身上，只是不知道兄弟有没有这个胆量？"

陈德被激动起来，腾地站起身，用力拍拍胸脯："我现在是爹死老婆亡，除了两个孩子放在表哥家，给碗饭吃不至于饿死外，我就是赤条条没了牵挂，怕什么，舍得一身剐，敢把皇帝拉下马！"

"那好，兄弟不但要把皇帝给拉下马，还要把他的狗命了结了！兄弟在御膳房当差，这可是个绝好条件，下手的机会很多。只要有胆量，天下百姓都要享兄弟你的福呢！"

陈德犹豫一下："可是，表哥你不知道，宫里的规矩向来森严。我虽然在御膳房掌厨，一年到头也见不到皇上。别说见了，就是皇上在哪里住，我也弄不清楚。在饭菜里下药，一是毒药带不进去，再者每菜都有好几道检验，也不大可能……"

"这个不妨，"陈飞并不以为然，"只要上天有路，再陡的坡也有办法。兄弟还不知道，当今皇上对待内宫差役刑罚严酷，物极必反，皇宫内也有不少白莲教弟兄，他们正待机而动，听从教主吩咐。兄弟有这个胆量，我就放心了。这事情相当重大，我一个人做不了主。兄弟不要着急，等我去兰州一趟，禀报给坛主，商量好怎样行事，然后再作安排。"

陈德不再想那么多，咬着牙使劲点点头。

五天后，陈飞从兰州回来。他高兴地对陈德说，坛主亲笔写有手札，让陈德带回皇宫，作为信物，联络内应。并特意嘱咐，内宫撷芳殿二门总管叫太禄的，是最信得过之人，可以先联络他，让他给安排机会，齐心协力，做成这件万世流芳的大事。

陈德原本还有点心虚，现在听说内宫总管都是白莲教的人，自己还有什么可怕的？顿时，复仇的念头又占了上风。接过书札，立刻就要动身回去。陈庆不知就里，又留他住了三五日。陈德把两个孩子交代给陈飞，想着这次一去，恐怕就是永别，望着两张鲜活的小脸，忍不住流下泪来，末了狠狠一跺脚，头也不回地离去。

回到皇宫后，陈德表面上若无其事，向孟明销假，说家里一切都好，只是老人年纪大了，就多耽误几天。孟明对陈德父子印象都不错，勉励几句，让他好好为皇上效劳，日后也能有吃有喝的安度晚年。陈德都一一答应。

过了几天，陈德终于瞅个机会见到太禄。太禄是个白白胖胖的太监。陈德不明白一个大门不出二门不迈的太监，怎么也能和白莲教挂上钩。看来白莲教里边真有些能人。陈德将信将疑地把甘肃坛主的手札拿出来，让太禄看了。果然正如陈飞说的那样，太禄满脸严肃，冲陈德笑笑，表示大家都是一条道的，

"不过，这事情非同小可，马虎不得，也急躁不得。"太禄把陈德拉进自己房里，打火石点上蜡，把手札烧成一卷灰，轻轻地揉碎，"你赶紧回御膳房，该干什么还干什么，别显出异样来。该让你出手时，我自有办法通知你。"

陈德点头答应，匆忙告辞。

想着一场翻天覆地的大事就要闹腾起来，自己就要成为记进史书的英雄，陈德激动了好几天。可是一连半个月过去，激动劲头消退干净，太禄那边还不见动静，也没听说多少关于皇上的消息。

"怎么回事，难道皇上蜷缩在屋里不肯出来？"陈德随即否定了这个想法，"不可能。当初乾隆动不动就北上南下，东奔西窜。新皇上即便不好动弹，也不至于总憋在深宫大院内，多少要走动着透透气。是不是太禄并不真心办事，故意搪塞自己，或者干脆把自己给告了密，说不定过几天就会有人来捉拿自己？人都说太监的心最阴险毒辣，可别是着了他的道儿。"

陈德胡思乱想，理不出个头绪。连焦急带担心害怕，加上家破人亡的凄凉感时时涌上心头，无可排遣之际，陈德只好喝闷酒来浇愁。每每烂醉时候哭哭笑笑，弄得住在隔壁的差役很不耐烦，禀报给孟明。孟明还当他是老婆不在身边，一个人寂寞，就随便劝解几句应付过去。

就在陈德感觉绝望的时候，忽然有天傍晚，从御膳房回去的路上，一个小太监匆匆过来，故意走在他前边，怯声怯气地念诵一句："有花堪折直须折，莫待无花空折枝。"

陈德心头一动，这正是太禄和自己商量好的接头暗号。看来太禄并没有出卖自己，终于行动了。他惊喜地走上前，压低声音："小兄弟，我就是陈德，你家总管有什么话要说吗？"

小太监看陈德一眼："我家总管吩咐，御膳房若有剩菜，可送到西边角门处。"

这分明是告诉自己联络地点。陈德点点头："告诉你家总管，我知道了。"当晚，陈德悄悄来到角门外边，太禄已经等候在那里。太禄告诉他，因为征战白莲教取得重大胜利，明天皇上要去裕陵祭告先皇，所带人马不多，出宫的道路也摸清楚了，要他在神武门到顺贞门之间寻个合适地方隐藏起来，伺机下手。还交给陈德一套侍卫衣服，这样出入各个宫门更方便。

陈德回去后立刻开始准备，把事先准备好的尖刀掖在怀里，穿上侍卫衣服，感觉并没什么破绽。他紧握拳头冲空中一挥："爹，孩子他娘，给你们报大仇的时候到了！狗皇帝，你活不过明天了！"

嘉庆到裕陵祭祀祷告先祖，心里充满喜悦，脸色分外和气。嘉庆亲政以来，很少走出宫门，为的是不骚扰百姓，不影响官吏正常办公。实在需要的时候，也仅让定亲王绵恩和喀尔喀亲王拉旺多尔济率领几十兵勇护卫左右。

祭告完毕，嘉庆志得意满，坐在御辇中，撩开米黄色帷帐，漫不经心地欣赏着外边景色。时下还不到三月，料峭春寒尚未完全褪去，但盎然生机已经破土而出。尽管稀稀落落，柳絮还是飞舞起来，鹅黄枝条随风拂摆，轻风吹在脸上，柔柔地带来温暖气息。这气息中有股淡淡的清香，嘉庆知道，这是土地复苏时散发出来的味道。

按照预定路线，车驾从东门青砖甬道径直向前，走出约一里多，前边出现一座飞檐翘瓦气势恢弘的高大门楼，这就是进入内城必然要经过的威勇门。

沿威勇门深邃的门洞进去，横亘在眼前的是条规模略小的护城河。河水不宽，有两座白玉石雕砌的虹桥，精致小巧地横在河面上。桥面很窄，侍卫们不得不拉开距离，排成两列一左一右追随在御辇两侧。绵恩和拉旺多尔济也前后分开老远。这里已经是大内，几乎算是完成了护驾任务，大家也不特别在意，放松了精神。过了护城河，桥头又有一座神武门。神武门和对面的顺贞门遥相呼应，中间只有半里多地的细碎花岗岩通道。从这里开始，各式宫殿就连绵不绝，高大宏伟的宫殿遮掩了阳光，通道似乎成了胡同。

众人就在胡同中缓步走进顺贞门。进了顺贞门，大家就可以各自散开去领赏了。人们暗暗松口气。然而谁也没料到，巨大的危险就在这时电光石火般瞬间降临了。

御辇隆隆作响地碾进顺贞门门洞，前边的兵丁和绵恩已经穿过去，后边的兵丁和拉旺多尔济距门洞还远。就在这时，门洞内暗室中，忽然蹿出一个人影，手持雪亮的匕首，寒光一闪，以迅雷不及掩耳之势，扑向嘉庆的御辇。

前边的人根本不知道后边发生了什么，后边的兵丁看在眼里，却被突如其来的阵势吓呆了，一个个木桩似的，眼看着寒光划进皇上的辇车中。

嘉庆正斜倚在松软的靠背上，似乎在想些事情，又似乎什么也没想。半迷糊半清醒间，猛听得脚步响动，本能地突然睁大眼睛，那人已经扑到跟前，尖锐的匕首正飞快地指向自己。嘉庆打个激灵，哎呀叫着往一侧躲闪。那人或许太过性急，或许根本没想到嘉庆在这个时候还能躲闪。他把持不住，匕首笔直地刺进靠背上，刺得很深，急切间拔不出来。

就在费力往外拔匕首的当口，后边的兵丁回过神来，发一声喊叫，纷纷拥上来。走在后边的拉旺多尔济，黑熊一般嗥叫着冲上来。那人此刻已经把匕首拽出来，握在手中，再次向无路可逃的嘉庆刺去。然而机会往往在眨眼的间隙就会错过。拉旺多尔济怒吼着来到跟前，不等他伸出手去，拦腰把刺客抱住，两人扭作一团。

刺客眼看大功就要告成，也是焦急万分，握匕首的手狂乱地挥舞，转眼间刺中拉旺多尔济两三刀。拉旺多尔济知道事情非同小可，任鲜血乱涌，至死不肯撒手。前边的兵丁和绵恩听出了动静不对，忙折回身来护驾。绵恩见一个小校模样的人挥舞匕首，正和拉旺多尔济扭打在一处，知道这人定是刺客无疑了，上前狠命一脚，正踢在他软肋上。那人冷不丁挨了重重一下，扑通跌倒在地上。

旁边的兵丁见刺客摔倒了，呐喊一声，七手八脚把他按住，扭了个结结实实。刺客见大势已去，好事落空，气急败坏，跳着脚乱骂。绵恩急于看视皇上，摆手喝道："还不快拉下去，捆绑结实了！"

嘉庆蜷缩在辇车角落里，惊魂未定，本来就清瘦发青的脸，现在更显得灰白。直到绵恩扶住他坐端正了，才明白危险已经过去，自己并没有成了刺客的刀下鬼魂，转动几下眼珠，有了一点活气。

"为臣该死，让皇上受惊了，"绵恩愧疚地请罪，"皇上……"

嘉庆有气无力地摇摇手："赶快回宫。"

皇上竟然在紫禁城内遇刺，消息很快由宫内传到军机处，又由军机处散布到朝臣当中。平静的宫城皇城内外顿时掀起轩然大波。人们纷纷猜测，是谁这么大胆，哪个刺客又有这么大本事，能够潜藏在宫城中。看来朝廷又有一场好戏要上演了。

绵恩和拉旺多尔济不敢怠慢，立即率御林军，把宫城皇城乃至京城搜寻个遍，企图捉拿刺客同党。登时京城内外一片大乱，家家户户鸡飞狗跳，哭叫吵闹声此起彼伏。

然而一连折腾两三天，并没发现什么有价值的线索。嘉庆显然不耐烦了，命人把绵恩和拉旺多尔济叫去，当面吩咐："皇上遇刺，难道是天大的好事，非得要全城百姓都知道？就是刺客真有同党，他又不是傻瓜，难道会做出鬼鬼祟祟的样子让你们捉拿？他脸上也没记号，即便从你们身边走过，你知道他是干什么的？"

说完了见拉旺多尔济身上多处包裹着，有血迹渗透出来，缓和了口气："这事情不用张扬，先从那个刺客身上找线索。你们传话给刑部，让勒保严加审讯，不信他不招认出同党来！"

两人唯唯诺诺，躬身退出。

勒保被革职后，不但死里逃生，风头过后，还弄了个新任刑部尚书，也正想露两手给皇上看，借此打消皇上以前对自己的看法。把这个大案接过手，急忙召集刑部官员，开堂审讯。刑部大堂设在勇武门外侧的一个大院内，两边是监舍，准备过堂的犯人暂时押解在这里，提审时比较方便。大堂深邃幽暗，正中悬挂一方明镜，明镜下方的匾额上，乾隆皇帝手书"明镜高悬"四个大字金光灿烂。匾额两侧有嘉庆御笔楹联，右边是"一字无虚始可定案"，左边是"片言不实勿厌重推"。整个厅堂布置得气象森严，使人望而生畏。

陈德被五花大绑，脚镣响动着被押上大堂。勒保眯起眼睛仔细看去，还以为敢刺杀皇上的，一定是凶神恶煞亡命之徒，没想到不过身材瘦小的普通人物，先自轻松几分，觉得这样的人应该很好对付。

陈德让人推搡着走到大堂中间，两边衙役一人一脚，将他踢得跪倒在地。勒保使劲一拍惊堂木："大胆狂徒，真真丧心病狂，竟然做出这种大逆不道诛灭九族的事情！你出于何种动机，由何人指使，快快招来，免得饱受皮肉之苦，弄得活不成死不了，做鬼都没阎王要！"

陈德耷拉着脑袋不吭声。旁侧侍郎递过一张纸条，轻轻说："大人，这凶徒叫陈德，原系宫内御膳房掌厨。据总管交代，此人平素老成稳重，却突然做出这样的事情，实在匪夷所思。"

勒保点点头："是了，掌厨的不好好练习菜刀功夫，倒钻研起凶器，必定有人指使。弄不好还和白莲教匪徒有瓜葛。"猛地又一拍桌案，"快快招认出来，大家都省事！"

沉默半晌，陈德忽然抬起头，目光逼视堂上众人，咬牙切齿地闷声说一句："可惜上天不睁眼睛，没让我去除掉这个鞑子。什么皇上，狗屁！他就是万恶的源头。你们这些狗官，总有一天要遭报应！千死万死，都是一死，要怎么样，随你们的便！"

大家统是一愣。勒保气急败坏地指着陈德的鼻子："真是泥人改不了土性，贼人改不了贼心，不给你点厉害瞧瞧，你还真把朝堂当成了儿戏！"

两旁站立的衙役立刻会意，上前拖起陈德。两人架起胳膊，一人站在前边，用两块枣木板子，左右开弓，劈劈啪啪照脸土狠劲抽打。一连打了几十下才歇手。众人再看上去，陈德脸颊肿得像个发面馒头，眼角和嘴角的血滴滴答答流到衣襟上，刚才还好好的一个人，片刻工夫就狰狞如同鬼头。

"怎么样，这才不过是个见面礼，"勒保微微一笑，"你在宫内掌厨，有吃有喝，放着好日子不过，何苦跟着白莲教土匪们瞎闹腾？还是乖乖交代了，谁指使你行凶，同党是谁，现在何处？快说!"

陈德眼睛已经肿胀得睁不开，忽然瓮声瓮气地开了口："你们简直就是放屁！我爹，我媳妇，都死在你们这些狗官的手里，我家乡的百姓饿死一少半，让官兵当成土匪杀掉一大半，你们说，这能叫好日子？你们……我恨不得把你们全杀掉!"

腔调怪异，仿佛从厉鬼嘴里发出的呜咽，大家又是一愣，"看来你在御膳房经常宰杀生灵，这小小的见面礼对你不起作用，"勒保拿出一根竹签，"给他换个花样!"

两旁衙役如狼似虎地答应一声，大踏步走上来。把陈德掀翻在地，扒光衣裤，两三个人死死按住，两个人抡起板子浑身乱打。刑部的板子不同于地方衙门，县邑州府的板子，一般用松木做成，厚实沉重，看上去叫人害怕，主要用来震慑百姓。而刑部行刑的板子，特意用上等檀木制作，不宽也不厚，看上去很轻巧，其实里边掏空了灌满铅，分量特别重，而且舞动起来发颤，拍打在皮肉上，一下就能让人血肉横飞，几板子就露出白花花的骨头。任你多结实的人物，用不了几下，就得哭爹叫娘，让干什么就干什么。

陈德是独子，从小宝贝似的护着，哪经过这等阵势。扑哧几声闷响，痛彻骨髓的滋味比刚才掌嘴要难受几十倍，他忍不住哇哇地惨叫出声。

衙役们全然不管这些，甩开膀子卖力地抽打，板子起落处，血花迸溅，一丝一条的肉片乱飞。直到陈德喊叫声渐渐微弱，腿脚也不挣扎了，勒保才叫住手。众人退到两旁，陈德刚从血水里捞出来的一般，卧在血泊中，仿佛一堆烂肉。

"滋味好受吧？告诉你，这还是最轻的，后边大刑一道接着一道，若不想挨个儿尝试，就赶紧老实交代!"

陈德耷拉着脑袋，一语不发。连续问了两声，还是没有动静，叫衙役过去看看，原来是已经昏死过去。勒保正要命令用凉水浇醒，侍郎在一旁小声说道:"大人,这个犯人不一般啊,倘若真的死了,皇上那儿……"

　　勒保明白了他的意思,仔细想想也是这么个道理,只得命令先看押起来,等有了良策再行审讯。

第十章

刺客咬舌不招供　皇上惊魂未安定

嘉庆几天都没缓过神来。白莲教主力被剿除的喜悦，在顷刻之间被洗刷的荡然无存，徘徊在毓庆官后边的维德堂前，望着满园渐渐泛出嫩绿的花草，他似乎再也找不到春日复苏的那种喜悦心情。

苦苦思索，嘉庆却始终不得要领。这次刺杀事件，无论审讯的结果怎样，必定是百姓仇视自己这个皇帝无疑了。可是扪心自问，自从亲政以来，自己真可谓宵衣旰食兢兢业业，不但平日吃穿用度上比皇阿玛节省得多，政务上也丝毫没有马虎，御门听政一次没耽误过，地方文书从来都是仔细审阅，对待不规矩的官吏，往往恩威并用，使他们在自己面前追悔莫及，都表示要痛改前非。凭良心说，自己在能力上不敢和先皇们比，但勤奋上丝毫不差，或许还做得更好。可就是这样，为什么百姓还不满意？百思不得其解。嘉庆摇摇头，忽然对着暗灰色苍穹长叹一声："为臣为民都不易，只有做君王的最难哪！"

行刺事件发生后，尽管朝会还照常进行，但大臣们都知道皇上心情不好，奏议的事情明显减少，有时甚至到了无话可说的地步。勒保瞥见嘉庆脸色清瘦中多了几分铁青，估摸不透皇上到底在想什么，惊恐未消，还会震怒于自己审案不利？好在皇上并没问起审讯的情况。

再次把陈德从监牢里提出来时，大家几乎认不出他来了。他脸上青一块紫一块，颧骨耸得老高，佝偻着身子，肩胛骨高高矗立，瘦小的囚衣在他身上仍显得宽大。脚镣哗啦作响，每走一步都那么艰难，还不住地咳嗽，带血丝的痰液挂在嘴角，怪异而恶心。

勒保见怪不怪，大喝一声："陈德，你的来历我们都已经摸清楚，我劝你赶紧招认了同党，没必要代人受过，白白受苦！再说，自己受苦不算，还要连累年幼的孩子，你又于心何忍？"

见陈德白着眼珠子发愣，仿佛没听懂自己的话，便冲下边一挥手："带上来，叫他瞧瞧，看他还装不装傻！"

两个小孩被推搡上来。陈德听见小孩哭叫的声音，激灵打个寒战，艰难地扭过头去，可不正是自己的两个儿子？

"你们俩咋来啦？"陈德本来抱定一句话也不说的，而他们却把自己的心肝给揪了下来，这帮狗官，什么事情都做得出来啊！两个孩子见爹半人半鬼的模样，不明白发生了什么，一起扑上来，抱住他的腿哭喊："爹，你咋啦，咱们回家吧！"

两行泪水缓缓滚落，陈德知道灭顶之灾就在眼前，他一阵头晕目眩，说还是不说？要是他们当着自己面对孩子动起刑来，自己这个当爹的，畜生不如啊。可是说了，这个灾难就能挨过去吗？这帮披着人皮的家伙，怎么可能放过自己？

许多想法旋风一般刮过脑际。勒保见陈德脸色骤变，知道自己这招攻心术得手，于是有几分得意地问："快招了吧，同党是谁，何人指使？孩子们可都等着回家呢？你一了百了，孩子有什么罪，要跟着你陪葬？"

"好，我说，我说。"陈德终于开口，每一个字都吐得很艰难。堂上众人长舒口气，书吏忙抓起毛笔。

"可是，我现在还不能说，"陈德忽然话题一转，"你们得把孩子送回老家，然后问什么我就说什么。"

"嗨，他娘的，倒调戏起朝廷命官来了！"大家不由得一阵泄气，有人高声笑骂。

勒保明白，从犯人嘴里掏话，急躁不得，要有耐性，况且这个犯人牵扯到皇上，更要分外小心。他大度地一笑："好，朝廷向来宽大为怀，就依你。先派人用八百里快马把孩子送回老家，交给你的亲戚，听他们安排。不过丑话说在前头，到时候再不老实，那就要罪加一等！"

皇上惶惶不安心不在焉，许多大臣倒是乐得清闲，正可以早早下朝，饮酒听曲，美美地消遣几日。御前内侍诚存这天早早回家，正思谋着，昨晚延请的戏班中，有个小旦倒是姿色不错，比起平日在窑子里见的女子不同。那帮烟花，妖艳有余，气质不足，而这个小旦，却是妖艳得恰到好处，特别是那眉眼，更有让人心动的地方。当时自己差点把持不住，无奈夫人在跟前，只得强咽唾沫忍住。今天横竖没事，看能不能瞅个空当，快活上一回。皇上肯定不来召唤，他自己的烦心事还顾不过来呢！

在二门外下了轿，哼着小曲往内院走，巴望着夫人千万让人拉去打牌了。可刚进内宅角门，诚存傻了眼。他看见夫人坐在内宅门口，一把鼻涕一把泪，看样子伤心得不轻。

夫人伤心，诚存比听了皇上责骂还要心惊，暗想自己也就对那小旦有点想法，还没动手，她就看出自己的心思了？怕没这么神吧？惴惴地走上去问："夫人，好端端的，掉金豆子干吗？"

夫人早就听出是诚存回来了，这番模样就是故意做给他看的。当下泪流得更欢，哽咽着说："你还好意思问。都是你没本事，连自己儿子都照顾不了。"

听说是儿子的事，诚存松了口气，扶起夫人到屋里坐下："儿子怎么啦，他自己不争气，读书写不成文章，练武拿不动刀枪，整天就知道偷鸡摸狗，和那些窑子……"忽然想起有次逛窑子时和儿子撞在一起，尴尬了好半天，忙闭口打住，"就这样不争气，我还给他弄个京城侍卫的美差，干上几年，只要不出差错，进了大内，有机会接近皇上，还不是铺就了一辈子的黄金大道？"

夫人狠狠白他一眼："快别提你那个美差，早他娘的没戏啦！还亏你是御前内侍，自己儿子的事情都让人给蒙在鼓里！工部侍郎兴德保早给吏部通了气，人家狸猫换太子，把他儿子顶替上去，咱儿子什么差使也没啦！你说说，这不明摆着欺负人吗？"

"哦，真有这事？"诚存霍地站起来，"他儿子原来的差事就不错，

何苦要换，还跟咱们争抢？"仔细想想，"对了，这不是差事不差事的问题，他这是跟咱们对着干。上次他在郊外弄了个养牛场，专门供给大内和各衙门，显然是一本万利的好买卖。当时我看着眼热，就怂恿昌平县令奏了他一本，说他私自霸占百姓用地。后来倒也没怎么处治他，只把他的养牛场给拆了。肯定是他怀恨在心，利用他跟吏部衙门熟悉，报上次的一箭之仇！"

听他这样一分析，夫人抹把眼泪："人家养不成牛，不过少赚几两银子，咱儿子当不了差，可就耽误一辈子。你说，咋办？"

诚存眯缝着眼睛捻动胡须，忽然晃晃拳头："哼，他给我小鞋穿，我就让他来个提不上！夫人你别着急，现在皇宫内外一片糟乱，正是浑水摸鱼的好时候。我自有办法让兴德保吃不了兜着走，不但让他儿子当不了差，他的差事也干不成！"

夫人难得见诚存这么理直气壮过，吃惊地看着他。

对于陈德的请求，勒保并没往心上去。应付一个犯人还不容易，把两个小孩弄到别的牢房关起来，就说送回老家了。隔上三五日，再次升堂，把陈德带上来，勒保含笑说："陈德，朝廷向来言之有信，已经派人把你的两个孩子送回老家。今天一大早快马传过信来，说孩子平安到家，交给你的一个远房亲戚，那亲戚领着孩子奔走他乡，也不知去了哪里。这下你放心了吧？"

听勒保说得认真，陈德放下心来，使劲磕个头："多谢大人。"

"那，你的诺言也该兑现了吧？"

陈德早有准备，面色平静地回答："大人无非要我拉出一批人来才算完结。可惜我实在没什么同党，好汉做事好汉当，大人有什么惩罚，就冲我一个人来好了！我也给大人一个交代，省得大人再劳神费力。"说着忽然用力，"啊"地叫唤一声，满嘴喷血，把舌头给咬断了，"呸"地吐出老远。

大堂上顿时一片混乱。这些刑部官员经历的犯人也算不少了，却还没见过这样舍命的。不过也是，刑部审讯的，大多是各级官员，养尊处优惯了，挨几下板子已经算是重刑，还没见血就开始哭爹叫娘。

而这个陈德，小百姓一个，命本来就贱，难怪这么舍得。

勒保怎么也想不到会有这样的结局，呆一呆厉声吆喝："别装蒜了，快说!"

陈德血流满面，手脚挥舞，呜哩哇啦地喊叫着，发出含混不清的声音。看样子确实不会说话了。

大家吃惊过后这才开始着慌。行刺皇上的钦犯，就这样再审不出个屁来，怎么向皇上交代? 皇上知道刑部官员这么窝囊，还不得一道圣旨，连窝给端了?

面面相觑一阵，一个侍郎先打破沉寂："这下完了，再用刑也是白费。这家伙，蛤蟆不大，气倒不小!"

另一个侍郎接着叫嚷："舌头没了，不是还有手嘛! 继续用刑，非逼他写出来不行!"

勒保无奈地摊开手："孟明先前就说了，这陈德从小在内务府长大，学堂门一天没进过，斗大的字不认识几个，你让他写招供，打死也写不上来! 唉，人算人算不死，天算人人必死。早知道这样，弄个夹子把他的嘴撑开。可是，谁能料到?"

听他提到孟明，方才说话的侍郎眼睛一亮："大人，孟明好像说过，陈德行刺的前几日，哭笑无端，疯疯癫癫，分明是精神失常。咱们也不用费这么大功夫，就给皇上奏报说，此人老爹和妻子在归乡途中死于非命，他受了刺激，近来愈发严重，竟然发展到丧心病狂，行刺皇上的地步。这样一说，牵连不到别人，又查不出什么漏洞，岂不轻轻巧巧地把事情了结了?"

大家忙点头称是。勒保拧着眉头不大放心："诸位都在官场上滚打摸爬多年，自然知道官场之上，百人百口，尺水狂澜，一点照顾不到，就会葬送前程乃至身家性命。咱们这么报上去，难免会有人质疑，陈德既然疯癫，怎么会安排这周全，他身上的侍卫衣服从何而来?"

这倒是个很棘手的问题，大家沉吟一阵。"陈德整日在内务席行走，弄件亲兵衣服和凶器也不算什么难事。痴呆人清醒时，往往比正

常人更会算计，这也在情理之中。这样奏报上去，我看不会有太大问题。"有人提出自己的看法。

想想也是，况且实在没有更好的搪塞理由，勒保沉着脸点点头。

大家见尚书同意，忙头碰头地凑在一处，不大一会儿，奏折写好。大致意思说，臣等奉旨审讯凶犯，日夜不敢怠慢，目今终于查清。据其供述，犯人陈德，因其老父和妻子在回乡途中遭遇意外而死，饱受刺激，神经错乱，忽而昏沉癫狂，忽而清醒如常。癫狂之际，竟然萌发行刺皇上闹腾出惊天大动静的狂想。有此念头，他便利用内务府便利，盗得亲兵侍卫衣服一套、匕首一把，最终行此大逆。虽然陈德并非蓄意谋划，也无他人指使，但私闯禁地，惊动圣驾，已是罪不容诛。为肃整国法计，请将该犯凌迟处死，其两个儿子虽然年幼，也应一并处斩。恭请陛下圣裁。

奏折传着看过，都觉得没什么问题，由勒保带头，把名字签在后边。

"好了，大人将奏折递上去，咱们就大功告成。走，喝酒去！"众人轻松地吵嚷着，忘了堂下的陈德因为流血过多，已经昏死过去。

想着这个案子已经拖了这么久，皇上还不定会说出什么难听的话来，勒保当天午后就拉着奏事处听差贺清泰赶到大内。在毓庆宫外边，正碰上御侍太监松明，忙问皇上在何处安歇。

松明见两人风风火火，犹豫着说："两位大人，现如今刚入春，忽热忽冷，皇上略感风寒，身子不大爽快……你们……皇上在养心殿刚刚睡着，我要请太医过来把脉。两位大人若是没太重要的事，明日早朝递折子也行，免得皇上不高兴，跑了腿也不讨好。"

贺清泰听松明这样说，扯勒保一把："大人，既然皇上龙体欠安，情定然烦躁，咱们贸然前去打扰，反惹得人家发火，真成了老公公背儿媳妇上山，出力不讨好。还是先回去，明天再说。"

勒保有些为难："你还不了解皇上？他自亲政以来，一再强调大臣不得懒惰，有事情立刻禀奏，凡办事拖沓者，定要严惩。当初查办和珅时，其中不有一条罪名，就是压着奏章不上报。咱们进宫，许多人都知道，若是就这样返回去，让皇上听说了，那还不照样有罪？"

贺清泰想想也是，不过仍不在意："咱这点子事情，怎好跟和珅相提并论？这些日子，皇上处理事情还不总是雷声大雨点小，真正严惩过的，有几个？"

"这倒是实情，"勒保含蓄地一笑，"若不是皇上宽容，方才这番话，借给你个熊胆，你也不敢随意乱说。也罢，咱们就先回去，明日早朝时递上折子就是了。反正这也不是什么十万火急的事情。"说着两人绕过角门一侧的花园，沿白玉碎石小径悠然自得地折回去。

嘉庆在毓庆宫昏昏沉沉，半睡半醒，却怎么也压抑不住心头的烦躁。这段日子，从地方官员的奏折中，可以隐隐看出来，各地的白莲教匪徒，又有死灰复燃的迹象。不仅先前蛰伏下来的匪徒闹腾，平民百姓甚至低级官吏新近加入其中的，也不在少数。几天来，嘉庆苦苦思索而不得其解。他实在弄不清楚，教匪们恶贯满盈杀人成性也就罢了，百姓们又有什么理由追随教匪？自己勤勤恳恳，不就是为了百姓，怎么百姓偏偏就不买这个账？还有那些官吏，竟然也跟自己对着干，问题到底出在哪儿？

想得脑袋都有些疼，却始终理不出个所以然。嘉庆翻身坐起，看着窗外白花花的阳光，使劲揉一把鼻子，摇摇晃晃从偏门出去。想着到毓庆宫和养心殿之间的花园去透口气，总比憋闷在屋里强。

也是勒保和贺清泰的运气不好，事情偏偏凑巧得很。嘉庆刚走到花园旁边的卧桥上，放眼便看见有两个大臣模样的背影，晃晃悠悠向午门外走。嘉庆下意识地想，这两个人大概是来奏事的，怎么没见自己，就又走了？若不是找自己的，这皇宫里边，他们还能找谁？这样一想，立刻又牵扯出满腹心事，官吏懒散，一件小事能拖上半年，一车一车的银子，竟然就养活这样一群不中用的东西。他们吃饱穿暖思淫欲，政务可以随意推脱，可是百姓受得了吗？

正在猜测着，只见到松明在一旁迈着小碎步走过来，便吩咐说："你跑过去看看，那两个人是谁，如果有事需要禀奏，就让他们过来。"

　　松明虽然知道那是谁，却只能装傻充愣，应着撒腿跑了过去。喊住勒保与贺清泰，让他们赶紧去见皇上。

　　听到皇上已经看到了自己，两个人顿时慌了神，忙喘着粗气跑进养心殿。

第十一章

皇上追究行刺案　大臣借机报私仇

嘉庆在养心殿前厅的椅子上坐着，温暖的阳光从花格窗透进来，零星地洒在他的身上，影影绰绰，使嘉庆看上去比平时威严了许多。见勒保与贺清泰扑通一下跪在面前，嘉庆鼻音浓重地问道："你们两个在那里溜达什么？"

勒保慌忙把奏折捧过头顶："皇上，歹徒行刺惊驾一案，已经审理清楚，臣等唯恐皇上挂心，特意赶来禀奏。"

"既然特意赶来，怎么还没禀奏就走了？"嘉庆没接奏折，慢条斯理地反问一句。

"这……这……"勒保平素最能饶舌头，现在情急之下，也语无伦次起来。贺清泰忙接上说："臣等来到殿外，知道皇上龙体欠安，正在歇息，不便打搅，就……就想着明日早朝时递折子，反正也不是什么大事……"说到这里，贺清泰打个激灵，意识到自己说走了嘴，再想改过来，已经晚了。

嘉庆脸色凛然一变："不是大事？这也不是大事，那也不是大事，你们倒说说，什么才是大事？大江南北饿殍遍野，白莲教匪徒攻城略地，这些都是小事，你们卖个乖巧，向朕表表忠心，这才是大事，对不对？朕算看出来了，吏治败坏，首先败坏在你们根本不知道自己肩上的职责，朕的良苦用心，都被狗给吞吃了！"

这样的话语从嘉庆嘴里出来，已经是相当刻薄。勒保知道，不到十分愤怒，以皇上的性格，不会这样措辞。本来这案子就审得糊里糊涂，要是较起真来，问题可就大了。勒保想想自从和珅倒霉后，能保住头上花翎已经是万幸，要是……

贺清泰扯勒保一把，叩头如捣蒜，贺清泰一面做出委屈的口气说："皇上圣明，教训得极是。臣等知道皇上自亲政以来，宵衣旰食，实在太累啦！好不容易养会儿精神，做臣子的再去为一点小……打扰，于情于理于自己的良心，怎么能说得过去？所以我俩商量，还是先到外边避一避，稍过片刻，待皇上醒了，再来禀奏。说句实在话，皇上太辛苦啦！"

说到最后，贺清泰似乎被自己的话感动了，两行泪水蜿蜒爬到腮帮子上。勒保偷眼看他，没想到平素端庄的贺清泰情急之下也会来这一手，他差点笑出声来，而表面上，眼圈却泛红了。

嘉庆听他说这么多，感觉这话好似恭维，却真有些东西让自己心头一动。是啊，亲政这几年来，或许谈不到宵衣旰食，但刻苦自勉励精图治的豪情却是有的，也确实为此付出了不少努力，至少先皇他们的享乐安逸，自己尽力克制了。可是，回头看看，效果到底有多少呢？

联想到自身，嘉庆的火气立刻熄灭大半，他揉了揉憋闷的鼻子，鼻音浓重地呵斥一句："好了，情有可原，事理却大不通！从今以后，一定要专事专奏，不必瞻前顾后。懈怠政事，按大清律例，最轻也要官降三级，罚去两年俸禄。姑且念你们有体谅朕的苦心，这次就这样过去。若以后再有重蹈者，定然重惩！什么折子，拿来让朕看看。"

两人听嘉庆提到大清律例，又是降级，又是罚俸，心里通通正跳得厉害，忽听皇上口气一转，来个"姑且"两字，立刻知道躲过去一劫，陡地提起精神。

勒保慌忙把折子递上，翻着眼皮偷看嘉庆的表情。

嘉庆草草看过一遍，几分奇怪地想，在宫禁中遇刺，历代帝王中恐怕还不多见，偏偏让朕给碰上了，本来已经晦气。若以此为开端，牵扯出教匪源头，剿除一批教匪的头目，也还说得过去。没承想刺客竟然是个疯子！这事情流传到民间或后世，或许要当笑话来谈论了。

可是再往深里一想，真就一个"疯"字这么简单？若陈德真是个疯子，却巧妙地躲避过了里里外外七八道宫门守卫，时间地点推算得一毫不差，疯子比常人还要聪明，世道真是奇了。国乱出妖孽啊！嘉庆在心里感叹一句。抬眼见两人仍跪倒在脚下，挥挥手："既然审讯得实，也只好这样了。至于那个陈德嘛……明日早朝再议。你们退下吧。"

松明站在旁侧，见勒保两人走了，忙凑上去问嘉庆："皇上，奴才已经把太医给叫过来了……"

嘉庆忽然变了脸色，恼怒地一甩袖子："朕不过偶感风寒，喝几杯清茶就过去了。还要什么太医诊治？你们巴望着朕得个重症才高兴？"

松明吐吐舌头，没敢答话。

第二天上朝的时候，众大臣发现，皇上似乎有点萎靡。清瘦的脸庞更显清瘦，不断抬手揉搓鼻子，掩饰不住哼哼囔囔的鼻音，刚开口便连打两个响亮的喷嚏。朝堂上的气氛，似乎因为这两个喷嚏而活跃了。

嘉庆面沉如水，徐徐说："昨日据勒保禀奏，宫中行刺一案已经调查清楚。经审讯得实，此人竟然是个疯子！你们想想，一个疯子能宫禁行刺，若此人不疯，朕今天还能坐在你们面前吗？"

大家猜不透皇上到底要责备谁，个个垂了头，做出聆听圣训的样子。见众人恭顺有加，嘉庆缓和一下口气："皇宫行刺，实乃亘古少见。朕所惊讶者，倒还不在此人原来是疯子，而奇怪皇城宫城内那么多侍卫都干什么去了？由此可见，人浮于事，人应付事，已经到了何等严重的程度！侍卫如此，可见大臣如何，朝廷如此，可以想见地方衙门是何等作风！"

按照以往雍正、乾隆朝的经验，皇上发这么大的火，接下来不定谁就要倒霉了。说不定下一刻就要被赶出午门，发配到边远地区，落得个妻离子散，更惨的，只怕连人头也保不住。大臣们战战兢兢更低了头，生怕被皇上注意到了。特别是职务上和宫禁保卫有点关联的，更紧张得透不过气来，两腿发软，几乎站立不住。

看朝堂上气氛越发肃穆，嘉庆似乎很满意，点一下头："不过话又

说回来，行刺事件发生之时，护卫大臣及兵丁，奋勇上前，及时制止歹徒行凶，足见根底还是好的。特别是御前大臣绵恩和拉旺多尔济，更是奋不顾身，忠心赤胆，可见一斑。为此，赏赐定亲王绵恩御用蟒袍补褂一件，加年俸十万担，封其子奕绍为贝勒。赏赐拉旺多尔济紫禁城骑马，其子为辅国公。其余救驾侍卫，各有封赏。不过朕向来赏罚分明，既然有失职者，也要惩处。革去阿哈保神武门护军统领职务，革去苏冲阿顺贞门护军副统领职务。当日值班侍卫兵丁三名，斩立决！"

听嘉庆声色俱厉地训斥一通，到头来不过大加赏赐一番，就是惩处，也不过无关痛痒地拿几个小官和兵丁开刀，大家长出口气，朝堂上顿时轻松许多。有大臣交头接耳地议论："听清楚了吗，方才皇上一说不过两个字，我就知道，咱们又能好好喝两壶啦！"

"可不是吗，还有那个姑且，我最爱听这俩字了，什么事情，一姑且，那就和没事一样。"

最轻松自得的，当然还数勒保，一个天大案，没头没绪，却被自己突发奇想地给蒙混过去，比当初给和珅当心腹还省事。看来这官是越来越好当了。

嘉庆忽然想起，陈德当然要处死，只是两个年幼的孩子，分明无辜，连带着斩了，似乎算不得皇恩浩荡。于是顺便提了一句："上天有好生之德，草木皆是性命，何况人乎？刑部所呈折子，朕加上一条，免去陈德两子罪责，交付黑龙江地方为官奴。"

大臣们纷纷跪下，齐声赞颂皇上仁德厚重，堪称圣人。嘉庆似笑非笑地摆摆手："罢了，罢了。只要你们从此克勤克俭，以身作则，官吏风气肃然一整，百姓能够得到实惠，朕就十分高兴了。"

散朝以后，嘉庆感觉到前所未有的轻松。他想，行刺事件虽然像蛤蟆蹦到脚背上，咬人不咬人先吓一跳，但毕竟有惊无险。而通过这件事，可以给大臣们一个警诫，倘若通过这个事情，朝纲得以肃整，吏治澄清，反倒是因祸得福，成为一个良好契机了。加上这几天似乎上天也有意缓解自己的怒气，清剿白莲教获胜的消息接连传来，湖广一带大有澄清的迹象，就是山西河北等京畿地区，小股教匪兵力也连遭重创，海晏河清的局面似乎不远了。

心头轻松，在屋里坐不住，嘉庆便到厅前的花园中随意走走。面对满园鹅黄姹紫，中间夹杂着许多欲开不开的花骨朵，益然春意更显得阑珊未尽，别有一番情趣。嘉庆忽然想起，自己从小在尚书房读书吟诗，亲政以来，忙于琐事，竟好久没有雅兴了。凝神沉吟一下，轻声吟咏几句："林灌花烂漫，天地忽一宽。叶脂叠笑靥，翠华铺玉毡。观瞻色泽妍，惜悼风折斑。常思长途往，不忍意阑珊……"

刚念诵到这里，忽听耳畔轻轻一声赞叹："好久未见皇上新作，这等妙句，如闻纶音，臣何德何能，竟然有这样的运气！"

嘉庆略略吃一惊，扭过头看时，原来是御前大臣诚存。

见皇上看自己，诚存忙解释："皇上，臣昨日得到一个重大消息。因为事关重大，朝堂上当众奏议，多有不便，所以……臣正要让内监禀奏皇上求见，可巧在这里碰见，皇上恕罪。"

"巧言令色，君子不齿。说吧，有什么重要消息？"嘉庆并不很认真地打断他的话头。

诚存知道嘉庆并非真的责备自己，也不在意，从怀里掏出一封书信，双手呈上去："皇上，微臣侄子诚江在山西左云担任知县，近日和白莲教匪徒作战，大获全胜，斩杀教匪数百人。就在这次剿匪中，缴获到一封书信，信的内容竟然牵扯到行刺皇上的凶手。诚江不敢隐瞒，忙差家人快马送来，让臣转交。"

嘉庆边听边把信笺打开，读到信的内容，不禁大为惊骇。信上白纸黑字地写着：奉坛主命令，我特意安排陈德行刺满洲主子，原本计划周密，马到必然成功。不料天不佑我白莲教，竟然让其侥幸躲过。陈德不幸被生擒，我已做好一死准备。好在陈德遵守教规，未吐一字，装疯卖傻蒙混过去。如此我还有机会。然经此一劫，嘉庆必然心惊胆寒，防守严密。坛主暂且耐心等候，过一年半载，再寻机下手。我已将儿子兴夔安插在京城侍卫内部，更容易为坛主效劳。此信托山西兄弟南下时交付，盼望天下早归我白莲教。

急切间再看下边的署名，竟然是工部大臣兴德保。

"不会吧，竟然有这等事情？"嘉庆自言自语一句。

"皇上，恕微臣斗胆直言。皇上仁慈厚待大臣，像臣等有良知之辈，自然感恩戴德，时时准备肝脑涂地报效皇上。不过也有可恶之徒，钻了皇上仁慈的空子，表面人模人样，其实肚子里男盗女娼。兴德保竟然会勾结白莲教，做出这样大逆不道的事情来，起初臣也不相信。后来仔细琢磨，兴德保原本汉人后裔，山海关战败后做了披甲奴，改作满籍。似此等人物，留恋汉人的情怀还是有的。恰好白莲教作乱，许诺其事成之后给予高官厚禄，正所谓一个投怀，一个送抱，两下里凑合，他焉有不动心的？"

嘉庆不由得点点头，自己一直怀疑，倘若陈德真是个疯子，他怎么可能把事情安排得那么巧妙？原来背后有高官指使！这样一来，事情就很好解释了，当即让松明传口谕，召勒保和京城步军总统领绵恩进宫。"事关重大，你先不要对任何人提起。"看诚存诺诺连声地答应着退下去，嘉庆忍不住喟然叹息，再没了赏花的兴致。

勒保刚从酒楼回来，面红耳赤，喷着酒气。太监的话音未落，他喝下去的酒已经化成冷汗。这个时节叫自己会有什么事情？莫非有人从中撺掇，审讯陈德的真相让他知道了？要是这样，可就是个大麻烦。该怎么把话说圆满了，还真得仔细斟酌。太监连催了两声，他呆愣着，竟没听见。

一路行来，比刚才喝酒后更头昏脑涨，午门前边下轿，竟然一个趔趄坐在地上。轿夫慌忙把他搀起，正前后拍打尘土，忽然看见又一乘轿子过来，定亲王绵恩从里边钻出。

"勒大人来得早啊，这个时节，皇上不知道有什么事情，要咱俩十万火急地跑来。走，一道儿进去吧。"

见绵恩也奉诏前来，勒保高悬的心立刻放回肚里。绵恩是皇上心腹，和他一块儿来，应该不是什么坏事。都怪自己日弄得鬼太大了，一惊一乍的，白受了这半天的罪。

来到后殿，不等两人见礼完毕，嘉庆满脸怒容地说："都起来，现在不是客套的时候。蠹虫都钻进肚子里来啦，客套管什么用？"

绵恩和勒保不摸底细，不敢贸然答话，小心翼翼地走近两步，躬身聆听。

嘉庆让两人传看了书信，见他们惊讶的神色，气哼哼地说："不信，是吧？朕起初也不信，把兴德保的奏折翻出来，一个字一个字地对照，果然是他的亲笔手迹，你们说，这该怎么解释？"

绵恩慌忙走近一步，压低声音说："难将一人手，掩尽天下目。慢说其中或许还有隐情，即便兴德保真的勾结教匪，也不过大臣中仅此一个败类，皇上不必过于生气。"

嘉庆长吁口气："白纸黑字，铁证如山，朕仔细对照过，断不会有错。至于是不是仅此一个败类，还得慢慢走着再说。但是仅此一个，就足以取朕性命，多了那还了得？朕召你二人过来，让你们火速统领宫禁御林军，出其不意，捉拿兴德保全家，一个都别叫走脱，一点证据都别让销毁！圣旨已经写好，快去！"

事情牵扯到陈德身上，勒保心中老大忐忑。好在皇上只顾了谴责兴德保，把陈德给忘在脑后，这才放下心来，立刻跪下接过圣旨，拉着绵恩退出内殿，急匆匆走出来。

兴德保下朝回来，先问询一下儿子在新职位上有什么问题，然后踱进后边院子中。那里住着新近娶回来的一个姨太，因为前边几个姨太连同夫人看上去都不大高兴，就安置在后院，有兴致时厮混一番。

和新姨太在后园赏花调笑，渐渐神情摇曳，快要进入佳境，忽然听外边人喊马嘶，风起云动般滚滚而来。兴德保不知道发生了什么事，嘟囔一声，并没在意。

"爹，爹，不好啦！朝廷派来好多人马，来抓咱们呢！爹……"儿子兴夔跌跌撞撞，连滚带爬地跑进来。因为过于紧张，眉眼扭曲着错位变形，清秀的小伙子看上去真有点面目狞狰。

"什么？泰山崩于前而不变色，平日里怎么教导你的？看你那没出息的样儿！"兴德保有过交代，后院是不准随便进的。他并没听清儿子说什么，还以为哪个同僚恶作剧。朝廷派兵马来抓自己，怎么可能？

儿子依旧两眼冒火地叫嚷："什么时节了，爹……人家兵马元帅还有刑部的，都在门外吆喝呢，快去看看吧！"

"搞什么名堂！"兴德保内心开始发虚，给自己打气地甩出一句，直奔厅堂。

果然，大门外人马杂沓，乱成一团。兴德保为官多年，虽然没经过什么黑风恶浪，但所见所闻的变故却数不胜数。他一看这场面，立刻联想到当年抄拿和珅家时的情形。脑子飞快地旋转着，这一段时间收过哪些人的银两，去过哪些烟花巷，还有，老家的田地，因为催交租税，打死过一个穷光蛋。但是这些事情，哪个官员没有，不至于这么兴师动众吧？再说，这事情怎么会让朝廷知道？不可能，一定是误会！

外边的敲门声已经很急，有将校喊着："快开门，我们奉了朝廷旨意，延迟片刻，罪加三等！"

兴德保不敢怠慢，忙吩咐把门闩卸下。吱呀一声，门刚开了个小缝，便被咣当撞开，开了闸的洪水一样，铁甲兵汹涌而人，院内院外顿时戒严。

绵恩和勒保并排进来。绵恩目光威严地看看兴德保："兴德保，为什么半天不开门，莫非在家中收藏罪证？"

看他模样不像开玩笑，兴德保硬着头皮应付说："大人开玩笑了，咱家向来清白如洗，想藏罪证都没地方去找罪证啊！"

绵恩面无表情也没有答话。勒保上前一步，刷地展开圣旨："兴德保听旨！"

"据查实，工部尚书兴德保及其子兴夔，身为大臣，却不思忠君爱民，反而私通教匪，竟然蓄意谋刺，丧心病狂，骇人听闻。特谕捉拿问罪，以谋反同，抄没全家，封门闭户。钦此！"

"啊？"一字一句如炸雷般进进兴德保耳朵，他惊恐地瞪大眼睛，"大人，这是哪儿跟哪儿啊，我……我再有小过错，也跟谋反行刺挂连不上啊，我……我……"

看他语无伦次的样子，勒保微微一笑："兴大人，律设大法，理顺人情。没有根据，皇上能随便发话吗？这个空儿你好好想想，有罪没罪，到刑部大堂好好交代去。”

家人和女眷们已经开始哭号，叮叮咣咣有东西摔碎的声音。兴德保脑袋塞满棉花一般，胡乱想着，却什么也想不出来。

把兴德保老少百余口押走后，绵恩和勒保亲自动手，在书房卧室等地方翻检来往文书、字画笔墨。折腾大半晌，最终发现，兴德保这家伙平日里看上去很懒散，放债契约和收买田地的和约以及田地租税文书，满满当当装满两大柜子，实在是个敛财好手。但是关于和教匪来往的信件等谋反证据，却连一个字也没发现。

勒保和绵恩互相对视一下：“王爷，这些劳什子，皇上怕不感兴趣。”勒保抖抖手里的契约。

“既然翻了个底朝天，还是没有，只能如实向皇上禀报了。”

若按勒保平日办案风格，还得想办法无中生有地弄出些证据，正好印证皇上的猜测，这样才好交差。可是绵恩和皇上毕竟是一家人，自己当然只有顺应的份儿。

刑部大堂总是弥漫着一股血腥气，大白天也阴森森的，似乎无数魂魄萦绕不去。兴德保跪在中间，平素自鸣活络的脑子，竟生锈般停滞下来。直到勒保一声断喝，他才明白，人家要自己招供谋反行刺皇上。这罪名是能往身上揽的？

“冤枉啊，大人。大人，冤枉啊！”兴德保似乎没怎么准备，泪水便夺眶而出，喊叫声呜咽可怜。

勒保冷笑一声：“黑白终究要分明，兴大人不必屎壳郎掉进白面里，硬充大枣。你想，当今皇上乃是少有的圣明天子，会冤枉你吗？还是赶紧招认了，大家都省事。你说呢？”

放你娘的屁！当初你跟和坤勾搭，做过多少丑事，怎么一件也没招认过？兴德保在肚里狠狠咒骂一句，脸上却更加委屈可怜：“勒大人，咱们同僚这么多年，别人不了解我，大人还不了解吗？我这人好贪小便宜不假，但大是大非上，那是绝对不含糊的！勒大人，我……我真不知道怎么回事啊！请勒大人禀奏皇上，谁说我勾结教匪，我愿

意和他当堂对质!"

勒保向一个侍卫招招手:"不用对质,兴大人只要一看这玩意儿,就什么都明白了。"

侍卫走到兴德保跟前,把诚存交给嘉庆的信在他面前展开。"白纸黑字,有道是真的假不了,假的也弄不真。你仔细看看,那是谁的墨宝?"

兴德保半信半疑地凑上去,眯起眼睛逐个看上边的字。看着看着脸色渐渐煞白,腮帮上的赘肉哆嗦个不住。"不,不,这不可能,绝对不可能!"他像是没睡醒似的使劲摇摇头,"天啊,这是谁造的孽,也不怕遭报应啊!"他狂乱地要扯拽信纸,侍卫早有准备,迅速收了回去。兴德保一头栽倒在地,软绵绵地摊作一堆烂肉。

有衙役上前拉他两下,道:"大人,他昏过去了。"

"泼冷水。这个关口,要趁热打铁!"勒保看看旁边陪审的大学士庆桂。庆桂年过花甲,微皱着眉头不置可否。

一桶凉水劈头盖脸浇上去,兴德保打个冷战,缓过神来。他艰难地抬头看看四周,弄清楚此刻身在何地后,扯嗓门儿吆喝:"冤枉,冤枉,我真真是千古奇冤啊!"说完愈显得求生心切,痛哭失声,鼻涕沾满胡须,样子十分龌龊。

勒保忽然严厉起来:"官凭文书私凭约,你这人怎么这么不识好歹?皇上说你有罪,你却一再喊冤,和皇上旨意对着干,不是谋反又是什么?先让他领教三十下!"

刑部衙役不同于别处,什么世面都见过,几品官员都打过,而且越是朝廷大员,下手越重。大员们养尊处优惯了,重重地几下,什么骇人的事情都能说出来,省得动用别的家伙。

这次也不例外。褪掉衣裤后,四个人死死按住,特制刑杖噼里啪啦一通乱打,兴德保肥嫩的屁股上登时红白相间,黑红的血顺着大腿往下流。兴德保杀猪般惨叫,蛆一样拼命扭曲挣扎,却丝毫动弹不得。整个大堂回响着哀号惨叫,仿佛置身于屠宰场。

"这才不过是见面礼,快招认了,都少费点力气!"勒保横眉怒目,刚才的同僚交情已经荡然无存。

兴德保痛得死去活来，刑杖一停，却立刻高喊："我招，我招，可是叫我招认什么呀，我……我真的没干丁点谋反事情，连想都没想过呀！"最初的慌乱过后，兴德保已经想清楚了，再大的刑法忍一忍说不定还能过去，这个罪名可千万不能乱招。谋反行刺这等大罪，最终要给你个凌迟，那罪是活人受的？就是为了全家老小，也不能和这罪名沾边。

同在官场混，心理上毕竟有些相通之处，看兴德保语气肯定的神情，勒保当然能猜出他的心思。本想再动用重一点的刑，又唯恐逼急了，和陈德一样，来个丢车保帅，舍了个人保全家，到时候自己不好交代，犹豫一下，掉头冲着庆桂："庆大人，你看这……"

庆桂奉命陪同审讯，嘉庆特意安排他留意细节变化。看来皇上对兴德保是否真的谋反还存有疑虑呀！庆桂捻胡须慢慢说："兔子临死前还要蹬蹬腿，恐怕心急不得。反正现在已经给了他个下马威，倒不如再给他点工夫仔细想想，免得逼急了做出更骇人的举动来。"

勒保点点头，命人押下去反省。同时开始思谋着怎样给皇上禀奏。不过他知道，皇上既然差庆桂过来，禀奏的任务，主要在庆桂身上。随他怎么说好了，反正自己表面文章是做到了。

果然正如勒保所料，嘉庆听勒保和庆桂把大堂上的情况说个大概，并没当即表示什么，沉吟片刻，示意两人先退下。两人并排刚走出德麟殿，松明颠着脚赶上来："庆大人，皇上请您过去，再吩咐点事。"

勒保竭力保持脸色平静，拱手先往回走。边走边有些愤愤地想，不是颁过诏旨，说决不单独会见大臣吗？怎么自己就破了规矩？大家同是机要大臣，当着面把他叫去，显然是不相信自己了。看来当年和珅的影响，仍旧没消散呀！哼，你对我有隔阂，我对你就离德，现在世道，谁管谁呀！

庆桂快步跑回养心殿，呼呼直喘粗气。嘉庆倒不急，等他平稳下来了，才问："庆桂呀，大堂上的审讯，你是亲眼见了的，有什么破绽吗？"

庆桂思索一下，俯身拱手说："皇上，臣见那兴德保连连呼喊冤枉，还要和人当堂对质，似乎不像是装的。尤其是，他看到那封书信后，神色怪异。以臣想来，若那书信真是他写的，他应当惊骇诧异或者心理崩溃，这才是正常反应。可是兴德保只是发觉手迹确实是自己的，而内容却令他惊讶，有种无法辩白的绝望，这就叫人心生疑窦了。"

嘉庆点点头："兴德保虽然祖籍为汉人，但这么多年过去，能不数典忘祖就不错了。况且，白莲教闹腾正凶时他不有所动作，现在白莲教正处于低潮，眼看要消灭殆尽的情况下，他舍命替白莲教做事，就说不过去。你看，这其中会有什么猫腻呢？"

庆桂年纪大了，头脑却很清晰，没摸清皇上心理的情况下，他不能流露一点自己的意思，忙说："皇上圣明，这其中的确不大正常。至于哪里出了问题，臣愚昧，急切间却想不出来。"

"这样，若问山下路，须问往来人，"嘉庆挪动一下身子，"你下去后，单独提审兴德保的心腹家人，重点问讯他们，兴德保近年来和哪个大臣有仇隙，和哪路神仙有过不去的地方，然后再顺藤摸瓜，或许有新的发现。"

"皇上圣明，臣这就去办理。"庆桂揣摩着嘉庆的意思，知道勒保再想像上次审讯陈德那样，恐怕就糊弄不过去了。忙告退出来，匆匆去找勒保，告诉他最新情况，一面让他知道，审讯兴德保家人，是皇上的意思，省得将来引起误解，凭空树立个仇家。

工部大臣兴德保从青云顶端跌落下来，一夜间沦为阶下囚。满京城人人皆知，无论达官贵人还是平头百姓，无不议论纷纷，却谁也猜不透其中玄机。说他横征暴敛吧，京城包括地方官员，哪个不是这样，都相安无事，唯独他着了道儿，这就未免奇怪了。茶余饭后，人们又多了些谈资，预测着既然皇上兴师动众，兴德保怕是没几天日子过了，自个儿掉脑袋是轻的，家里那些个老少恐怕都要捎带上。

议论之余，朝廷官员们不免惴惴不安，生怕由此牵扯到自己。只有诚存是个例外，这几天他显得非常兴奋。这兴奋在外边还勉强掩饰住，回到家里，就不免要原形毕露地哈哈大笑几声。

夫人见他神色怪异，上前摸摸他的额头："我说你没病吧，好端端的发什么傻笑？"

诚存讨好地抓住夫人纤纤细手，按着她在椅子上坐下："夫人，怎么样，我说兴德保这小子和我对着干，定让他吃不了兜着走。看看，应验了吧？告诉咱家宝贝儿子，准备到肥缺当差就是了！"

夫人疑惑地盯住他："怎么，兴德保倒大霉，是你……"

看看四下没人，诚存满脸喜色地说："当初我就说过，眼下朝廷上下一片混乱，只要留心，机会多的是。可惜那小子太张狂，舌头底下压死人，他竟然把这茬给忘了，倒霉活该！"

"你就少给我云山雾罩的，到底捣的什么鬼，仔细说来叫老娘听听，看你弄得牢不牢靠？"夫人见他关子卖个没完，不耐烦地翻着白眼。

诚存在一旁坐下："夫人，说来这也是那小子咎由自取。上回夫人不是痛恨他拆咱们的台吗，我就把这事记在心里。可巧得很，第二天，我正要写字，研墨的书童，就是小吉祥，哪里也找不见。直到天黑时才看见他回来。我连吓带哄，终于问清楚，原来这些日子，小吉祥沾染上赌博的瘾，每天瞅空就溜出去和几个闲人赌博耍钱。当时我正要责打他，小吉祥倒也乖巧，忙说出一个秘密来，我灵机一动，就顺着这个小秘密，弄出来一件大案子。"

接着，压低声音，把事情的来龙去脉，一五一十地说了一遍。满指望夫人听后会夸奖自己几句，弄不好还能亲热一番。不料夫人却脸色苍白，嘴唇哆嗦着："哎呀，你看你，平时胆子比老鼠还小，怎么也不和我商量一下，就悄悄秘密地真干起来。老天爷，这可是钻到被窝里玩火呀！"

见夫人惊慌，诚存反而更得意："我做得天衣无缝，跟真的一样，怕什么？其实夫人担忧也不无道理。这样，我立刻给诚江写信，若朝廷派人前去询问，叫他一口咬定，的确是从教匪尸身上搜到的。只要我们两下说得一致，那就是铁箍的桶，出不了点滴漏洞。再说，兴德保这几年搜刮金银，吃喝玩乐，单姨太就弄来好几个，可不像我，对待夫人忠心耿耿，从一而终。他养尊处优惯了，刑部里的刑罚略微使用上一两件，管保叫他说什么就说什么。除掉兴德保，也好叫别人知道我的手段，以后谁再跟咱作对，那就是榜样！"

听他口气蛮有把握，夫人慢慢从惊慌中镇静下来："但愿上天保佑没咱们的事。不过再怎么说，兴德保不是傻子，这样的罪名他一定不肯轻易承认。况且除了你说的书信，也没别的证据，终究是在闹悬。叫我说，先别忙着给诚江写信，你的信万一落到别人手里，这不是不打自招吗？你出门和人说话，千万别露出异样来，还得勤到刑部吏部打听，有情况及早想办法对付。"

诚存嬉笑着拉住夫人："人家都说，家有贤妻，逢凶化吉，果然不错。就听夫人的！"

勒保听庆桂讲过皇上的意思，心头暗暗吃惊，把愤恨忘到一边，静下心来细想，兴德保这个案子，其实仍和前边陈德行刺事件有瓜葛。虽然陈德现在已经被处斩，死无对证，风险不大，但也不可不小心，弄不好皇上从兴德保这里查出陈德案子的漏洞，可不闹着玩的。他忙做出一脸诚恳的样子问庆桂："庆大人，您应该最清楚皇上的心思。依您看……"

"别依我看，现在咱们就依皇上的。"庆桂明白紧要关头，勒保要把责任往自己头上推了，不动声色地一笑，"皇上不是叫咱们提审兴德保心腹家人吗？咱审讯就是了，等审出什么情况来，看情形再说。"

"高见，庆大人高见，我这就准备。"

审讯兴德保家人比预想的还容易。几个兴德保贴身的家人，都清楚主子倒台是肯定的了，再跟着他，那就是找死。勒保和庆桂刚在堂上坐下，管家兴旺带头，大家齐声喊叫："大人，不关我们的事情，大人问什么，我们一点不敢隐瞒，管保句句是实！"

勒保点点头，和庆桂你一言我一语，很快问清楚。兴德保搜刮钱财过程中，祸害的尽是普通百姓，和同僚之间倒还真没什么仇人。只是和诚存，因为诚存眼红兴德保私建养牛场发财，弹劾过他，让他的养牛场给关闭了。兴德保便记在心上，趁机把他儿子的美差给掉了包，换上自家儿子。后来两人见面，还争吵过几句，也互相威胁过。除此之外，再想不出别的冤家对头。

看过审讯结果，嘉庆满脸伤心地喟然长叹："大臣们今天你弹劾我犯了国法，明天我弹劾你触了朝规，朕只当是大家以国事为重，公而忘私，还暗暗高兴。谁承想竟然狗咬狗，都是为了私利着想！朕自亲政以来，总以为，足寒伤心，政苛伤民，无论对大臣还是百姓，都本着宽容包涵。可是他们偏偏不领会朕的意图！照这样下去，天下形势能好转起来吗？"

庆桂和勒保垂手听着，不知道皇上是不是问自己，不敢贸然答话。嘉庆顿一下，忽然改换严厉的口气："你们再审讯兴德保时，不必追究什么私通教匪的事情，只问他如何欺压百姓，如何搜刮敛财。诚存和他的侄子诚江那儿，立刻开始着手调查！"

两人答应着刚要退出，松明捧一叠地方奏报进来，站在一旁等候。嘉庆招呼松明上前，随手拈出最上边的一封，打开看两眼，忽然冷笑："你俩看看，说曹操，曹操就有消息了。这个诚江不知死活，还觍着脸报捷，说什么近来和教匪交战中，又大获全胜，斩杀教匪数十人，真真胆大不知羞耻！立刻传朕口谕，同时捉拿诚存和诚江！"

诚江在左云当了这几年的知县，其实还没有见过真正的匪徒。他的主要事情就是为叔叔打理在这里买下的庄园，催缴租税，要不就是搜罗几个烟花女子，陪着他在衙门里面花天酒地。反正自己在朝廷里面有人，在这小地方，谁也管不了自己，那滋味，和当皇上没什么两样。

第十二章

诚氏叔侄遭逮捕　勒保哄骗定案宗

这一天，太阳都已经日上三竿了诚江还没有起床。忽然师爷慌慌张张地跑进来，根本顾不得旁观还有一个赤身裸体的女子，慌慌张张地说报道："老爷，老爷，朝廷派遣的钦差到了，现在正外面候着呢！"

诚江翻身坐起，拉过衣服往身上套："这么快？我那叔叔真是通天了！这回弄个什么官当当，怕不是知府罢？"师爷和那裸体的女子帮着替他收拾，匆匆忙忙穿戴好了，用冷水毛巾擦一把脸，虽然看上去还睡眼惺忪，眼泡也有点肿，但也只能这样了。

来到外堂，见来人并不认识，脸色肃然，对自己的客套待理不理。顾不上多想，摆好香案，跪下听旨。那钦差上前一步，站在香案前宣读："查实左云知县诚江，放纵教匪，虚报战功，祸害百姓，欺君罔上，罪不可恕。诚江勾结其叔诚存，诬陷朝廷官员，胆大包天，丧心病狂！革去顶戴，立即押解进京，听候审讯。钦此！"

"什……什么？"诚江怀疑自己耳朵出了问题，结结巴巴反问一句，随即又觉得问得多余，泥塑一样僵住。

钦差见得多了，并不奇怪，刷地合住诏书，冲门外高喝一声："进来，把罪犯押进监车，衙门中所有人都给看管好了，朝廷随时问话！县中日常事务，由县丞暂为代管！"

被人推推搡搡弄上监车，诚江才回过神来。诏书上说得清楚，看来叔叔已经完蛋，东窗事发啦！这可怎么办？审讯的时候，该怎么辩白，是一问三不知，还是什么事情都往叔叔那儿推，先保全自己？可是即便把罪责全推给叔叔，刑部那些官员，能大发慈悲，保全自己的小命吗？监车在满城百姓的围观下，隆隆地摇晃着走开了。

为了不打草惊蛇，嘉庆特意安排，说是同时，还略微分个先后。先逮捕诚江，再对诚存下手。诚江远在小县城，有什么事情不会很快传到北京。而诚存若被逮捕，则诚江很可能会得到消息，有所准备。对于这一安排，勒保和庆桂都很佩服，看来皇上大事不糊涂，关键时刻还是很有头脑的。

诚江被秘密押解到京城，关进刑部牢狱后，勒保立刻奉命去见绵恩，会同捉拿诚存。

此刻诚存对外界的变故还一无所知。他听了夫人的话，倒也留心刑部有什么最新消息。探听来探听去，无外乎兴德保和他儿子如何受罪，还有人说，这几天审讯得慢了，看样子很快就要定罪。斩首是轻的，很有可能要凌迟。

当着外人不敢显露，回到家中，诚存就不免得意忘形起来，慌不迭地向夫人表功，拍着胸脯夸自己本事大。两口子正在内室叽叽咕咕，忽听外边动静挺大，接着有管家来禀报，说朝廷来传圣旨了，要大人赶紧去接旨。

"兴德保那小子怕是已经定案了。"诚存忙穿戴整齐，临走还不忘向夫人夸耀一句，"工部尚书的位子，或许先让我兼任着也说不定。工部那么多款项，也该让我饱餐一顿了！"

走到前庭，抬头见传旨的不是公公松明，却是绵恩和勒保。诚存心里咯噔一下，前阵子捉拿兴德保的，不就是他俩吗？皇上要赏赐我，让他们来干什么？来不及多想，忙在摆好的香案前跪下。

勒保展开诏书大声念道："经刑部审查核实，内侍大臣诚存，公报私仇，弹劾同僚以泄私愤。诬告工部大臣兴德保，言其蓄意谋反，行刺皇上，用心何等险恶！现革去诚存内侍大臣职务，摘去顶戴花翎，交刑部审讯。钦此！"

刚听个开头，诚存就知道不妙。硬撑着听完了，上来几个兵丁要剥他衣服，诚存这才大梦初醒般惊叫起来："王爷，大人，这都是哪儿跟哪儿呀！弄错了，弄错了！我……我冤枉！"

"前几天，兴德保也是这么吆喝的，"勒保面无表情，"一动不如一静，在这里张牙舞爪的没用，有力气等会儿到刑部去使！"

诚存知道这虽然是调侃，却也是实话，只得压抑住恐慌冲绵恩和勒保磕头："王爷，大人，我走之后，家里老小就全托付你们了……"

绵恩打断他的话："用不着费心，皇上吩咐过了，全都带走。当初兴德保家怎样，你府上就怎样！"

诚存如同抽去了骨头，软塌塌地瘫在地上，任凭别人怎么折腾，一声也吭不出来。

从进入刑部监牢的那一刻起，望着黑洞洞的墙壁，抚摸比大腿还粗的柱子，上边滑腻腻的，弄不清是糊了血还是汗。诚存知道，此番是凶多吉少，进来容易，再想出去，怕就只有押送刑场一条路了。但是越绝望，求生的欲望就更强烈。凭着在官场混迹多年的经验，他估摸着，捉拿下狱未必就等于掌握了证据，大半只是顺藤摸瓜地推测。若自己能咬紧牙关，不叫人家套出实话去，恢复往日的安乐不敢想，保全一条残命的机会，还是有的。

诚存努力振作起来，思索接下来的对策。他惊喜地发现，站在栅栏外边的两个狱卒，是自己以前的轿夫，因为腿脚勤快，嘴巴也甜，自己一时高兴，把他俩荐到刑部当差，叫他们端个清闲饭碗。谁知道山不转水转，这才一年的工夫，谁管着谁，就来了个大颠倒！

诚存顾不得自艾自怜，他从栅栏中探出手，轻呼两人名字，先是好言安抚，信誓旦旦地许愿，表示自己日后出去，一定像对待自家亲子侄一样，给他们荐个更好的差事。然后请他俩帮忙打听一下外边的风声，瞅空给在左云当县令的侄子诚江捎个信，叫他知道这里的变故，并设法周旋。

两人躲躲闪闪地答应，表示尽量去办。诚存略略放下心，看看四周，阴森昏暗，弄不清是什么时辰了，折腾大半天，困乏劲上来，昏沉沉地卧在散发着臭腥味的草褥上睡过去。

一觉醒来，睁开眼睛先是大吃一惊，使劲摇摇头才知道不是在自家内室，昨天那场仿佛梦境的变故，竟然是真的。抬眼四下看看，光线要稍微亮些，应该是白天了。

诚存挪动一下身子，浑身皮肉骨头哪里都酸痛。还没想清楚今天会有什么样的情形等着自己，两个狱卒一前一后走过来。

"大人，我们哥儿俩费好大劲，嘿，还真给打听清楚了！"走在前边的轻声说。

"怎么样？"诚存立刻来了精神，伸长脖子问。

"大人，您是不知道，我哥儿俩身份低微，为了给大人打听事情，可费了老大劲啦！大人，您看我这脖子后边的汗渍，全是跟官老爷们答话给吓的！"

他娘的，敲了一辈子竹杠，临了倒敲到老子头上来了！诚存在肚里狠狠咒骂一声，却无可奈何，赔个干笑说："两位的辛苦，我老得都快死了，哪能不清楚？昨天不是说了吗，将来出去后，一定把你俩当成亲子侄来对待，但凡我有的，叫你俩一样也不少！你们看看，我现在一个阶下囚，身无长物，想感谢都没东西拿出手呀，咱们来日方长嘛！"

前边的那个忽然轻轻冷笑一下："哼，亲生儿子还不如手边的现钱，现在世道，什么都是现世现报的……"

见他俩要翻脸，诚存急了，指指身上："这个我明白，身上不是没什么东西感谢两位嘛……"

后边那个狱卒嬉皮笑脸地凑到跟前："大人，您也别见怪。昨天您进来的时候，我们就听见大人脖子上有哗啦的响动，一听就是上等的好珠子，大人要是不心疼，就借给我俩玩两天？"

诚存心头一紧，他娘的，有道是抱着贼秃叫菩萨，还以为这俩东西是好人，谁知道碰见赖皮了，原来他俩早就开始打自己的主意！诚存新近从青海一个知府手里，勒索了一副藏教佛珠，晶莹剔透，握在手里凉飕飕的，据说挂在胸前能去痰化淤，延年益寿，是千金买不到的宝物。诚存整天挂在内衣里边，果然感觉有作用。这次被逮捕，搜身的时候，侥幸没有被发觉，谁想倒让这俩狗东西给盯上了。

"怎么样，大人？要知道，一句话可以上天，一句话可以下地。我哥儿俩这个消息，对大人可是相当重要啊！"两人摇头晃脑，不紧不慢。

诚存沉吟片刻，眼下生死攸关，一串珠子算什么？罢了，罢了，就让这俩狼心狗肺的东西行点好运！

"好，好，两位果然聪明伶俐，才干这几天，就成老手了。既然喜欢，拿去就是！"拿定主意后，诚存很痛快，摘下珠子递给他俩。

两人仔细看看那串佛珠，相视一笑，其中一个揣进怀里。"大人痛快，那我俩也不啰唆。实话说了吧，大人全家被拿，家里让翻了个底朝天，这恐怕都在意料之中。再者，大人昨天说的那个侄子，前两天已经被押解到刑部大牢。听说已经审讯了一回，至于审讯出来什么东西，我俩还没那么大能耐，丝毫不清楚。"

"啊？"诚存打个哆嗦，看来朝廷决定逮捕自己，绝非凭空猜测，而是已经拿到了把柄。但是拿到什么把柄，自己却不十分清楚。他思忖半晌，和诚江商量诬陷兴德保的书信，已经让自己亲手烧掉。现在最大的可能，就是家人出了问题。这样一想，诚存立刻决定，只要诚江不招认，自己和他口径一致，忍痛挨几下刑具，说不定还有侥幸逃脱的机会。

"两位，两位，烦你俩给我那侄子通个信，只四个字，咬紧牙关。怎么样？我向来说到做到，决不会亏待两位的。"见两个狱卒溜达着要走开，诚存慌忙摆手招呼。

两人嘻嘻一笑："对不住得很，给朝廷钦犯通风报信，借我俩一个胆子也不敢。你就少拉拢我俩，俺们可是守规矩的良民！"说着扬长而去。

诚存颓然地长叹一声，他们这是看自己榨不出油水来了。他继而又痛恨自己，怎么糊涂了，要是让他俩先给传话，再把珠子拿出来，说不定这事还能办成。唉，打了一辈子大雁，到头来叫雁啄瞎了眼！

大约午后时分，一群人冲进大牢，拉起诚存，不由分说，架起胳膊就走。诚存明白，要提审了，真正难熬的时候来了。

因为觉察到皇上对这个事情格外重视，勒保审讯起来，就比别的案子不同。诚存被带到大堂的时候，分列两旁站立的衙役面色黑沉，杀气腾腾，手里磨得明光发亮浸着紫血的刑杖，看上去就皮肉发紧。前边支着一个铁炉，里边炭火熊熊，几块烙铁已经烧得发红。诚存脑袋嗡的一声，身不由己跪倒下去，软弱无力地喊叫着："大人，我冤枉，误会了！"

　　勒保严肃了神情："既然能做出来，就应该担起责任，这才是条汉子！到底怎样诬陷兴德保的，动机如何，过程怎样？"

　　诚存见对方一下就把话问到点子上，摸不清他掌握了多少东西，只能含糊地应付辩解："大人，下官着实冤枉。关于兴德保一事，下官其实并不知道多少。具体情形是，前些日子，我那侄子缴获教匪身上携带的一封书信，见信中有兴德保的签名，至于是不是他本人笔迹，下官也弄不明白。但身为内侍大臣，理当知无不言，所以我就禀奏了皇上。后来皇上核对笔迹，认定是兴德保的，这是皇上的旨意，我并未参与。"

　　勒保不动声色地一笑，诚存这家伙果然狡猾，把责任推卸个干净，自己只充当个传信人的角色。更可气的，还把皇上给拉上，这套扯虎皮做大旗的把戏，确实够熟练的，真是随手拈来。

　　不过勒保早有准备，面不改色："你说这话已经漏洞百出。所谓从教匪身上搜出的密札，不过是刻意模仿兴德保的笔记拼凑而成。朝廷书吏成百上千，这点把戏一眼就能看穿。你拿这玩意儿糊弄皇上，诬陷大臣，你自己想想，是不是太可笑了？"随即厉声喝道，"好你个诚存，念咱们同僚一场，好言劝告。不料你存心抵赖，不见棺材不落泪！来呀，给他几家伙！"

　　两旁衙役如狼似虎地喊叫一声，和对付兴德保一样，褪下裤子，按倒就打。诚存从没领教过这等待遇，比兴德保还要养尊处优，噼噼啪啪没几下，便杀猪般扯嗓子喊叫起来，声音凄厉，叫人周身发冷。

　　一连打了二三十下，诚存已经瘫软在地上，哎哟哎哟地叫唤着却动弹不得。勒保冷冷地喝问："诚存，赶紧招认了你做的好事，不然，更过瘾的还在后头!"

诚存知道招认后的结果。别的不说,单是伪造的那封书信,里边的口气,就是对皇上大不敬,谋反罪名转而加在自己头上,吃不了兜着走!他拿定主意,咬牙直喊冤枉,其余的一概摇头不知。

勒保几分暴怒地吼叫:"看你铁了心要跟朝廷作对了!让他尝尝烙铁的滋味!"

有人答应着,从炉子里钳出一块红彤彤的东西,走到诚存跟前。热气汹涌而来,逼得诚存惊恐地向后仰身。就在通红东西接触到身体的一瞬间,诚存半是惊惧半是痛楚地惨号一声,昏死过去。

正要命令用冷水浇,庆桂摆手止住:"我看这样硬逼,很难撬开他的嘴。为什么呢,他和兴德保一样,贪财惜命,又深谙利害轻重。这样的罪名,若招认了,必然是有死无活,都想硬挺着拖延时间,看能不能有什么变数。再说,像诚存这样细皮嫩肉,胆子又小,万一出个好歹,反而没法子交差。"

勒保忙点头称是:"还是大人见识高远。只是不赶紧逼着叫他招供,皇上那边……"

庆桂使个眼色,把勒保叫到后边,慢条斯理地说:"有道是端人饭碗,听人使唤。皇上叫我们审讯,为的是要个结果,不是叫咱们替圣上撒气。所以说,咱们要时时跟皇上通气,至于接下来怎么做,皇上自然会想办法。皇上想出的办法,无论对还是错,咱们照着做,总归不会错。勒大人,我说得对吗?"

勒保立刻明白他的意思,连连点头:"好主意,好主意,正是这个道理。"心里却暗暗责怪自己,这么一个简单的办法,怎么就没及早想出来?禀奏皇上时,庆桂又占了头功,倒是自个儿落个没趣。唉,这老东西,都快成精了!

两人一前一后来到养心殿,由庆桂牵头,把情况说个大概。嘉庆倒背手踱出几步,在心里叹口气想,白莲教匪徒尚未剿除干净,各地灾荒奏报不绝于耳,正是处理大事的紧要关头,却叫几个大臣之间的恩恩怨怨混搅得头疼,这国家也真是只有家而没国了!

虽然无奈，但既然碰上了，还非得弄出个结果，否则朝廷隐患除不掉不说，连抓两个朝廷要员，也没法给外边交代。嘉庆凝神想一想，从直觉上讲，他觉得自己以前考虑得没错，兴德保不论出身怎样，决不会私通教匪，十有八九是诚存诬陷他。但是手里没证据，说他诬陷，他死活不招供，谁也拿他没办法。倘若硬给他安个罪名，也难以服众。再说，自己也不能走先皇们的老路，随意莫须有地查办大臣。

　　忽然灵光一闪，他招手叫两人过来："方才朕忽然想起，这个诚存不是诬陷别人吗？你们不妨就来个以毒攻毒，叫他也品尝一下被蒙的滋味。诚存和诚江两人在抓捕前并没见过面，现在分隔着又无法串供。你们来个两下里哄骗，不动他的身，却动他的心，叫他想抵赖都不成。"

　　"皇上的意思……"庆桂躬身想仔细探问，以免照办时走了样。身后的勒保却立刻明白，果然好主意，暗暗扯一把庆桂，嫌他太过啰唆，点到为止就行了，何必惹得皇上烦？

　　这个细微动作，嘉庆看在眼里，点点头："正和你们想的一样，小心办仔细了，别叫诚存看出破绽。"

　　蜷缩在霉烂的草垫子上，诚存满身像是有虫子不住地叮咬，痛痒钻心。短短两天间，就这么大的起落，太快了，简直如做梦一样叫人适应不了。仔细回顾皇上递交那封信件后的变化，诚存觉得并没什么证据落到他人手上。现在唯一担心的，就是诚江。只要诚江能和自己保持口供一致，受再大的苦，也咬定那封信是从教匪身上搜出来的，至于是不是伪造，谁能说得清楚？怕就怕诚江吃不住刑罚，他要是招认了，自己再硬挺，也是多受罪。

　　诚江，一定别乱招认，咱们的性命能否保住，就看你的啦！诚存在心里默默呼喊。要是能在这个时候和他通通气就好了，可惜身上再没有可贿赂狱卒的东西。唉！诚存使劲拍一把地面，无可奈何地负痛叫唤一声。

　　然而实际情形却大大超乎诚存意料。第二天上堂受审时，他立刻敏锐地发觉，气氛和开始时大不相同。庆桂和勒保坐在大案后边，冷冷目光仿佛利刃直刺心肺，叫人禁不住打个寒战。衙役们似乎也格外凶狠，鼓起腮帮子上扎歪歪的胡子，似乎随时要上来给自己一家伙。诚存双腿一软，颤巍巍地跪下缩成一团。

"大胆诚存，诬陷朝廷大臣，不但不知悔过，还要抵死耍赖，拒不招认！"森严的大堂中，令人难以忍受地沉默片刻，勒保忽然高喝一声，好像平地炸起一声响雷，惊得诚存猛一哆嗦，"有罪不招，罪加一等，我大清律上写得清清楚楚，还装什么糊涂，嫌苦头吃得不够多吗？"

听他语气，好像真的抓住自己什么把柄。不过诚存并没有全蒙，他警告自己，千万不能上勒保这家伙的当，一边积蓄表情，挤眉咧嘴地高声叫嚷："大人，大人呀，何出此言？诬陷大臣，诚存断然不敢。这分明是误会了，请大人看在多年同僚的份儿上，仔细明察！"

"又来了，"勒保含笑冲庆桂扭头，"有道是做贼的心虚，放屁的脸红。你也不用咋咋呼呼贼喊捉贼。你和你那个好侄子诚江，两个商量好了来捉弄兴德保，公报私仇。具体过程，诚江都招供了，你还死赖着，不是白费力气？若没有证据，我们何苦和你嚼舌头？"

啊？诚江真的招了？这狗东西，一点苦都吃不得，唉，什么事情都是坏在小兔崽子手里呀！诚存最后一点底线摇摇欲坠，顿时脸色煞白，张张嘴还想叫喊两嗓子，掩盖自己的失态。勒保却不容他说话："来，拿过诚江的供词叫他看看，也算尽了多年同僚的一点情谊！"

有个书吏手捧一叠写满字的草纸，从大案一边绕过来，往诚存眼前一递："睁大眼睛看仔细喽！"

诚存哆嗦着拿过纸，没细看先吓一跳，可不就是诚江的笔迹！上边歪歪扭扭地写着：犯官诚江，因叔叔曾和兴德保结有私仇，屡屡想报复，总找不到借口。后来终于想出这条计策。此事全是叔叔模仿兴德保笔迹，伪造信件，我被逼迫，才勉为其难，说是从教匪尸体上搜得……

诚存眼前一阵模糊，惊恐连着痛心。果然人心隔肚皮，即便自己亲侄儿，大难来临也先顾自己。这家伙把自己拉出来当垫背的，真他娘的小人！

勒保还没有等他反应过来，便高声斥责道："诚存，你还有什么话说，你侄儿都已经认罪了，你还抵赖，岂不是要白白受些皮肉之苦，还是痛快地招了吧，就是死也落个爽快鬼。来呀，先打几板子，烙铁也赶快烧热伺候着！"

诚存连最后一根救命稻草也抓不住了，心理防线在顷刻间摧毁，突然哇的一声哭了出来，泪水鼻涕糊满了脸："我招，我招，我全都招……"

书记官立刻铺纸研墨，准备记录。

第十三章

前因后果了于胸　海疆生事系安危

　　上次存心教训兴德保一下之后，却总是找不到合适的机会。就在这个节骨眼上，书童正好不见了，一直等到第二天早上才看到他黑着眼圈，摇摇晃晃从偏门回来。诚存雷霆大怒，大声呵斥他跪下，亲自赏了他几个耳光，叫骂着问他去了哪里。

　　书童老实交代，到兴德保家前庭门房中赌博去了。又辩解说，奴仆赌博，哪家府邸都是有的，比如这几天参与的，就有兴德保家里的书办和书童，还有街上几个混混。既然各家都有，可见也不是什么大错，以后不去玩就是了。

　　听他竟然去赌博，赌博就有可能偷钱，那样损失可就大了，这还了得？诚存正要大发雷霆，可不知怎的，脑际忽然灵光一闪，弯腰问："你刚才说，参与赌博的，有兴德保家的书办和书童？"

　　"对，对，"见老爷对这个感兴趣，书童忙讨好地解释，"兴德保家的书童和书办几乎每天都去。书办是兴德保跟前的红人，能编会写，写的字跟兴德保的一模一样，是刻意模仿多年练出来的。听说兴德保懒得写奏折，每次都是书办代替，皇上都分不出来呢！"

　　"哦，原来这样。如此甚好，甚好。"诚存踱着方步，构思出一个好计谋。他拿出银钱，让书童继续去赌博，借机小恩小惠拉拢兴德保家的书办。才两天，书办便和书童称兄道弟。书童按诚存吩咐，把书办领到家拜见诚存。诚存在书房里悄悄和他谈了半天，拿出硕大的几个元宝塞进书办怀里，让他按自己的意思，模仿兴德保的笔迹，写一封书信。

开始书办还感到害怕，不敢动手，但禁不住元宝诱惑，很快答应，按照诚存口述，写了那封假书信。看着那信上简直就是兴德保本人的笔迹，诚存哈哈大笑，神不知鬼不觉，兴德保，你就等着全家进地狱吧！

听完诚存交代，勒保和庆桂咂咂舌头，这个诚存，真够胆大的，为了报一点私仇，竟然要弄得对方满门升天！

书记官笔录完毕，让诚存画押按好手印，交到大案上。勒保忽然嘻嘻一笑：“快，把诚江带上来，叫他们叔侄见上一面！”

门外衙役高声答应着，脚镣铁链哗啦响动，诚江被押上大堂。进到刑部大狱后，诚江就知道事情不妙。不过他总以为，叔叔既然能混到那么高的位置，定然有非同一般的能力，断不至于三下两下就翻船。抱着这样的想法，诚江比诚存还嘴硬，一口咬定是自己从教匪身上搜到的书信。

这两天没有上堂，诚江侥幸地想，或许事情就要有转机，说不定明天就会从这鬼地方走出去，赴叔叔摆的压惊宴席。

正迷迷糊糊做着美梦，狱卒进来，架起自己要过堂。诚江忙打起精神，准备搬出先前的托词来抵挡一阵。

和诚存一样，刚进大堂，诚江就发觉不对劲。勒保和庆桂嘴角挂着冷笑，两旁衙役也似乎有点幸灾乐祸。压抑着恐慌，发觉前边跪着一个人，仿佛一堆烂棉絮，好像有点眼熟。诚江预感到这人和自己过堂有很大关系，忍不住紧走两步，上前仔细看看。

这不是自己叔叔，梦中的救星吗？怎么比自己还要惨？诚江差点晕厥过去。诚存也看见了他，立刻来了精神，眉眼扭曲着破口大骂：“好你个王八羔子，叔豁出命去替你遮掩，你倒好，把你叔给推到前头做挡箭牌！你也太糊涂了，你叔一死，你还有什么好日子过？”

诚江被骂得愣怔住。见诚江不开口，诚存更加来劲，站起来挥动戴铁链子的胳膊要打：“你早早得招了供，除了能早做几天鬼，还能得到什么好处？”

看下边闹内讧，庆桂笑出声来："早做几天鬼有什么不好，早死早托生，托生到富贵人家，早享几天清福，这还不是便宜透顶的好事？诚江，你叔叔听说你已招供，自己也把该说的都说了出来，你俩所做的勾当，没什么好隐瞒的了。你就乖乖地讲清楚算了！"

诚江贼亮的眼珠子转上几转，忽然明白是怎么回事，脸涨成猪肝色："叔，你才真正是糊涂，你让人家给耍了！我哪招过什么供，吃多少苦都硬挺住过来了，谁想你竟然……唉，我的罪算是白受了！"

诚存举在半空的手僵住，傻了般咧咧嘴，忽然嘿嘿地笑出声来："因是果，果是因，我诬陷别人，别人又诬陷你，我被耍了还错怪你，我……"傻笑着渐渐转为哽咽。诚江长叹一声："别说了，都是有钱有势吃饱饭没事给烧的。唉，我也招了吧！"

终于圆满完成任务，勒保长出一口气。他知道，这个案子审清楚，就足以把上次陈德案件的糊涂账给弥补了，这事就此结束，又逃过了一劫。

他连忙和庆桂一起递上奏折，将兴德保和诚存之间的恩怨讲述清楚。嘉庆仍对大臣相互攻讦的现状痛心疾首。很快，便有批复发下来。在诏旨中，嘉庆苦口婆心地讲：朕亲政以来，致力于肃整风气，力图继承康乾盛世之遗风。然总有大臣不体谅朕之一片苦心，阳奉阴违，致使无聊事件层出不穷。工部尚书兴德保治家不严，家人在府邸聚众赌博，竟然毫不察觉，经搜查得知，其囤积居奇大放高利贷，民怨沸腾，着实可恶。革去其半年俸禄，拔去三眼花翎，以观后效。其书办为人奴仆而不忠，处以绞刑，以儆效尤。内侍大臣诚存身受皇恩，不思为国尽忠，恶毒诬陷同僚，陷君王以不明不义，品行败坏，尤为可恶。现事实澄清，处其以绞刑；其侄子诚江推波助澜，斩立决。其家人发配伊犁充军。朕唯愿人臣者以此为鉴，再有作奸犯科不忠国事者，当加重处罚。

诏书下达后，见没有牵连到更多同僚，众人都松了口气。勒保忙行使起刑部职责，该绞的绞，该杀的杀，该发配的赶紧打发走。忙活十余天，才收拾利落。正要向嘉庆禀报，忽然有诏书颁下来：

刑部勒保，糊弄成性，任职马虎。重要犯人审讯，竟然无中生有，闭门造车，伪造口供，真真大胆。本应重惩，姑念其尚能遵循臣道，暂免去刑部一职，闲居静思。

别人都觉得这诏书有些突然，唯有勒保清楚，陈德的事情，看来嘉庆早就知道了，只是兴德保的案子紧接着上来，皇上顾不上和自己较真。现在该轮到自己了。嗨，到底还是天威难测，自己比不得哟！

传旨的公公走了好大会儿，望着香案上缕缕轻烟，勒保忽然莫名其妙地苦笑几声。

从陈德行刺一直牵扯出诚存诬陷兴德保，虽然没有白莲教匪徒闹腾得那么轰轰烈烈，但在百官眼中，更能牵动他们的心。自从康熙爷以来，但凡朝廷上涉及官员的案件，哪个不左勾右连，大大小小，拉出一大堆臣僚跟着倒霉？嘉庆爷自亲政以来，虽说前紧后松，处理事情多是重重拿起，轻轻放下，但人家毕竟是一国之君，大家的小命都攥在人家手里，能不捏一把汗吗？

果然如大家所担心的，诚存和兴德保狗咬狗一场，结果两败俱伤，都没有好下场。紧接着，勒保悄无声息地落马。大臣们议论纷纷，是好戏才刚刚开场呢，还是皇上就此打住，让众人继续过安生小日子？

猜测怀疑担心忧虑中，朝堂奏议事情时，大家谨慎许多，动用多年炼就的火眼金睛，悄悄打量皇上脸上的细微变化，借以揣度接下来的风向。

嘉庆此时正被案上一沓沓报告灾荒的文书所烦躁。开春以来，南涝北旱，请求支援的奏折接连不断。地方官员们不厌其烦地诉说自己辖区内如何粮食绝收，百姓流离，府库钱粮已经告罄，朝廷再不伸手拉一把，很可能再度造成百姓反叛。

看他们的奏折，眼前就会情不自禁地浮现出千里饿殍的凄凉景象。嘉庆虽然很少到地方上视察，微服私访的事情更没做过，但早年那趟寻找木鱼石的经历，已经在他头脑中打下深刻烙印。他能想象出百姓怎样在艰难中挣扎，这更让他坐立不安。

手抚案卷，嘉庆凝神细想，朝廷支援，说起来简单，拿什么支援？

地方府库告罄，难道朝廷银库是聚宝盆，会无中生有？一想到钱粮，嘉庆就隐隐头疼。当初父皇禅位，自己名为皇帝，其实不过是个跟班陪客的，听由和珅等人闹腾。亲政以后，虽然快刀斩乱麻，清除了和珅，抄没其家产，确实取得一定的效果。但嘉庆清楚，由于自己害怕株连面太广，仍把和珅提携或者有些瓜葛的许多大臣给保留下来，有的还继续委以重任。这样做的结果，虽然对稳定局势有一定好处，但也同时使贪官污吏继续为非作歹，朝廷上下，腐败现象蔚然成风，以至不可收拾。用这些人治理国家，不明摆着是独坐穷山，放虎自卫吗？这样的人管理府库，府库能充实起来？

再者，先皇后期，白莲教匪徒作乱，虽没造成政权倒台的危机，但现在回头想想，为了剿除教匪，国家损失相当惨重。九年间，耗尽大清国库中最后一点积蓄。先皇乾隆在世时，号称"十全老人"，执掌政权六十年，何等神武。可是他并没料到，或许料到了也无可奈何，自己身后留下一个破烂摊子，给后人带来无穷烦恼。就是他自己，生前喜欢排场，大葬时却由于财政吃紧，不得不因陋就简，马虎了事。

一想到先皇，嘉庆真是既钦佩又烦闷。"唉，有道是自家有病自家知啊！"他不愿继续想下去。或许为了排遣心中无可发泄的烦闷，嘉庆临幸妃子的次数明显增多。皇后自然是承恩最多的，其余妃子们也跟着沾了不少光。妃子们无不使尽浑身解数，尽力抓住这个大好时机，力图改变自己的前途和命运。

嘉庆终于找到可以慰藉心灵的地方，他似乎现在才明白，为什么历代皇帝都把大半心思用在这个地方，甚至整个国家和这个脂粉气息飘散的地方比起来，都显得无足轻重，内里确实有其原因啊！

但是辗转温柔乡中，嘉庆仍时时告诉自己，要以国事为重，万不可走了昏君的老路。可是国事又是如此破烂不堪，即便以它为重，又能怎样？嘉庆感觉自己陷入到一个怪圈中，苦苦挣扎而不能自拔。

不能自拔却也要挣扎，嘉庆还是无法全身心地投入到销魂的妩媚声浪中，以至于妃子和内侍太监们有时候觉得，皇上的举动十分奇怪。

矛盾而舒心的日子没过几天，这天朝会时，正议论一些无关紧要的事情，忽然看见殿外有人影一闪，似乎在试探着想进来，却又犹豫着不敢。便吩咐后边的值日太监："那是谁，怎么会在朝会时混进来，探头探脑的干什么？去问问，若有什么事情，叫进来说话。"

值日太监连忙从旁侧绕过去，询问几句，领着一个中等身材的人走进来。不等嘉庆看清他的模样，那人已经趴在殿下叩头跪拜，仿佛流浪游子终于见到了亲人般，声音变了调地喊一声："皇上！臣……"颤抖着却没了下文。

嘉庆感觉这人很有些异常，忙大声问："你是谁？起来说话！"

那人顾不上谢恩，顺从地站起来。嘉庆这才看清，他穿着绣有猛虎图案的补服，头上青金石顶的大檐帽子，分明是主管地方治安的高级武官。只是他官服上满是尘土，灰不溜秋地透着狼狈，顶戴上的红缨也褪了色。

那人果然有武官禀性，最初的激动过后，说话干脆利落："陛下，臣是闽粤海疆提督长下都司，因有紧急情况，特意赶来禀报皇上！"

一提到南边海疆，嘉庆眉尖不由自主地一跳，脸色顿时阴郁下来。除了白莲教，最让嘉庆头疼的，莫过于吏治混乱和海防屡出事端。而所谓海疆上的事端，只是一帮又一帮不大不小的海匪，他们从外洋漂流过来，个个穷凶极恶，杀人放火，抢劫财物妇女，简直如魔鬼一般。不仅如此，他们的骚扰，还使沿海的地痞流氓也加入其中，里应外合，更加猖狂。虽然派去围剿的兵力不少，但由于海匪们来去机动迅速，你来他走，你退他来，捉迷藏似的，军费耗去不少，连一个毛贼也没抓住。海疆地方上不断有遭到洗劫的奏折报上来，嘉庆却始终无可奈何，只有摇头叹气的份儿。

这次闽粤提督派了部下匆匆赶来，恐怕不仅是某地遭到抢劫这么简单。嘉庆闪过一丝预感，果然，接着就听到一个令他震惊而气愤的消息。而这个震惊和愤怒，还源于遥远的属国安南。

早在乾隆五十一年，属国安南朝廷内部曾发生了一次政变，安南国的权臣阮光平依靠掌握兵权的机会，用武力胁迫国王黎维祁把王位让给他。随后他又把国王给杀掉，自立为安南国国王。然而依靠武力夺取的政权并不稳固，地方上有实力的将领也纷纷效法，有的拥兵自立，有的则企图起兵夺位，也过一把做君王的瘾。安南局势大为混乱。

这其中比较有影响的要数黎维祁的外甥阮福映，他打出国王后代的旗号，表明自己是正统，要代天征讨叛逆。经过几年的激战，阮光平虽说基本把阮福映打败，但自己损失也相当巨大，国力凋敝，财政十分困难。为了巩固地位，他们竟想出一个利用海盗来充实国库的法子。

海盗抢劫，最大的目标是行船路过南海一带的大清商人，还有大清朝和外界来往的半官半商的巨型船只。但仅仅凭借海上抢劫，感觉获利还是太少，他们就冲到岸上，抢劫沿海居民。阮光平和几股势力很强的海盗秘密约定，由他向海盗们提供粮草，补充兵员，还论功行赏，封许多海盗头目为将官，发给他们旌旗和官印。有了官府支持，海盗们更是气焰嚣张，抢劫起来肆无忌惮。关于安南暗中支持海盗，朝廷也略知道一点。不过也只是猜测，并没多少证据。况且当时正逢白莲教汹涌澎湃，实在分不出精力去对付遥远的安南，也就佯作不知，仅仅就事论事，东奔西跑地驱赶海盗。就这样，海疆成了嘉庆另一块心病。

都司先把这些情况大略讲述一遍，接着提到前些日子发生的事情："我大清水师从来都是遵从皇上教诲，日夜巡逻，不敢有丝毫懈怠，并依照皇上诏旨，守而不攻，免生事体。可是海匪却越来越多，他们见我水师虽然防守严密，就逡巡在沿海一带，伺机掠夺我海疆居民和商船。正如常言所说，只有千年做贼，难有千年防贼，尽管我水师来往奔波，还是出现漏洞。

"前些日子，接连几天阴雨连绵，许久不能出海，渔民和货商都十分着急。好不容易等雨停了，虽然风力还是不小，大家存着侥幸心理，一部分渔民出海捕捞，还有个别客商把积压多日的货物往外地运送。然而他们刚出发不久，海上风力陡然增大，浪头小山似的压过来。当时渔民和商船还没有散开，大家见情形不妙，就商议着先到附近一个小岛上躲避，那里有几处天然避风港。孰料那里正是海盗们驻扎的地方，他们连日找不到机会，正在发愁，忽然发现这么多渔民和商船主动投上门来，如何肯放过？一场杀戮后，男人们几乎尽数死掉，女人则被他们掳掠到岛上的营地中。

"在杀戮中，有两条渔船稍微落后些，发现前边情况异常，赶忙掉头往回开。其中一条被海浪打沉，只有一条侥幸回来。船上渔民把情况禀报给我水师后，提督立刻带领臣等前去捉拿。等我们赶到海岛上，发现那里到处都是渔民和客商的残肢断臂，情状十分残忍。而海盗们没料到我们如此神速，经过一番厮杀，全歼岛上所有海盗，缴获大量物品。其中最重要的，还数这些官印。以前总是怀疑海盗如此猖獗，很可能是受了安南国的资助和支持，只是苦于没有证据，如今这证据就摆在眼前，真相大白，安南确实是海盗最大的窝点，他们真正是官匪一家。请皇上速下诏旨，讨伐安南，断绝海盗根源！"

说着，从怀中掏出一个包袱，放在地下打开，拿出几枚金印："陛下，这只是其中职位比较高的，其余级别较低的官印，还有很多。这股海盗是这样，其他海盗自然也是如此。"

值日太监忙把金印捧着放到御案上，请皇上过目。嘉庆面无表情地翻看那些印章，黄灿灿的真是金子，上边雕刻着各种官名，旁边一行小字分明写着"安南国国王亲封"。翻来覆去地看几遍，嘉庆终于抬起头来，面色仍出奇地平静："朕知道了，你先下去歇息。"

那武官愣一下："皇上，海疆关乎国家威严和当地安危，百姓受到糟害特别严重，请皇上……"

"知道了，你先下去吧。"嘉庆声音依旧平稳，重复一句。

等太监领着武官下殿拐过两重门不见了，嘉庆忽然不轻不重地拍一下桌子，脸色略微泛红："诸位爱卿都听到了吧？所谓海盗，其实是安南狼狈为奸，为虎作伥！安南本是我大清属国，是我大清的臣子，近年来屡次找借口不来纳供也还罢了，如今又查实竟然是海盗的真正头目！这怎么解释？家衰奴欺主，不就是这个道理？倘若我大清官民一心，不受白莲教匪患，早就出兵安南平息其内乱，哪里轮得上他挑衅？你们说说，这事情该如何处理？"

大臣们都听出来，皇上仍想借这个事情，说明吏治的重要性，真是用心良苦啊。朱珪首先站出来，尽量提高声音，既是冲着嘉庆也四顾众人说："皇上，臣以为，我大清自入关以来，国泰民安，威服四方。而安南不过偏远一个小小属国，当初其国家得以建立，还是我大清出兵帮助的结果。而所谓安南国王阮光平本来就是靠阴谋夺位，名不正言不顺，皇上没有拿他问罪，已经是宽宏大量了，他却不思报恩，反而和海盗搅和在一起，侵扰我大清疆域，是可忍，孰不可忍？若姑息养奸，其他属国如朝鲜、缅甸等，也纷纷效尤，岂不难以招架？臣以为，应当立刻发兵问罪，征讨安南，捉拿阮光平，一方面肃清海疆，另外也树立我大清国威！"

嘉庆看着情绪激昂的老师，赞许地点点头，却没立刻表态，转过脸向两旁看看："此乃大事，谁还有看法，尽管说出来。"

有人引开了头，说话的就踊跃许多，大臣庆格撩官服站出来："皇上，朱大人德高望重，所说的自然没错。但是臣以为，缓事宜急办，迅速则容易成功；急事宜缓办，忙里容易出错。出兵讨伐征战，乃是大凶之事，非万不得已，不能轻易下结论。试想，倘若征讨安南，说起来容易，做起来却十分艰难。安南路途遥远，气候酷热，我军水土不服，地形不熟，纵然兵力强过他们数倍，也难有取胜的把握。再者说，动用兵力，耗费巨大，现在刚刚恢复元气，再大规模动用兵马，能否承受得起，还在两可。倘若久战不胜，战事没完没了，旷日持久，到时候进不能够，退更羞辱，那可就是骑虎难下了。还请皇上三思！"

这话正说到嘉庆心坎上。从刚才听到海疆的事情那一刻，他就本能地想到，如今国库空虚，真正是步履维艰，难以动弹呀！庆格说的还算客气，其实自从白莲教造反以来，国家不过苦苦支撑罢了，何曾恢复过什么元气！另外，在对付白莲教中暴露出一个问题，所谓的大清强悍兵力，已经彻底没了强悍的影子，军队中上层将领徇私舞弊，怕死爱财。受他们影响，下级将校以及普通士兵，莫不想着法子弄钱，保卫疆土只是他们敛财的一个借口。

这事情想来就让嘉庆气恼而无奈，他感觉自己对征战讨伐越来越失去信心。但事情逼人，不征战又该怎么办？

　　紧接着又有几个大臣发表了意见，有些赞同朱珪，义愤填膺地请求要不惜一切代价讨伐安南，以此确立我大清国的国威。当然，也有人认为庆格说得有道理，所谓多一事不如少一事，若是有另外的办法得以解决，毕竟更稳妥一些。

第十三章　前因后果了于胸　海疆生事系安危

第十四章

朝堂之上议政事　闺房之中得温情

　　大家你一言我一语讨论了半天，看着从窗外射进来的阳光，眼看就要到正午了，再说下去也就两条路，或征讨或妥协，但是这两派谁也不能说服谁。嘉庆挥挥手制止了争论，缓缓说："你们刚才所说的，都是从国家的大局出发，朕感觉甚好，也颇感欣慰。放过安南，的确有损我大清颜面，但是征战讨伐，又的确是困难重重。朕有句话，诸爱卿应当仔细记着。护体面，不如重廉耻；求医药，不如养性情；立党羽，不如昭信义；作威福，不如笃至诚；多言语，不如慎隐微；博名声，不如正心术；贪财者最终无财，贪色者最终无色。你们做臣子的，千万不要因为一个俗念头，结果落下了一辈子悔恨。"

　　刚才还一片热闹的大殿，顿时寂静下来。大家彼此看一眼，皇上担心的不是安南，仍是朝廷内部呀！这就很明显地说明，皇上并不想征什么战，只要大清疆域内不出乱子，他已经很满意了，至于遥远的属国，他是显然心有余力不足了。

　　沉寂片刻，嘉庆下了很大决心似的冲殿前御史景德喊一声："记下朕的旨谕。两广总督、南海海疆提督，这次所查海盗和安南有勾结一事，朕已证实，海盗骚扰抢劫我来往商船及沿海居民，安南国王确实有唆使嫌疑。然而若动用大兵征讨，势必耗费军资辛苦百姓，朕于心不忍。尔等接到诏书后，可直接与安南交涉，严词告诫。若他们从此改过，则既往不咎，若一味顽抗，定然不饶！今后须认真巡查，凡捉拿到海盗或者勾结海盗的内地居民，无论情节轻重，一律按谋逆罪重惩，不可懈怠！钦此。"

大家松了一口气，想想这样其实也是个最佳方法，只是造化了阮光平。有什么办法，还是皇上说得实在，家衰奴欺主呀！

或许为了冲淡朝堂上的尴尬局面，来朝奏事的两江总督铁保走出班列，欠身禀奏说："皇上……南边治河经费短缺，进展困难。眼看秋季一到，汛期来后更无法收拾。臣不敢轻易收取百姓额外赋税，也不敢拖欠河工的银钱，这样一来，两头收缩，确实难以应付。臣想，不如把臣管束区域的盐价略微上涨一点，即便涨上三厘，每年就是四百万两，这些经费足以修河，也不过于危害百姓，请陛下……"

嘉庆冷冷地看他一眼："铁保果然聪明，能无中生有地弄来银子。你不收取百姓额外赋税，那上涨的盐价，是谁出的钱？羊毛出在羊身上，朕难道连这个也弄不懂了？"

看铁保面红耳赤，跪也不是站也不是，嘉庆缓和一下口气："既然说不给百姓增加负担，就真不增加，换个花样有什么意思？治河经费紧张，但要妥善解决，还需要从长计议。好了，你也琢磨着，朕留意看看，可从哪里挤出这些银子来。"

皇上能这样说，也算推心置腹了，铁保感激地向上看一眼，唯唯答应着退下。

时候已经不早，值日太监正要吆喝退朝，忽然有人站出来，紧走两步，扑通跪倒在金砖上，提高声音拉长音调叫喊："皇上，臣有重要事情禀奏！"

嘉庆一愣，今天怎么了，重要事情都赶到一起？连忙向下边看去，原来是殿前御史景德。嘉庆顿时放松许多，他了解这个御史，诗文读得不怎么样，依靠一手龙飞凤舞的好字，博得阅卷官好感，结果录取到进士末名。有了这个进身，景德上蹿下跳，对升迁起到作用的，百般阿谀奉承，弄个小把戏，耍个小聪明，做出一副赤心待人的样子。这伎俩还真管事，没几年工夫，弄到殿前御史的位置，比起当初一同进学的许多人来，他这个成绩最差的反倒职位最高。

虽然熟悉其为人，但嘉庆和他几次接触，感觉这人固然满脑子攀龙附凤的心思，本质还不算坏。况且他写的字确实叫人看着顺眼，誊写个诏书什么的，还很称职，也就抱着量才使用的意思，并没追究什么。这样一个人，能奏出什么重要事情来？八成是故作惊人之语吧？

这样想着，见景德不知是紧张还是激动，脸色通红："皇上，臣今日在殿上奉值，见皇上为国事忧心劳神，心下万分不安。皇上夙夜忧寐，将整个国家治理得井井有条，自己却没有片刻清闲，臣感觉这实在太不公平！方才臣思量，再过些日子就是皇上五十大寿，这是我大清最大的喜事，怎么庆贺都不过分。臣以为，皇上平日节俭朴素，虽尧舜也应当钦佩。但自古有为人不可太枯，做事不可太苦的说法，皇上就趁这普天同庆的日子，略微铺张一点又有何妨？臣划算好了，万春园中连座像样的宫门都没有，养心殿、澄心堂和坤宁宫等各处，都多少破损，皇上简朴到这样地步，实在是臣子们的羞辱，臣斗胆表示，应当尽量往好处修建。再者，在万寿节期间，请求在宫城内演大戏十天，慰藉皇上忧劳之心，最好能以后年年如此，形成制度，唯其这样，才能略表我们臣子的一片孝心……"

景德一气说出来，说到最后意犹未尽，张张嘴却不知还能说出什么更让皇上舒心的话。特别是他看见嘉庆灼灼逼人的目光，更是不知道该怎么往下说。

等他彻底沉默了，嘉庆才冷冷一笑："还有吗，就这些？你觉得这样能足以表达出臣子的孝心？"

"皇上，臣……"精明的景德忽然觉得气氛不大对，急忙想补充几句，却因为捉摸不出皇上对自己的话到底什么态度，八哥般的巧嘴结巴起来。

"朕问你，皇上太过简朴，是臣子的耻辱，满大街上饥民哀哀，就是臣子的荣光了？朕刚才说了些什么，你一句都没听进去！安南一个区区藩属小国，却胆大妄为，纵容海盗和朕暗中作对，朕为什么不去征讨，为什么还要拐弯抹角，让地方去交涉，皇上和藩属的臣子交涉，你不觉得奇怪吗？"嘉庆啪地使劲一拍桌子，几乎想走到大殿中央演说一番，"这话难道非要朕说出来？就是因为国库空虚，国家太穷，拿不出银子来支撑征讨！你方才说朕整日忧虑，若你们做臣子的，能人人恪守职责，朕还有什么可忧虑的？你作为殿前御史，不尽力完成自己分内事情，反而想如何谄媚攀高枝，亏你能说得出来！"

大殿上下一片难堪的肃静，众人佝偻着身子，有人庆幸没有附和着掺和，有的则暗暗幸灾乐祸，景德这家伙油嘴滑舌，这下可好，拍马屁拍到了马蹄子上，等着倒霉吧！景德没想到自己无意中成了嘉庆的出气筒，惊慌得六神无主，头脑一片空白，怎么也想不出如何才能挽回局面。

嘉庆也不给他喘息狡辩的时间，平息一下怒气，厉声命令："景德身为御史，不思为国效力，一味行谄媚之能事，实在有辱大臣名分。摘去花翎顶戴，押送至盛京当差，观其后效。若……好了，下去吧！"

景德只觉得天塌地陷，被御林侍卫拖下去的时候，情急之下，放开嗓门儿大喊："皇上，皇上，臣的确是一片孝心啊！臣只是想让皇上高兴一下啊！皇上……"

"住口！"嘉庆神色严峻地大喝，"看来朕方才的话仍然是白说，你简直就是榆木疙瘩，似你这样的无能之辈，根本不配为大清臣子。朕再加上一句，押送至盛京后，永不得回京，永不得叙用。下去！"

景德慌乱中还是听清了嘉庆的话，他耳畔轰然一响，知道自己还是聪明过了头，错误一犯再犯。要是再说什么，只怕连脑袋都有丢掉的危险，忙垂下头，任侍卫死狗一样拖下大殿。

一直回到坤宁宫后殿，嘉庆仍没有从愤懑中解脱出来。松明带领几个小太监在前边引路，转过两个拱门，沿细碎白石铺成的花间小径走出少半里，便是皇后的寝宫了。已经有人禀报过，皇后早早带几个贴身宫女迎候在花格门外。

见嘉庆一脸阴郁，皇后上前弯腰行个家礼，身后宫女忙跪了叩见。嘉庆摇手说声："罢了，何必如此繁琐？"大家这才站起来，分列两侧，让皇上和皇后走进内殿。两个宫女殷勤地上来，帮着脱外边衣裳。忙乱中扯拽得重了些，嘉庆忽然圆睁了眼，扬手一巴掌打在宫女脸上：

"押解犯人吗？手这么重，不会轻些？"

嘉庆对待后宫诸人，无论品级高低，向来还比较随和，言辞斯文，不脱早年书生气。轻易不发怒的皇上忽然发怒了，而且动手打人，宫女们从没经历过这场景，一个个呆若木鸡。反应过来后，大家呼啦啦跪倒一大片："皇上，奴婢侍奉不周，皇上恕罪！"

皇后站在旁边，也没料到皇上脾性怎么会突然改变。呆愣片刻，才意识到，皇上今天在朝堂上肯定遇到不顺心的事了，便强笑着打圆场："皇上，她们都是新来的小孩子，臣妾调教不周，望皇上担待。皇上息怒，要打要骂，臣妾动手就是了。"

嘉庆立刻意识到自己的失态，正好皇后发了话，换了脸色略微一笑："皇后何必一竹篙打翻一船人，好像整个后宫有不到之处，都是皇后管教不严似的。偌大宫院，照料起来不容易啊，就如这大清天下，多少吃俸禄的整日忙活，仍然按下葫芦浮起瓢。好了，你们都起来吧，各自散去，让朕清净一会儿。"

大家如蒙大赦，悄无声息地溜出去。殿内顿时空旷起来，嘉庆在桌旁坐下，品一口冒着热气的绿茶，自嘲地笑笑："还是俗话说得好，莫吃卯时酒，昏沉醉到酉；莫骂酉时妻，一夜受孤凄。回家先打了婆娘，今儿晚上有的好过了。"

皇后知道嘉庆火气消退，忙附和着一笑："皇上，恕臣妾多嘴了。按理说，臣妾不该过问朝廷里的事，可是皇上一天天烦闷消瘦，臣妾心里真不是滋味……皇上，但凡有人就有家，有家就有事，何况这么大的国家？百人百性，皇上万不可动肝火，保重龙体要紧……"

嘉庆似听非听地点头答应，边啜茶边沉吟着看门外日影一点一点移动，天色尚是午后，仍感觉苍凉暮气侵袭过来。传膳太监连吆喝两声请皇上用膳，他都没听见。

整个下午都没什么事情打搅。皇后温柔可人地伴在身边，在殿前的曲池旁边随意走走，满院鲜花摇曳，鱼儿不时探出头来，吐出旋即破碎的气泡，静中有动，很有些乐趣。特别是皇后带他绕过两座假山，进到一个半月的圆门内。站在外边看圆门不大，进去后眼前却豁然一亮，恍然来到远山野水间。

园内顺着地势布局，平地造起一座巨大的人工山林。虽然是人工造就，却和真的毫无两样。山石耸立，悬崖陡峭，树木郁郁葱葱，阴凉气息扑面而来。在山的最高处，两座山峰并排对立，中间有座略微低一点的山冈横贯相连，层峦叠翠，招惹得云气往来，笼罩着山峰，形态各异，气象万千，变幻无穷。

登上山来，才发现山上还有大小数十个悬崖怪壑，乱石丛林中，溪水潺潺，古洞幽深，大有置身天外的飘然清净。大半晌工夫，才从山中绕出，汗津津地回首再看这山，嘉庆感叹连连："能在这有限的空间里，营造出如此诗情画意，巧夺天工，果真不假!"

见皇上烦躁怒气消散得干干净净，皇后完全放下心来，含笑看着嘉庆说："江山让人烦恼，江山也最让人消除烦恼，看来真是至理。皇上以后散朝回来，常到这里转转，不出皇城就能领略自然清纯，多亏广兴脑子活络，能想出这么个好主意来。"

嘉庆流连山水，惊叹之余倒忘了问讯，什么时候在皇宫后院突然出现这么一处景致？是谁主张建造的，怎么自己竟然不知道？现在皇后一句话，立刻把心头疑问给勾起来，他盯着皇后白里泛红香汗湿润的俏丽面孔，反问一句："怎么，这景致是广兴的主意？什么时候建造的，朕怎么不知道？动用的是哪里款项？谁当的家？"

皇后看他脸色些改变，唯恐把兴致给打消了，忙笑吟吟地靠近嘉庆，用异常温柔体贴的口吻小声说："皇上，您先别着急，听臣妾慢慢说。自从皇上亲政以来，皇宫还没正经修缮过一回，皇上勤俭刻苦，这是大臣和百姓有目共睹有口皆碑的。只是，皇上贵为一国之君，特别是在那些藩国使节面前，自然应该有上国的体面。要不，他们回去讲起来，恐怕要轻视咱大清了。上回皇上任命广兴为钦差出巡山东，他来宫里面辞，皇上恰好午睡，没敢打搅。他跟随先皇和皇上这么多年，也算家里人了，臣妾和他讲起闲话，恰好他也有这样的心思，想着怎样做点事情，报答皇上的知遇恩情。粗略算算，花不了多少钱，既能使皇上解闷，也展示我大清皇家风范。"

第十四章　朝堂之上议政事　闺房之中得温情

悄眼看看嘉庆脸色没什么变化，皇后接着轻轻说："臣妾知道皇上一向节俭，就让广兴和工部大臣去商量，如果真的花费不多，就修盖起来，等皇上万寿时，算臣妾和广兴等大臣的一点礼物，只是款项筹措，万不能从府库中取，臣妾愿意削减日常用度，凑出银两来。后来广兴说，既然是给皇上的礼物，当然不能动用府库了，他家里这几年的积蓄拿出来管保足够。就这样，工程就悄悄……"

见嘉庆既没生气的意思，也没夸赞的表情，只是低着头不动声色，忙又补充一句："臣妾以为，既然没动用府库，只是他们自己掏腰包孝敬皇上，还不算先斩后奏……"

嘉庆忽然仰起头来，摇手不叫她再说下去："爱妃一片苦心，朕知道了。事情已经这样，也就算了，只是以后再不要如此了。朕看这工程花费银子绝不在少数，广兴能有这么多积蓄？即便有，他舍得全拿出来修座假山？他这银子还是羊毛出在羊毛身上，不从府库里出，也会从别的大臣那里抠。唉，这些人，防不胜防啊！"

听皇上说得轻描淡写，虽然有点责怪的意思，但赞赏成分好像更多些，也就放了心。她并不知道，嘉庆之所以没有动怒，主要由于她无意中提到要在藩国面前显示威风，正迎合了朝堂上一直让嘉庆耿耿于怀的安南国问题。

等用过晚膳回到寝殿，宫女们知趣地退下，两人对视着，心跳立刻加快。嘉庆惊奇地发现，今天晚上的皇后格外俏丽，让人怦然心动，热血澎湃。仔细想来，好久没有过这样的感觉了，这段日子，准确地说，自从亲政以来，万事烦心，叫人心里沉甸甸的总牵挂着什么，就是和嫔妃们销魂时候，也渐渐心不在焉，特别是随着年事渐高，更加力不从心。唉，时光何其匆匆，许多事情还没来得及做，转眼竟然成老皇帝了！现在嘉庆唯一欣慰的，就是几个皇子看上去聪明伶俐，也很懂事，或许受自己影响，生活节俭，这是个好苗头。另外，他们之间关系看上去也和睦友爱，好像不大可能因为继位问题而动用干戈。这就省去许多麻烦，这些年来，人为制造的麻烦实在太多了。

现在这种心跳的感觉不期而至，很有些新鲜，更令人惊喜。两人越靠越近，嘉庆伸开胳膊，把皇后揽在怀中，嘴唇轻轻咂摸她滑润的额头，觉察出她喘息声有些粗，这更让他雄心勃发。

缠绵良久，嘉庆才浑身空荡荡地停止动作。拥着薄纱衾被，靠在床头宽大的靠背上，盯住帐外跳跃的烛光，心神捉摸不定。激情过后，刚才的冲动已经冲出体外，轻飘飘的既不沉重也不轻松。嘉庆又想起那座假山，修建得实在太美妙了，需要花费多少，到底是谁出的，他为什么要出这笔钱，最后他会从什么地方拿来弥补？

皇后小鸟依人地依偎在他身边，声音轻柔地说："皇上，还是赶紧歇息吧。是不是臣妾年老色衰，侍奉不周到了？要不，下回皇上就去那边几个贵人房里去吧，只要皇上能高兴，臣妾决不会……"

嘉庆摩挲着她瀑布般的头发："朕在想，大清到了朕手中，纵然身心疲惫，却仍没彻底改变局面，反倒各种事端一头接一头。唉，茬苒间，朕已年交五旬，国事未见起色，倒是衰老的感觉明显加剧，大有精力不及江河日下的衰败感，你说，能不感慨吗？"

嘉庆眼光伸向更远方："广兴为人伶俐，当初以善于应对而得到先皇好感，学东西也快，譬如相马，就很有一套……只是他出身于官僚世家，奢华惯了，养成骄横爱贪小便宜的性格，出去摇身成了朝廷钦差，代朕行事，能不能把持住自己，还很难说。唉，一个本来很好的人，做官没几天，就往往变了个人似的。正应了那句话，一行做吏，便面目可憎，怎么回事呢？"

又扯到政事上来，皇后唯恐他阴郁的情绪影响接下来的事情，缠绵地依偎得更紧："皇上，天色不早了，还是先躺下吧。"

嘉庆暗叹口气，机械地滚到被窝中。

然而甜梦中的嘉庆并不知道，一件更让他头疼的事情，正在悄悄发生。

第二天，有地方奏报递上来，广兴以钦差身份横行乡里，为了争夺一匹好马，竟然打死一户百姓全家十口，并放火烧掉其家。因为事关重大，地方不敢隐瞒，斗胆奏报，请皇上亲自发落。

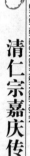

手捧奏折，嘉庆立刻明白那座让自己赏心悦目的假山是从何而来了，他忽然没怎么考虑，很少有地果断批复："立刻捉拿送至刑部，从重发落，审讯清楚后，斩！"血红的斩字让他有些眩晕，重重倚在靠背上，闭住了双眼。

铁保回任所后，倒也没再提起搜罗款项的事情，相安无事地过了两年，忽然接连有奏折递上。让嘉庆深感吃惊的，这次不是讲什么筹措修河费用问题，而是黄河已经有许多地方出现缺口，面临全面垮堤的危险，倘若真的那样，不但眼下个别州县受灾严重，就是整个江淮一带，将成为一片汪洋！

奏折上说得明白，今年从六月开始，江苏一带接连十几天大雨，致使河水暴涨，不可抑制。黄河沿清江进入到淮河后，水势更加凶猛，宛如脱缰的野马，咆哮而来。黄河和淮河这些年因为资金缺乏，很久没修缮过，河堤相当脆弱，随时都有垮塌的可能。而山阳县地段的堤坝最为薄弱，已经多处决口。如今山阳已成泽国，百姓流离失所，情况万分混乱，紧急请求朝廷救助！

面对杂乱堆积的奏折，嘉庆想起上次铁保来朝时，提到要增加盐价来筹措治河款项，当时自己考虑到此举关系到国计民生，没有答应。后来诸事烦心，就把这事忘在了脑后，谁想养痈遗患，竟闹出这么大的事体！若知道这样，当初答应上涨一点盐价，于情于理固然不合，倒还省事些。

但是现在想什么都为时已晚，赶紧想办法亡羊补牢。所谓补牢，也无外乎拿出银子赈济灾民，修建堤坝。可是银子从何而来，却要大费踌躇。这次情况特殊，嘉庆没怎么犹豫，立刻在奏章上批复，令六部衙门不管有什么难处，都要立刻掏出家底，凑够二十万两救灾银，迅速堵截住灾害进一步蔓延。切切不可耽误，否则拿六部各主要官员问罪。

见皇上措辞激烈，知道事情已经很严重，六部当然不敢怠慢，不得已动用大家将来可以瓜分的银两，凑齐了交上去。

这笔救灾款项很快发到了江苏，由于山阳县受灾最为严重，独得十万两，其他州县，所得到的银两多少不等。银款下发之后，嘉庆一颗悬着的心总算是放下了，灾情固然发生，但补救及时，还称不上失德，于百姓于朝廷，都没有太多的愧疚。

第十四章　朝堂之上议政事　闺房之中得温情

第十五章

救济银两了无痕　山阳灾情惨不睹

　　轻松的日子没过几天，江苏那边的奏折又上来了，说是灾情日益严重，请求朝廷一定要赶快划拨银两救济灾民，否则恐怕会到不可收拾的地步。嘉庆眉头渐渐攒紧，攥起拳头狠狠地锤了一下案子，一车一车的银子运送过去，连个响声都没有听到，莫非山阳变成了一个无底洞？发狠之后，嘉庆突然有种预感，眼下一些地方上的父母官，见到银钱，就好像蚊子见到血一样，为了发财不顾自己的性命。既然自己的命都能豁出去，百姓的性命，自然更如草芥一般一文不值了。这其中一定有猫腻！

　　嘉庆手扶御案站起来，望着空荡荡的大殿。想起以前自己就在这里，语重心长苦口婆心地对满朝文武说过，无论朝廷还是地方，都应该有章程。而具体执行章程的，最终还是人，若人不当或者人心不善，再好的章程也是一纸空文。现在，又是人心不善啊！

　　但是人心不善又有什么办法，自己总不能每个县都跑去监察，最终还得依靠别人去管理别人。唉，用人之道，难就难在这里啊！感慨着徘徊两步，嘉庆又想，两江总督铁保，按说还是不错，值得信赖，恐怕问题不出在他那儿，而是出在下边的州县。不妨先指使铁保，让他派遣几个得力人手，到各州县去督察救灾银子的使用情况。如果真能查出没人性的蠹虫，一定拿出当年威风，狠狠处置几个，整肃一下污浊官场。

　　这样想着，嘉庆写下诏书，令铁保立刻分派要员，到各地检查救灾银子的使用情况，若有侵吞现象，即刻报奏朝廷，不得懈怠延误，否则拿两江衙门主要官员问罪。

诏书下到江苏，铁保一字一句地读着，额头不由渗出冷汗。他赶忙按照诏书上的吩咐，选派出几个信得过的贴身侍官，叫他们代总督下去监察银两使用情况，特意再三警告，这次非同寻常，不得半点马虎。

看属官们分头下去了，铁保这才坐在案前仔细琢磨。按说山阳受灾最重，拿到的款项也最多，应该是重点检查的对象。可是他又清楚，自己的这些属官，大体上还说得过去，但真要他们铁面无私半点不讲情面，恐怕很难做到，充其量差强人意罢了。正因为如此，山阳这个特殊地方，最容易暴露问题，他没敢轻易定下人选。

翻检着厚厚的官员册子，连翻两遍，也没有感觉特别中意的。铁保烦乱地正要站起来活动一下腰身，忽然有个生疏的名字闪进眼里。李毓昌？这个人似乎听说过，但立刻又想不起来，这是个什么人？越是想不起来，铁保反而来了兴趣，他耐心看李毓昌的履历，此人来自山东即墨县，嘉庆十四年的进士，派遣到江苏后一直没合适职位，在府衙中搞些抄写事务。这个人字体清秀，办事十分认真，一个字写错了往往要重新誊抄，在这么多书办中，还是头一个，因此铁保对这个年轻人有点印象。但因为他话语不多，不像其他属官那样有事没事在眼前晃动，所以印象又不深，难怪自己刚才没想起来。

盯着李毓昌的履历，铁保想，自己虽然和李毓昌不熟悉，但这个年轻人办事认真是出了名的，况且他家远在山东，妻子儿女都在老家，本地没什么熟人，不会有人情上的瓜葛。再者说，初入官场，还未完全脱离书生气，想在仕途上有更大发展，对蝇头小利还不是特别上心，让这样的人去，或许效果更好。

铁保第二天召见了李毓昌，见这个年轻人身材匀称，中等偏上个头儿，衣着朴素，眉宇间有股轩昂之气，浑身上下透着正派。铁保更加放心。听说总督要任命自己为督察员，正七品官衔，到山阳调查朝廷赈灾银子的使用情况，李毓昌当即表示，赈灾银子是百姓的救命钱，贪污灾银，那就是灭人九族，从律法和良心上都万难说过去。既然大人信任，自己就一定不辱使命！

"好，好，去后尽快调查清楚赈灾款项使用情况，务必做个明细账，将来好向朝廷交代。"铁保亲热地拍着他的肩膀，更使李毓昌热血沸腾，苦读这么多年经书，不就是为了施展才华，上报效朝廷，下造福百姓吗？如今有这样的机会，一定不能错过了，要严格按章程办事。从铁保那里出来，李毓昌匆忙准备一下，带着从老家跟来的随从李祥、马连升，往山阳方向出发。

六月里的太阳，虽然隐藏在浓厚的乌云中，正午时分还是透出毒热。李毓昌在马背上晃晃悠悠地想，有一展身手的好机会，一定要好好干，不辱使命，将来干出名堂，尽快把妻子接来，也不负了她这几年任劳任怨所受的孤凄。

"李大人，您看前边！"随班李祥身材瘦长，细梗脖子上顶着颗硕大的脑袋，看上去头重脚轻，走起路来似乎显得踉踉跄跄。他骨碌着大眼珠子手指远方大呼小叫。

李毓昌激灵惊醒，坐直身子望去，这才发现不经意间黄河大堤已经近在眼前。它高高耸起，宛如一座城池，天蓝草绿间平地突兀而起，乍看上去不由得叫人心头一惊。

"九曲黄河，自西至东，飞瀑垂流不止三千，到这山东江苏平原地面上，总算飞龙落地了。"李毓昌忍不住轻声赞叹。

"大人切莫忙着称赞，您再仔细看看。"个头低矮些的马连升几步赶到马头前，抹把汗回头冲李毓昌急急说道。

"哦？"李毓昌眯起眼仔细向大堤望去，顿时感觉心窝处悚然一惊，浑身燥热的细汗瞬间变得冰冷。他分明看见雄壮高耸的大堤上不时溅起片片水花，整条黄河如一个沸腾的大锅，翻滚着不断有股股青褐色的水溢出堤坝，紧挨堤坝的荒滩已满满当当地变作明镜似的湖面！

李毓昌倒吸一口凉气，半立在马背上举目四眺，静静的原野徜徉在白花花的日光下，空旷而寂寞，只有乌龙般的大堤蜿蜒伸向天际尽头，更给人一种天地旷远的空洞感。倾耳细听，隐约间只有水拍堤岸的哗哗声。

"奇怪，咱们眼下就要进到山阳地界，怎么沿路不见灾民流离失所的场面呢？"李毓昌手挽马缰，面对广袤的原野，忽然有些心神不定。

"大人，您有所不知。小的开始也有几分迷惑，后来在沿途城里悄悄打听才知道，"马连升放慢脚步，回头看看李祥，眨眨小眼睛凑近李毓昌说，"今年汛期来得早，自打二月末，山阳地段的黄河和淮河交汇处就已决口。山阳县令王伸汉怕皇上责怪，开始没敢上奏，只是叫各乡派壮丁上河堵堤，打算把这事给化解喽。可不承想今年春汛不比往年，越堵河堤上的缺口越大，壮丁淹死了不少，到底还是崩堤发了大水。王大人见实在兜不住了，这才不得已上奏总督和朝廷。不过王大人又给各乡地保们暗下一纸谕令，叫灾民们只能向南逃荒，有敢向西进入河南地界的，抓住后就要处死。这样一来，灾民们纷纷拥向南边，谁敢跑这边来冒险呢？"

"这倒是奇了，"李毓昌越听越糊涂，"灾民流离失所，就是为了找碗饭吃，哪里还用分什么东西南北？王大人管这些干什么？"

跟在马后的李洋挤挤眼笑了："李大人，您每天光顾上读书了，不知道地方上的事情。如今地方官员们只求图个平安，任期一满便可顺顺当当地升迁。皇上最讨厌地方上报忧不报喜，地方上出现这种晦气事，他们瞒不住已经够心慌了，要是再让百姓们向西向北流窜，过了河南就接近直隶和京师，天子脚下出了难民，地方官们不是自个儿打自个儿脸吗？那升迁……"

李毓昌闻言心下豁然开朗，怒气一点点地在胸中积聚，终于忍不住打断话茬说："地方上出了如此旷古大灾，官员们不想着多救几个百姓，动不动先把仕途挂在嘴边。唉，任凭皇恩浩荡，难保吏滑如油啊！"

李祥却不以为然，继续絮絮叨叨地说："李大人，话虽这么说，不过那些地方官员个个都是花了银子补的缺，半路上给弄丢了未免可惜。存着这样的念头，千方百计糊弄朝廷也就不足为奇了。您没听他们说吗，家家卖酸酒，不犯是高手……"

"胡扯！"李毓昌端坐在马背上，忽然勃然大怒，"你们虽然没进过学，但也教你们读过不少书，平时我是如何教导的？咱们这次既奉圣上谕旨又有总督大人重托，事关重大，你俩须洁身自好，切莫沾染了地方滑吏的恶习！"

二人缩头垂手，听着李毓昌的训斥，相互暗暗吐了吐舌头。

堤坝内的黄河水似乎翻滚得愈加剧烈，荒滩中的水面渐渐上涨，偶尔漫上来打湿宽阔平整的驿道路面。李毓昌顾不上再看这些，心急火燎地冲二人说道："咱们也不必再走驿道，沿河边上的小路，直走山阳县城！"话音未落已打马向前疾驰，李祥和马连升不及答应，忙一溜小跑跟在后头。

刚刚进入山阳地界，果然景象大变。

沿路望去，昔日千顷良田已成水乡泽国，各条道路泥泞不堪，时不时被积水聚成的水潭打断。村村落落俱是房倒屋塌，偶尔有三三两两的黄狗站在断壁残垣上不知所措，大大小小的高地上挤满了无家可归的难民，无不是蓬头垢面，衣衫褴褛，无神的眼光绝望地盯住水面。

李毓昌心内一阵凄凉，下意识地回头对身后的李祥和马连升说："看看，看看，这就是地方官吏们只图平安无事的好处！"

山阳县令王伸汉的官邸位于城内东北端，师爷王无方跨匹白马，急匆匆穿过满是拄棍乞食者的大街，顺手给了一个上前伸手的乞儿两鞭，嘴上骂骂咧咧地吼着：陕他娘的滚开，爷们儿正事还办不完，谁有工夫搭理你们这些东西！"气咻咻地说着已到临街一座磨砖雕花门墙旁，门旁一对槟榔纹石鼓，两扇朱红大门，内装八尺长白粉油漆屏门六扇。

王无方跳下马来，和那匹高头大马一比，王无方身材顿时矮出许多。虽然蜀锦绣袍宽大飘逸，仍显出自己瘦削短小，瓜皮帽下脑袋如刀削一般，上尖下圆，一双耸眉两眼半眯，恰与尖利的下巴搭配得整齐。王无方掸掸衣袖，冲门旁几个膀圆腰粗的大汉点点头，径直走进屏门。

屏门里头有左右三开间东西房，当中一方青石板砌就的院落。迎面又是一座磨砖雕花门墙，直走进去，里面一顺五开间楠木大厅，檐口一道巷棚。王无方知道，这里是县令五姨太和六姨太的住处。王无方还知道，虽然五姨太和六姨太迎娶过来不久，但毕竟是小家碧玉，经不起细细玩味，老爷已经有些生厌了，此刻不在这里。于是他也不停步，抖动身子迈着又急又快的碎步穿过大厅。

厅后也是个一顺五间的青石小院，比起前厅，这里更显宽敞，东边开了个磨砖小角门，门额上青黑色两个隶字"梅园"。王无方立下脚步，据他估计，王大人一定在刚迎娶回来不上十天的七姨太屋里。虽然不远处的大街上乞声连连，小院却幽静异常，不见人影，也不闻人声。

王无方呆立片刻，眯着细眼四下打量，忽见"梅园"门口处人影一闪，有玉佩撞击的细微脆响，忙轻步过去，果然是内室丫头小红守在那里。见到小红，王无方忽然有些怦怦心跳。这个死妮子，柳眉凤眼白皙脸蛋，叫人看了忍不住想上去摸一把。可她是老爷屋里的人，王无方一直有贼心没贼胆，小红也看见了王无方，忙红了脸退到一旁。

王无方咽口唾沫，低声问："老爷呢？"

小红指指门内："正与七娘在花园里呢。"

王无方恋恋地正眼盯了小红片刻，又咽口唾沫，这才意犹未尽地穿过角门，沿鹅卵石铺叠的曲径进去。两旁半人高的红漆雕栏，栏外翠竹掩映，层层叠叠碧色如海。竹林尽头有座玲珑石堆成的小山，山旁一方水池，池中横亘一座彩虹状小桥，桥下碧水涟漪，水草随波拂摆，煞是可爱。桥端池旁有三间楠木雕花的小厅，碧树绿草掩映间别有洞天。王无方站在桥中央，远远看见县令王伸汉和一个披红挂绿的女子并肩而坐，不用问，那一定是刚进门的七姨太了。

王伸汉连日来心情一直很好，年年春季桃花汛，年年此地受灾多，年久积习，大小官员也就见怪不怪了。不料他王伸汉去年夏天上任，碰上的头一个春汛便不同以往，差点儿将山阳县端了个底朝天，为此他忧心忡忡，饿死百姓倒是小事，怕就怕上边查下来，弄个"救灾不力"的罪名，把这乌纱帽给摘了。那可是他辛辛苦苦十年寒窗中的进土，又外贴三万两雪花银子才换来的呀！

不料吉人自有天助，府中道中的官员们也有同样心思，向朝廷奏报的告急文书中单写天灾如何汹汹，全不提初期救灾如何不力。结果朝廷非但没有追查责任的意思，还拨发大量钱财，单是山阳一县，便有十万两银子运到。眼看着一箱箱白银锭子，如何不让人连声念佛，乐得心里开花！

在他王伸汉想来，银子既然运到府衙，那自然就非己莫属了，只消写封谢恩的奏折递上去事情也就算完。至于那些喊饥叫饿的灾民，胡乱拿出些搪塞过去也就是了。如此算来，仅此一项便可将补缺的花费填平，还大有盈余。哎呀，难怪人都说一日为官，强似千载为民，确有道理呀！

王伸汉轻拢着尚有几丝娇羞之态的七姨太，由于心情格外好的缘故，嘴里说话便格外轻柔，双眼迷迷离离地盯着那张粉嫩粉嫩的脸，终于忍不住要贴上去啃一口，忽听背后有脚步声响动，忙几分气恼地转过脸来。

王无方倒也知趣，远远地叉手站住，声音不高不低地说道："老爷，小的刚才在街上打听到一件大事，不敢耽搁，就……"

王伸汉仍有几分不耐烦，恶声恶气地打断他说："是不是又有土包子闹事？这帮草民，生就的穷命，还吵吵闹闹不叫人耳根清净。真他娘的是老和尚的木鱼，天生挨揍的货！去，还照前两天的规矩，抓住几个领头的打一顿关起来就是了！"

"这……"王无方尖下巴上的羊角胡子微微一翘，沉吟片刻挤出一丝笑意，拱手说："老爷，要是几个草民闹事，还消来打扰您吗？只是这回事关重大，小的不敢不过来。"

见他说得吞吞吐吐，王伸汉一怔，招手叫他走近些问："什么大不了的事由，快说出来听听！"

王无方四下瞧瞧再凑近些低声说："老爷，朝廷派下了安抚使到各地审查赈灾情况，来山阳县的是个总督大人特意派出的心腹，叫李毓昌，听上边露出的风声，这个李毓昌怕已到山阳地界了。"

"哦?"王伸汉脸色一变,抬头大声叫道,"小红,快过来扶你婶到房里去!"一边站起身慢慢踱到楠木厅一侧的小阁中,王无方忙紧步跟上去。

小阁虽然不大,装饰却很考究,雕花桌椅锃亮如镜。王伸汉招呼王无方坐下,圆胖脸上面皮紧绷,抬手抿抿短须问:"你打听得可否确实?"

"千真万确!老爷,朝廷要来人督察救灾银两使用的消息,不但上边特意传出话来,就连城内有些百姓也都知道。他们正暗暗憋足劲准备告状呢!"王无方半是急切,半是邀功,说话时不由自主地扭动身子。

"哼,这帮究鬼,还是饿得太轻,本官难道还怕他们瞎折腾?"一提到百姓,王伸汉满腹气愤和不屑,"来个总督心腹又能怎样?无非是想下来打打秋风,本官又不是没见过。也罢,等他来到后,好酒好饭地侍候着,完了抬一箱银子送给他也就是了。唉,也难怪,是肥肉谁不想啃一口呢?"

"老爷,这回可不同以往。听说那个李毓昌办事特别认真,在总督身边抄抄写写的从不马虎,加上年轻气盛,书生气十足,总督正是看中他这点才派下来的。只怕不好对付。"王无方见王伸汉对自己的话并不特别在意,略有些失落,忙提醒道。

"哈哈,认真?清正?"王伸汉忽然大笑两声,伸手拍拍王无方膀头,"前边几个老佛爷在位时,康熙乾隆年间,少有的太平盛世,那时候清正的官员尚没几个,到现如今,怕是连一个也没有喽!无方,亏你还是师爷,连这一句话也没听说过,叫闲官清,丑妇贞,穷吃素,老念经,不是他们没那欲望,其实是没条件!想那李毓昌,在总督府里打杂跑腿,仕途上还没半点起色,自然要做出清正的样子,这回他来了你再看,那爱财的劲头,恐怕连老爷我也自愧不如喽!"说着又是一阵大笑。

王无方见状,也不好再说什么,忙讪讪地笑道:"那是,那是,还得说老爷英明,不愧见多识广。"

王伸汉得意地点点头："那好，你带几个衙役，抬上我那顶绣花大轿，每日在城西门等着，碰见那李毓昌的官家车驾，立刻将他直接抬到衙门里来！"

王无方答应一声，起身退出阁子。王伸汉看着他的背影又吩咐一句："叫下边人多准备海鲜野味，还有那剑南烧春，多弄几坛来！"

然而出乎王伸汉的意料，一连三天过去，八抬大轿日日在城门口等候，却始终没见一辆大小官车的影子，连有官府派头的骑马人物都没碰到一个。天气炎热，尽管在地窖里用冰块镇着，海鲜野味眼看要发臭。王伸汉有些焦躁不安，气急败坏地冲王无方叫嚷："他娘的，当嫖子就当嫖子，还拿拿捏捏摆什么臭架势！你再去打探打探，那个叫李毓昌的现在到底到了什么地方！"

王无方答应着一溜烟跑出去。不到一个时辰便气喘吁吁地跑回来，进到正厅花格屏风内，边擦汗边上气不接下气地回禀道："老……爷，不好啦！李，李毓昌三天以前就进了山阳城。他……他没坐官车，骑匹破马带了两个随从，打我们眼皮底下过去，我们也没认出来。"

王伸汉腾地蹦起身，直视着王无方说："那他怎么没来衙门？"

"他，他进城后便一头扎进那帮百姓，不，是穷鬼们堆里，问他们吃的什么，饿死了多少人，还打听朝廷赈灾银子买了多少米，每家分了几斤，赈棚每天有没有米粥救济灾民……"

"哼！他还拿根棒槌当针了！"王伸汉脸色铁青，"甭管是谁，到了山阳地盘，就得听咱爷们儿的！这小子若是敬酒不吃……"

王无方上前两步，扶王伸汉坐下，贴近他耳根轻声说："老爷不可发怒，现今皇上百事烦心，图的是个吉利。天灾不断，他能不急？派下官员督察也在情理之中。李毓昌是总督身边的人，咱又不摸他的脾性，还是谨慎些为妙。老爷没听人说，住在狼窝边，小心不为过嘛！"

王伸汉闻言沉闷片刻，脸色渐渐缓和下来，仍没好声气地问："那依你这个师爷说，该咋办？"

王无方见问，挤眉弄眼地把想好的话说出来："老爷，现如今上自朝廷省府下至各县，大小官员都有些说不清道不明的东西，有他们上下遮掩着，咱们只需做做样子糊弄过去，要是那个李毓昌识趣呢，多少让他捞些，两下里皆大欢喜，要是他不知高低深浅，咱就狠下心硬碰硬，叫他抓不住把柄。到时候任凭那帮穷鬼说到天上去，空口无凭，他又能怎么样？"

"唔，"王伸汉点点头，"看来，李毓昌不大好对付啊。"

"那也未必。俗话说，咬人狗儿不露齿，他故意做个样子给咱们看，想狠狠地敲上一笔也未可知。"王无方见王伸汉缓过神来，嘴巴越发利落。

"咱不怕他敲，就怕他不要。也好，你速将赈灾账目造好，就按你说的，别让他抓住把柄，到时候他自然乖乖就范，听咱老爷吩咐。"王伸汉毒毒地点一点头，嘴角流露出一丝冷笑，随即又补上一句，"事成之后，你这师爷的好处自然少不了。"

"哎！"王无方似乎早就盼着这句话，痛痛快快地答应一声退出去。

李毓昌在王伸汉他们商量对付自己的第二天正午来到县衙。在这四天的时间里，眼前满是饥饿不堪、东倒西歪的难民，耳朵里面都是乞讨哀告、哭爹呼儿的悲惨声。李毓昌这几天已是心烦意乱，脑袋一个劲儿地嗡嗡作响，有一个疑团一直萦绕在心头越积越大，朝廷拨下来的赈灾银两到底去哪里了呢？十万两白银，可以买多少米，让这些老百姓吃多少天，事情不是明摆着吗。但是现在这些老百姓并没有吃上朝廷的米，他们当中很多人就是在期盼中活活地饿死了。

第十六章

伸汉贪污赈灾款　毓昌查询遭暗算

暑气浓重，王伸汉正在和自己的七姨太坐在花园中悠闲地喝茶，忽然听到门人通报，说总督派遣下来的督察员李毓昌现在已经到衙门。他听到这话，哪里还顾得上调情，慌慌张张地穿戴整齐，一路小跑来到了前厅。

李毓昌仍是一身便装，端坐厅中，挥把纸扇不停地扇汗，李祥和马连升站在身后。王伸汉未进门便连声说："下官接驾来迟，请李大人恕罪。"说着进门拱手施礼。

李毓昌看看身材矮胖的王伸汉，欠欠身说："礼数不必周全，快起来说说救灾的事倒是正经。"

王伸汉听出了他话语中的不满，不过心中早有准备，也不十分恐慌，谢一声爬起来，亲手将茶盏捧至李毓昌座前，然后就近坐下，稳稳神说："李大人有总督命令在身，连日来多有辛苦，下官实在钦佩不已。下官连日来也是忙得晕头转向，今年春汛，实在罕见，夏季闹腾得更厉害，单是山阳一带，田舍房屋被大水淹没了十有八九，下官每每见灾民流离失所，心中就多有不安，唉！"说着摇摇头，满脸戚色。

李毓昌斜眼看看他，不动声色地微微一笑："王大人所说确实如此，几天来我都亲眼看见了。不过天灾虽大，毕竟我大清皇恩浩荡，朝廷拨发下一笔赈灾银子，王大人都做何用处了？"

王伸汉闻言一愣，忙做出一副浑然不知的神态，语调轻松地说："想来李大人已经知晓，朝廷共拨发给山阳县赈灾银十万两，本官亲自接手，随后不敢怠慢，立即差人四处购米，大半发到灾民手中，小半留下来供赈棚熬粥舍饭，灾民们无不拍手称颂我皇圣明。可惜僧多粥少，加之难民流窜极快，四周郡县闻知后，齐来抢饭，不过三日，赈棚便无粥可舍，分到难民手中的米面，恐怕也支撑不了几天……"说着王伸汉又是一脸凄然，无可奈何地连连摇头。

李毓昌倒不纠缠这些，"啪"地收拢住扇子，抬高声音说："王大人苦衷，我自然理解，若确实如此，我将来向总督大人禀报时，一定把情况说清楚，力争使总督大人奏报朝廷，再追拨些银两。"

王伸汉闻言喜形于色，忙站起身连连拱手道："那就有劳大人，那就有劳大人。"一边朝厅外喊道："快摆上酒菜来，为李大人接风洗尘！"

"慢！"李毓昌朗声喝住，脸色凛然一变，盯着王伸汉缓缓说，"王大人切莫着急，我奉命来此地审查赈银发放情况，可不是听王大人一句话就能交了差的。酒饭且慢用，先将赈灾银发放账目拿出来给我过目。"

"这……"王伸汉暗道好险，幸亏王无方想得周全，不然立刻就得露马脚。庆幸之余，连忙吩咐门人："快叫王师爷捧出账目簿，给李大人过目！"

不一刻，王无方捧着厚厚的一叠账簿，小跑着进到厅内，扑通跪倒，双手捧给李毓昌。李毓昌随手翻过两页，叫李祥接过来。王无方偷眼看看王伸汉，二人心领神会，暗暗一笑，王伸汉忙招呼道："账目有了，李大人这下可以用些粗茶淡饭了吧？"

李毓昌微微一笑："王大人，赈银发放的账簿虽然有了，可是将来圣上和总督一旦问起山阳县一共有多少人户，每户领取米面银钱是否能对得上号，我却如何回话？还得烦劳王大人再将户口清册拿出来，待我把两册一对，县上发放情形自然就一清二楚，总督在皇上面前也好交代。"

"啊？"王伸汉目瞪口呆，差点儿惊叫出声来，忙低头看看地下跪着的王无方，见王无方也是惊慌失措，情知不妙，一时却想不出该如何回话。

李毓昌佯作不知内情，转脸对王无方说："这位师爷既然掌管着赈灾账目，想必户口清册也归你管了？那就快些拿上来让本官过目。将来也好在总督面前为你家老爷表一表功。"

"这个……"王无方抬头看看王伸汉，王伸汉生怕推托中他不打自招，也只好大度地附和说："既是李大人要看，你就快些取来，这个那个地犹豫什么？李大人是代总督大人而来，自然会秉公行事！"

王无方期期艾艾地答应着，顾不得擦掉脸上的汗粒，慌忙跑去将户口清册捧出来。李毓昌招手让马连升接过，起身朝王伸汉一拱手："我既然奉总督大人差遣，理当查清银两去向，以免圣恩旁落，遭万民抱怨。待我回驿馆将账目看过，有不明之处再来向王大人请教！"说罢招呼李祥和马连升，大踏步出了衙门，跨马疾驰而去。

王伸汉慌乱中招呼几声没有叫住，追到衙门口，眼睁睁地看他们消失在街头拐弯处。回头见王无方也跑过来，二人面面相觑片刻，王伸汉忽然暴怒说："你不是要以硬碰硬么？现在人家连户口清册也拿走了，两下对照，账目不明摆着是假的？你既然自称师爷，怎么不预先考虑周全，连户口清册也造上一份？"

王无方虽然满心恐慌，却只能赔着小心唯唯连声，满腹委屈地回话："老爷责怪得是，不过那姓李的也实在太刁钻！看看赈灾账目也就罢了，哪有请皇上和总督查看户口清册的？要是各地都查，咱大清百姓这么多，皇上能忙得过来吗？总督怕也够呛，少拿大帽子吓唬人！依小的看，分明是那姓李的怀疑到老爷头上，成心找老爷的不是！"

王伸汉发泄一通，沉下脸来重重叹口气："唉，戏法人人会变，巧妙各有不同。你这个师爷平素机敏过人，今天却栽到他手里了！要是叫他查出个破绽，一纸奏折递上去，花翎顶戴保不住不说，连命也搭进去！他娘的，这可如何是好？"

王无方低头沉吟片刻，看看衙门内没人，有些神秘兮兮地靠近王伸汉说："老爷勿忧，依小的看，那姓李的这回还是虚张声势，借机吓唬咱们，想多捞点儿好处。你没听人说，千求不如一唬，他这一唬，就是叫咱们把好处自个儿送过去，到时候不显山不露水的彼此心照不宣，既办成了事，又没留下什么话头。"

"哼，省府里的人就是比咱地方上聪明些，王伸汉大悟似的点头称是，"不过李毓昌住在驿馆，银两怎么送过去呢？再说送多少合适呢？"

"老爷别急，待小的偷偷先会会他身边的随班，两下里讲讲价钱。老爷忘了，这在官场里叫作二爷代老爷讲斤头，老爷们既不掉身价，买卖又能淡成，嘁，李大人精明着呢，哪有什么书生气？"

王伸汉闻言扑哧一笑："我说呢，千变万变，官场不变，这李毓昌能清正到哪里去，到头来还不是哄骗几个钱花花？算师爷聪明，那就有劳你了，事成之后老爷我心中自然有数。"说着顺手在王无方肩上一拍，王无方受宠若惊，腰身一软，差点儿瘫坐到地上。

山阳县城并不很大，从衙门到驿馆，抄小胡同，三拐两拐，片刻就到。第二天，王无方终于瞅了个机会，在"贵宾楼"宴请到李祥和马连升。"贵宾楼"共高三层，气势雄壮，山阳城大小酒楼中首屈一指。大灾之年，酒楼生意萧条，偌大的二楼厅堂内只有他们三人。

相让至一间内室坐定，絮絮叨叨扯些闲话，酒过三巡，李祥按住酒杯说："这位大哥，我俩可是瞒着李大人跑出来的，喝多了回去叫李大人看出来可了不得。王大哥心意我俩心领了，我看咱们还是就此散了吧。"

"哎，说的哪里话！你哥儿俩一辈子来不了咱山阳几回，不好好招待一番，我心里过意不去事小，王大人那边又要怪罪我不会说话，得罪哥儿俩了！"王无方大咧咧地推开李祥的手，将酒杯满满斟上，说声："干了！"仰头先一饮而尽。李祥和马连升相互看看，迟疑着也端起来，咂摸干净。

王无方也不说别的，单是一杯紧接一杯，不一刻一壶酒对酌得点滴不剩。王无方大叫酒保添酒，又招呼二人赶紧用菜，看看两人面色渐渐泛红，个个都有几分醺意，便开口说道："人常道同坐一桌席，便是亲兄弟。咱三人能聚在一处，也算是个缘分。兄弟我也是个痛快人，说话不喜欢遮三掩四的，直说了吧，兄弟请两位哥哥过来，一是接风洗尘，再者还想给两位送上一份厚礼。"

听说有厚礼相送，二人精神一振，脖子探出老长。王无方见状暗喜，脸上却做出一副苦相道："唉，要是说送与哥儿俩什么礼物，却也着实为难。两位老哥久在李大人身边，什么好东西不曾见过？就连我这样一个府里的小小师爷，沾我们老爷的光，还弄得金银满堂三妻四妾的，二位的主子是省府官员，家里的富贵自然是我们想都想不到的，只怕奉上什么东西都不稀罕。"

几句话正敲在二人心坎上，趁着酒意，李祥长叹一声放下酒杯道："大哥，这话可说差了。不怕你笑话，我俩虽说跟随李大人这么长时间了，除了拿个零花钱外，连个鸡毛也捞不着！甭说三妻四妾的，就连留在老家的一个黄脸婆娘也打发不了，整日骂骂咧咧嫌咱没能耐。可是那能怨我吗？李大人就是那死脑筋，不懂得在长官面前卖弄，官场上混不出名堂，自己受穷，跟班的也凄惶！唉，看人家官衙里的差役，哪个不富得流油，偏偏就咱这个主子不通人性！"

王无方见他越说越气，故作惊慌地四下看看，摆手急急说道："这位哥哥打住，有句老话，肚里装着牢骚别喝酒，万一李大人此时进来，那连兄弟我脸上都挂不住呢！"

"老哥莫怕，"马连升满脸通红，接过话茬说，"他此刻正钻在驿馆里拿什么赈灾账目和户口清册逐一核对呢，忙得昨晚一夜没睡，哪有工夫到这里来！要说他也真是，自古以来官官相护，大家得过且过，有银子分着花花，将来彼此留个念想该有多好，可他偏认死理，自家落个清水衙门不说，还害得我俩跟着白跑腿！"

王无方听他俩人越说话越真，知道时机已到，起身到门口四下看看，顺手将门掩好，回来坐定说："既然两位大哥掏出了心里话，兄弟也不必隐瞒。说句实话，我家王大人因体恤下属，府里开支过大，便从朝廷拨发的赈灾银子中克扣了一些，要说这也不是什么大事，现如今哪道哪府不是如此？可偏偏你家李大人当官不开当官的窍，死命地追查不休，不得已王大人造了本假账送上去。不料他竟然又要走了户口清册！户口清册繁杂，可没来得及造假，两下一对，王大人立马就是死罪！好在王大人当场就提出来，说两位大哥脑子活络，必能帮上大忙，为此王大人特意叫兄弟来求告二位，事成之后当保二位一辈子的富贵。"

李祥闻言得意地笑笑说："王大人心中有鬼，我当时就看出来了。求不求的先不用说，帮帮忙还是应该的。王大哥不妨直说，看我俩能不能办到。"

"王大人想请二位瞅个空子，把赈灾账目本和户口清册偷出来毁掉，这样他心里再怀疑，空口无凭，也奈何不得。"

"哎呀，这恐怕不大好办吧？"马连升眉头一皱，"王大人还不了解我家主子，他处处小心，我见他把账本和户口清册白天黑夜地翻看，就是吃饭去茅房时还得放进铁皮箱里锁上，我俩慢说是偷，就是靠近些也会被呵叱一顿。"

三人沉默下来，王无方又连劝几杯，滚动眼珠慢悠悠地打开话头："两位大哥的苦处我也知道，不过到了这个节骨眼儿上，不是鱼死就是网破。既然偷不得，兄弟我还有个办法，二位要是办成了，王大人那边出的价自然会更高些。"

几杯酒下肚，二人愈发脸红脖子粗，鼓起眼睛齐声问："什么法子？"

王无方眼中闪动着凶光，不紧不慢地说："兄弟我这里有一小包白粉，相传是葛洪炼丹时流传下来的配方，人服下去不知不觉飘飘然就成了神仙，剩下的肉体不青不肿，然后……谁也看不出破绽，只能说他想不开。二位大哥只要趁给李大人端茶的时候，将这东西撒进去，白花花的银子可就到手了。"

"啊！"二人闻言不禁低低地惊叫一声，互相看看登时酒醒大半。

"二位大哥还算条汉子，怎么也这么胆小？"王无方几分不屑地笑笑，"反正李毓昌就这秉性，跟着他也出息不到哪儿去。俗话说男儿不发狠，到老受贫困，只要二位狠狠心，事成之后，王大人当场给二位这个数。"说着伸出一个手掌晃晃。

"五百两？"李祥瞪大眼睛。

王无方又是不屑地一笑："五千两！"

"啊？"二人咂咂舌头，想也没想便齐声说，"二千！"

一连两天，李毓昌坐在驿馆的内室中几乎没出过门。虽然那些瘦如枯柴、饿以待毙的难民仍在街头哀哀乞讨，李毓昌却无暇顾及，透过赈灾账目和户口清册，他看到了更加触目惊心的东西。

夜已经很深了，烛光摇曳下，望着堆在面前的账单，单看赈灾账目，十万两白银除去一万两买米供赈棚舍饭外，其余九万两则尽数发放给各家各户，似乎无可挑剔。可再拿户口清册一一核对，就会发现赈灾账目中所列灾银发放的人户，纯属子虚乌有，户口清册上几乎一家也查不到！李毓昌逐个核对下去，心下豁然开朗，山阳县令王伸汉上欺下瞒，凭空捏造出一个赈灾账目，实则私自侵吞了九万两百姓的救命银！

"十万两银子他竟然敢克扣下九万两，堂堂大清盛世，岂能容得下如此胆大妄为的蠹虫！"李毓昌越看越气，愤愤地将两本册子合上，背着手在屋内连踱几圈。"不行，得尽快将此事写成文书，连同两本册子一并上交总督大人，请他尽快把情况禀奏朝廷，赶紧拿出办法来，每迟一刻便会多几个人饿死！"李毓昌重新坐在桌旁，开始琢磨着书信的措辞。

正思索间，眼光落在桌上一个青白瓷花瓶上。李毓昌忽然想起来，这是来江苏临行时，叔叔李太清送给自己的一瓶"甘亭春醪"，说是路上饮几口解解乏，当时急于赶路，没有喝。这回来山阳，李祥倒操心给带上了，但路上比来江苏时更着急，后来在山阳城里城外为难民分心劳神，竟将这瓶美酒给忘了。

看着晶莹剔透的酒瓶，李毓昌忽然觉得此刻确实有些乏了。两天两夜几乎没睡成觉，唉，先饮他几口"春醪"再写书信吧。这样想着伸手拿过来拔开瓶塞，也不找酒杯，仰脖连灌几口。

不承想这"春醪"酒味平而力大，一口气喝下小半瓶，立刻有些天旋地转，加之连日操劳，浓浓睡意袭上脑际。李毓昌自觉支撑不住，便收拾起书册，扶墙走出内室，仰面正碰见马连升。马连升见李毓昌面色微红，满嘴酒气，几分惊诧地问："大人喝酒了？"

李毓昌摆摆手："方才略饮几口，不妨事，我就在外间床上歇息片刻，你去端杯茶来。"马连升闻言一怔，脸上抽动两下，迟疑地答应着扶李毓昌在外间床榻上躺下，抽身走出门去。

迷迷糊糊中，李毓昌听见有人在耳边嘀嘀咕咕地说话，心里知道是李祥和马连升两个，也不甚在意。昏乱中忽然想起这两日两人神情似乎不大对劲，连看自己的眼神也怪怪的，偶尔还见他俩脸色通红，像是喝多了酒，当时自己正忙于核对，也没往心里去，现在想起来，总觉得有些反常。这样想着，便仔细听他们说些什么。

"多好的机会，一不作，二不休，快让他喝下去！"一个急急地道。

"刚才我端茶时，撒上这药面后闻上去有点腥味，就怕他不肯喝。"一个声音稍高些。

"小声些，当心他睡得不死。他现在晕晕乎乎的，哪能闻出什么味道来，你尽管往他嘴里喂就是。他若不肯喝，我按住他的胳膊，你捏住他鼻子往嘴里灌，那姓王的不是说了吗，这东西只消喝进去一点点就管事。小心些，别弄出声响，深更半夜的，声音传得远！"一个显得有些迫不及待，话语中透出气急败坏。

"要不，咱扶他到内室去睡，那里方便些。"一个仍犹犹豫豫。

"傻瓜，这里最好，到时候谁也怀疑不到咱们头上！"一个已经等不及。

没等李毓昌反应过来，他也万万没想到他俩会干什么。迷迷糊糊中，两人冲进来，一个死死按住李毓昌胳膊，一个把一瓶东西狠命往他嘴里灌。李毓昌连日劳累，又醉了酒，挣扎两下，竟然被灌进去大半瓶。肚子里一阵钻心的痛楚涌上来，李毓昌挣扎着要叫喊，马连升和李祥早有准备，趁着李毓昌浑身软塌塌的机会，迅速把一根白布条子勒在他脖子上，两人连拉带拽，把李毓昌吊在房梁上。

看他蹬几下腿就再没了动静，两人翻箱倒柜，把户口清册和账目拿出来，抹把额头上的汗，悄悄带上门出去。王无方就在墙头外边等着，从外边伸手把东西接过去，蹑手蹑脚地跑开了。

第二天一大早，李祥和马连升故意在门外大声吆喝："老爷，老爷，天不早了，该起床吃饭啦！"

吆喝几声不见动静，李祥满脸疑惑地大声说："咦，老爷不是平常起得很早吗，今天怎么了？莫非出什么事了？"说着叫喊舍馆差役，一同把门推开，迎面就看见李毓昌笔直地吊在梁头上。

"哎呀，我的妈呀，这……这是怎么啦？"马连升和李祥一起哆嗦着，双双软着身子瘫倒在地上。

王伸汉接到报案后，比谁都清楚发生了什么事情，不到半个时辰，就带着三班衙役赶到现场。一进屋便看见李毓昌吊在梁上，头向下垂着，从侧面看，脸色惨白，显然已经死了多时，他装模作样地仔细检查一番屋内的情况，吩咐衙役们将尸体放下来，暂时停放在客厅里。

看着昨天还义正词严的李毓昌，转眼就成了一具尸体。王伸汉鼻孔里哼一声，俗话说，死知府还不如只活老鼠，跟大爷作对，就活该这个下场，脸上却满是悲戚："李大人哪李大人，何苦呀，怎么忍心走这条路？到底有什么想不开的事，该说出来大家商量。唉，人死如灯灭，再后悔也来不及了呀！"王伸汉连连摇头叹气。

"王大人，我家老爷死得蹊跷……"李祥忽然凑上来，当着众人大声说。

王伸汉吓一跳，旋即明白过来，这家伙是催促着要好处了。李毓昌都死了，你们还能蹦跶几天？王伸汉不动声色地看他一眼，依旧用低沉的语气吩咐说："你家老爷遭此不幸，本官自然深感哀叹，至于到底蹊跷不蹊跷，到时候自有定论。你们两人不要离开，恐怕府台大人有话询问。就是本官，也要不时来问你们一些具体情况。"

李祥和马连升以为王伸汉是在暗示他们，要一也们等着兑现诺言，连忙点头应答。王伸汉又在屋里转悠两圈，确信没露出什么马脚，才命令稽查班头仔细检查现场，做好记录，当场将门封死。

临离开前，王伸汉特意吩咐留下来陪伴李祥和马连升的两个衙役："李大人系省里派来的大员，突然自杀身亡，本县脱不了干系，你等必须将现场保护好，待本县即刻前往淮安府，请府台大人前来验尸发落。

千万不要让闲杂人等进入现场，出了事，拿你俩示问！"

两个衙役原本就是王伸汉的狗腿子，当然明白老爷交代的意思了，是让死死地盯住李毓昌这两个手下，千万不能让他们跑了，免得生出事端，忙拱手领命："遵命，小的明白了，大人只管放心就是了，出不了差错！"

王伸汉满意地点点头："起轿！速速赶往淮安府！"

第十七章

官员勾结造假案　铁保糊涂埋真相

淮安知府名叫王谷，身材魁梧，腰杆笔直，走起路来稳重斯文，挺着个大肚子，看上去精神极了。平时王谷就是一个注重保养的人，整个人面色油光红润，胡须和鬓角见不到一丝白发，刚一见面，还真不敢相信他是一个年过花甲的老人呢。除了保养身子外，王谷还有一个很大的毛病，为了自己的耳根清净，免受百姓繁琐事端扰乱心思，三天两头称病不理公务。不要说平常百姓，即便是下级属官，也是十天半月都见不到他一面。

喜静不喜动的王谷这几天又感觉心神不宁了，更有理由托病不去衙门理事。让他心神不宁的，原也不是什么大事，为了在哪个房里安歇的次数多，新来的七姨太和大奶奶争风吃醋，每天都大吵大闹，搅浑得整个府内乱成了一团。王谷两头都得罪不起，皱着眉头直叹气，叹罢气又迁怒于王伸汉，这个狗东西，当初不让我看见什么小姐，也就不会有什么七姨太，自己家里也不至于鸡犬不宁。可是迁怒后再想想七姨太身上的滋味，怎么也怒不起来。

几个月前，王谷照例去山阳县视察。知府大人亲自驾到，小小的山阳县感到受宠若惊，县令王伸汉更是殷勤款待。带领着王谷随意在县城附近察看几块农田，然后就登上车轿回到县衙，热气腾腾的宴席已经摆好，山珍海味样样备至，酒都是上等的十年陈酿。大家纷纷落座，客气几句便直奔这次视察的本来目的。

推杯换盏间，吃得王谷春光满面，话语分外随和。王伸汉见知府兴致很高，忙趁热打铁地接着凑兴，饭后赶紧安排了一班戏，要给知府大人解闷消食。话虽这样说，这戏却与众不同，是王伸汉早就精心准备了的。台上的戏子清一色都是年轻貌美的女子，王无方跑遍周边几个州府，从各个烟花巷子挑选来的。这些女子不但个个姿色出众，而且卖弄风情的动作也特别精彩。

眨巴着眼睛，王谷的精神非常好，对那些戏子们的表演更是满意。尤其是扮演大家闺秀小姐的那个，虽然个头儿不高，却小巧玲珑，水灵灵的大眼睛，精巧的小嘴，皮肤白皙水嫩，仿佛一个瓷娃娃，一碰就会碎。王谷十分喜欢，点名让她再唱一曲。

王伸汉何等乖巧，看在眼中，喜在心里，忙上前去说："大人如果喜欢，不妨带回去。公务劳累闲暇，听个小曲解闷，也略代替下官敬些孝心……"

"这，这，合适吗？"

"没有关系，普天之下，莫非王土，大人是一州父母，什么不是大人的？只要大人喜欢就行。"

这样一来，视察速度立刻加快。第二天晚上时分，那个女子已经随着王谷回到淮安府的家中，当晚，这位戏子便荣幸地成了他的七姨太太。客走主人安，王伸汉乐得痛快不说，王谷那个高兴，更是无法言表。然而美中不足的，只是大奶奶醋意太浓，每次都这样，一新迎娶姨太太就大吵大闹，弄得王谷总不能尽兴，心中不免有些遗憾。有时王谷真想将大奶奶赶回娘家，可惜她娘家却与巡抚大人有点关系，自己还能掂量轻重。

正烦闷地胡思乱想着，一声急报吓了王谷一大跳。"报告府台大人，山阳县令王伸汉求见！"

"狗东西，不能小心点，一惊一乍的，诚心想把老爷吓死！让他在外边大厅里等着。"王谷半是生气半是惊喜地斥责两句，立刻想起另一个念头，王伸汉来了，不知这家伙又拿来什么新奇的玩意儿？他每次来拜见，从未空手，王伸汉真是自己的聚宝盆啊。懒散地想着，王谷整了整衣裳，走进大厅。

　　刚进门就看见王伸汉弓腰垂手恭候在桌案边。"下官拜见府台大人！"见王谷进来，王伸汉连忙上前一步，甩马帝袖磕头，恭恭敬敬行了个大礼。"都熟人了，不用这么客气。起来吧，坐下说话。"王谷似乎不经意地瞟一眼王伸汉，想从他的脸色上看出这次带来东西的价值。不过王伸汉的头使劲低着，看不清楚，便踱到桌边先坐下，再摆了摆手，王伸汉才欠身坐在另一侧的椅子边上。

　　虽然低着头，方才王谷那很有深意的一瞟，王伸汉其实早看在了眼里。不等王谷开口，王伸汉先冲外边招手，带来的两个下人立即蹩进来，把一对金狮子双手捧到王谷面前。王伸汉也站起身走过去，谦恭地说："大人，卑职上次去京拜访一个朋友，在琉璃厂偶得这对物件，听那卖家说，这东西是唐朝货，用西域软金铸造而成，是当年藏王迎娶文成公主时供奉给唐王的，珍贵无比。拿回来后，可又不知是真是假，卑职知道府台大人学贯古今，是行家中的行家，因此想请您鉴别一下……"

　　王谷一脸漫不经意地接过那对软金狮子仔细观察，不禁倒吸一口气，那金子的别样成色，雕工，图案，真正是地道的西域珍品，尤其下边的印记，分明能断定是唐朝古董，堪称稀世珍宝啊！想着又仔细拿在手中摆弄，久久不放下，也不说话。

　　王伸汉放下心来，翻着眼皮凑得更近些说："大人，不急，不急，您慢慢看吧，卑职才疏学浅，也不通其中美妙之处，留在自己手里，真是暴殄天物。要不，就放在大人这儿吧，大人有空拿出来把玩，能把里边的学问多教给卑职一点，卑职也就已经沾光了。"

　　王谷终于抖动着眉毛笑了。有时王谷真的喜欢王伸汉这样的聪明人，很会干事，又不会留下什么把柄。"好好办理公务，以后有什么事尽管来找老夫，我可在巡抚大人面前美言几句，得了机会自然全力提携。"

　　"多谢大人知遇之恩。"王伸汉忙退后两步，啪地甩动衣袖，干脆利落地叩头谢恩，一边吩咐两个随从，"将东西包好了，放到大人书房。"

屋内顿时安静下来，王谷仍在估摸那对金狮子到底能值多少银子，显得有些心不在焉："前些日子刚见面不久，大老远地跑来，还有什么事情吗？"

王伸汉刚才还活灵活现的脸上顿时阴云密布，叹了口气诋声说："卑职此番前来，是有一件事，一件大事，可不知怎么办才好，望大人斟酌。"

王谷听他语气不对，皱了一下眉头："哦？什么事情，有多大？"不等王伸汉说话，他立刻从那对金狮子的分量中感觉出，王伸汉这家伙闯下乱子了。

王伸汉忙把李毓昌写给铁保的折子拿了出来："这是查赈员李毓昌写给总督大人的，望大人过目。"王谷接过折子大略看过一遍，立刻把金狮子忘在了脑后。折子上把山阳县贪污救灾款项的数目写得清清楚楚，还提出自己的猜测，说单一个山阳县未必能有这么大的胆子，很有可能是上下其手，联合贪墨。这个李毓昌还真神了，这家里摆放的，箱子柜子里锁的，没有王伸汉和其他县令拿挪用款项来孝敬，装得满吗？

可是这等事情，怎么让李毓昌给查了出来？王伸汉比鬼还精，怎么不当即打点，息事宁人，还让他把这些都写进折子里，若真捅了出去，自己……王谷额头上冒出汗来。

"大人不必着急，卑职及时把事态遏制住，并没捅出太大娄子。"见王谷面露责备的神情，王伸汉忙欠起身子说："只是……这个李毓昌是新官上任，不知官场深浅，想一口吃个胖子，拿这东西威胁卑职，开下海口。可是大人您想，要是卑职把家底全给了他，以后怎么孝敬大人？而卑职刚刚迟疑片刻，他就亦假亦真地写折子，打算上告，要揭卑职的底。卑职考虑到这事情不单是卑职一个人的问题，真闹腾起来，势必会引起大的混乱，实在是忍无可忍，情急之下，索性趁机会毒死了他，制造出其自杀假象，这样死无对证，谁也奈何不得。现如今事情已经办好，全府上下没有人再受这厮的威胁，虽然事情紧急，但卑职先斩后奏，总是不妥，为此特来向大人请罪。"

王谷听说那七品查账要员已死，略松口气，心里的一块石头总算落地，但随即转念一想，省府里派下来的堂堂七品官员，竟然在自己的地盘上猝死，省里怎有不追究的道理？万一有半点闪失……他的心里又像揣了兔子似的狂跳不已。

王伸汉眼光在王谷脸上游移不定，早已摸透了这知府的心事，他再凑近些，不紧不慢地说："大人您不必担心，祸是卑职闯来的，卑职自当一个人受罚。但是大人能出面调和的话，那一切就迎刃而解，事情或许就简单许多。"

王谷忙问："那你说说看，怎样办才会叫事情繁化简，简化无？"

王伸汉把伪造李毓昌自缢身亡的事详细讲了一遍，又接着说："现如今他的两个侍从早已被卑职买通，认证有了，他的尸首又可作物证，人证物证俱在，大人您再前去验尸，把李毓昌自杀身亡的结论给定下来，还怕这事不能圆满解决？"

王谷听他说得这么有把握，感觉倒确实可行，是个万全之策。王伸汉趁热打铁般忙接着许愿："有道是有难同当，有福同享。卑职固然不敢和老大人相提并论，如果大人能从中斡旋的话，卑职愿意献上两千两白银以示敬意。"

王谷迅速盘算一下，反正自己又没参与具体事情，就按他说的应付过去，万一有了乱子，也只是受了蒙蔽，算不得大错。这样不仅不会从中受害，反而又能捞到一笔银子，还可抓住王伸汉的小辫子，找到一个敛财的得力心腹，真是一石三鸟。来回仔细盘算清楚后，王谷显出一副为难的脸色，慢慢说："唉，你年轻不更事，人命关天，岂能是儿戏的？罢了，罢了，念在你考虑周全，顾全大局的份儿上，我自当尽力保你就是了。"

话说到这个地步，事情已经成了，王伸汉长出一口气，满脸堆起恭维的笑容："现今李毓昌自杀现场已被卑职封锁，还请大人火速前往验尸，以防夜长梦多。"

王谷伸了个懒腰，又打了个哈欠："你的心情本府自是了解，但老夫我现今身体不大爽利，疲乏得很。这样，你先回山阳县，随后我自当前去。"王伸汉不敢得寸进尺，只得诺诺答应着退出去。走出了二门，才恍然明白，王谷不肯和自己一同立刻赶往山阳，到底还是害怕和自己粘连太紧，将来万一出了事脱不开身。这个老狐狸，你别自以为聪明，一笔一笔的账都记着，不粘连能由得了你？

知府大人要来山阳县验尸的消息不胫而走，整个山阳县议论沸腾，简直炸开了锅。这样的事，不说千载难逢，也是见所未见，虽然是大灾之年，大部分人都出去流浪逃荒了，驿馆前依然挤满了前来看热闹的百姓。

王伸汉今天竟然打破常规，命人把驿馆大门敞开，百姓可以自由出入。这一下百姓的胆子更大了，看热闹的人更多。知府大人尚未到来，院子里已经围得水泄不通。熙熙攘攘地一直等到正午时分，知府大人王谷在一群护卫的簇拥下，迈着方步走进庭院。场面顿时平静下来，人们纷纷把眼光盯在这位知府大人身上。

王谷先站在院子中央环视一下周围，才登上台阶，端坐在公案桌后边，手捋着胡须，冲王伸汉也冲众人说："堂堂省府官员，前来山阳县不到半月，竟然猝死，本府也是刚才得到消息，赶忙前来查清死因。山阳县县令，还不速速将具体情况禀来！"

见他对自己怒目而视，好像不认识一样，王伸汉也赶紧拿出公事公办的派头，急忙出来施礼，诚惶诚恐地说："禀大人，山阳县查赈要员，乃上级委派，自到山阳县以后，不办公事，卑职屡次催促，他都置之不理，甚至在驿馆闭门谢客，不知弄什么名堂。卑职正要把这些情况禀报大人，因手头事务繁多，还没来得及，不料他竟在昨夜自缢而死，实在叫人吃惊！据他的两个随员说，他临死前喜怒无常，神经错乱，很有可能是精神崩溃所致。请府台大人明断！"

王谷面无表情，神态威严地点点头，示意王伸汉退在一旁："仵作来了吗？"

人群中一阵沉默，片刻有人回答："李仵作方才还在这里等待大人吩咐，等了半晌不见大人到来，他媳妇有病，大概回去熬药去了。"

话音刚落，一个小伙子从人群中钻出来，跪在地下："王大人，在下刚探亲回来，还没来得及销假，若等不及，在下……"王伸汉还没来得及答话，王谷已经义正词严地说："山阳县已验出死者乃自缢而死。你再前去复验，并把结果如实禀明！"

年轻仵作答应一声就进去验尸。王谷又一本正经地向王伸汉问了几个问题，王伸汉胡乱地应付几句。不一会儿，小伙子已经验尸完毕，跑出来跪在桌案前禀告："回大人，此人确有生前缢死的迹象，但是据小人复验，发现他口鼻下有血迹，似乎是被毒死的症状。两种征象交错，究竟死于什么原因，一时还是难以判断，小人请大人再仔细察看。"

这话像平地炸起了响雷，轰隆隆滚过地面。围观百姓议论声骤然而起，王伸汉霜打了的茄子一样，蔫在原地，心里不住埋怨王谷多此一举，同时也后悔自己一时疏忽，粗心大意，竟然没留意那个李仵作，眼下这个小伙子刚进衙门，前几天又到外地探亲，并不了解内情，也没得好处，结果半路出了差错。本来一手安排好的，要让百姓亲眼作个见证，叫谁也不敢放屁。现今却当众弄了个死因不明，还真把自己给陷入绝境。

端坐大案后边的王谷心里也很着急，但当着众多百姓，不好发作。沉吟片刻后，忽然怒视着仵作厉声喝道："叫你说，难道这事就查不清楚了？"

小伙子不明就里，不知道王谷话里的意思，反而有意摆出办事认真的神情，语气肯定地回答："要想查清，还得……"

没等他说完，王谷就知道这家伙不识时务，冷笑两声："淮安府是白养你们这群差役的？平日里就知道养尊处优，不学无术，连个尸体都自相矛盾验不清楚，白花花的银子还不如喂几条狗！来人，拖出去给我重打二十大板！"

小伙子这时才明白一点其中的隐情，屁滚尿流地跪在地下一个劲儿求饶。王伸汉也见机行事，假意跪上前去为他求情。王谷冷笑了一声，厉声说："看在山阳县令的份儿上，这次暂且饶了你。你现在立刻前去检查一遍，如果再像这次一样马马虎虎，可别怪本府不客气！"

小伙子这次聪明许多，虽然还不十分清楚其中的原委，但官老爷的意思，是很明白的。钻进李毓昌房中二次验尸，随便扒拉几下，片刻工夫跑出来，试探着按王谷的意思禀报说："禀大人，经小的二次查明，那血迹是死者上吊后肚子里憋着一口气，无处喷发，咽气时绳索勒住气管，造成了损伤破裂而产生出血，并非被毒死的迹象，死者确是自缢身亡。小人因刚从事这行当，许多情况还不甚精通，以致方才误查，请大人治罪！"王谷满意地挥挥手，显得十分大度："人非生而知之，以后慢慢学习就是。"随即吩咐书吏，按照方才禀报的填写验尸单。李祥和马连升躲在人群旁边直抹眼泪，什么话也没说，在验尸单上按下手印，证实李毓昌为自缢身亡。

　　王谷打道回府后，王伸汉立刻忙碌起来。公文自然要一路地呈上去，可上去的路也得保证通畅才行，重要的关节还是要靠银子去打通。关于这点，王伸汉自然是老手，不用别人教导就知道该如何投其所好。

　　匆匆准备一番，王伸汉带几个心腹，动身赶到江宁活动。按照规矩，出发之前要拟一份禀文。论起撰写文书，县学教谕章家璘是最佳人选，下笔千言，倚马可待，文章写得又好又快。可是这次不知怎么回事，眼看就要出发了，禀文还没有呈上来。王伸汉实在等不及，派衙役去章家璘家催促，可得到的回复大出王伸汉意外，来人禀报说，人家教谕说了，李大人的死因还没彻底弄清楚，还有待查证，禀文实在不能写，也没法写。

　　王伸汉正在气头上，见章家璘一个小小的教谕也凑热闹地捣乱，顿时变了脸色，气急败坏地让人把他叫来。

　　衙役见老爷发怒，不敢怠慢，立刻返回章家璘住处，连拉带拽地给弄到衙门。章家璘不过三十出头，中等个头儿，白净斯文，言谈稳重，一派儒雅风度。因为经常给自己抄抄写写，确实帮过自己不少忙，王伸汉对他向来还算尊重，不过今天火烧眉毛的当口，也顾不上客气，怒气冲冲地正要询问，章家璘不待他发话，便抢先一步，坦率地告诉王伸汉："王大人，下官听说李大人在山阳查账，并没什么不正常；的举动，满县饥民都夸赞他没有官架子，能深入百姓调查，像这样的人，怎么会突然自缢？况且上次仵作检验尸体时，恍惚其辞，两次验辞又大相径庭，其中必有什么原委，若不查出，岂能对得起李大人的在天之灵，又何以平山阳灾民的不满？正因为如此，事情真相没调查清楚，这呈文就实在写不成。"

王伸汉根本就不听他辩解这些，只是沉着脸追问："章先生读这么多年的书，难道连各司其职都不懂？断案是本官的事情，本官想办法解决就是。撰写文书是你分内的事情，分内的都管不过来，闲事就更不要管啦！你赶紧回去，照着知府大人的意思，把呈文写好了拿过来，等着急用！"

面对王伸汉的咆哮，章家璘面色严肃，毅然决然地对答一句："恕难从命！"

"好呀，反了，反了！"王伸汉气得老脸发绿，指着章家璘吼叫，"一篇破文章，有什么了不起。死了章屠夫，老爷照样不吃带毛的猪！我要革你的职，革你职，你给我滚！"

章家璘临来时就料到和王伸汉对着干就是这个下场，也不吃惊。微微笑着拱拱手，说一声："文章虽破，却关乎民生，官职虽小，照样坚持本性，大人保重，下官告辞！"头也不回地大踏步走出县衙。望着他的背影，直把个王伸汉气得七窍生烟，可再想想李毓昌的事十万紧急，便也只能作罢，研墨铺纸，自己动手草拟了一份禀文，读两遍还算通顺，便带着一干人慌忙去了江宁。

王谷打道回府后，在家中焦躁不安地等了十几天，才得到王伸汉的回话，省里各路衙门都已打通，李毓昌自缢身亡已成定论，可以发出呈文了。王谷一心要赶紧把这个烫手的山芋给推出去，立刻以淮安府的名义，将认定李毓昌自杀的结案文书发往江苏各衙门。省城各衙门都已收到银两，自然一路照准，行文所过之处，看也不看就盖上鲜红的大章。

淮安府的公文先递送到江苏臬台胡克家，那胡臬台早已得了山阳县王伸汉送来的一大笔银两，接到呈文后毫不犹豫地就加按了按察使衙门的大印，转呈藩司杨护。这位杨护更是"豪爽"，平时最喜欢游山玩水，垂钓戏鱼。王伸汉暗中摸准了他的脾气，出重金买通了一位垂钓高手，充当杨护的幕僚，专门陪他游乐。这位幕僚得了好处，自然不闲着，利用静坐垂钓的机会，多次做出无意的样子，给杨护讲起李毓昌的事。那杨护有意无意地听着，自是对这件事情耳熟能详，还以为早就定了案的事情，接到呈文后，连想也未想，大手一挥，就加盖印章批准了。

江苏巡抚汪日章，老眼昏花，平日批阅文稿，只管签字印章，至于原文，根本不去理会，照他的推想，既然公文一层一层地送上来，自然都是对的，只管签字就是，若有什么问题，下边好几道关口早就给卡住了，也送不到自己手中。接到李毓昌自缢身亡的呈文后，也是连看都没看，只让幕僚在呈文后签字，然后加盖印章，随即转报两江总督铁保就算了事。就这样，那呈文仅十多天，就顺利地通过各道衙门，到了铁保手里。

两江总督铁保尚且不知道下边发生了如此重大的案情，还在等待着李毓昌等人报上来的情况。让他纳闷的是，自从派出一批查赈官员后，到现在长时间过去，各地的查赈官员都有呈文送上来，唯独这李毓昌，一去再没了动静，连一纸呈文都没有，这是怎么回事？李毓昌虽说年轻，但是自己亲手选定的，人品上应该没什么问题。

反复掂量着，铁保觉得自己虽然相信李毓昌，但他又怕李毓昌年轻气盛，再加上阅历尚浅，把事情给弄糟。犹豫不定中，他也曾想把李毓昌给调回来，以后有机会再慢慢历练。恰好有个幕僚想推荐亲戚顶替，乐得做个顺水人情，便决定把李毓昌换回来。可是没想到，命令还没有传下去，就接到了来自抚台衙门的呈文，说赈灾调查员李毓昌在灾区自缢身亡。

铁保手拿呈文，既感到惊讶又困惑不解。李毓昌虽官阶不高只是个七品，但毕竟是自己亲手选派的官员，属于自己的亲信，他在任所暴卒，理应直接通报都督府，为何却是一层层地由下往上呈上来呢？这帮家伙，眼里还有总督吗？不过再仔细察看呈文，上边特别提到，此案既被列为重案，经过一道道衙门的详查，从另一个角度说明他们对此十分重视，似乎又没有什么失礼的地方。可不管怎么说，李毓昌已经死了，而且是吊死在山阳住所内，这究竟是怎么一回事？李毓昌一个前程远大的年轻人，为何好好的突然自缢呢？铁保一时想不明白其中缘由。

思索半晌，也理不出个头绪，把呈文翻来覆去看几遍，上边只提到李毓昌突然自缢，至于为什么自缢，却只字没提。铁保立刻把几个得力幕僚叫来，让他们猜测其中到底出了什么问题。

"大人，叫我说，地方官员可谓用心良苦。想必这桩案件不简单，里边藏着很深的难言情形。大人试想，李毓昌刚上任不久，年纪轻轻，正是大有作为的时候，为什么要突然自杀？从常理上讲，自是说不过去。现在唯一的可能，就是他在查赈过程中，有负大人重托，有什么不检点行为，或者克扣或者索贿，被地方官抓住了把柄。李毓昌知道事情败露，羞于见大人，只好自杀了。而地方官又碍于大人情面，不便大肆张扬，从而隐匿了一些缘由。可话又说回来，发生了这样大的案件，原因是应该细究的，但汪大人只将死因查明，并没有追究根底，料想也是为大人排忧解难的，怕大人过于难堪，这些衙门也算是用心良苦了。"

听其中一个幕僚分析一通，铁保心头一动，觉得这样解释倒很合情理，沉吟着点点头。

"大人，"另外一个幕僚眼珠转动两下，补充着说，"退一步讲，大人委派李毓昌下去这么久，连一份报告也没呈上来，其能力到底如何也就可想而知了。如今他既然已经死去，也没什么可惜的，再说，即使李毓昌死因还有什么别的情由，大人一味深究下去，结果可想而知，整个江苏衙门都不得安宁，东牵西扯，到时候，事情闹腾大了，皇上怪罪下来，又该如何收场呢？大人，叫我说，适可而止也就算了。"

其余幕僚都点头称是。铁保沉思片刻："有道理，锐意进取不算聪明，退让饶恕不是痴人，既然李毓昌无能，辜负了本督的厚望，他人已死去，也就不再追究谁对谁错了，再另委一个接替他继续督察。"

那个正想要推荐自己亲戚的幕僚赶忙站了起来，点头哈腰地说：

"大人果然英明，您看卑职前段时间推荐的那位典史……是不是可以让他去呢?"

铁保认为这个无关紧要，于是摆摆手说："这件事就由你来办吧，一定要交代好了，不要辜负了本督对你的厚望。"

"是，大人!"幕僚笑开了花，又问了一句："大人，这呈文……"

"算了，你们拿下去写个照谁的文书。"

第十七章 官员勾结造假案 铁保糊涂埋真相

第十八章

妻子情深缠病榻　叔父鸣冤告御状

日子一天天过去了，从王伸汉到王谷，无不日日夜夜提心吊胆。

盼星星盼月亮般，淮安府邸终于接到了总督府发下来的照准批文。看着上面鲜红的打印，王伸汉一颗悬着的心总算是落下来了，暗自窃喜吉人自有天相，又闯过了一道难关。想要和老爷斗，只怕你没有那个福分！哼着小曲，王伸汉把李祥和马连升叫到衙门中好生抚慰，把李祥推荐给长州通判做贴身长随，马连升想回家做生意，王伸汉则送给他一笔银两做资本，赶紧打发他回了河南老家。

远在山东即墨，李毓昌家中，李毓昌的妻子林氏接到山阳县令王伸汉的信后，有如万把钢刀穿心，当时就昏死过去。林氏为人知书达理，十分贤惠，虽然他们生活并不富裕，自己婚后操劳家务十分辛苦，但两人性情相投，日子仍然很幸福很知足。丈夫高中功名后，本打算两人一同前往江苏候任，但由于期限太紧，家里一时收拾不过来，只得独身前往，商量好等稳定了就接她过去。

林氏虽是个普通村户女子，但向来识大体顾大局，临行时再三嘱咐丈夫要注意身体，给国家办事，要公正廉明，爱百姓如亲子，千万别像乡里的那些官吏一样，只知道捞取好处，让人指着脊梁骨骂祖宗。又劝慰丈夫不要挂念她，待那边安定后再来接她和叔叔。叔叔李太清一辈子没儿女，和自己两口子相依为命，帮衬家里不少，以后日子好了，应当好好让他安度晚年。李毓昌也对她好言安抚，两人心中掉着泪，嘴角却硬挤出来笑容，彼此宽慰。

丈夫走后，林氏便在家中翘首苦苦等候。本以为就要苦尽甜来，终于要熬出头了。没想到日思夜盼，等来的却是撕心裂肺的噩耗。怪不得自己夜间时常做噩梦，梦醒之后又常常是遍体冒汗，原来结局竟然是这样！林氏万没有想到，春天与丈夫一别，竟成了永别，从此阴阳两隔，再没了见面的机会！仿佛一夜间，林氏如秋风中的花朵般憔悴下去。叔叔李太清也深知侄媳思念夫婿之情，压抑住自己心底的悲痛，尽量不在林氏前提及李毓昌，而总是默默地帮着林氏操持家务，尽量减轻侄媳的苦楚。

但不管怎么样，打击实在太过沉重，林氏终于支撑不住病倒了。病榻上，林氏时昏时醒，不断呼唤着李毓昌，悲痛几绝。庄中乡邻都是淳朴百姓，感念他们夫妻俩在乡里扶危救贫，照顾老弱，如今李毓昌出了这么大的事情，纷纷前来探问安慰。

虽然伤悲，但丈夫的灵柩总要迎回，为了尽最后一点夫妻情分，林氏坚决要亲自去。寒冬腊月的，眼看就快要过年了，李太清不忍侄媳再受这份劳顿之苦，万般劝说，终于劝阻了侄媳，自己不顾年老体衰，背上行囊，登上了去江苏的路程。林氏一身素服缟衣，披着重孝送他到庄前，悲痛交加，一老一少洒泪分别。

李太清虽然从小练武出身，但性情并不粗鲁，而且社会阅历丰富，办事情向来有板有眼。李毓昌是他亲手抚养大的，自己对他十分了解，怎么想也觉得侄儿不可能无缘无故地上吊自杀，凭着自己的经验，李太清断定其中肯定有问题。到了山阳县，如果真能让自己寻找出些蛛丝马迹，倘若侄儿真是死得无辜，自己豁出这条老命也要替侄儿申冤。拿定主意后，李太清日夜兼程，经过十多天的晓行夜宿，终于踏入了山阳县境内。

经过这么长时间的肆虐，黄河水终于退尽，但这片土地依旧无法恢复往日的生机，处处一派荒凉。饥肠辘辘的灾民在高冈上搭起片片草庐，东一片西一堆，好像穷苦人衣服上的补丁。一双双焦灼的眼睛，无不期盼着官府发下来的救济品，可是一天，两天……几个月过去了，官府的救济品却杳无音讯，灾民们由希望到失望最终彻底绝望。为了活命，他们只好背井离乡，大路上浩浩荡荡的人流，扶老携幼，川流不息。

李太清边走边感叹，暗暗在心里责备侄子。乡里都知道侄子给朝廷做事，奉命查赈，解救贫苦百姓。没想到亲眼一看，侄子不但毫无建树，还白白送了性命，这可不大像他的作为呀！

一路打听着，来到山阳县城，城内要热闹许多，显示出和乡间截然不同的繁华。不过李太清无心欣赏这些，径直到了县衙。王伸汉听说李毓昌的叔叔到了，表现得很是热情，亲自出门迎接，脸上一副悲戚的样子，执着手问寒问暖。当李太清问及侄儿的死因时，王伸汉连忙把各级官府的批文抄件亲自拿来，给李太清过目，继而又唉声叹气地说："老叔叔应该知道，李大人聪明过人，又学问深厚，的确是一位难得的人才。只可惜……只可惜心眼儿窄了点，不知道遇到什么想不开的，竟然自寻了短见，留下赈灾无人来查，扔下这一大摊子事情……唉，下官每每想起来国家又少了个英俊后进，不禁潸然泪下。"说着，真有两颗泪滴从眼缝里挤了出来。

李太清仔细查看，没发现有什么破绽，便陪着掉泪，反倒安慰王伸汉不要太自责了。王伸汉这才松了一口气，随即又故作关切地问："老叔叔一路长途跋涉，甚是辛苦，我已为先生安排好住处，要不，等改天，下官亲带先生去看贵侄的灵柩？"

李太清见人心切，哪里肯从，坚决要求马上去灵前吊唁一番。王伸汉也不十分阻拦地说："先生路途劳顿，本该休息数日，但千里迢迢而来，为的就是您侄子的亡灵，现在看看也在情理之中。既然这样，下官就陪先生去停灵的荐福寺。"

东拐西转，一行人来到停灵的僧房寺院时，看着那里人迹罕至，鸟雀随意乱飞，而僧房内又覆盖着厚厚的灰尘，显然好久没人来看一眼了。此时的李太清早已悲痛欲绝，想想侄儿十年寒窗苦读，好不容易迈上仕途，本指望飞黄腾达，挣个好前程，也能光宗耀祖，了却自己大半生的心愿。孰料却落得个白发人送黑发人，棺木搁在这荒凉冷寺内，孤魂飘荡在这凄清禅院中，家中丢下寡妇，以后的日子可怎么过？倚门空悲，李太清抱着棺木，泣不成声。王伸汉也跟着再掉几滴泪，还掉得有模有样，气氛更显得凄凉。老和尚在旁边陪着，心中实在不忍目睹惨状，口里不停地念佛，顺手燃起两根粗香。僧房内顿时飘起一阵阵浓浓的气味，触景生情，李太清越发悲伤，索性号啕痛哭，花白胡须上沾满了鼻涕泪水，几乎结成了冰疙瘩。王伸汉百般相劝，李太清抽噎半晌，好不容易才止住悲声，一步三回头地随着王伸汉去驿馆歇息。

两人相随着到了驿馆。看李太清神情平稳许多，王伸汉这才动情地说："老叔叔，李大人横死他乡，真正是人间第一悲惨的事情，想来他的魂魄一定日夜思归家乡。老先生宜速速抚枢归里，择个吉日安葬，也好使李大人魂有所归，也使我这个同僚略感安慰。"说着声音渐渐呜咽，双手捧出一百五十两银子，递到李太清面前："老叔叔，您也看到了，山阳本是小县，又逢重灾，银两实在难筹，这也是下官跟山阳父老的一点儿心意，先生权且收着，当作路费吧，以后的日子还长着呢，自个儿多保重才是。"

正说着，有个衙役拎着个包袱进来，伏在王伸汉的耳边小声嘀咕几句。王伸汉点点头，接过包袱递给李太清。脸上表情更加悲伤："老先生，这是李大人生前遗物，驿馆人员草草包裹。也没怎么整理，可能杂乱无章，请老先生查收。"李太清理解地点一下头，含泪接过包袱。

第二天就要动身走了，当晚临告别时，王伸汉满脸关切地再三叮嘱："逝者已逝，再怎么做也无济于事。先生千万想开些，早日把贵侄灵枢送回老家，一则贵侄灵魂需要有个归宿，再则山阳乃穷乡僻壤，又逢灾荒，实在没什么好东西招待先生，穷家难待客，还望先生谅解。"

李太清此刻心情万分沉痛，也顾不上多想其他，点头一一答应下来。王伸汉差遣几个衙役，把李太清送到驿馆，几个人见李太清径直走进馆内，这才放心地回去复命了。

回驿馆自己屋里，李太清的心情久久不能平静。夜深了，万籁寂静，凄凉更显得难以忍受。怎么也睡不着，李太清就把侄子的遗物从包袱里拿出来，望着熟悉的书本和衣服抱头恸哭。等心情稍稍平静之后，李太清方才仔细检看里边的东西。可是包袱中除了一些衣物和即兴所做的诗文外，居然没有一点涉及自己为何自缢的文字或暗示。正在失望时，一篇长长的文稿中间，有段没头没脑的文字引起了李太清的注意，上面潦草地写着："山阳知县冒赈，以利啖毓昌，毓昌不敢妥协，恐其狗急跳墙，必然会想歪门邪道，必须尽快禀报上峰……"

显然，这篇文字由于检验遗物的人员马虎，错把它当作一般的诗文，侥幸保存了下来。李太清此时恍然大悟，对，正如自己所料想的，侄儿的死一定大有隐情！他立刻想到了王伸汉，想起王伸汉迎接他时那份热情与悲戚后面的过分关切，想起王伸汉眼神中隐隐的紧张焦急，他一再催促自己赶紧把尸首安葬，到底是出于什么心理？他出手便送给自己那么多白银，也不大正常。一个县令的俸禄也不过每年几十两，为了个不怎么熟识的同僚，他至于这么大方吗？

越想越觉得其中定有隐情。李太清忽然意识到，侄儿的死与山阳县，与王伸汉肯定有密切关系。按他武夫的耿直性格，本想在这里翻闹，但细想想，自己仅凭这几句文稿，无法作为王伸汉害人的依据，弄不好打草惊蛇，连这点依据都保不住。再则，自己在这里人生地疏，一旦闹不好，自己性命恐怕也难以保住，到时侄儿恐怕就得彻底冤死了。

思来想去，李太清决定暂且扶灵回山东，暗中查找确凿的证据，有把握地来为侄子申冤。第二天一大早，李太清二话没说，辞别了王伸汉，要尽快上路。一旦觉察出其中的隐情，李太清就觉得头皮发冷，一刻也不能停留下去。王伸汉轻松许多，草草挽留两句，让衙役帮李太清把灵车送到城外，方才洒泪而别。

又是几天跋涉，灵柩终于回到李家庄。林氏面似泪人，李太清边流泪边安慰。怕林氏悲愤过度再出意外，他没敢说出自己发现的破绽，只将遗物交给她保管。林氏抱着包袱，哭得更是厉害，有好几次几乎昏厥。李太清忙叫来村中女眷服侍。接连几天，林氏一直滴水不进，李太清坐卧不安，顾不上叔叔和侄媳妇的身份，时常站在床边百般安慰，林氏这才渐渐振作起来。但平静下来后，细想丈夫生前的言行，对他的死越来越怀疑，实在想不通他到底遇到了什么事情，非要走这条道路？把丈夫遗物拿出来翻来覆去地看，看着自己为他缝制的衣物，想想他的音容笑貌，林氏感到阵阵揪心的疼痛。

人世间最大的痛苦莫过于生离死别，抚摸着一件件衣服，林氏又一次想起，就在前不久，毓昌临出发时手捻着衣襟对她说："贤妻对我体贴入微，毓昌来日倘有进身之日，当以精忠报国的心思来答谢娘子这一片深情厚谊。"而如今却物是人非，一对恩爱的夫妻从此就被阴阳两隔了。睹物思情，往日与丈夫的一幕幕亲情纷纷涌到眼前，林氏越发心如刀绞，颤抖地抚摸着丈夫的衣物迟迟不肯放下。

猛然，林氏无意中在那件羊皮袍的右手衣袖上发现了几个黑色的斑痕，用手使劲一搓，痕迹没掉，似乎已经渗进里边。放到鼻下闻闻，细心中能闻到一丝淡淡的腥气。她一下子明白过来，那是血迹！林氏忽地从床上坐起，急忙把衣袖翻过来，在另一面又找到了几滴同样的黑色斑痕，丈夫死得不明不白，其中定有蹊跷！

情急之中，林氏推开李太清的门，把那羊皮袄递到他面前，颤抖着说："叔叔，媳妇刚才发现一个毛病，毓昌他……"

李太清心中有底，脸色平静地听完林氏的猜测，再仔细看看那件羊皮袍上的血迹，加上自己的怀疑，事情似乎越来越明了了。"这里面肯定隐藏着一件阴谋，而要揭开这个阴谋，唯一的办法是要拿到确实可信的证据。"李太清沉思片刻，十分果断地对含泪望着自己的林氏说："侄媳，明日清晨，请乡邻父老们前来，一同开棺验尸。"

林氏闻言一惊，按照当地风俗，死人既已入棺，那就万万不可再动弹，否则死人灵魂不安，活人也会倒运。不过林氏不是一般乡间女子，什么事情都能想得开，她立即意识到，开棺验尸是为丈夫昭雪冤情的最可靠的办法，没怎么犹豫，坚定地点了点头。

第二天一大早，林氏跪拜在灵堂，在丈夫的棺木前点燃了一大束木香，又点上艾蒿，开棺时可以驱散气味。不大一会儿，李太清已经把四邻的十几位家长都请来了，大家在棺木前刚站住还没说话，林氏忽然转过身，冲着邻里家长们扑通跪下来。

李太清在人们的一片惊诧中神情肃穆地抱拳大声说："各位爷们儿，毓昌侄儿在江苏山阳县查赈，突然暴死，其中可疑地方有很多。大家都了解侄子的为人，好好的怎么就忽然丢下老小自杀了，有什么想不开的？太清基本可以断定，毓昌是遭人暗害而死。现在请四邻父老前来，是想帮太清作个佐证，我要当场开棺验尸，望各位父老乡亲看在毓昌平日为人的面上，目睹太清开棺，上告官府时，大家把看到的实际情况说出来就算帮忙了！"

众人先是一惊，既而都镇定下来，其中两位老者抖动着胡须说："这就对了，俺们早就对毓昌侄子的死有怀疑，大兄弟，你只管大胆开棺，有什么事情大家顶着！"

李太清拱手谢过众人，挥动斧头把棺木上盖撬开，李毓昌的尸骨显示在众目睽睽之下。因为是寒冬腊月天，虽说死了这么长时间，但尸首并没多大变形。仔细审视，李毓昌的十指都是青黑色，显然是中毒的迹象。李太清用一根银簪探入尸首喉中，刚一接触，银簪立即变成了黑色，而且怎么也拭不掉。林氏一见，泪如泉涌。李太清大叫一声："侄儿呀侄儿，你死得真够冤哪！"乡邻们目睹了这一切，也都明白了李毓昌的死因，个个愤怒地叫嚷，纷纷鼓动李太清为侄子申冤。

闹腾了一整天，晚上，李太清辗转反侧，左思右想，侄儿不能就这样白白死掉，一定要替他昭雪申冤。可转念再一想，自己一介平民，又如何能与上自总督、巡抚这样的封疆大吏，下至府道这样的大官抗衡？只怕连人家的面都见不到啊！可是，侄子就这样白白冤死不成？他突然腾地站起来，毓昌敢在虎穴里边斗贪官，我一个老头子怕什么？他们这伙贪官的地位再高，总得受点管束。对，就找能管住他们的，找皇上说理去！思索一夜，他终于拿定了主意，要一个人远途跋涉，去京城，到都察院投状鸣冤。

一路风餐露宿，李太清终于风尘仆仆地来到了京城。他心急如焚地在观音寺找了间小店，不等店伙计把行李安置好，便迫不及待地打听投状子告御状的路子。店伙计满脸诧异地打量李太清两眼，大惊小怪地叫喊："老爷子，您还是听我一句劝，穷不与富斗，民不跟官争，走到天边都是这个理儿。忍一时风平浪静，没事别碰那钉子去。您要是没那铜身钢骨，督察院的大门恐怕是进得去，出不来啊！滚过钉板才能上得大堂，御史老爷的大喝，衙役们的劲吼，恐怕您早已吓破胆子了，连自己来干什么的都给忘了。这还不算，再搬上那十二式酷刑，那时该破皮烂肉地带着状子回原籍啦。唉，何苦呢？"

　　李太清本已铁了心，并不理会他的一惊一乍，问清了告状的路怎么走，心事重重地踱回房间。小心翼翼地从怀里掏出状子，在灯下细细研读了几回，感到没什么言语冒犯的地方，估摸着御史不会一口驳回，便收了起来，和衣歪在床上等着天明。

　　第二天早上没吃早饭，李太清就急急忙忙地走向都察院。到了衙门口，威吓森严之感骤然侵袭全身，李太清站在那里顿了顿，整了整衣裳，平稳一下呼吸，大跨步走进都察院的大门，临进门时，他发觉自己丝毫没有畏缩的意思，身上只透着一股铮铮铁骨的果敢，仿佛侄子正注视着自己。

　　也许是斑白老人的那种无谓劲头打动了站班的军丁，没怎么刁难，李太清顺顺当当地上了大堂。坐在堂上的是位老御史，态度也不是平日里所见的官吏那般森严蛮横，这让本已怀着无畏之心的李太清更加镇定，叩拜过后，细细地将江南赈济的乌黑场面一字一句地倾倒出来。老御史听后，浑身一颤，只感到背上沁出了冷汗，惊疑交加地想，好家伙，来头还不小，按他的状子，涉及整个江南官场，牵连甚多，况且两江总督是皇上身边的人，哪里是都察院能过问得了的？

　　很快想一想，暂且收了状子，让李太清等候消息。下堂之后，赶紧把状子呈给都御史。状子传来递去，一下子整个都察院都炸了锅。沸沸扬扬商议了半天，还是老御史有经验，沉吟着说："皇上向来重视江南赈济的事情，此案如此之大，况且还牵涉有人命官司，叫我看，这明摆着老公公背儿媳妇上山，出力不讨好，多一事不如少一事，咱们还是回禀给皇上，皇上怎么处置，就不关咱们的事了。"

大家想想确实是这个理儿，第二日一大早，嘉庆面前就摆放了这张来自偏远乡村的状子。

嘉庆看完，感觉心头有一股无名之火油然而生，虽然这个村夫所猜测的未必完全可信，但嘉庆知道，他说的，至少比那些官员们的话，更让自己感觉真实。嘉庆把督察院的奏折狠狠地掷在案上，吏部尚书英和恰好在跟前，见皇上发怒，两腿哆嗦着慌忙跪下，口中嗫嚅无关痛痒地说一句："皇上息怒，保重龙体要紧。"

嘉庆虎着脸，指指那奏折狠狠地问："这奏折，你可曾看过？"英和不明就里地回答："皇上息怒，以臣愚见，这奏折仅仅是李太清一人的举发，事实尚不十分清楚，皇上不必如此震怒……"

嘉庆见英和也这么说，不由得心中更为恼火，脸色早已铁青，用关节敲打着桌面："你们也不想想，一个平头百姓，冒着杀几个头的危险，状告到封疆大吏们头上，可见是受了多大的冤屈！事实的确不太清楚，但朕宁可信其有，决不信其无，一定要追查到底！"

从内心来讲，让嘉庆震怒的并非这件事情本身，他由此发觉，吏治到底存在有多大的隐患，连自己都弄不清楚了。自己曾三令五申地强调整顿吏治，可每次都没有受到预期的效果。地方官吏贪污受贿几成公开现象，如果对这事等闲视之，那么举国上下就不会有一块清白之地了！

本着从这里开刀的思想，嘉庆决心要把事情弄清楚。不过仔细想想，这案子若想弄清楚，就不能按惯例交给三法司会审，他们的官阶和两江总督一样，实际权力还不如总督，让他们秉公办理恐怕有困难。况且下边官场上的人们相互间千丝万缕，也不容完全相信。这样的话，只有自己亲自来过问才能放心。

这样想着，嘉庆提笔在状纸上批复说，李太清一案疑窦甚多，必有冤屈，为消除民愤，务必昭雪。朕久闻江南官府历来作弊成风，不思为民解忧，反而层层苛刻。朕屡降旨，要彻底查账，不料连查账之人都暴死地方，实在令人震惊，应彻底根究，使事情水落石出！

批复后，嘉庆意犹未尽，下发一道加急诏书，责令山东地方把李毓昌的尸体运到省城，彻底查清致死原因。待把这些圣旨拟好发出后，时间已经过了正午。嘉庆感到一阵燥热，叫过小太监吩咐说："前去军机处传朕旨意，李毓昌一案要尽快查清，朕当三日一催，五日一问，若审讯有误，休怪朕拔出萝卜带出泥！"

山东巡抚吉纶做了十好几年山东一省最高执政官，突然接到八百里加急诏书，竟有点措手不及，他简直不敢相信，皇上哪儿来的闲情逸致，这么关心起一个普通老百姓的状子。但圣旨白纸黑字写得真真切切，不容你不相信。

既然有圣旨，那就关系到自己的前程，吉纶知道这事绝不可大意。他当即派了一队兵丁护送六品执事官，前往即墨负责押运李毓昌的灵柩。又亲自选拔出几个有经验信得过的验尸官，共同前去检验李毓昌的尸身。

吉纶亲自监督验尸，这事情在地方上可不多见，立刻引起极大的轰动。当地百姓纷纷赶来观看，相互议论着，大家都对同乡无辜被害感到气愤，联想到自己这里的官吏多么蛮横，更是人人非要亲自看看，李毓昌到底是怎么死的。仵作领班是一个花白了头发的老手，经验极为丰富，断过许多疑难案子，在整个省里都很有名气。其他几个也是各府里的验尸能手，人人都有绝活。

卯时二刻，等巡抚的大轿来到后，一声令下，仵作们熟练地打开棺材，发现随着天气渐渐炎热，尸体已经腐烂，皮肉坏掉，只剩下尸骨。仔细检查各部骨殖，大部分已变为黑色，唯有胸骨是暗黄色。几位仵作面有难色，对视了一眼，领班老仵作却不慌不忙地拿出工具，在尸身上度量着又用手摩挲着尸体的头发仔细察看。良久，这帮人终于合计出一个结论，走到吉纶面前禀报说："回禀府台大人，李毓昌系砒霜中毒而死，已经没有什么疑义。不过，我们发现尸体胸骨暗黄，并未全都发黑，可见他是在毒性尚未攻心之前又因为其他情况而死，查脖颈间，依稀有勒系之痕迹，可断为在服毒后尚未身死之前，又遭

到布带勒缠而死。绝不是所谓的自杀身亡。"

吉纶听他们说的，和皇上猜测差不多，满意地点点头，吩咐用冰块把李毓昌的尸体镇住，妥善保管，然后填好尸单，连同自己亲自主持尸检的经过一齐写成奏折，仍派八百里加急送往京城。

与此同时，刑部方面也开始拉开搜捕大网。王伸汉尚且蒙在鼓里做着好梦，没费力气就被拘禁了，但其心腹仆人王无方却早已逃之夭夭。时隔不久，李祥和马连升分别在长州和宝应被抓获。山雨欲来风满楼，整个江苏省的大小官员，个个闻风丧胆，人人战战兢兢。身为两江总督的铁保最为沉不住气，和幕僚们商议半晌，都认为，当前最要紧的是变被动为主动，立刻自查自救。然而当铁保亲自到山阳问讯当地官员后，还是一无所获。江苏巡抚汪日章懒散成性，摇头晃脑地一问三不知，拿他实在没办法。

王谷身为淮安知府，山阳凶案整个案件的验尸单都是从他那儿得来的。然而，当铁保好不容易找到王谷时，他却把一切都推到王伸汉身上，而此时的王伸汉却早已被押解入京，死无对证，弄成僵局。一时间，江苏官场处在一片黑暗之中，气氛令人窒息，人人都在心惊肉跳地等待着一个可怕的结果……

不过，京城这边并不顺利。刑部虽然抓获了李祥和马连升两个仆人，也提审了王伸汉，结果却并不令人满意。来自皇上的压力，让他们个个都喘不过气来，嘉庆调集军机处三位军机大臣配合刑部追查此事，最终一无所获。

然而，就在事情出现僵局的时候，新的转机忽然出现了。马连升是一个胆小怕事的人，在这种场合下，虽故作镇定，却逃不过军机大臣敏锐的眼睛。面对刑具，甚至主审官发出一点声响，他都会即刻颤抖一阵，脸色惨白，一会儿才能慢慢缓过神来，却从不敢正视主审官一眼。

众人都把这些看在眼里，大家觉得，案情的突破口就在于马连升。在加大了对马连升的审讯力度后，一连五个通宵，连审带吓，连摆证据带拉拢劝慰，终于撬开了他的嘴。在大量人证物证面前，王伸汉也不得不承认自己的罪行。

　　刑部终于可以舒一口气了，笼罩在紫禁城上空的黑云仿佛在顷刻间烟消云散。山阳凶案总算告一段落。

第十八章　妻子情深缠病榻　叔父鸣冤告御状

第十九章

君王游玩舒心情　贼人借机生歹心

当嘉庆接到刑部递上来奏折的时候，不约而同，远在江苏的两江总督铁保与江苏巡抚汪日章也八百里加急送来了奏折。同样是山阳凶案，却出现了三个大相径庭的结果。刑部送上来的是铁一般的证据，审理结果让嘉庆十分高兴。但是打开铁保的奏折，上面却含糊其辞地写着："皇上发旨缉查山阳凶案，奴才窃思李毓昌暴死实为可疑，恐系王伸汉为掩饰克扣赈银之罪，在酒宴中投毒，致使毓昌饮毒而亡。但几个月来，奴才遍询当时同席之人，竟没有一人提出线索。奴才又抓捕当日宴席之厨役人员，严加审讯，终亦无结果，故席间投毒之疑，似可摈弃，内中隐情，奴才正留意缉查，待访得实信后再行禀报……"

嘉庆勃然大怒，抖动着奏折笑骂："铁保昏聩糊涂已极，简直一点用处都没有！省中发生如此大案，竟然毫不察觉，这倒还罢了，如今案情已然真相大白，他却还在那里痴人说梦！"边骂边把奏折甩在地上，仍不解恨，想一想提笔再写处置决定，铁保身为封疆大吏，昏聩无能，如痴如梦，着将铁保即刻就地革职，发往乌鲁木齐效力赎罪，旨到即行，毋庸申辩！写罢看也不看，朱笔随之抛了出去，叮叮咣咣地蹦跳老远。

汪日章的奏折更是闪烁其词，东拉西扯，嘉庆看了老半天也不知道他要表达什么意思。不由得高声叫嚷："一帮饭桶，朕留你在江南有何用处？"也不耐烦自己动手，让军机处草拟旨意，汪日章身为巡抚，对所属地方有此等巨案竟然全无察觉，如同聋聩，实属年老无能，难堪重任，立即革职，夺去俸禄，永不叙用！淮安知府王谷，与王伸汉相互勾连，蒙骗朝廷，绞立决。王无方唆使主子行恶，推波助澜，斩立决。至于李祥和马连升，两人为虎作伥，竟然残杀朝廷官员，令人震惊，凌迟处死，决不姑息。并特意申明，将其押解至山东即墨，在李毓昌坟前行刑，摘取心肝祭奠朝廷忠魂，张扬正义。而山阳教谕章家磷，能够不为利益诱惑，拒不同流合污，实属难得，特意提拔为知县，以表彰正直之士。

自从处理了李毓昌一案后，嘉庆更多的是心惊，心惊于贪污腐败怎么会层出不穷。虽然处置了几个显眼的，但嘉庆心里明白，这只是水过地皮湿，不深及土壤，治标不治本。可是怎么治本呢，却是个难题。每次坐在御案后边，嘉庆总感觉有张大网，一张看似什么也没有，却能将自己死死罩住的大网。而这个感觉又没法告诉别人，只能独自消受满腹的烦闷。

看皇上整日忧闷，趁嘉庆在后院湖边散步的时候，松明忽然神神秘秘地凑在嘉庆耳边，小心地说，有样好东西送给皇上解闷，只是唯恐有冒犯君王的罪过，请皇上开恩先赦免了，他才敢说。

看他一脸的神秘，嘉庆禁不住好奇心上来："朕就不治你什么罪，有话赶紧说清楚！"

松明凑近一些："奴才家乡有个绝色妇人，论起容貌，那是周边几个县出了名的。如今来京城谋生，她有两个闺女，叫惟妙和惟肖，都已经老大不小，带在身边不方便，也容易招惹是非。说来和奴才还有点拐弯亲戚，就托奴才在京城打听个正经人家，许配出去……奴才知道惟妙和惟肖姊妹随了她们的娘，是很难得的好女子，可惜奴才心里只有皇上，况且也没机会到外边去给她们寻家户，要是皇上……"

嘉庆立刻明白了他的意思，心头突地一动，随口接过来说："好，有其母必有其女，朕……很想会她们一会……松明，难得你如此孝心，瞅个机会带她们进来吧。"

松明赶紧跪下："皇上能看得上她们，也是她们前世的福分，奴才先替她们谢恩了。这样，皇上能解闷，奴才也了结了一头心事。"

让嘉庆欣喜万分的是，惟妙、惟肖一对姐妹，乍一见面，她们的容颜远远超出自己的想象，比原先预料的要好出许多倍。更重要的是，两姐妹善解人意，十分乖巧，没几个照面，嘉庆已经把她俩当成宝贝一样爱不释手了。两姐妹被安置在坤宁宫后院的偏殿中，嘉庆想来个金屋藏娇，半隐瞒半公开地收留在身边。

这天处理完政事后，还不到正午时分。嘉庆从勤政殿出来，才发觉下雪了，鹅毛般的雪片，彼此交错着比丝绸还密，仿佛自天上到地下挂起一条巨大的雪帘，极为壮观。嘉庆径直走到惟妙、惟肖的住处，拉着两位美人看雪景。

望着苍茫天地，嘉庆暗叹世间这么遥远，可惜朕只能埋首于这殿那殿，和那帮机关算尽的油滑奸吏周旋，唉！惆怅中不知为什么，想起圆明园中的福海。经过一场大雪的装饰，福海会变成什么样子呢？

他记得今年正月里，在松明陪侍下，泛舟于福海之中，那一天也正下着雪，也是密密麻麻飘飘洒洒的。他当时站在船头，眺望远方，任雪花飘洒，如能横朔赋诗，那可真是尽品一世之雄的滋味了。现在想想，多美的海中雪景图啊。

记得当时心境一如这段时间烦躁郁闷，那次的福海使自己心情轻松，欣慰了许久。他甚至还记得那个小船夫，技术相当不错，站在船板上稳如平地，感觉很好。当时一时高兴还奖赏了他几两银角子。如果再能一饱福海之乐，那可就真是锦上添花了。更何况可以携两位美人一起前去，乐趣自然会更多。

嘉庆扭过脸问松明："还记得那次泛舟福海的情形么？"松明连连点头："当然记得，那是今年正月里的事。莫非皇上再想去福海一游？这大雪刚下，天气寒冷，漂泊在湖水上，皇上龙体怕有诸多不便，着了风寒，老奴可承担不起。皇上，还是等天气暖和了再去吧？"

嘉庆不以为然地笑了："朕身子骨硬朗得很。先去圆明园作准备吧！"

松明不便再说什么，答应一声匆忙地去了。

惟妙和惟肖当然连连拍手称好，爱怜娇羞地偎依在嘉庆左右，直奔圆明园而来。

松明已经在福海岸边的亭子下等候，见皇上一行逶迤而来，忙哈着腰上前，小心地说："皇上，这些宫女们听说皇上要来，结集在岸边迎候，老奴怕她们打扰了雅兴，扰乱了皇上的清静，要不……叫她们都散了吧，免得碍皇上的眼……"

按清廷规定，皇帝游渡福海时，宫女们要列在岸上齐呼"安乐渡"。今年正月的那次泛舟，嘉庆就曾叫松明将那些狐媚的宫女们赶了回去。当时嘉庆满脸不高兴地责问："朕日理万机，忧国忧民，好容易有个游渡的机会，朕只想在这湖上静静地享受片刻，也好体会一下在朗朗乾坤中普通百姓人家的恬淡。公公为何将她们呼来聒噪添乱？"

松明对那天情形记忆犹新，但这次如果干脆不召唤宫女，倘若嘉庆嫌过于冷清，反倒又是自己的不是。只能先叫过来，试探嘉庆口气。反正宫女们，招之即来，挥之即去，并不特别费事，总比挨两句训斥强。

嘉庆满意地点点头。松明放下心来，知道自己的问话并不多余，忙冲身后摆摆手，大群宫女们会意，悄无声息地退散而去。周围显得更加空旷。

湖中模糊不清的阳光，散落在雪中，辉映的光晕衬托出一丝暧昧，叫人想入非非。嘉庆上前两步，搂住惟肖和惟妙："两位美人，这福海的景致如何？"话音里透着颤抖，两人都能听出来，皇上此刻已是醉翁之意不在酒。

惟肖和惟妙一心只求皇上牢固地宠爱自己，也无心观赏什么雪景，却又不得不装腔作势地说："皇上圣明，这里的景致，奴婢真觉得腾云驾雾仙境一般，隐约间还看见一条龙。"

"一条龙？说得好！"嘉庆刚赞叹一句，松明小跑过来跪下禀报："皇上，您瞧，龙舟已经开过来了！"

说话间只见一艘雕龙衔凤装饰华贵的彩舟，缓缓地靠了过来。

龙舟身后，泛起一圈圈水波，沉积的雪花飞溅四射，柔缓中不失壮观。

嘉庆回过头，眯着眼上下打量惟妙和惟肖："两位美人，小心起风，咱这就上船去！"

惟妙和惟肖一左一右搀扶着嘉庆，先把他扶到船上，然后款款地一前一后登上彩舟。她们知道，这样华贵的龙舟，不是受宠的妃子，是没有资格乘坐的。

松明屁颠儿屁颠儿地跟上去，刚要上船伺候左右。嘉庆摆手阻止了他："松明，船上没你什么事，你年纪也大了，上下船不方便，还是到对岸候着吧。"

话刚出口，松明便觉得自己刚才举动很不妥，不禁脸上一红，真想抽自己一巴掌，我他妈真是老了，怎么这么笨！皇上有两个大美人在身边，还要我这个干瘪老头作甚？但松明脸上依旧笑盈盈的，不动声色地赔着不是，往旁边亭子内走去。

没了松明碍眼，嘉庆兴致勃勃地登上彩舟。就在经过船尾时，高兴之余下意识瞥了船工一眼。咦？这船工看起来十分年少，脸型模样有些像上次那个船工，但嘉庆立刻肯定，这人绝不是原来那个。嘉庆心情极好，随口问一句："你……朕觉得好生面熟，怎么会是你划船，原来那个船工呢？"

还带着几分孩子气的船工听皇上对自己说话，倒并没显得特别紧张，整理一下衣着，缓缓走到嘉庆跟前，单腿跪下恭恭敬敬地说："回万岁爷，奴才是王祥的弟弟王吉。奴才代他谢过皇上，承蒙皇上还记得奴才兄长的模样。可惜奴才的哥哥没福气，不能再为您划船啦……"说着声音有些变调。

嘉庆扫视一眼脚下的王吉，不解地问："这就奇了，谁给辞退的？"

王吉嘴角抽动一下，脸上浮过一丝悲苦和轻蔑，使劲低下头："皇上，他……已经死了……"

嘉庆听他的话很别扭，怎么听都好像在说皇上已经死了。不过正在兴头上，也没介意，只是随便"噢"了一下，没继续问王祥的死因。这就更印证了王吉的揣测，在嘉庆的眼里，一介草民死不足惜，一切都无关痛痒。不过，一个皇帝，哪能什么都顾及到，即便顾及，此时也只能顾及美人。王吉向后舱方向走出两步，嘉庆淡淡地应了一句："你哥哥船划得不错。你既然是他弟弟，划船的本领该也不错吧？"

王吉始终低着头回话："奴才尽力就是，皇上放心！"

嘉庆满意地点点头："好，那就开船吧！如果真像你哥哥一样把船整治得如履平地，朕自然也会有赏。"

王吉比实际年龄似乎老成许多，不紧不慢叩首道："奴才先谢过万岁爷。"

说话间，王吉挥篙拨动搅着雪花和冰块的水面，彩舟缓缓挪动了。船刚一离岸，嘉庆心里奇痒难耐，立刻迫不及待地离开船尾，径自走到船头去了。惟肖和惟妙上船以后，姐妹二人立刻被舱内华贵的布置所吸引。惟妙和惟肖在宫里这段时间感觉也算见过了世面，但这样精美的装饰，却还是头一次见到。看来当了皇妃就是不一样啊！惟妙一头钻进船舱，仔细观察，船舱里里外外，全绘着精美的图案，颜色鲜艳，十分炫人眼目。惟妙尽量显得落落大方，只微微露出几分喜爱的表情，拉一把惟肖："别显得太贱了，太贱了就叫人瞧不起。咱们既然是来陪皇上游湖，就该认真观看湖中景色，即便装，也要跟真的一样。只要应付好了，还怕不能仔细品味船舱……"

惟肖随即醒悟过来。点点头，跟着姐姐来到船头，悄悄站在嘉庆身旁。这艘船和嘉庆在正月所乘的那艘略有不同，那艘船的船头盘着一条金光闪闪的巨龙，而这艘船的船首却是飞翔着两只光彩夺目的凤凰。惟妙和惟肖感激地想，一定是松明已经把自己当作了贵妃，等有机会，得好好报答人家才是。

忽然微风吹拂湖面，荡起层层波浪，波浪拍打着船舷，激起阵阵轻微的撞击声，真有几分海涛阵阵的意味。站在船头的嘉庆盯着湖水，胸中怦怦乱跳，不无挑逗地笑道："朕觉得这湖水，就像两位美人，柔软无骨，真正销魂。"

惟肖凑过来贴着嘉庆，故意装作不解地问："皇上怎么忽然发起感慨来了？文绉绉的，故意叫人听不明白。"

带着体温的芳香萦绕着嘉庆，他再也把持不住，搂着惟肖的杨柳

腰嗓音含糊地说："小美人，你看那平静的湖面不正像你们一般温柔娴静、善解人意？而风起时波浪相激，又正如你们活泼开朗。与你们在一起，朕仿佛回到了年轻时光。"

嘉庆怎么也没想到，正当自己沉浸在无边柔情的气氛中时，隐藏的危险正一步一步紧逼过来。

船工王吉趁嘉庆挑逗两位美人的机会，悄悄停下手中竹篙，从腰间摸出一柄闪亮的匕首，用衣襟遮掩着，蹑手蹑脚向船头这边摸过来。

王吉一反刚才满脸稚气，眼里抖擞着凶光，包含着无限仇恨和杀机。"狗皇帝，你不用神气，今天一命抵两命，我兄妹三个拼掉你一个，也算值了！"

按照原来计划，王吉可以不用凶器，只要船摇到湖心时，把船给弄翻，这么冷的天，无论是谁掉入湖中，必死无疑。即便岸边的侍从想过来搭救，也鞭长莫及。然而让王吉没想到的是，计划赶不上变化，自己听说皇上一向喜欢乘坐小船，早把怎样弄翻船只在脑子里演绎许多遍。可是这次，松明忽然让他划龙舟，说是陪同皇上的有两个新妃子，要隆重些。

增加两个弱女子，王吉倒不特别在意。只是这么大的船，要想弄翻绝非易事，王吉只能临时改变主意，把那柄偷偷磨了无数遍的匕首藏在靴筒里，以便见机行事。

走出两步，王吉看一眼衣襟下握着的匕首，心头颤抖了一下，想一想，很快放回腰间。眼角余光中，他还能看见岸边隐约闪现的侍卫身影，这说明还没有到动手的最佳地点。王吉细心盘算过，最好的地点当然是湖心，即便被发现船上有异常情况，侍从也无法马上赶来，而那狗皇帝又无防备，能够轻而易举地解决。至于自己如何逃生，他从未想过，他已抱定必死的决心。

再往湖心划上几篙，龙舟无声地滑进冰雪与湖水交融的最深处。王吉强压住狂跳的心，按了按腰间，匕首还在，他手里已开始冒汗，长喘了一口气，清醒一下头脑。眼看船就要到湖心了，他动手的时机终于到来了，他不由自主地感觉双手发颤，额头上不停地冒冷汗。他狠狠地咬一下嘴唇，对自己说："王吉，你怕什么呢？想想那狗日的皇帝如何残害大哥和小妹的吧，有仇不报，枉为男儿。不就是个跟肥猪似的狗皇帝吗，现如今自己就是屠夫，非得捅了他不可！"

接连打气，可是依然忍不住浑身抖动。勉强压住紧张的神经，王吉竖起耳朵，听船头那边有什么动静。静悄悄的，没有说话调笑声，不对，狗皇帝好像不在船头了。王吉心窝处咯噔一下，莫非，狗皇帝看出来了，有所戒备？再仔细想想，不能，绝对不可能，任凭他长了四只眼睛，也断然想不到这点。况且还有那两个骚货缠着，他早糊涂了，等着受死吧！

就在王吉头脑中翻江倒海时，嘉庆正拥着两位美人缓步回到船舱。今天风很大，吹到身上，刺骨的冷。况且又有两人依声细语，简直抵不住诱惑，观赏风景，纯粹成了借口。嘉庆半推半就地，随着惟妙和惟肖进了船舱。

仿佛在建造船只时就猜透了皇上的心思，舱内布置既豪华又艳丽，充满了女人香，加上舱内墙壁上描绘着各种姿势的仕女图，足以震颤人心。更美的是，就在不大的空间里，还放置着一张软榻，被褥齐全。三人怦然心动，似乎没怎么绕弯子，他们便相拥着，揣摩纠缠着滚倒在软榻上。

正当舱内渐渐进入佳境时，彩舟悄然停了下来。王吉不懂得什么破釜沉舟，但他还是无师自通地把竹篙远远扔进水中，大不了一死，反正要为哥哥和小妹报仇！

王吉拔出匕首，也不用衣襟遮掩，明晃晃地拎在手里，慢慢靠近船舱。屏息静气，终于摸到了舱门口。探头往里一看，只见浪笑中，嘉庆正扯拽两个妃子的衣服，一边含糊不清地说笑着什么，一边在她们雪白的身上摸捏。两个妃子也是黏黏糊糊，眼看就要贴在一起。王吉更加气上头顶，他仿佛看见当初自己小妹的身影。这狗日的皇帝果真是无耻荒淫！在游船上还忘不了弄这勾当，回到皇宫里，还不整天泡在床上，多少好姑娘让他……王吉忘记了恐惧，脚步也放开来，嗵嗵几步走到软榻旁。

第十九章 君王游玩舒心情 贼人借机生歹心

然而就在匕首对准嘉庆脊背的电光石火一瞬间，王吉颤抖着手犹豫了一下，这一刀子下去，一个皇帝就没有了，这可是惊天动地的大事啊！就是这片刻的犹豫，躺在嘉庆身子底下的惟妙，惊恐万状地看见一个陌生的小伙子站在跟前，手中一把匕首寒光抖动。虽然弄不清楚到底发生了什么，但她知道情形不妙。几乎没来得及考虑，只是本能地，惟妙以惊人的速度翻身起来，一个翻滚，把嘉庆压在自己身下。而此时，王吉的匕首也狠狠地刺了过来，深深插进惟妙的心脏。

惟妙没来得及做任何反应，抽搐一下不动了。嘉庆何等精明，立刻明白发生了什么事情，他趁王吉往外拔匕首的空当，飞起一脚，连同惟妙的尸体蹬开，王吉向后跟跄两步。嘉庆立刻翻身而起，往舱门口闪去。王吉急了，三把两把，拔出匕首紧追出去。惟肖见状，不知从哪里来了一股勇气，扑倒在地下，抱住王吉的腿，大声叫喊："有刺客，快来人啊，快来人啊！皇上快走啊……"王吉没料到事情竟然这么不顺利，气急败坏中急于挣脱，不想越着急越被她的衣裙纠缠着，怎么也甩不掉。一个看上去没骨头似的女人，有这般惊人的气力，让王吉始料不及，他忽然"啊"地喊叫一嗓子，挥动匕首在惟肖身上乱扎乱捅，只刺得满身满脸都是血污，才明白真正的仇人在舱门口。

就在王吉正要转过身去找那个不共戴天的狗皇帝时，忽然感觉脑袋嗡的一声，似乎很疼，又似乎腾云驾雾。他摇晃一下，看见那个狗皇帝就站在自己身边，手里拎着一条短凳，凳腿上有殷红的血正一滴一滴溅落在船板上。

"哥，小妹，我没能耐，到底还是让狗皇帝躲过一劫……"这个念头在王吉脑海里闪动一下，他忽然想到王原会，要不是王原会推荐，全家怎么能落到这个地步？"王原会，你害了……"拼命喊出半句，昏暗在眼前无边地弥漫过来，他软绵绵地躺倒在地下。堂皇富丽的舱内，只有嘉庆搂着惟妙和惟肖两人的尸体，声嘶力竭地冲岸边大喊：快来人哪，都死到哪里去啦？"

身为大学士兼工部尚书的费淳，一眼就相中了这个人。这人看上去斯斯文文，三十多岁仍和小生一般。说起话来细声细语，加上一副婀娜多姿的身材和搔首弄姿的动作，举手投足间，凝雪皓腕不时从衣袖中显露出来，若不仔细看，就好像很有姿色的女子一般。光是这长相，就吸引了费淳的目光。虽然费淳并没有男风的喜好，但他还是相信，男生女相，富贵吉祥。这样的人乖巧伶俐，能把事情办得妥当。

随意问了几个问题，费淳点点头："好，就是他吧。"尚书发了话，下边的人不敢多说，赶紧把这个相貌俊秀的中年男人带到堂下，给他安排活计。

这人就是王原会，京城中一个普通读书人家的子弟。同众多读书人一样，十年的寒窗苦读，也没读出个什么结果，功名仕途总在眼前诱惑地招手，但又那么遥遥无期，可望而不可即。后来他索性自暴自弃，放下书本，利用自己的相貌，混迹于八大胡同，美其名曰柳永再生。受妓女和嫖客的熏陶，他很快学会了吃喝嫖赌，而且由于聪明伶俐，俨然成了混世魔王的班头。

可是混日子需要银子，自己到底不同于人家妓女，只凭相貌并不能当饭吃。就在百无聊赖之际，听说工部人手不够用，要招两个书吏，王原会便央求赌场上的朋友介绍，弄来一个面试机会。不料吉人自有天相，竟然一眼被费淳给相中了。从此，王原会就像变了个人，人生也进入另一个阶段，给他自己，也给整个朝廷，带来不小的麻烦。尤其是嘉庆会因此差点殒命船头，是谁也无法想到的。

费淳只凭表面印象不错，让王原会在工部做了个书吏。这对于没有任何收入的王原会来讲，自然是雪中送炭。开始时，王原会心存感激，还挺尽力。盘算着既然有费淳照顾，努力上几年，升迁应该没问题。科举不第，照样能做官，这就叫山不转水转，天生一个人，必有一份粮。

在一心想升官的心理驱动下，王原会勤勤恳恳，把书吏分内抄抄写写的事务做得非常认真，还负责拎茶壶倒开水，赢得上下一致称赞。然而干了几年以后，称赞是称赞，升迁却并没任何迹象。和朝廷大员们不多的接触中，他慢慢看到了官场的黑暗，这些官员，表面上成天笑呵呵的，其实心里不定琢磨着算计谁。真他娘的表面道貌岸然，肚里男盗女娼。他们要的是银子，没有银子行贿，自己这一生说不定就是个书吏啦！

但是王原会并不甘心就这样默默无闻地过下去。私下里想了又想，天下乌鸦一般黑，既然这样，还不如自己好好地活一回，去他娘的尽心尽力吧，老子才不愿做那像傻瓜一样的老黄牛呢！想开这个道理后，王原会也开始和别的书吏官员一样，对各路公文马马虎虎应付过去，一有空就在街上闲逛找乐子，日子也过得有滋有味。

工部里各衙门的书吏有十几个，闲暇时在一起谈论赌博嫖娼等事情来，大家都有臭味相投沆瀣一气的感觉。很快，蔡泳、吴爱觅和蒋风管三个书吏，与王原会一见如故，彼此相见恨晚，谈论得很是投机。渐渐地关系越来越火热，四人干脆跪天起誓，结成了难兄难弟。王原会为大哥，蔡泳是老二，吴爱觅和蒋风管分居老三、老四。

他们的爱好惊人地相似，吃喝嫖赌无所不会。自从结拜为兄弟后，妓院、酒馆和赌场就成了他们经常出入的场所。四人如影随形，欢快的日子让他们如痴如醉，但同时，四人又不得不忍痛看着白花花的银子，流水一般往外泄。小小的书吏能有几个俸禄，又没什么外快，往往是发俸以后逍遥不几天，就囊中空空。四人在拼命享受生活的同时，比以往更迫切地为银子而烦恼。

这天傍晚时分，四人不约而同来到街上闲逛。妓院里花枝招展的姑娘们站在门口，泼辣地连声挑逗，他们却摇头叹口气，赶紧躲开。再往前走，赌场内人头攒动，人声鼎沸，而他们只能各自咽口水……唉，一个月过半，口袋里没一两银钱，衣是人之威，钱是人之胆，没了钱，枉做英雄汉哪！王原会发一句牢骚，见其他三人蔫蔫地没半点精神气，连发牢骚的心情都没有了。

转悠了大半条街，看看时候不早，肚子里骨碌碌乱叫，才想起半天了还没吃饭。唉，真是穷得连肚子都忘了饿，太惨啦！有人嘀咕一声，四人在一家档次不高不低的饭馆门口站下。大红的灯笼已经点上，红艳艳的让人开胃。这地方他们常常光顾，可这次他们脸上的笑容比哭还难看，面面相觑着，蔡泳使劲一拍大腿："唉，真他娘的饱时不知饥时的难受，早知道过到这种地步，前几天就不在那个骚娘儿们儿身上花大把的银子了，什么一枝花不一枝花的，搌到被窝里都一个样！要是那时候节省点，也不至于落到这步田地！”

"不用埋怨啦！家有万贯，不如日进分文。即使我们不乱花一两银子，总共就那么点，怎么节省都不够用！"吴爱觅撅起嘴巴，气嘟嘟地顶撞一句。

蒋风管拍拍后脑勺儿，带着几分后悔："天不怪，地不怪，都怪咱运气背，要是咱们前几天赌一次赢一次，不就有钱啦？这就叫人走运了扁担开花，人倒霉了生姜不辣！"

"好了，好了，兄弟们别瞎吵吵啦，还嫌丢人丢得不够大？还好，我身上剩了几十个铜子，先填饱肚子再说吧！"王原会四下看看，勉强挤出一点笑容，大家垂头丧气走进门内。

店小二见是老熟人来了，忙满脸堆笑地迎上来："啊，又是几位爷，今天好兴致，好口福，小店新近……"

没等伙计说完，王原会不耐烦地把十几个铜子朝桌子上哗啦一丢："少啰唆那些骗人银子的玩意儿，兄弟几个有急事，赶紧下几碗面！"

店伙计还不甘心，上下打量几眼王原会："几位爷有什么公干，这么着急？不过再着急，总得点几个小菜儿将就着用……"

王原会唯恐别人听见，认出自己，板着脸低声呵斥一句："别啰唆，耽误了爷们儿的公干，可不是你多卖几个菜的事情，只怕连店端了都不够！"店伙计见他们不像开玩笑，吐吐舌头走开。

少顷端上四大碗菜汤拌面条。四人你看看我，我看看你，耳畔猜拳行令声、喝酒的吱吱声还有火锅里汤菜翻滚的声音，一浪高过一浪，鸡鸭鱼肉似乎就在眼前晃动。想想别人大吃大喝的情景，再看看跟前孤零零的几碗白面条，越发咽不下去。

叹息连连中，勉强扒拉着面条，填进嘴里，味如嚼蜡。蔡泳终于把碗重重地往桌子上一顿："大哥，叫我说，咱得想法子弄点钱，不然这日子也不是个事儿……"

王原会若有所思地放下手中的碗筷："你们都已经老大不小了，吃

屎容易挣钱难，这个道理难道你们都不明白吗？我也已经仔细揣摩过了，咱兄弟最擅长的就是吃喝嫖赌，不计后果地往外花银子，坑蒙拐骗往手里捞银子的本事，咱们打小就不会。要不是你哥哥我留一手，今天挨饿也是有的！"

第二十章

酒桌上指点迷津　街巷中偶遇故旧

　　蔡泳、吴爱觅与蒋风管三个人正盯着王原会的喉头，一上一下地半是教训半是牢骚，突然有一个人踱着方步走了进来，站在桌子边，似笑非笑地看着桌子上的面条。王原会抬头打量这人，呆愣了半天才醒过神来，这个肥头大耳的矮胖子，是经常去工部包揽工程的工头常红与。包揽工程的工头们紧紧地盯着工部，有事没事就往那里跑，拉关系套近乎。有时候他们找不见正经当家的，也经常和自己这帮书吏们闲扯。因此彼此不算熟悉，但也不陌生。

　　见王原会发愣，常红与也不客气，拉条凳子大咧咧地坐下："这不是费淳大人身边的王书吏吗？今天是怎么啦，嫌身上的油水太多？清淡菜肴有的是，哪能光吃面条呀，也不怕吃虚脱喽？"

　　说着挥手冲店伙计大喊，"小二，赶紧弄一桌子酒菜来，记着，鸡鸭鱼肉一样不要，太腻，几位大人要清淡些的！"

　　王原会见其余三个弟兄只朝自己使眼色，深深地吸了口气，长叹一声："老兄，我也不瞒你，哪是什么吃大鱼大肉吃腻了？肚子里油水正愁不够用呢！唉，只是最近……手头……有点紧！"

　　常红与作为包工头，整天上蹿下跳，什么底细看不出来？见王原会自己讲出苦衷，也不再让他们过于难堪，二话不说又叫过刚走几步的店伙计："算了，清淡的以后再说，来一桌上好的酒菜！鸡鸭鱼肉一样别少，要快！"

　　大家掩饰不住一脸喜色。

王原会拱拱手，颇有点难为情地说："俺们兄弟吃饭，是好是歹也就凑合一顿，怎能让兄台破费？万万使不得！"

常红与财大气粗地一挥手："王书吏王大人，说这话就见外了。俗话说得好，同来一座庙，就是有缘人。一叶浮萍归大海，人生何处不相逢？以后不知何时还要常常麻烦各位，一顿饭算得了什么？也值得这么客气！"一边说，一边用眼睛瞟王原会身边的几个人。

王原会见对方如此豁达，也不再客套。因为大家不在一个衙门，吴爱觅认识常红与！其他两人则不大熟悉。王原会就把另外两个弟兄一一引见。正所谓不是一家人，不进一家门，一阵寒暄之后，渐渐放开，吃喝嫖赌，街头巷语，道听途说，随意胡侃，聊得很是投机。

转眼间，一桌酒席已备齐端上来，王原会几个虽常下馆子，但也就是小规模吃喝几样，像这样丰盛满满当当一桌子酒菜，却还没多见过，便毫不客气地大加咀嚼。

推杯换盏间连喝几大杯，人人脸上泛出红光。常红与把他们挨个儿看看，忽然笑了："王书吏，要我说，北京城里一千八百多条街道胡同全住满乞丐，你老哥也不会穷。为什么，谁不知道，工部府库，挨边儿就富。王书吏可是费大人手下的红人，按说你手头应该可劲地宽裕才对。"

这话正点中王原会心事，他放下酒杯一声长叹："不瞒你老兄，工部府库里富裕的，都是掌权的，咱一个小小的书吏，除了俸禄，哪会有多少外快？你老兄只看见表面，并不了解其中的内情。"

常红与笑了："就那几两俸禄银子，还不把人饿死？"把玩着酒杯，意味深长地又一笑，"王兄啊，话虽这样说，但有时候事在人为，看你怎么拜。叫老弟我说，你还是守着金库不知道往外拿钱，主意没琢磨到。"

王原会一脸诧异，不解地问："此话怎么说？"

常红与神秘地笑笑，凑过头去低声说："书吏一职虽小，但工部可大得很呀！据我所知，每天从您老兄手里过的单据不下百件，稍动一动，随便怎么做点手脚，那银子不就水一样地流入您的腰包了吗？"

王原会还是一脸疑惑，皱皱眉头："恕老弟愚钝……还是有点不明白，请常兄明示。"

常红与鼓起老高的鱼眼珠，环顾一下四周，从衣兜里掏出一张纸，塞进王原会的手中。

王原会好奇地轻轻展开，原来是张工程报账单据。这东西再熟悉不过了，他左看看工程的名称，右瞧瞧银两的数目，仍瞧不出其中眉目。

常红与有点不耐烦地指指点点："王兄真是有意装憨。工部里，这表格多得很，只需稍微改动原表，再换一张，不就有银子了吗？"

王原会眼珠转了两转，仍有点茫然地看看常红与："车到山前必有路，老天爷饿不死瞎家雀。老兄照着单子一抄，递上去领银子，不就万事大吉了吗！"常红与尽量压低声音，其余三人也眼光灼灼地看着周围动静。

王原会脸色更加红润，挪动一下身子，几分疑惑地又问："那……单据好仿造，可是这上边官府的大印，还有那官员的签名，怎么抄呢？"

常红与不屑地晒笑一声："王兄，俗话说得好，东西是死的，人是活的。不就是个签名吗？小菜一碟，依你老兄的能力，完全可以模仿到以假乱真。至于弄个假印嘛，也不是难事，若王兄不嫌弃，包在我身上。更何况，工部里的官员，那作风，你还不最清楚，个个满脑子酒菜妓女，谁给你仔细看？只要手续俱全就行，银子神不知鬼不觉地就跑到老兄怀中了。"

听了常红与的话，王原会豁然开朗，跃跃欲试的冲动油然而生。然而这可不是小事，万一事情搞砸了，只怕脑袋都要搬家。大家沉吟着半晌没说话。常红与似乎看出了王原会的心思，拍了拍他肩膀说："如今这年头，你们还没看透？没胆量就没银两，敢想敢干，才能混得开呀。男儿不发狠，到老受贫困，就是这个道理，犯法算什么，不犯法谁给你银子？没听说过吗，要升官，杀人放火受招安。这年头，玩的就是个狠字儿！"

说着把那表格塞到王原会手中："咱也不是成心坑害老兄，你回去好好考虑，细细斟酌，听我的，准没错。"

王原会弟兄四个顿时跌进发财的迷梦里，连常红与何以这样热情都没顾上问。

其实，常红与自然不会凭空去帮王原会，只是想互相利用而已。之所以为王原会指点迷津，更主要的还是在为自己铺路点灯。自己虽是个很大的工头，但想捞到一个实惠工程，必须打通县、道和朝廷各部衙门等好几道关口，而且那些官老爷胃口特大，贪得无厌，永远吃不饱，到头来，算计着有利可图，可真正落入自己手里的，也捞不到几个钱。偶尔一两次还可以容忍，时间长了，常红与便开始琢磨歪门邪道。他熟悉工部衙门的办事程序，于是异想天开，拉拢住王原会，在申请表上大做特做文章，包小工程赚大银子，这就是他的目的。

从此，王原会的生活发生了本质的变化。

躺在离工部不远一条小巷深处的房屋中，酒劲似乎还没过去，身子漂浮着有点躺在云中的感觉。呆望着黑洞洞的屋顶，回味方才常红与的话，王原会内心不断地挣扎翻腾。

唉，钱的诱惑力真大啊，没钱什么他娘的都不中用，走在路上比人都矮三分。别说什么大官小吏，便是皇帝，不也是为了几两银子团团转？这倒是个无本万利的好事，只是……在床上辗转反侧半天，王原会收回思绪，反复劝说自己。天色微明时，王原会终于狠下一条心，决定干一番，豁出去了。真是的，男儿不发狠，到老受贫困，管他娘的！如果成功了，那就可以尽情花天酒地，也不枉活一世人。如果失败了，他不敢想，不敢想，索性就不去想，仔细一些，见好就收，应该没问题的。

主意拿定，王原会开始操刀了。第二天上班，他去得比以往都早，先来到工部工程衙门，装作打扫的模样，见屋里没人，便揣了几份工程审批表，匆忙溜开。蔡泳和吴爱觅两个，对照着拿来的表格，靠常红与牵线，私刻了几枚官府假印。然后，他们费尽心思地开始复制工程报表。

忙碌几天后，报表终于复制出来，乍一看，模仿得淋漓尽致，主管官员签字，衙门印章，一个不缺，真正是达到了以假乱真的地步。手捧报表，王原会自己都无法辨认哪张是真，哪张是假，真不敢想象是出自自己之手。拿着这张表格，只要工部尚书费淳稀里糊涂地把大名签上，白花花的银子就到手了！哈哈……

不过，纵然心头得意，王原会毕竟还是第一次干，做事的时候蹑手蹑脚，忐忑不安。常红与那表格是申请一项阔河工程。每到年终时，这种工程总是排得满满的，并不稀奇。表格上标着六千两，王原会不敢多改，复制表格时，把六千改成了七千。然而，不做亏心事，不怕鬼敲门，既做亏心事，影子都成鬼。

五天头上，揣着那表格上班时，王原会心里像揣了个兔子，总是定不下来。他知道，如果费淳注意力集中时，那表格递上去恐怕会有麻烦，费淳是朝廷中以认真著称的大臣，皇上欣赏的就是他这点。万一在费淳眼里露了马脚，自己的小命也就立刻没了。

强压住内心的激动和恐惧，王原会耐着性子，待机行事。事情往往格外凑巧，王原会正思忖着这事时，偶尔看见大学士禄康到工部闲溜达。这些位高权重的大臣们，向皇上表起功来总是挺忙，其实每天无聊得要死，隔三差五相互串串门儿。

尤其是禄康和费淳，两人凑在一起，总要侃侃而谈几个时辰都不累，是有名的聊友。这次也不例外，费淳陪着他吹得天花乱坠，兴致盎然。王原会见他们谈得不亦乐乎，便趁机小跑着进门，把表格递了过去。王原会的手不停地哆嗦，打着颤音说："大人，这项工程今年就得结束，时间紧迫，下边催了好几回了，麻烦大人审批一下。"

费淳和禄康正谈得投机，也不在意，粗略看一眼，凑手拿过毛笔，将自己的大名龙飞凤舞地往纸上一画，递给王原会，又大侃特侃起来。就这么简单？王原会不敢相信似的激动不已，抖着手差点没有接住那表格。好在费淳连看都没看他一眼，根本没注意到他的明显失态。

王原会悬着的心终于落了下来。有了费淳的签名，其他鸡毛蒜皮的事就大可忽略了。但是王原会暗暗告诫自己，万不可大意，那些小小的事情也得认真对付，切莫功亏一篑。拿着报表取银子，也得有一连串繁琐程序。工部领取银子的地方，多半是到内务府，有时数量小的，也可以直接到户部银库里去领取。

王原会一来求钱心切，再者感觉自己跟负责府库的两位大臣见过几面，彼此拉扯过几句话，印象还不错。更可贵的是那两位傻哥，无论什么报表，从来不看内容，只要看到表格下方画着"费淳"二字，便问也不问地盖上内务府大印。

就这样，王原会直接到了内务府，果然如他所料想的，十分顺利地领到了七千两银子。望着白花花的银锭，王原会心潮澎湃。自从当了书吏以后，从手里过的银子不在少数，但以前那都是流水洗手，水过手干，根本和自己没任何关系。而今，这堆银子里面除了交给常红与六千两，还能剩下属于自己的一千两。一千两可不是个小数目，三品的官员每年才不过六十两俸禄。这些银子，能到酒店痛快吃喝多少回，能进几次赌场，能玩多少女人，想到这些，王原会偷偷地乐了……

自从王原会尝到了甜头，自然也愿意听常红与差遣。以后每次申报表格，二人总是心照不宣。渐渐地，王原会对此轻车熟路，拿着假造表格，面不慌，心不跳，他总能找到费淳和禄康或者其他人凑合在一起聊天的机会，让费淳在嘻嘻哈哈中签上大名。多收的银子，二人各得其所，皆大欢喜。

随着造假次数的增多，王原会也越来越胆大，越来越老练。有钱之后，兄弟四个每日花天酒地，用吴爱觅的话讲，就是皇上一般的生活。可惜美中不足的是，常红与的工程一年也就是一两起，其他工程经自己手报上去的，并不是很多。况且一张报表多写的银子数量毕竟有限，怎样才能捞到更多的银子呢？

几番琢磨，王原会忽然闪过一个念头，既然可以在真工程报表上造假，怎么就不能假造个工程呢？反正工部的工程多的是，多一个两个谁也不会留意。只要一年能假造两三个工程，连本带利可就全是自己的了，即便是小小的工程，那银子数量也成千上万，哎呀……

揣摩了两个多月，王原会终于鼓足勇气，假造了一张表格，随手编了一个山东省某某州府要修整驿道的工程。工程监督的工头名字，王原会填写上常红与，表上的签名有两江总督的、山东巡抚的和府、道各级官吏的，当然都是假造，但除了王原会本人，谁也看不出来。

这几个签名，还有工部衙门、各省大员等人的署名、盖章，王原会苦苦模仿了一个多月。这张从山东报上来的工程报表，从头到尾从里到外都是假造，而且，王原会聪明中也有疏漏，他忘了，地方府院修筑驿道，根本没必要到朝廷申请。

但就这样的报表，费淳仍旧看也未看就给批了，而且批得没有丝毫怀疑犹豫。银子一而再、再而三地到手后，王原会等人也将最后一点顾虑给抛掉，放开了胆子制假骗钱。他们听说哪一个地方有了自然灾害，就赶忙捏造好一张"赈灾"表格，银两数目或大或小，由他们随意写出来，交户部审查批准。户部主事德瑛，曾被嘉庆称赞"办事极为认真的人"，也照样每每照批不误。

如此一来，就等于自己家开了个工部和户部，连府库也成了自家的仓库。仅仅半年多时间，王原会等人就用这其实并不高明的骗术，行骗十多次，屡试不爽，从没露过一丝破绽。后来，他们嫌这套来回报送审批的程序太过繁琐，索性连费淳或德瑛的签名也模仿了，内务府的大印也刻了一枚，手艺不错，加盖上去，和真的别无二致。这下子，他们更加肆无忌惮，行骗一条龙，一切过程从简，只需拿着从头到脚都是假造的报单，到内务府的府库去提银子就可以了。

王原会等人还算有心计，造假报单的时候，每次数额都不是很大。正如他们料想的那样，整个工部上上下下，并没有人注意这些"小工程"。而所谓的"小工程"，也往往都在五千两左右，对于普通百姓，简直就是天文数字，想也不敢想的。就这样，这些"小工程"累积数次，零零碎碎的不算，单是大宗，共从府库中提出了近十万两银子。

白花花小山一样堆积的银子，使王原会彻底变了一个人，呼风唤雨，派头丝毫不亚于朝廷大员。吃喝嫖赌也渐渐挑剔起来，一般娼妓，开始叫他看不上眼。哼，这些婊子，跟他娘的路边等着雇佣的马车似

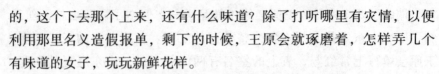

的，这个下去那个上来，还有什么味道？除了打听哪里有灾情，以便利用那里名义造假报单，剩下的时候，王原会就琢磨着，怎样弄几个有味道的女子，玩玩新鲜花样。

有一天，王原会闲来无事，正在街上溜达，以居高临下的目光看着两旁小商小贩。唉，人和人就是不一样啊！他幸福地感叹一句。

忽然隐隐约约好像听见有人在叫"王大哥"，声音很近，莫不是叫自己？他停下脚步。

四下环顾，果然看见一个年轻人兴冲冲地跑过来，在王原会身边站住，惊喜地开口叫道："王大哥，真的是你啊？好久不见了，正害怕认错人呢！"

王原会微微拧了拧眉头，寻思着这又是哪一个来攀亲的？以前穷困的时候，走遍大街小巷，正眼都没人看一下，如今到处都赔笑打招呼，十年前说过一句话的也凑到跟前成熟人了。这样想着，口气里不觉带出不耐烦，不过看对方衣着还算整齐，特别是微风吹起处，里边用宫绸做的衣服很显眼，似乎这人身份还有点名堂，或许和宫廷有关系。在衙门里混这么久，这点常识还是有的，就站住脚勉强开口说："这位小兄弟，不好意思，恕我眼拙，我确实不记得你是哪位了。"

那后生见王原会不冷不热，红着脸赶忙解释说："王大哥，你再好好想想，以前我们住在一个胡同里的。那时候，你念书，我在你窗户底下玩耍，还偷学了不少字呢，你再好好想一想。"

王原会愣怔片刻，恍然大悟地一拍脑袋："噢，对了。你就是那个常常跟在我屁股后面玩的王祥。你看大哥这记性，整天忙得跟陀螺似的，什么都给忘了。几年不见，看样子你小子出息了不少。"

王祥见王原会记起了自己，显出十分高兴的模样，拉着王原会衣袖："王大哥，从那个胡同搬出去后，听说你好几年前就到朝廷里做大官去了。你真行，像俺们大字不识几个的，能出息到哪儿去？"

王原会看他满是羡慕的眼光，在心里自嘲地冷笑一声，一个小小的书吏，算得上他娘的大官吗，连大官的孙子都不够格！可是如今的王原会已经不同以往，怀里揣满银子，自我感觉也是头面人物了，当然不愿在王祥面前说客套话。他不置可否地昂起头，两手往后背一叉，摆出趾高气扬的架势："谁告诉你的？兄弟消息倒挺灵通。唉，其实大哥也是瞎混，撞到哪儿算哪儿。怎么，看样子，兄弟也在朝廷里做事？"

王祥脸上一红，摸着后脑勺儿不好意思地笑笑："和王大哥比起来，我那点差使还能叫做事？小弟大字不识几个，谁要我去？去了也帮不上什么忙。好在我爹活着的时候，他有个朋友介绍我认识了宫中的松明公公，公公看我还算老实可靠，就让我在圆明园的福海中给宫里的人撑船。"

王原会吃惊地眉毛一翘，鼓起眼睛说："哟，果真混进皇宫里去啦！这么说来，兄弟便经常能见着皇上了？"

王祥龇牙咧嘴，露出满嘴黄牙，又抬手摸起后脑勺儿："人家皇上可不是一般人物，哪能经常见？说来也不怕大哥笑话，我去圆明园都好几年了，却只见过皇上一次。你别说，皇上就是皇上，出手大方得很。那次皇上夸我撑船稳当，张口就赏了我五十两银子。皇上身边的侍从把那白花花、亮闪闪的银子递到我手里时，我两眼都直了。从小到大，哪见过这么多银子？当时我不相信这是真的，狠狠地扇了自己一个耳光，确实很疼，这才相信是真的，赶紧趴下给皇上磕头。皇上被我的傻劲逗乐了，还跟我说了一句话，可是说的什么，光顾上磕头了，我根本就没听清，现在想起来还可惜呢！更可惜的是，从那以后，再没轮上我给皇上撑船。王大哥，你到底是什么大官啊，一定很风光吧？"

五十两银子算个屁，还不够我包两天小妞的，也值得高兴成这样！王原会心下释然，随即吞吞吐吐地说："也就是在皇上身边干事，不算什么大官。只是不用撑船，动动嘴皮子，替皇上出主意，有时候也代替皇上到下边走走。"

这么一吹，把王祥唬住了。王祥比得了五十两银子还惊喜，把王原会衣襟扯得更紧："大哥连皇上都能天天见到，还能天天听皇上说话，真比神仙还滋润。"

王原会精神更抖擞，阴阳怪气地说："那当然了，天下这么多事情，皇上一个人哪里能忙得过来？其实真正管事的，还是我们这些身边的人。"

王祥见王原会器宇轩昂，衣着华丽，不由不信，立刻对王原会肃然起敬，毕恭毕敬点头哈腰，口中讷讷地说："哎呀……王大哥，那时候王大哥读书的时候，我就看出王大哥总有一天要出人头地。如今还真……不过这都是王大哥读书下苦功的结果。要是王大哥那里有什么好差使，别忘了小弟……"

王原会更加感觉自己真成皇帝身边的红人了，谦逊地摆摆手："自古讲究糟糠之妻不下堂，贫贱之交不可忘。何必这样客气？以后若有机会，大哥一定不会忘了你，在皇上面前美言推荐你几句，让皇上封你个官儿做就是了。太大的官也别指望，县令之类的，随便混口饭吃，还是随意挑的。"

王原会说话的时候，自己都觉得好笑，真他娘的吹牛不犯死罪！虽然嘉庆也去过工部几次，但像他这种身份低贱的差役，早早就被赶到一旁的屋子。即便有时候来不及让他们这些书吏之类的差役走开，长官也特意叮嘱他们，叫他们趴在地下连动都不能动，根本不敢抬头看皇上，至于和皇上说话，更是打死都不敢的。

这样想着，王原会不由得脸色微微一红。然而王祥并没在意他表情的细微变化，听王原会答应封他官儿做，已经忍不住拍手跳脚，露出孩子气，连连拍手说："多谢大哥，多谢大哥！"想一想又紧接着说，"王大哥，我家就住在附近，要是大哥不嫌弃，到小弟家里坐坐吧？我爹娘都不在了，家里也没什么人。"

王原会正有点百无聊赖，也想顺便听王祥仔细讲讲宫里的情形，以便日后给别人吹嘘自己曾去过皇宫，就很爽朗地说："虽然阔气了，贫穷朋友弟兄还是应当照应的。正好，皇上今天准我休息，就去你家坐坐！"

王祥见他答应去自己家，顿时感觉脸上增光不少，欢天喜地领着王原会往家走。王祥的家在街道旁边一条低洼小巷里，两间茅草屋破烂不堪，有几处还滴着前几天下过的雨水。锅碗瓢盆放在地下，一张桌子摇摇欲坠，两只凳子各缺一条腿。王原会好不容易用腿撑着在凳子上坐下，皱着眉头四下看看，拿出一家人的口气："看你这摆设乱七八糟的，也不让你媳妇好好收拾一下。"

王祥忙着找茶壶抱柴火，要给王原会烧水喝，被烟呛得直咳嗽："我这穷酸日子，哪有钱娶媳妇？自从我爹和我娘去世后，家里没人操持，我也只能勉强养活着这个家，有口饭吃就已经不错了。"

还是穷人家的孩子心眼好，王原会似乎有点动情地说："兄弟，以后在生活上有什么困难，尽管开口，大哥我一定帮你。说句实话，大哥就是每顿饭节省半个小菜，也够你好吃好喝半个月的。"

王祥感激地抬起满是烟灰的脸："我那时候就看出大哥是个好人，又念那么多书，书上都是教人行善的，本来就好，念过书后不就更好了？大哥这么关心我，以后少不了要麻烦您。"

两人东拉西扯了一会儿，谈论些圆明园的景色建筑，王原会看看天色不早，便准备告辞。看他要走，王祥赶忙伸胳膊拦住说："大哥，快中午了，你就在这儿凑合一顿，算兄弟的一点心意。我去买点酒菜来，咱们喝个痛快。"

王原会心想，就这穷家底，能喝痛快吗？你大概还不知道我每天吃喝的都是什么，要是说出来，只怕你就不敢再留我了。刚要说推辞的话，忽然看见从门外跑进两个人来，一个约摸十六七岁的小伙子，身材不算太矮，只是很消瘦。后边是个十三四岁的小姑娘。

那小伙子虽然有点拘泥，倒还大方地冲王原会笑了笑，算是见面礼。后边的小姑娘有些害羞，见家里坐着陌生人，赶忙闪到王祥身后，一边还好奇地探出头来张望一下。

王祥摆出长辈的架势，把小姑娘拉到前边："又不是外人，有什么好躲的？这是王大哥，以前和咱们住在一个大院里，你俩可能不记得了。王大哥是个好人，有大哥照应，咱们的好日子就不远了。这是我兄弟王吉，来，快来见过大哥。"

不用问，王原会就知道，这一定是王祥的弟弟和妹妹了。张张嘴刚要说话，王原会的眼睛忽然被磁铁般吸引住，没想到，穷家破屋里，怎么会有这么标致的姑娘！再仔细看上去，那小姑娘弯弯的柳叶眉，樱桃般滋润的小嘴，红扑扑的脸颊比涂抹任何胭脂都更让人心动，还有那挺翘的鼻子，小巧玲珑的身段，凹凸起伏处隐隐约约，更加撩人。

呆看片刻，王原会感觉体内一股热血直蹿脑际，浑身不自在，把破凳子扭得吱扭乱响，舔了舔双唇颤巍巍地说："怎么……你…还有这样一个妹妹？"

王祥哪里知道，这看似眉清目秀的王大哥，称兄道弟起来一套一套的，却是披着羊皮的狼。王祥并没注意王原会表情的急剧变化，笑着说："我这妹妹出生的时候，王大哥已经搬了家，当然不知道了。他们也和我一样，中不了大用，只好在外边织布作坊里打零工，混口饭吃。"

王原会目光直愣愣地，根本没听清他说什么，一股劲盯着小姑娘。直到那小姑娘和王原会目光相撞，羞红了脸，又躲到王祥身后时，王原会才意识到自己的失态，赶忙说："时候不早，大哥得回去了。方才我忽然想起来，皇上还有件事要我去做呢。你看我这记性，现在才想起来。"说完，从身上掏出一大锭银子，放在桌上，眼睛还有意无意地看一眼王祥身后，僵硬的脸上堆起笑容："大哥刚才是随便走走，也没什么准备，这点银子留着用吧，给弟弟妹妹们弄点好吃的，看他们一个个瘦得跟柴火棒差不多，大哥都心疼。"

王洋还要客气着让王原会吃过饭再走，王原会却拔脚如飞地走出老远，身影闪动着，拐过胡同不见了。火急火燎的神情，让王祥莫名其妙。

王原会紧步来到大街上，若有所思地踱进一家酒馆内。随意点了几个小菜，外加一壶酒，咂摸在嘴里却感觉不出多少滋味。王祥妹妹那清纯的模样总在眼前晃动，怎么也挥不走。自己不是总嫌那帮娼妓没味道吗，这个小姑娘倒是个地道嫩货，宁啃鲜桃一口，胜吃烂桃一筐。要是能把这个雏鸟弄到手把玩把玩，花多少银子都值了。

可是现在让王原会发愁的不是银子，怎么对王祥说呢？怎样才能把这小东西顺顺当当搞到手？蹙眉半晌，王原会脑海里闪过许多路子，花钱雇几个地痞流氓给抢过来？这倒简单，也省事，可是怕就怕一旦惊动了官府，反而不好收场。自己如今虽然有的是银子，但小小的书吏身份并没改变，和官场上瓜葛很少，真为这点小事牵扯大了，反倒不美。

找个老鸨做中间人，高价把这妮子买下来，这样更省事。可是看人家兄妹勉强还能过得去，倒不至于卖掉亲妹妹。

这桩事情看似简单，真琢磨起来，还挺棘手。大半壶烧酒灌进肚里，有股说不出来的欲望，潮涨潮落般在胸中激荡。王原会焦躁起来，他娘的，不是有钱能使鬼推磨吗？怎么这时候银子不管事了？

王原会头脑发胀，正连连骂娘，忽然想起刚才和王祥初次碰见时，都围着"皇上"的名头吹嘘。对了，王祥不是让自己给蒙住了吗，何不再蒙他一回！王原会把剩余的酒仰脖倒进喉咙，往桌子上当啷丢下个银角子，风风火火地起身匆匆出门。

略带醉意，王原会大步跨到院子内，王祥兄妹三个正围着桌子吃饭。王原会早在肚里打好腹稿，脸上洋溢着笑意，进门扯嗓子高喊："兄弟，还没吃饭呢，给弟弟妹妹买好东西吃了吗？"

王祥见王原会走后半个多时辰，又匆匆折回来，红光满面，似乎有天大的喜事，不敢怠慢，忙起身让座，叫小妹奉上茶水。

王原会斜视一眼王祥妹妹，喉结蠕动着咽两口唾沫，故作神秘兮兮地压低嗓门儿说："兄弟，你知道大中午的，皇上召见你哥是为了什么急事？"

王祥眨巴着眼睛："大哥是朝廷大员，专门为皇上分忧的，小弟是什么人，天底下这么多事情，哪能猜得出来？"

王原会泛红的眼珠子来回转动，歪过身子郑重其事地说："你哥身为朝廷命官，为皇上效劳，那是不用说的了。不过今天这件事情，说大也不大，说小还真不小。你哥当时就想起了你，你不是叫哥瞅机会照顾你吗，你看，这机会说来就来了，真够运气的！"

王祥一时口讷，疑惑地盯住王原会，动动嘴唇没说出话来。王原会也不介意，按自己想好的话头往下说："你在圆明园撑船，大概也知道一点。国家大事固然重要，但宫里有没有让皇上可心的人服侍，说起来更加要紧。现在皇上就嫌宫里的妃子都不太好，想委托我找个合意的，只要听话，模样还过得去，就立刻封她为妃子。自己吃喝享受不用说，家里兄弟都跟着风光，封个州官是不成问题的。大哥忽然想到刚才见到小妹，小妹天资聪颖，能有这样一个进身的机会，那还不全家都发了？你哥的话，皇上没有不听的，皇上已经下旨，让我带着小妹今晚去面见皇上。你们兄弟封官的时间，也就这几天的事。"

王祥听着脸上一会儿冷一会儿热，结结巴巴地反问一句："皇上真的要小妹去伺候？可是……我看圆明园里养那么多年轻姑娘，都整天没事干，闲得乱转悠，怎么还说没中意的？"

王原会乜斜他一眼："我这当哥的还能骗你不成？人多和有没有中意的，那是两码事。有哥在皇上跟前推荐，小妹保管用不多久就能弄个皇后当当。小妹当了皇后，你俩就是国舅，你想想，这还了得？将来少不得你哥还要巴结你呢！看，这是皇上付的定金，五十两雪花银子，刚从府库里取出来的，相信了吧？"

王祥对王原会已经佩服得五体投地，丝毫没敢怀疑，眼光在堆银子上扫来扫去，转脸对妹妹说："小妹，听见了吗？前两天我就梦见咱家让贼给偷了，醒来后还奇怪，就咱这破家，有什么可偷的？后来问算卦的瞎子，他说梦见家里被人偷，是有财自上门的征兆。你别说，真应验了，咱们发达了啊！"

王祥妹妹听他们说得眉飞色舞，半懂不懂，只是朦胧地知道，皇帝是天底下最了不得的人，什么都能给你，也什么都能抢走。听说让自己去伺候皇上，她不禁担心地想，人家皇上的盘子碗怕都是十分珍贵值钱的，要是不小心掉到地下一个，那可赔不起的。不过哥哥答应让自己去，她也不能怎样，哥哥总不会害自己，总有他的道理。

见他们都没什么话说，王原会怕节外生枝，说得多了反而露马脚，匆匆站起身说："兄弟，皇上还在宫里等着大哥呢，我得赶紧领小妹过去，免得叫别人抢了先。不过这事是朝廷机密，绝不可张扬出去。皇上的事，怎么能让小民百姓知道？你俩谁也别给外人说，要是有人问起小妹来，就说到亲戚家住去了。"

说着一把拉过小姑娘的手，迈着大步走出门去，留下王祥兄弟大眼瞪小眼。来来回回折腾了半天，眼见天色已经薄暮冥冥，连拉带拽地，王祥妹妹被带到了王原会的家中，径直冲进后边卧房。

站在屋子里面，小姑娘怯生生地说："大哥，皇上就在这里住吗？"

第二十章　酒桌上指点迷津　街巷中偶遇故旧

第二十一章

行刺事件终结束　洪灾水患需防御

　　王原会也不遮掩了，他两眼喷火地死死地盯着那幼稚未脱的粉红脸蛋，一把将小姑娘拉进怀里，推搡到床边坐下："小乖乖，皇上怎么可能会住在这里呢？想要当妃子，让你两个哥哥享福，也不是那么容易的事情，需要过好几道关卡呢！皇上说啦，进宫之前需要进行全方面的检查，这检查嘛，就委托我来办啦。现在我怎么说你就怎么做，知道吗？"

　　在他的淫威下，小姑娘懵懂地把身上衣服一件件脱了下来，站在床边瑟瑟发抖，像只无辜的小羊等待着恶狼的处置。毕竟十好几岁了，也懂点事情，最初的恐惧过去后，她忽然明白过来什么，抓起衣服要往身上穿，一边喊道："大哥，我不想当妃子啦，我要回家，我要……"

　　王原会凶相毕露，淫笑着上去搂抱："回家？来到这里还想回去？老子我花了那么多银子，怎能不检查呢？老子就要把你藏到这屋里，兴趣来了就检查检查。"

　　小姑娘这下彻底明白，上了这个并不认识的大哥的当。赤身裸体地让一个男人搂抱着，她又羞又急，拼命反抗，撕扯着把衣服裹在腰间，跌跌撞撞往门外跑，放开喉咙喊一嗓子：快救人哪！"

　　听她大声叫嚷，王原会不免有点慌神，让别人听见可就麻烦了。情急之下，他顺手捞起门口一条麻绳，上去套在小姑娘脖子上："老子叫你再叫！"拽着绳头使劲向屋里拉。小姑娘开始还挣扎着，后来腿脚一软，抽搐一下不动了，任凭他拖拽着拉到床边。

"小乖乖，这不就对了，服服帖帖地顺了老子，还能有你的亏吃？"王原会喘息着，淫心大发，三把两把摘掉麻绳，就要把小姑娘弄到床上去。刚弯下腰，王原会就觉得不大对劲，趴到跟前仔细观察，"啊，死了，这么快？"

欲火立刻没了踪影，王原会惊出一头汗来。不过，片刻的惊慌之后，他很快镇静下来，一个小妮子，就两个穷哥哥，和没有苦主差不多，扔掉就是了，谁找麻烦？可惜自己太大意，不该来硬的，要是换个法子哄着，或许……唉，谁叫自己太性急了呢。他摇摇头，关上门窗，把小姑娘的尸体装进麻袋，当天趁着夜色扔进了附近的河中。

本以为这事情就此过去。不想尸体被水一泡，涨得圆鼓鼓的，漂浮在河面上，第二天就被渔夫发现，给打捞了上来。更不巧的是，王祥这两天轮不到去圆明园当值，也在河里撑自家的渔船，听说淹死了人，赶忙来看热闹，没想到竟然是自己妹妹！

王祥拍打着麻布包裹的尸体，放声大哭，一边叫喊："皇上，皇上，你让王大哥把我妹妹带进皇宫，看她不合适，叫她回来就算了，为什么要害她？"哭得围观众人莫名其妙，一时间把王祥的话传得沸沸扬扬。

王原会听说后更加心惊肉跳。京城里便衣探子那么多，要真是传到皇上耳朵里，那可就闹大了！他越想越害怕，索性一不做二不休，找来蔡泳等人，花银子叫两个地痞，把王祥从家里骗出来，用绳子勒死，投进一口废井中。

不想正应了那句老话，天不佑作恶之人。王祥的尸体不久也被发现。王吉见兄妹几天时间相继惨死，以为这一定是皇上派人干的，满腔仇恨充溢胸中，一心要刺杀皇上，给哥哥和妹妹报这个大仇。但一个穷孩子，刺杀皇上，根本无从下手。王吉此时突然开窍，他听哥哥说过，在圆明园撑船，偶尔能见到皇上，便设法找到推荐哥哥去圆明园的那个人，哭哭啼啼诉说家里的惨状，只是没敢提到兄妹惨死和皇上有什么瓜葛。那人见他日子难过，王祥的差使也现成，就答应了下来，让他接替他兄长的差事。后来没多久，恰逢嘉庆游湖，便上演了行刺未遂惊心动魄的一幕。

嘉庆从鬼门关前转了个圈，心有余悸，又为失去惟妙、惟肖两位美人痛心，当下大发雷霆。召来六部官员，要他们一定尽快查找幕后元凶，是否和教匪有关系，尽快把蓄谋刺杀皇上的贼窝给端了。"若不如此，朕以后还敢轻易走出皇宫一步吗？就是躲在皇宫里，焉知宫里没有蓄意行刺者？"

看嘉庆拍案大叫，众人战战兢兢地唯有拱手领命。但真要调查起来，却困难得很。王吉的家庭情况简单明了，亲朋几乎没有。三个穷孩子，如今都死了，到哪里追问去？

一连几天没有头绪，正犯愁作难，还是嘉庆静下神来细细回忆那天情形，忽然想到那个撑船的临死前喊叫什么"王原会"，对，就是"王原会"，至于王原会怎么回事，却没下文。嘉庆琢磨着，王原会肯定是个人名，而这个人，很有可能就是幕后指使者。

他立刻把这条重要线索告诉六部大臣，叫他们在京城户口簿子上查清，有没有叫王原会的。还不等搬来户口簿子，工部大臣就大呼小叫地喊："不用查了，不用查了，我们下边有个书吏就叫王原会。只是不知道是不是凶手喊的那个人？"

就这样，目标很快集中到王原会身上。也正是人算人算不死，天算人人必死。王原会以为这下子坐进了金山银山中，可以没灾没难地享受一万年。不料因为一个在他看来微不足道的小妮子，费尽心机弄来的富贵都将成为泡影。经过明察暗访，很快查清，王原会假造工程表格，骗取府库大量银两，越查越多，积累下来，数目惊人。虽然没查到他和教匪有多大关系，但即便如此，也是惊天大案。

众人不敢隐瞒，忙上奏嘉庆。嘉庆抖着奏章勃然大怒，把御案拍得咚咚作响："好啊，好啊，前有王伸汉，今有王原会；前有陈德，今有王吉。难道现今的大清天下，人人都是造假高手，个个都是负屈含冤？将王原会一干人等，仔细审问，即行处斩，并诛其九族，其余的渎职大臣，皆要重重惩办！"

审讯没费多少周折，王吉的案情便水落石出。见再问不出什么正经事情，刑部请嘉庆降旨，能否法外施行，把罪大恶极的王原会凌迟处死？嘉庆思索良久，批复说："凌迟乃上上酷刑，仁君多避而不用。朕虽不比古人，但还是尽量以仁待人。王原会假造报表，骗取府库大量款项，又害死人命，陷朕于不仁不义之地，的确罪大恶极。但再大罪恶，也是一死了之，凌迟不必，处斩亦足以儆效尤。"

几天后，王原会和蔡泳及吴爱觅等几个难兄难弟，被处斩于菜市口，蒋风管也被绞死。费淳被革职查办，德瑛除去太子少保衔，降为补工部左侍郎，不久又被迫以二品衔回家修养。大动干戈一番，嘉庆却怎么也痛快不起来。独自静坐时，他常常想，国家尽管事务繁多，但官员的人数比事务还多出几倍，人人各司其职，怎么会出现这么多漏洞来呢？

春寒料峭，乍暖还寒。不再呼啸的寒风，仍带着西北边地粗犷的哨音，千军万马般掠过一片枯黄的阔野，柔和而又清冷的阳光穿过云朵，闲散慵懒，无精打采。

永定河是直隶境内最主要的一条河流，其源头来自燕山一个不知名的山谷，人迹罕至，格外幽暗静谧。在谷口那条偏僻的羊肠小道上，两个人和两匹驮着杂物的驴子，正踏着残雪，一步一滑地艰难前行。走在最前面的是个年轻人，面色阴郁，身上的破棉袍开了几条长口子，黑乎乎的棉絮在外边抖动着，头发辫子枯黄蜷曲，形同乞丐。他牵的驴子背上驮着些长长短短标有刻度的支架，还有两把铁锹，一捆绳索。

走在驴子后边的是个身着灰色长衫，脚穿一双粗布鞋的中年男人。他脸色憔悴，黑瘦的脸庞上骨头架子突出在外边，简直有几分骷髅的味道。只有那一袭长衫证明他和一般逃难百姓的身份不大相同。他远远看着山坡下边大道上三五成群的逃难百姓，仰天长长叹口气："河患，河患，要根除你，怎么就这么难！"

谁也看不出来，也根本想不到，这个和难民没多少区别的中年人，却是嘉庆最为看重的，正三品朝廷大员，护理东河河道总督徐端。徐端的父亲担任县令时，就以善于治河而为人所称道。自小受家庭影响，徐端对治理河道很有一套理论，也总结出不少行之有效的办法，办了好几件光彩的事。嘉庆屡次嘉奖，加封为太子少保头衔。

然而百密总有一疏，加之人事变数太多，任你有三头六臂也照应不过来。嘉庆十三年，黄河以北雨水特别多，徐端预感黄河堤坝相当危险，立刻奏报朝廷，请求抓紧检修。嘉庆很快批复，银子也拨了下来。但是这些银子分发到黄河沿岸的各个地方，立刻被当地官员瓜分一空，用在堤坝上的微乎其微。而徐端治理河道的本领高强，对付贪官却不怎么拿手，干着急没办法。最后洪水下泄，黄河终于央堤，淹没了大半个徐州。论起功过来，徐端自然首当其冲，被夺去顶戴，降至四品，仍负责督察北方各大河流。

根据老经验，徐端感觉今年的前景很不妙。三月了，还下起一场桃花雪，冰冻的河水流速很缓慢，泥沙势必大量淤积。那么，接下来雨季到来时……他不敢往下想，拖着浑身病痛的身子，开始沿各条河道检查情况，勘探淤泥的深浅。前边的小伙子叫平福，是他前些日子收留的一个难民。为人老实肯吃苦，说话也直爽，给徐端减轻不少负担。

农田里刚刚能看见长出的草芽，到处都是沿街乞讨的难民。上年水患就不轻，地里的收成十分有限，能熬到下个收获季节的普通百姓，几乎没有。满路的哀哀乞声，利剑一样戳着徐端的心。他心情越来越沉重地想，要是今年再有半点闪失，自己真不知道该怎么交代了。

一连半个多月，徐端带着平福天天行走于黄河大堤上。每天重复着勘测黄河不同地段的深度、宽度与流速，并仔细观察黄河流经的地形特征。勘察完一处，赶路的时候，两人总是一前一后默默地走着，河水伴随他们，一路欢快地唱着跳着，可在他们听来，这几乎就是一场悲剧的前奏。

"平福，咱们在这儿休息会儿吧！"徐端长叹口气，对牵着毛驴低头行走的平福说。

"嗯。"平福答应一声，把毛驴牵到身后，席地坐在河堤上，望着河水发呆。

　　这么长时间的勘测，并没有给徐端带来任何喜悦与安慰，相反，最近总有一团团迷雾不时萦绕在他心头。望着两岸筑堤上道道裂痕，沿岸零星地散落着筑堤石，有的甚至被随意推倒在河中，不仅不能起到保护作用，反而影响水流的速度，造成泥沙更加沉积。徐端看着这些，想说什么却什么也说不出来，只能和平福一样发呆。汩汩奔流的黄河水肆无忌惮地奔腾而去，记忆将他的思绪带回了两年前那场惨绝人寰的洪灾。

　　那一年治河官员贪赃浪费，致使坝口质量严重不过关，在一场河水泛滥之后终于决口了。一时间洪水横溢，卷席大量泥沙的河水如猛兽般咆哮奔流。所到之处，房屋倒塌，道路冲毁，饿殍载道，民不聊生。此后便是一群群的叫花子，如同夏天田中除不尽的草芥一样沿街乞讨。店铺门口、破庙长亭，能遮风避雨的地方，挤满了嗷嗷待哺的流民。一个个蓬头垢面，面黄肌瘦，老老小小萎缩在一起。至于饿死的尸体，更是沿路横七竖八随处可见。回想起来，这一切仍叫人心寒不已，徐端已经有几分昏花的眼中，缓缓流下两行老泪来。

　　过去的灾难还没消除，眼看现在河川淤积相当严重，堤坝破损，一旦遇到洪水来时，百姓将又会遭受一场灾难。他心急得似乎有爪子在不停抓挠，为了根除河患，自己可谓殚精竭虑，拖着衰老的身体，勤恳不已。可是效果在哪里呢？朝廷每年拨下那么多银两，地方官们都用在了什么地方？以自己预算，即使有一少半用在修筑堤坝上，问题也就解除得差不多了。可是这话向谁说去？说给地方官，简直就是与虎谋皮。过些日子就准备进京晋见皇上了，若是有机会说给皇上，他肯听吗？他会相信吗？再说，进京后，能不能见到皇上还在两可之间，前途并不光明啊！

　　"唉！"徐端不禁长叹一声。不远处的平福关心地扭过头："徐大人，我看您经常叹息不止，跑腿受累不说，心里还憋屈，您这又何苦呢？放着舒适的家不住，您看看，如今哪个当官的还跑这儿受罪！"平福一气说完，盯着徐端沟壑纵横的脸，痛惜地赶忙低了头。

徐端并没往深里想，更没责怪的意思，他只是不禁想到这孩子的不幸身世。平福父母也正是在那场洪灾中流离他乡，风餐露宿染上重病身亡的。望着身旁这个从黄连水里捞出来的半大孩子，徐端起身走过去，温和地抚摸着他的头，有几分爱怜地说："我身为治河官吏，拿着朝廷俸禄，我不去治理水患，以后就会有更多的人没有粮食吃，没有房子住，就会像你一样失去父母……"看着孩子骨瘦如柴，深陷的眼睛闪动着仍有些稚气的神色，小脸干瘦干瘦，衣不蔽体，脚上已露出脚丫的棉鞋，连风也挡不住，徐端忽然说不下去，心里腾地蹿上一股劲头，要好好治河，拯救更多像平福一样可怜的孩子！

徐端按着自己的膝盖，缓缓站起来，走到毛驴旁，从行囊里拿出一块干巴巴的烙饼，掰一大半给平福："赶快吃吧，看出你早就饿了。"平福毕竟是个孩子，一把抓住就往嘴里塞。徐端爱抚地笑笑。看着平福狼吞虎咽地吃完，再看看身旁奔流不止的河水，蹙眉拉着毛驴继续往前走。

徐端此时的心情不再如先前那样沉重，他的身上似乎重新灌入了新鲜血液，全身有了更多的力量。虽然他依旧拖着老病之躯，望着前方越来越宽阔的河谷，脑中不再是饿殍满路惨不忍睹的景象，不再是饥肠辘辘流民挣扎的身影，取而代之的是农人劳作的田园风光，各家各户家给人足其乐融融的和谐景象。河水被农人引水灌溉，一派丰收在望。

望着眼前浮现的幻景，徐端嘴角微微上拱，老脸上露出微笑。难民们每天总能看到说不上身份的主仆二人那劳碌的身影，这儿那儿地出现在堤坝上，有时在岸上树标杆，有时还要趟着冰冷刺骨的河水，一站就是半天。这两人是干什么的，这样冷的天，怎么能受得了？大家议论来议论去，总得不出头绪。

紫禁城内，乾清宫大殿。嘉庆坐在御案后边，两侧炭火熊熊的镏金火盆正散发出一股股热浪，叫人汗孔发痒。

"皇上心系百姓，以百姓之苦为心头大事，臣深为天下苍生感到欣慰之极，"大殿正中央，戴衢亨正两手交叉在胸前，侃侃而谈，"皇上方才提到，天下忧患，大半在治河，确实是英明之至。臣奉皇上旨意，巡察各地工程，感触颇多。臣以为，治河既要遵循古训，又要因地制宜。在水急的地方加宽河道，堵塞决口；在水流平缓的河段，则要束紧河道，加快黄河流速，冲沙减淤，加固河堤，修筑减水坝，把一水分为数水，以减轻水势的威力。"

嘉庆听得很认真，赞许地点点头："朕早就说过，治河关乎社稷江山，水患根除，则天下安乐。水患甚于匪患，已经毫无疑问了。而治河的重点，自然当属黄河。可是自朕亲政以来，河督一换再换，却没有一个能让朕满意的。黄河难治，人也不好治呀！如今河督频频易人，每届河督上任，意见总是和前任的彼此相左，而总没一个能彻底起作用的。孰是孰非，还真不好一下子断定。今天你说这样筑坝，明天他又说这样筑不行，得那样筑。你们说说，筑坝要花多少人力物力，拆了筑，筑了拆，何时是个了局？"

见众人个个低了头，嘉庆目光殷殷地投向戴衢亨："戴爱卿，你长期在黄淮一带巡视，有没有合适的方案或治河奇才？有没有自己的独特看法？"

戴衢亨仰头看一眼嘉庆，本想说说胸中酝酿已久的治河计划，可他心中却浮现出另一场景——在他返京途中遇到的一幕。

失掉了最后一点矜持与飘逸的雪花，毫无诗意地在空中翻飞。月亮惧怕似冬非冬这个季节的严寒，躲在厚厚云层后取暖。风却秉承了这个冬春交替时期的脾性，妄图带走世上最后一丝暖意。

戴衢亨站在驿馆的窗前，身上的棉衣已渐渐敌不过寒意。这次奉旨出京，代皇上行事，巡视漕运，督察河工，目的便是为治理黄河获取第一手的资料。而今该走的地方都走了，他心中正盘算治河方案。

"快走，快走！驿馆也是你们这群流民来的地方吗？"向窗外探头看去，驿卒正呵斥一对母子。

"官爷，俺娘儿俩进城迟了，没地方落宿。娃子身上衣裳又单薄，怕挨不过这么冷的天，还请官爷行行好，让我娘儿俩在柴房过一夜吧？"

"去，去！亏你说得出口，这年头，屎壳郎也想往灶台上爬了！驿馆中住的都是朝廷大官，你们住下了，若是出了事谁负责？再说，就你俩这身装扮，叫朝廷大官看见了，也碍眼。"驿官背台词般说出一套来，看样子这情景已经不止一回两回了。

"求您啦，娃儿生病了，衣服又全当了，要再没个挡风的地方，怕今晚就过不去……"那个当娘的眼泪汪汪，苦苦哀求。

驿卒还想轰这对母子出去，屋里传来戴衢亨的声音："让他们进来，到我屋里来，我有话问他们。"

戴衢亨把一杯热水递给那个妇女，一边让差役把孩子安置好，拿出随身带的伤风药，叫煎熬了给孩子喝。吩咐完了，在桌边坐下，仔细听妇女诉说灾民的状况。

当他听完妇女详细讲到因黄河决口，背井离乡的难民是何等悲惨，戴衢亨叹一口气，洪水猛于兵患，确实是至理啊！他将目光投向窗外，看着漫天飞舞的雪花。在这凄美雪景的背后，有多少难民食不果腹，衣不御寒？今夜又将有多少生命在严寒饥饿中消散？

正因为有一股劲头憋在心里，戴衢亨站在大殿中央陈述治河方案，列陈河工种种弊端时，并没有顾忌朝中大臣的质疑和反对，语气也一改以往的小心翼翼，变得铿锵有力："当前治河关键在斟酌损益，掂量轻重缓急，并且要调和河工和地方官员的矛盾。臣在两年前曾上书治河要义，在朝中引发了一场大争论。臣以为，治河的首要任务，在于朝野上下统一认识，制定一套比较稳妥的方案，正所谓三人同心，其利断金，要治河，先治人……"

戴衢亨站在大和殿中央滔滔不绝地向皇上阐明积蓄在心头的治河要义，直到痛痛快快地倾倒完毕，他才恍然回过神来，立刻意识到，这一次又将朝中不少大臣得罪了。河工与地方官员的矛盾，不仅仅停留在地方，在朝廷上这种矛盾也是存在的。地方矛盾往主根源在朝廷，这已经是一个不言而喻的秘密。但是现在，戴衢亨一下子便主动站在矛盾的中心漩涡中，他甚至可以感觉到身旁那道道怨毒且凌厉的目光。

端坐在须弥座上的嘉庆，面色沉稳，表面上并没有太大的变化。他两眼沉静地越过大殿，呆呆地望着前方，在戴衢亨的言语中，好似看到了黄淮平原上的遍野哀鸿。

第二十一章 行刺事件终结束 洪灾水患需防御

第二十二章

君王用人有尺度　臣子悲欢悬一线

在不知不觉中，已经日上三竿了。光线透过窗格射进殿内，光束中粉尘上下翻动。嘉庆微微挥挥手，当值太监急忙蹑手蹑脚地捂灭殿前的一排宫灯，又拨了拨钢炉的炭火，热气扑面而来，顿时感到一股燥热。

戴衢亨陈述完毕后，见皇上沉吟着，并没有立刻发话，便拱手退立在一旁。他心里也明白，现时他说的只不过是纸上谈兵，对解决问题有多大帮助，还很难说。眼下更重要的是去实践，而且要踏踏实实地去苦干。充满浮躁的官场中，哪里寻觅这样的人物？他抬头望了望嘉庆，强迫自己不去理会其他大臣嗡嗡嘤嘤的质疑和反对声，静默着等待下朝，下朝后还有更多的事要去做。

恰巧今天正是上元节。按京师的风俗，家家户户要吃元宵，晚上要把戏，还要挂花灯，放焰火，整个京城将是一片沸腾。当太阳还懒懒地挂在西山尖上时，已经有不少男女老少换了新衣早早拥向灯市口，前门外、地安门一带也是人潮汹涌，官家眷属仆从早在家里憋得不耐烦了，怎么会错过这么个大好机会？

前门和地安门历来是灯火最盛的，人也最多。还有灯市口，向来以彩灯精致多样取胜，前来观望的也是人山人海，车水马龙。看灯游乐的，有乘宝马香车的豪门子弟，千金贵胄，也有相互搀扶的寻常百姓。老弱妇孺在人堆中东倒西歪。一些流民则混杂在街道四周，他们既没有心思安心赏灯，又想凑一下这少遇的奇景，也不枉流落到京师一回。另外，也不乏地痞混混故意在人群中挤来挤去，浑水摸鱼，从官家眷属身上弄点外快。

这家名为"九州"的客栈，就坐落在灯市口的东南处，位置很显眼，装饰却相当朴实，看外表就知道正适合一般商贾。二楼靠窗户的桌子旁，围坐着三个看上去非官非民的奇怪客人。面对窗户那个中年略显老态的人，戴一顶黑缎子六合一统的瓜皮帽，青纱褂子，千层底云布鞋，有点客商的样子，神情幽幽地，看不出是喜是忧。这是徐端风尘仆仆赶到京城，换上特意准备的新衣服，就连打横坐在旁边的平福，也收拾得干净利落许多。

对面那个和他年龄相仿，面色却丰润许多，戴着四角金丝帽，一袭紫色绣团胸花袄，腰里扎条玲珑五色丝绦，脚下一双金线抹绿的厚底靴，他就是戴衢亨。面对着徐端，仍沉浸在朝堂上和皇上对话时的情景中。

大家沉默了片刻，戴衢亨缓过神来，亲热地叫着徐端的字："肇之兄，几个河道官员，还有地方上的长官，虽说联合参了你一本，不过皇上洞察事理，不会不仔细推敲其中的内情。况且，皇上近来在气头上，吏部尚书温成惠已查出，太监李来喜串通书吏韩振护，捏造匿名帖，诬告他人。现在到处都在闹假，但是肇之兄还是要相信，真的假不了，假的真不了，有这么多假东西在那里摆着，皇上应该不会轻信他们对肇之兄的攻击。"

"但愿如此吧。现如今，也只能但愿如此了。"徐端面无表情地应答一句，似乎提不起精神。刚到京师，和志同道合的好友戴衢亨联系上后，相约在这里见面。寒暄几句，戴衢亨问到有关沿河情况的时候，含含糊糊地告诉他，两江总督松简在皇上面前参了他一本，说他治河不利，空有虚名。徐端心中已经激不起怒火，只腾起一阵悲凉。他何尝不知地方官和河道官员串通一气捞取治河的银子？治河的银子被他们瓜分了，堤坝修筑不合格，总得找替罪羊。既然自己和他们落落寡合，自然是他们眼中替罪羊的最佳人选了。

"哎呀，徐大人，"看气氛过于沉闷，平福没话找话地信口乱说，

"俗话说看景不如听景，还真是的。你看这北京城，乱糟糟的，除了人，还有什么可看的？说来倒还不如我们老家，有山有水……"

徐端注意力果然被引开，心不在焉地笑笑："人在天堂，不见云彩，你老家几时有过这么多的人？你老家有山有水，京城就没有啦？北京的山水太多啦，你没见过承认见世面太少也就是了，胡乱说话，当心叫人家听了笑话。"

"戴大人，"见戴衢亨也笑了，徐端的心思又回到原先老路上，"我这几年，虽说走过不少河道，可到底该怎样治理水患，却是个地方一个情况。河道和人情搅浑在一处，更加复杂。唉，许多人的心比河水还要浑浊，治理起来，太难啦！不过总而言之，戴大人应禀报皇上，多增加治河拨款，但多拨款还不行，更要慎用人员，宁缺毋滥，用人不当，拨多少款也不够他们往怀里搂的。"

戴衢亨颇有同感地点点头，蹙起眉头说："这个情形皇上不会不知道，但真正付诸实际，怕还有许多问题。用人要谨慎，要恰当，这话说着容易，但谁当谁不当，大家脸上又没刻记号，如何辨认？再说，如今朝廷和地方的联系千丝万缕，微妙复杂，牵一发而动全身，很不好把握呀！"

"这倒是实话，也许我把事情想得太简单了。"徐端把杯里一口冷酒仰脖灌下，"但愿早一天见到皇上，说一说胸中的话，只是不知能不能如愿。"顿一下，见戴衢亨神色不定，并没明确表示什么，知道这事情玄乎，便叹口气，"天色不早了，酒也喝得差不多了，戴大人先回吧，有什么情况咱再商量。"

景阳钟阵阵敲响，极有穿透力地响彻整个宫院。一派肃穆的太和殿前空旷寂静，更增添了几分庄严。晨光熹微中，随即看到一大拨人正向这里走来，脚步轻盈而快捷。嘉庆坐着由三十六人抬的銮舆，从保和殿后边乾清宫内缓缓而来。接近太和殿时，悠扬的昭和乐调子开始加快，喇叭声也冲上云霄，皇城内外顿时苏醒了。

一直来到太和殿门前，嘉庆在两个太监的搀扶下，款步走一二台阶，就听见太监张吉庆一声高呼："皇上驾到喽！"殿外广场上黑压压的一片三叩九拜声，模模糊糊中也看不太清楚，仿佛一堆鬼影。

嘉庆却不急于登上大殿，他站下脚步，深深吸了两口清新的空气，舒展一下筋骨，眼光在殿内殿外扫视片刻。原本就巍峨壮观的太和殿，修葺一新的明黄玻璃瓦在晨曦中熠熠生辉。高大的回廊上，漆着紫红色的明柱，似乎玉石雕砌一般，珍珠似的光可鉴人。

嘉庆满意地点点头，这才是我大清的威严。目光停留在大殿门口，嘉庆清清嗓门儿，缓缓开口说："诸位贤良爱卿，大清三年一度的殿试，今日又要开场。如今国运正佳，可谓太平盛世，国泰民安，希望你们倡明圣道，各展所学，为国家社稷出力，既光宗耀祖，也不辜负朕的殷殷厚望。众位都是各省举人，胸中自有才学，理应各抒己见，知无不言，言无不尽。国家如今正需要清廉正直，为政有方的官员，望大家为大清的昌隆尽出全力！"

语气铿锵地说完，鸿胪寺正卿闪出班外，高抬双手在嘉庆面前跪倒。嘉庆毫不犹豫，在他捧着的一张黄绢上写下郁积于胸中已久的题目：治河。

待众人退下，嘉庆这才转身坐在须弥座上，微闭双目思索着什么。大殿上下一片寂静，连声咳嗽都听不到。沉静中，嘉庆不由得想，这些所谓熟读诗书的饱学之士，真正有几位堪称国家栋梁？真正有几个能替朕分忧解难的？唉，千军易得，一将难求，如今缺的不是人，而是人才啊！

天还未亮，戴衢亨的偏房云月就急急地端着热水，走进戴衢亨的卧室。见屋里静悄悄的，不禁满脸惊讶地提高声音说："老爷，时候不早了，该起床啦！您今儿是怎么啦，以前可从来没睡过懒觉啊？"

戴衢亨恍然从梦中惊醒，睁大眼睛愣怔片刻，霍然翻身坐起，略有愠色地轻声责怪说："云月，怎么这么晚才叫我，我今天可是要参加殿试的，不同于以往。昨天皇上下诏，要我准备奏章。要是在这个节骨眼上迟到，让皇上怪罪下来，你可罪大了！"

云月急得满脸通红，急忙把拧好的毛巾递给戴衢亨，他胡乱在脸上抹一把，递给云月。云月习惯地递过漱口水，他漱几口，忽然皱眉头想起什么心事。云月仔细伺候着，一边小心地问："老爷，您昨夜怎么不吩咐奴婢一声呢！这要真出个事，贱婢可担待不起呀！"

看着云月快要哭出的脸，戴衢亨把云月一把拉在身边，温柔地说道："只是随便说说而已。我说过多少遍了，让你好好照顾自己，肚子都这么大了，还动不动就抹泪，吓着孩子怎么办？"

云月慢慢起身，拿过桌子上的热牛奶，放在戴衢亨嘴边。戴衢亨却顾不上，提高声音说："快让车夫准备轿子，我必须马上走，晚上皇上可要怪罪的！"

云月正要走出门外，不料又被戴衢亨拉了回来。望着云月粉面含珠的俏脸，一双大眼睛上的星星血丝让戴衢亨心生怜悯："那桌上的文稿又是你昨晚整理的吧？你的细心我感受得到。可这些事你不要做了，我真的很心疼。心疼你也心疼没出生的孩子。"云月目不转睛地盯着戴衢亨，用手抚平他朝服上的折皱，眼光闪闪，动情地说了一句："只要是为老爷做事，奴婢就万分幸福了。"转身到外边喊车夫去了。

轿子在乾清门外停下，戴衢亨一路小跑，风风火火闯进去，一眼便看见嘉庆正站在大殿前若有所思。戴衢亨甩动马蹄袖，刚要行跪拜大礼，嘉庆也看见了他急急的样子，温和地笑着说："免礼，进来说吧！"

戴衢亨知道皇上不是客套，便道声谢恩，跟随在嘉庆身后，走进大殿。嘉庆边走边说："那本奏折写得好，朕仍有几处疑点，你给朕再详细说明一下。"在嘉庆转身上座时，戴衢亨用手抹了把额头上的汗珠，强迫自己镇定下来，嘴里赞叹着："皇上日理万机，不辞辛苦，心中时时念及百姓，可谓万民之福。只是，眼下天气变化不定，不少臣僚都着了风寒，皇上也要注意保重龙体。"

嘉庆看着他清瘦的脸和弱不禁风的身子，轻轻叹口气："其实几年前，你与长麟在河南视察，当时你提出利用天然的坝池开黄济运，淮扬境内修云梯，外整八滩，并考虑到水土流失严重问题，开创了一种全新的治黄绿化方法，先石坡后土坡，最后再用碾碎的石块铺压，加固堰坝。朕觉得此法大异于古人，十分感兴趣，提出考察河工都以此为标准，着实引来不少异议。现如今，几经奔波，你身子骨瘦弱不少，但治河还任重道远，你也要注意才是。"

戴衢亨忙拱手长长一揖："卑臣无德无能，岂敢讨皇上夸奖。只不过臣谨遵皇上所言，深为皇上爱民勤政所感染，实事实办，决不敢欺君，仅此而已。"

话刚出口，戴衢亨就后悔了，他这才注意到，殿下站了许多大臣。自己这番谦让，难保不会伤了谁的软肋。唉，舌头是扁的，说出话来却千形百状，想圆滑无棱角，难哪！

果然，戴衢亨略微留意一下，不少大臣脸色开始不自然起来。像百龄、松筠等在治河上出过问题的重臣，都深深低下了头，毫无疑问他们心里一定在骂娘呢！

嘉庆似乎也意识到这一层，挥挥手说："往事不提也罢。朕只担心，全国大大小小水利设施，全由你一人谋划，千钧重担全压在身上，不知爱卿是否能承担此事？"

这话让戴衢亨心头突地一动，几乎不容思索，他忙拱手回答："皇上，当然人越多越好。眼下就有一个人才，臣正想举荐，就是徐端徐肇之，想必皇上还能想得起。"

稍停片刻，见嘉庆脸上没什么表情，戴衢亨还以为这是对自己推荐的默认，忙趁热打铁地说："万岁，治理河工，乃进退两难之事，人言人殊，以至于谋筑道边，三年不成。臣斗胆直言，以臣看来，能脚踏实地，且掌握第一手资料的人，唯有徐端堪当其任。"

出乎戴衢亨意料，嘉庆忽然摆手断然说："难道再没有别的贤臣？朕先前给你看过弹劾徐端的奏折，你也明白，此人不可不重用，但亦不可过于重用！徐端属务实之人，这点不假。但他缺乏硬气，只会自己下苦功夫，却难以把握全局，这还不算最好的河工。朕认为，虽然他上疏的治河策略确实不错，但是仍不时有些矛盾之处，还需历练。暂且不拔高他，不过朕也不会不用他，毕竟他是个好官。"

话说到这个份儿上，戴衢亨不敢再强说什么，只能唯唯称是，站在一边。脑海里闪过徐端黑瘦的脸庞，为官难，想为百姓做点实事，更难啊！他感叹一句，忙收回思绪，唯恐皇上问起话来，分了神。

街上人头攒动，放烟花，挂灯笼，一片节日的喜庆。然而繁华热闹的背后仿佛有一种"黑云压城城欲摧"的悲凉。的确，黑暗与灯火之间夹杂着飘落的几片雪花，这个时候仍有些冬天的冷意。

"肇之兄，再喝一杯，这是小米酿的黄酒，性情最为温和，但喝无妨。"戴衢亨用筷子指着桌上热气腾腾的几盘菜肴，举杯连连劝酒。

徐端已经脸色黑里透红，摆手推辞着："承蒙戴大人盛情，心意已领。只是我酒量很小，以前根本就不饮的，这个你也知道，惭愧惭愧。"说着往嘴里丢一颗五香花生仁，自顾自地抿下一口酒。没了饮酒的话题，两人沉默了，似乎想着下面的话题该如何开口。

戴衢亨见徐端一直沉默不语，只好自己先开了口："肇之兄，还是老杜说得精辟，人生不相见，动如商与参。今晚一别，不知何时才能再有机会对饮。其实我明白你的心思，可是万岁爷那儿不好交代，连内阁大学士都通不过，我已尽力为你奔走。唉，只好再等待时机吧。"

既然挑明了，徐端立刻摆手打住："戴大人不用说了，我明白，不过我也不至于失望到无精打采的地步。还有几条河等着我去勘测，何况清江老家也好久未归，我是该歇歇了。唉，走马蓝台类转蓬，还真有点累了！"说着脸上掠过一股惆怅与忧愁。

刚见到戴衢亨时，从他的脸色上，徐端就知道，自己的希望再一次化为了泡影，当面向皇上陈述治河方略的机会怕是再也没确了。他心里隐隐作痛，但脸上并不能过分地表现出来。

戴衢亨唤醒沉思中的徐端说："实不相瞒，关于你手里那个两年还未完工的马家楼子堤坝工程，朝廷议论颇多，这是众大臣参你的奏章，皇上还在上面作了批注，大都有督责的意思，皇上命我前来，让你看看。"徐端赶忙用双手接过。戴衢亨接着安慰一句，"肇之兄也不必担心，我看皇上也是心急，并未有降罪之意。"

徐端大致翻阅一下这堆参劾的奏章，大都出自朝中"鸡蛋里面挑骨头"的行家之手，他实在想不明白，放着那么多重要的事情不做，朝中偏偏就有这么些搬弄是非的人，什么浪费钱财，什么效率低下……不过如此，看过之后有种不被人理解的痛心。不经意间，他看见嘉庆在其中一张奏章上的批语："撤徐端等河工之职容易，然河备艰难，有谁能替代他？地方几十位大臣，唯徐端敢于承担责任，其余大臣，哪个不是相互推诿？河工推给地方，地方推到河工。在朕看来，徐端的踏实，他的一片为朕分忧之心，无人能比。若论罪处置，日后谁敢再来肩负此任？"

反复念诵两遍，徐端双手捧着奏章，两行浑浊老泪忍不住流下来，嘴唇直打哆嗦，内心翻滚着一股难以名状的潮水，情难自抑。

戴衢亨见状，忙轻声说："肇之兄，喝一杯。"徐端这才想起杯中有酒，二话不说，拿起杯子就干了，顺手推给平福："斟上！"平福轻声说："徐大人，别喝多了，你不是说明天还要赶回去吗？""叫你倒你就倒上，哪来这么多废话！"说着又喝一杯，又看下去，是翰林出身的托津的奏章。文辞华美但却把自己指责得体无完肤，看似滴水不漏，然而仔细推敲，不过纸上谈兵罢了，驳倒他也不是很难的事。但纵然能驳倒一切指责，谁又给你提供这个机会呢？徐端幽幽叹口气："如今马家楼决口的堤坝尚未完工，说到底还是自己能力有限，深感惭愧。如有人密告兄弟有意拖延，耗费钱财，那兄弟将罪不可赦了。我的意思戴大人明白吧？接下来还请大人多奔波几日，为兄弟操劳遮掩了，如今不搅和在官场的混水中也不能啦！"

戴衢亨望着神情已经有几分怪异的徐端，深有同感地说："这个不消吩咐，我已经向皇上禀告，石料不够，是明摆在那里的原因嘛！但监工不严的责任，可与你脱不了干系。你瞧瞧自己，身为几任河督，仍是一副穷酸相。你两袖清风、廉洁从政，可又有几个人知道，这为官之道，就像汪洋大海，时而巨浪汹涌，惊涛拍岸，时而平坦如镜，这一静一动，又远非你所想的那样。暗藏的漩涡、飓风，随时会把你打翻，葬身鱼腹。身在江湖中，就是江湖人，不服不行啊！"

徐端黯然地望着戴衢亨，一气吞下一杯酒，两眼噙泪抖抖地说："戴大人，我，我什么都清楚，但要像他们那样昧了良心，又实在做不下去哟！"

戴衢亨忽然想起什么，神色紧张地贴近徐端说："今儿个皇上特意叫我到尚书房，说有一封奏章参你将修河时整出的良田给卖了，不知可有此事？"

徐端迟疑片刻，愕然地说："是有这事。可是，戴大人，也不全是卖，是抵了工钱。民工们日夜拼死拼活地干，工钱又少得可怜，不以此法激励他们的积极性，工程完成之日更是遥遥无期，我也是不得已呀！"

戴衢亨重重地叹了口气："这可就麻烦了。你有正当的理由，可这理由谁能听到？你应该清楚，这些田大多是致仕还乡官员所置的田产，还有皇上御赐的良田，哪个不是来头十足？给你加上个官夺民田的罪名，岂是小事？皇上本来就对年年花钱成千上万，而始终不见水患好转而心有怒气，那些官儿再递来奏章，这不正合了皇上意，这龙颜大怒，你我谁能担当得起？而且皇上不肯接见你，大事不妙啊……"

"戴大人，您是不知道。他娘的，地方上当官的各个都是铁公鸡，修河筹措银两的时候，个个扬着肥头大耳哭穷。可我们累死累活地整出了田地，他们就要空手套白狼，哪有这么便宜的事？这可真是哑巴吃黄连——有苦不能说。这皇帝也真够好糊弄的，亏死我家大人，全被那帮铁公鸡骗了！"一直没吭声的平福，忽然忍不住，拍桌打凳地替徐端叫起屈来。

戴衢亨没有说话，他仔细打量着徐端，两眼深陷，布满了血丝，脸颊刀削似的附在骨架上，杂乱的胡须焦黄一片，怎么看也不像刚过中年的人。平福给他续了一壶茶。他捧着茶壶的手有些抖动，竟给戴衢亨一种错觉，究竟是何等的生活将人折磨成这样，多少心血却落得如此下场。一时想安慰又找不出合适的话来。一阵沉默。

夜悄悄深了，屋里静得很。隔壁猜拳行令、唱歌弹曲的声音一浪高过一浪。戴衢亨揉揉发涩的双眼说："肇之兄，我知道，你是大清的忠臣。但有一样，只闷头做可不行，有时皇上也看不到。还要写奏折把详情禀告上去，万岁爷也说你不是他们所说的那种人，知道你为人廉洁，治河也有妙招。"

徐端感到喉头一阵蠕动，费了好大的劲才平静下来，慢慢开口说道："皇恩浩荡，我愧对皇上，现在想起来真是汗颜啊。我努力地干，就是拼了老命也不枉皇上的厚爱。但是这治河，地方官员们贪财，偷工减料，几万人的心血就这样毁于一旦了……"说着老泪纵横，一时不能自制。

第二十二章　君王用人有尺度　臣子悲欢悬一线

第二十三章

河工观京城繁华　君主怒臣子疏懒

平福来到京城虽然已经有些日子，可是每天只在河边风里吹来吹去，也没有机会转转。今日恰逢灯会，于是就想要去瞧一瞧，也好看一看这京城的繁华。

送走戴衢亨，服侍已经醉得一塌糊涂的徐端睡下，平福悄悄溜出门去。虽然时候已经不早，但路上行人熙熙攘攘，仍是分外热闹。一路走来，平福眼光立刻被街上那些男男女女的穿着所吸引，缎子是上等丝绸，打扮也甚是时髦，不觉心里有点自卑。他来到灯场，眼睛更不够使了，他弄不明白，京城的人咋个个是能工巧匠。看看那灯，那造型，里面的机关，咋想出来的呢？怪不得老爷嘱咐，京城里到处是能人，有很多大官，要武能武，要文有文，果然名不虚传。

平福抬头望着幽蓝的天穹，感叹地想，京城就是京城，啥都好。就连街上小吃摊飘出来的味道都是别致的。唉，人有三六九等，食分五色档次，人各有命啊。胡乱想着，四下里到处打量。

从东华门王府街至崇文街西十余里的灯市口，亮起一盏盏一排排别致而新颖的灯笼。顿时，天上的寒星，人间的灯河，交织在一起，形成一幅天人合一的民俗画。男男女女观赏着各色彩灯，有走马盘香，莲荷叶，龙凤鳖鱼，花篮盆景……人人脸上挂着微笑，喊喊喳喳的议论声此起彼伏。

各色小吃摊、店铺，也都挤满了人。特别是沿路的小吃摊，行人品味着各种小吃，你一言我一语，评点着哪个灯好看，哪个灯造型好，真是不亦乐乎。

前门高大的牌楼前，更是人山人海。这里有明角做成的走马灯。行人正目不转睛地看着那灯上彩绘的八仙过海，只见汉钟离、铁拐李、韩湘子、何仙姑……一圈一圈地转来转去，好像被安上自动机关，奇巧无比。引得人们纷纷停下脚步，踮起脚尖儿翘起头，指指点点，啧啧称绝。

平福也觉得十分有趣，情不自禁地叫了一声："好！"忽然被拥挤的人群推搡一下，身子前倾，扑到前面那个正观灯的男子身上。平福连忙使劲站直身子。那人转过脸，眯起小而有神的眼睛，似乎有几分警惕地紧紧盯着平福。平福赶忙赔笑说："对不起，对不起。撞着老兄了。"

那人见平福不像是故意的，立刻应一句："没关系，这人山人海的，哪还顾得上客气？"并拱手还礼，又便随口问："敢问这位兄台是哪里人氏，在哪儿发财？"平福最恨问这话，又是初识，便不想回答，但出于礼貌，又不可不答，忙淡淡一笑说："老兄真会开玩笑，像我们这些河工，风里来，雨里去，饿不死就不错了，哪里谈得上发财？"

那人似乎吃了一惊，失口问道："这么说，你是差役？"

平福有点不解地反问一句："差役？误会了，误会了，我不是抓人的差役，我是负责治河的，在东河道总督徐大人手下做事。此次随大人回京，是来复命的，敢问兄台大名？"

那人警觉地向四周看看，见众人只顾仰着脖子看灯，哪管他们谈论什么，便放心地笑笑："我果然没看错，还真是位官爷呀！"

平福头一次听有人叫自己官爷，红了脸连忙摆手，连称不敢。

说着话两人已经挤到人堆外边，来到一棵大树下，黑乎乎的没人注意这里，正好随意谈论。

"不瞒兄弟说，我姓林名清，十几年前曾在永定办差，因受不了做河工的苦，就辞去差事，回乡务农。现在也没什么职业，只是在京城里跑些买卖，日子过得还算可以。京城里各部的官差我都还熟悉，日后有用得着兄弟的地方，请言语一下，我会尽力而为的。"那人满脸含笑地说。

平福忙拱手称谢。正要再往下说，突然听到前面乱哄哄的，看见一队官兵骑着马在大街上横冲直撞地过来。林清顾不上多讲，抱一抱拳，说声"后会有期"，身影晃动眨眼不见了踪影。只留下平福一个人对着树发愣。

马队冲撞一番，行人顿时少了许多。平福这才感觉有点困乏，沿原路往店里走。刚上到二楼过道口，听见从东单方向传来一阵阵锣鼓笙歌声，紧接着看见缓缓过来一阵人流，个个高举关公刀灯、日斧灯、击鼓摇铃灯和百合仙女灯等各种彩灯，像是一条正在舞动着的银带，不时散射出耀眼的光，光线四射，照到周围的房屋上，仿佛镀了一层金，似仙处穹隆，又像是一条喜悦的龙，只见它似抖身，似摇头，又似晃尾，全身似每一处都在跳跃着激情，组合起来，更显得热情似水，激情荡漾，生龙活虎，生机勃勃。

身着锦衣华服的王孙公子们喧笑着，紧随其后。还有那些官家小姐，也远远地走在后边看热闹。环佩互碰，撞击时发出的清脆玉质音，交融在一起，犹如一首欢快的乐曲。这个拥有光华灿烂、五光四溢的灯海，竟令黑色夜幕上缀着的星光与皎洁的月亮也失去了色彩，仿佛是为点缀这个仙境而生。真是处处华灯照，满城不夜天。灯影与星光交杂，竟分不出哪是天下，哪是地下，真的融为一体了。

眼前亦真亦幻的景象，让平福忘了回屋，俯在走廊木制的栏杆上，又望得出神。

突然，一声清脆的炸响过后，半空里出现无数个火球，点缀在夜幕中，火光星光月光融为一体，又朦胧之美顿然生成。眨眼之间，这团火球扩散开来，仿佛大片流星雨，把暗黑的天空映得雪亮，充满了夺人炫目的光芒。流动的火球，仿佛玉树银花，仙境再现。

观灯的人群一阵骚动后，一齐仰起头，惊喜地看到"珍珠帘""天女散花""长虹卧波"……各种名堂的烟花接连升空。各科奇异图案先后出现在美丽的夜空中，只见一轮银月映衬成滴着水珠的风莲，各种色彩交相辉映，变化奇巧，巧夺天工，令人眼花缭乱。一时间火树银花，光怪陆离，把个夜晚扮得如千娇百媚的新娘，声声爆竹、灼灼灯光、袅袅的烟雾与天空中五彩的颜色，把个京城辉映得犹如天上街市，那些举着彩灯的人，仿佛无忧无虑的仙人。

静寂的乾清宫内，弥漫着一股让人沉闷的气息。

站在众大臣之间的戴衢亨能感觉到，此刻有两道灼灼目光，在他们这些大臣脸上冰冷地扫来扫云，使得这些趾高气扬的同僚们，没人敢出半点儿大气。鼓足勇气，戴衢亨向前跨出一步，双手奉上奏折。当他退到原位时，发觉那两道目光愈加阴寒，他旁边有几位大臣的腿甚至不住地抖动。

"董诰来了吗？"

"皇上，臣在！"首辅大臣董诰赶紧上前一步，俯身要跪倒在丹墀下。嘉庆轻轻扬了扬手，示意他不用繁琐。董诰悄悄瞥了一眼龙案后边的皇上，冷不丁打了个哆嗦，嘉庆满脸愠色，也正狠狠地盯着自己！

"董诰，你去尚书房查一查，朕何时规定过，逢假逢节期间，不许递折子？"一字一顿，声音虽不高，但谁都听得出嘉庆话中所带的怒气。太监张吉庆更是冷汗直冒，浑身不停地哆嗦。

张吉庆想起昨晚在畅春园灯会上，嘉庆与众位嫔妃、皇子以及亲族共聚一起，谈天说地，喜笑颜开，好不热闹，这派祥和把整个圆明园的庆典活动推向了高潮。他看到皇上头戴一顶黑色狐皮帽，身着一袭蓝缎皮袄，外罩一件石青绸马褂，一色明黄的盘龙扣带紧束腰间，衣冠上镶嵌的碧玉和皮袄上五福同寿的红黑色花纹，在宫灯的映衬下，隐隐发光，更显得精神抖擞，气宇轩昂。

张吉庆当时正想着皇上今儿晚上心情很顺畅，自己也可以趁机放松一点，却忽而听到皇上的声音："吉庆！"他赶紧应声答："皇上，奴才在这儿呢！"

"你去，趁早朝前这会儿，朕把昨日积攒搁下来的奏折拿来翻检几份。"

张吉庆担任皇上近侍这个美差不久，对什么事情都还很上心，闻言立刻卖弄似的摇头回话说："回皇上，奴才已经到前殿留意过了。因为昨儿个是正月十五，军机处的各位大学士及吏、户、礼等各部，均未见呈上奏折，想是他们体贴皇上，让皇上痛痛快快清闲一天。"

想好的词还没说完，张吉庆忽然发现，嘉庆脸色阴沉下来，忙闭了嘴，暗暗责怪自己饶舌。皇上到底是皇上，刚才还有说有笑，和凡人没什么两样，这会儿却说翻脸比脱裤子还快。难怪经常听大臣们说什么天威难测，敢情一点儿没错！张吉庆立刻想起，自己原来只不过是个御膳房的伙计，能从几千人里头脱颖而出，时时刻刻跟在皇上身边，那地位当然跟中了状元差不多，消息传回乡里，不定把自己说成有多神呢！本以为凭自己的机智，定能获得皇帝赞赏，将来弄个府库主管之类的美差，也好体味一下头面人物的滋味。不料初调皇上身边这才几天，就让皇上莫名其妙地生气，他越想越怕，两腿直打战，咬着牙弓腰站在原地。

嘉庆沉吟一下，把手中绿茶重重放下，带着恼怒的口吻对站立一旁的张明乐呵斥一句："去乾清宫！"

张吉庆在明黄软轿旁慌里慌张地小跑着。他猜不出皇上为何发怒，倒是惊讶于皇上此时正面无表情地闭着眼睛，皇上不会要龙颜大怒了吧，这可如何是好？

闻着紫禁城内依旧弥漫着的刺鼻的硝烟味道，嘉庆心想，看来，昨夜的紫禁城同样也是灯火连天，硝烟四起啊！他猛地睁开眼，见很多紫禁城的杂役太监，正挥着扫帚扫个不停，一听见"万岁爷驾到"的呼号，个个忙不迭倒身下跪。嘉庆也不在意，重新闭起眼睛。脑子里乱糟糟地忽然想起，众大臣商量好了似的不递折子，这已经不是头一回了。就在两年前，他喜得皇孙时，就出现过这种情况，嘉庆十三年四月二十四，二皇子绵宁生子奕纬。嘉庆年近五十总算得了个大胖孙子，喜庆自然就显得格外有意义。

消息传出，无论在朝还是地方官员，立刻轰然而起，纷纷上奏折写贺表，连同礼单，雪花一样飞进京城。那几天，宫内一片赞颂声，除了恭喜几乎再听不见第二种声音。

开始时嘉庆还感到十分高兴。但一连几天都是这样，他就觉得不大对劲了。这几天里，各地督抚用六百里快马送进京来的，全是贺表，竟然不见一份有关刑名奏章从衙门中传来，这使得嘉庆不由得提高了警惕。他认为自己虽然喜得大胖孙子，但皇家不同于平常百姓，绝不能因此而耽搁了政事国事。后来在召集群臣时，嘉庆特意告诫众人说："朕初得皇长孙，国家有后继之人，本是吉祥如意于国于民都有利的事，但朕并未忘记政事，也是心情高兴才告知各位，在宫中也未曾设宴。朕既然没说过要放下手头的事务专门庆贺，那么，诸事自然应当照常进行。可你们身处朝中要职，军机大臣，御前行走，尚书房，还有各部的大臣，为何两天没有奏事？"

让嘉庆更不高兴的，除了群臣借故懈怠政务，假公济私来应和自己，还有个名叫仙鹤龄的提督，更叫他气恼。这个仙鹤龄和别人一样上贺表也就罢了，竟然还在贺表中说："诞降重熙，承华少海。玉质龙姿，前星拱极。本支百也，派行东宫。"按他的意思，皇长孙自然也就是未来的皇太子降世，将要继承大统。显然他错把自己所说的"有后继之人"理解为就是将来要当皇帝的人。

嘉庆本就厌烦这些歌功颂德的献媚之辞，又见他曲解圣意，满口胡言乱语，更加火冒三丈。从心底里来讲，嘉庆觉得，奕纬的生母那拉氏出身微贱，她本来是皇子绵宁府邸中的一个使女，长得颇有几分姿色。一次绵宁听她弹琴，琴音缭绕，就踱至她的房内，相拥之中半推半就，绵宁春意勃发，遂种下龙种。皇长孙出生后，嘉庆在万般无奈之下特封其母为皇子的侧福晋，意即偏房，就是小妾。这样的出身，皇太子怎么会轮到奕纬？何况当时尚未正式宣布绵宁为皇太子，又怎会有奕纬就是东宫的派衍呢？更何况这与大清密储制度完全违背了。于是嘉庆一怒之下，把提督仙鹤龄以及替他拟稿的幕客们尽行革职流放。这也促使嘉庆明确规定，无论何日何时，有何事发生，刑名奏章定要一一呈上。可是，既然当时把话说得那么死，今天又怎么了？皇上的金口玉言也不顶事了？嘉庆越想越气，紧握软轿扶手的手指隐隐泛白。

张吉庆小跑着跟在旁边，抬头看见到了乾清宫外，赶忙摆手让停下来，自己上前屈背弓腰，准备扶嘉庆下轿。不料嘉庆连看都没看自己一眼，从帘内钻出来，昂头径直走入殿内，也不理会众大臣的张皇失措，对他们的跪拜视而不见。一直走到须弥座前，才摆摆手示意他们平身。

等嘉庆忽然责问起昨天奏折的事情时，董诰立刻知道皇上发怒的症结，忙上前一步回禀："皇上英明，皇上从没有过逢年过节不递折子的旨意……"说着偷偷看一眼嘉庆布满阴云的脸，张了张嘴，竟找不到合理解释的理由，一脸的着急尴尬，就连下巴上稀疏的胡须也剧烈颤抖着，显出几分为难和不知所措。

然而并没人敢站出来跟他唱和，给他解围。董诰在大殿中央手足无措地站立片刻，忽然想起什么似的跪下来，结结巴巴地说："皇上……皇上，也许众大臣看到皇上日理万机，夙夜劳累，为臣子的，实在不忍心啊。为了百姓，为了国家，皇上一定要善保龙体才是！所以，各大臣才……才没有递奏折。加之今天是年后的首次议政，大臣们也许还没准备好，想必等到节日气氛一过，众大臣就会……"

没等董诰说完，怒火已在嘉庆的嗓子眼儿里徘徊许久。"简直是胡说八道！"嘉庆一声大喝，嗵嗵地拍打两下御案，打断董诰的话，怒气冲冲地站起来。张吉庆见状，知道皇上要做什么，赶忙小跑过去，小心翼翼地把嘉庆的胳膊托在自己手上，扶着他走下台阶，站在群臣中间训斥他们。

不料，嘉庆甩开他，抬手拿起桌上的一纸奏折，大步走到群臣中间，举起戴衢亨的奏折，大声喝道："你们都是饱读诗书的，你们说说，从古到今，哪朝哪代每天就只一份奏章的？"声音尖利，似乎预示了一场暴风雨的到来。董诰已经闻到火药味烧得正浓，连忙撩起袍子再度跪下。满朝文武见状，也呼啦啦跪了一地，个个把头埋在金砖上。嘉庆看去，脚下一片各色顶戴。

见众人认错，嘉庆眼中的怒火慢慢消退下去，脸色也渐渐缓和下来，但还是抬高声音接着说："自幼，父皇就教导朕要勤政爱民，不得偷懒享乐。业精于勤，荒于嬉，这确实是千古不变的哲理。也正因为如此，朕亲自作《勤政殿记》和《勤政箴》两篇，为的就是让你们以此作标，为国出力，不贪图享乐，能够做到为民负责，为民操劳，以继承大清历代明君贤臣美德，使大清江山得以永续下去。可是……"

一连说出这么多，嘉庆轻咳一声停下来。张吉庆急忙从御案上捧过茶盏递上去。嘉庆揭开盖子，啜一口，意犹未尽地抬起头来："近来，有些人看到海内升平，苗事定，海事平，就以为可以安心享受安逸日子，做盛世闲人了。其实，大错特错！"

随着声音陡然提高，嘉庆用责备的眼神再次扫视趴在地上的众人一遍，又把目光落回手中的杯子，杯里的茶水已由绿泛黄，不时飘出阵阵茶香。嘉庆轻轻咂摸一口，提了提劲接着把心里的话说出来："别以为朕深居宫中，就看不到近来内外官员无所事事，游手好闲。还是那句老话，难将一人手，掩尽天下目！谁做了什么，大家都知道。当初，朕一再下旨，命令各部院衙门，遇到十万火急的事，定要立而奏报，不得延误。然而，每有奏章，不论急与不急，各级官员只管吃喝玩乐，花天酒地，即使是六百里、八百里公文，也全然不放在眼里，总是延期再报。追查起来，却以保全朕的龙体为由，好个孝子贤孙，简直是何体统？你们想想，长此以往，政务怎能不废弛？大清江山怎能万古长存？黎民百姓怎能安居乐业？"

众大臣跪在丹墀下，低着头，大气也不敢出。好半天工夫，才听见嘉庆冷冷地说："别跪着啦，跪到天黑也是于事无补，都起来吧！"

像是大赦令一般，众人松一口气，连忙叩头谢罪，从地上爬起。长时间弯曲的腿已无法正常站立，平日里养尊处优的朝廷重臣，个个就如同从战场归来的残兵，一脸的麻木。

嘉庆慢慢返回御案后边，拿起桌子上的那份奏章，冲众人扬扬："自去年春季，一直到年底，农业收成依然不好，天气原因固然不可推诿，但就没有人为原因吗？你们看看，水利工程，年年修，年年成灾。譬如说马家楼的决堤，一定要细查快决。马家楼一日不修，朕的心就一日不安宁。还有东河道总督徐端一事，年前就引来不少议论，朕也颇有同感。"说着低头查找戴衢亨的奏章，心里有稍许满意，不自觉

"嗯"了一声，说道："此人秉性应该还和从前没大变化，是个干实事的人。"

还没等嘉庆话音落下，阶下的戴衢亨赶紧抓住这个时机，走出班列，把早就在口边的话说出来："皇上，东河道总督徐端已进京数日……皇上可否召见此人？"

"徐端是个风头浪尖的人物，众多河工，还有地方官员都跟他有矛盾，朕只不过想借此敲打一下那些偷懒现象，戴衢亨倒顺竿儿爬了！"嘉庆心里一阵责备，但又不好明说，佯装沉吟着，没有表态，他知道，或许很快就有人要提出不同看法。

果不其然，戴衢亨话音刚落，大殿中叽叽喳喳便有了轻微议论声。嘉庆抬头一看，两江总督松筠站在殿前的红地毯上，满脸的自信和傲慢，朗声说："皇上，臣有一句话，不知道该不该说？"嘉庆心头一动，注意力转向松筠，尽管知道松筠肯定要讲徐端如何治河不利，但他还是点点头，让松筠说下去。从嘉庆心里来讲，他希望借这个机会，让戴衢亨给徐端传达一个信息，地方官员对他很不满意，而要想真正把河工搞好，地方关系是不可不搞好的。只是嘉庆不知道，戴衢亨能不能理解这层意思，而这层意思，自己是无论如何没法说出口的。

这样的场面早在戴衢亨眼前不知演了多少遍了，而且戴衢亨也有所预料。但他还是鼓起勇气试了一下，只是这种似乎必然的结局并没发生奇迹，让他心里更凉了大半截。面对松筠的侃侃而谈，也只能知趣的退回列班，和其他大臣一样，表情木然。

殿外天色大亮。一阵清冷的风吹进来，摇动那两排已经烧乏的蜡烛。当值的小太监们开始忙碌。殿内燃烧的泛着暗红色的烛苗，被盖灭后，仍冒着一缕缕灰色的难闻的烟雾，它们就如同戴衢亨此时的心情，一阵阴霾，一阵无奈。

东方泛红的曙光照着殿前洁净的场地，那些晨起小鸟的喧闹声，偶尔随着强劲的冷风，伴着逐渐亮起来的天光，传进殿里来，刺入了戴衢亨的耳膜，压迫了他紧绷绷的已经疲惫不堪的神经。此时，戴衢亨的脑海里，满是徐端那又忧愁又无奈的眼睛。古来昏君不重贤，若真是那样，自艾自怨生不逢时也就罢了，可偏偏眼前这个君王，卖力勤政，还并非昏君，但就是这样一个口口声声励精图治的皇上，怎么偏偏就容不下个实干家呢？自己该如何向徐端说清楚其中的缘由？

永定河畔，排列有序的杨树不停地颤动着早已干枯的枝干，如同卫队一般直刷刷穷极到视线的尽头。地上枯黄的野草也早已被风吹散开来，飞蓬一样找不到安身之处，四处飘零。奔腾的河水向前汹涌而去，震耳的声音刺激着人的神经，这便是那桀骜不驯的永定河。远处燕山的峰峦上，几朵白云正纹丝不动，似在聆听永定河悲伤的鸣歌，似在观赏那水面时聚时散的雾气。那雾气触手可及而又捉摸不透，似在演绎人世间的悲欢离合，简单而又神秘莫测。

似乎只有那偶尔飞过的冬鸟，才理解戴衢亨的心事，仿佛只有那纹丝不动的云彩，在陪伴着戴衢亨黯然神伤，只有那滔滔东去的河水，在为这些善良的人鸣不平。水不平则响，人不平则鸣，这话说得多好，可惜不平人太多，去哪儿"鸣"去？

戴衢亨看着徐端，那张疲惫而干枯的脸，透露着内心的惆怅。戴衢亨心里空荡荡一片，张了张嘴，只是无奈地咽口唾沫，却找不到任何话语来劝慰。

回看自己，本来只是一介不起眼的书生，能够被皇上重用，并在朝廷内略有作为，已经不是一件容易的事了。尽管自己早已看清京师人事的纷扰，官场上的钩心斗角，相互倾轧，怎奈自己处境不佳，骑虎难下，面对这位老友艰难的处境，本想助一臂之力，可仍是力不从心，只能长叹一声，物伤其类呀！

此刻，徐端已经看到了戴衢亨的艰难挣扎。自己也知道官场黑暗，但凡一群人要对付你一个，岂能容你分辩？倒是难为这位少有的耿直大人了。这样想着，便没话找话地打破凄凉悲伤的沉默，努力笑笑："戴大人，虽说我徐某仕途失意，但今生能与戴大人结识，实属我的荣幸。我虽出身低微，但也不是只看钱财、权势高位的人，能与戴大人称兄道弟，已经感到人生毕竟有些暖意。戴大人也不必自责，更不必为我悲怜扼腕长叹，我虽才疏学浅，但戴大人对我的情意，我会铭记在心，永生难忘。"

送徐端回乡的船只已在岸边候着了，平福站在船头，看着这一幕，心里也不禁有几分酸楚，红了眼圈直抹鼻子。徐端回过头来，对平福说："过来，给戴大人斟一杯酒，千里相送，终有一别。戴大人，就送到此吧，想必他日相见之时，今天这等凄清悲伤的场面，又该成为咱们酒桌上的笑话了！"

见戴衢亨使劲点点头，徐端拱手长揖："时候不早了，先行告辞！戴大人放心，愚兄落官不落志，惩治河患，保境安民之责，我定会全力以赴……"说着，把脸扭向船舱，竟然老泪横流。

"夜深风大，请端兄一路保重！"戴衢亨嘱咐着，一阵心酸泛上心头，再说不出别的。看着船头消失在一片碧波中，戴衢亨悲怆地长叹一声："皇上，皇上，你不是口口声声要勤吗，真有实干家来了，你怎么就不重用起来呢？莫非，这个勤字，只停留在那些达官贵人的嘴上，只是你自己表表姿态？这个勤，真成叶公好龙了？"声音传出老远，却淹没在呼啸而过的河风中。

随着天气渐渐转暖，宫城太监们忙碌了许多。车马准备妥当之后，嘉庆一反往常愁眉苦脸，容光焕发，神采飞扬，告诉身边那些前来送行的大臣们："朕决定去一趟曲阜。孔庙、孔林、孔府，都要仔细看一看。大清向来以忠孝治天下，孔子乃万世之师，自然要郑重拜谒。过几日就回，你们各负其责，不必为朕操心。"

一片唯唯称赞声中，嘉庆在众臣子簇拥下，正准备上撵，忽然有人上前禀奏："皇上，臣有一事不明，还请赐教。"

嘉庆扭过头，见是礼部侍郎明亮，板着脸很不高兴地问："明亮，礼部只需备一些应需之物，你有什么不明白的？现成的体例摆生那儿，照着办就是！"明亮抬起头，丝毫没有退意地说："皇上，历代帝王去拜谒孔庙时，行的都是学士之礼，两跪六叩首。臣见皇上特意颁布旨意，拜谒孔子时要行六跪九叩首，此乃臣子之礼，怕有些不妥吧？"

嘉庆脸色明亮起来，很自然地笑了笑："问得好，足见明亮是有心之人。朕就是要行臣子之礼，以此来表达朕对圣哲贤人的敬仰。为了民心归附，社稷安宁，多磕几个头，难道朕就小了身份？还是一谷话说得好，马大了值钱，人大了，不值钱！"

见明亮还要再辩解，嘉庆冲他挥挥手，当着众人大声说："论语中不是说得清楚，执礼皆雅言也。诗以理惰性，书以道政事，礼以该节文，皆切于日用之实，故常言之。礼独言执者，以人所执守而言，非徒诵而已。明亮，你说，朕是该听你的，还是该听孔圣人的？"

明亮期期艾艾地说不出话来，众人则不失时机地哗然响起一片称颂声。

经过一番颠簸之后，嘉庆终于来到了曲阜孔庙，就像自己旨意当中提到的那样，行了三叩九拜的君臣大礼。在行礼之前，明亮再一次挺身而出，把先前那段道理说了一番，而嘉庆当着众人的面，将自己的驳斥又重复了一遍。随行大臣都是心知肚明，而陪侍的地方官员则佩服得五体投地，众人趴在地上，口口声声喊着皇上圣明！喊得嘉庆脸上绽放出了许久未曾出现的笑容。

第二十三章　河工观京城繁华　君王怒臣子疏懒

第二十四章

夫妻情深消隔阂　千总加急报险情

从曲阜回来的时候已经是夏秋相交，北京迎来多雨连绵的季节。不知为何，在外面信马驰骋，流连田野风光，心情非常舒畅，可一进这巍峨高耸的宫城，嘉庆就觉得透不过气来。不等别人禀奏，教匪、河患、灾民等一系列让人心烦的事情一股脑的全都来了，再宽阔的楼宇也被塞着满满当当的。尤其是治河，成千上万两白银流水一样地花出去，怎么就年年花钱，年年闹灾，症结到底出在哪儿呢？是河难治，还是人作怪？

此时天已黑透，外面又开始下雨。一阵大，一阵小，淅淅沥沥，芭蕉叶在雨中噼里啪啦地乱响，一股冷风嗖嗖袭来，吹得窗扇几开几合，窗帘也被吹起老高。嘉庆心中忽然莫名地寂寞起来，寂寞连着烦心，就更感觉寂寞。

值日太监守在门口，见主子脸色不好，搜肠刮肚地找几个话题，想过去宽慰几句。没等想好，嘉庆招招手发话说："朕这儿没你什么事了，去坤宁宫那边瞧瞧，皇后和阿哥们都在做什么。告诉他们，朕过片刻就去。"

值日太监正难堪着，忙躬身爽快地回答一句："喳，皇上，奴才这就过去传旨。"三两步退出宫门，消失在院子中。

若有所思地怅然呆想一会儿什么，头脑里依旧乱糟糟的理不清头绪。没留意间，外面的风似乎小些了，雨还是下个不住。门前的青砖上，被雨水嘀嗒嘀嗒敲打着，懒洋洋地好像自鸣钟有规律的声音，让人听得昏昏欲睡。望着案上堆起的各地奏章，铁甲将军夜渡关，朝臣待漏五更寒。山僧日高方睡起，算来名利不如闲。嘉庆在心里感叹一句，随即摇摇头苦笑了，自己什么时候生出这么多怪念头，莫非真的老了，连当年那点壮气也提不起来了？

若有所思地重新坐回案前，屋里渐渐有些寒意，忍不住打两个冷战。激灵两下后，嘉庆原本昏胀的思绪稍稍安定。自己近日来的情绪为何不高？跟前代比起来，眼下也算是太平盛世。根据奏报，福建那边的海盗已剿灭，打通海路似乎没了什么问题，也算了却自己一桩心事。可心里为什么还总感到郁闷？唉，真搞不懂。嘉庆吁一口长气，拿起最上边的那份奏折，定眼一看，是两江总督的奏文。应该是禀奏海运准备的情况了。嘉庆精神陡地一振，赶紧看下去。

奏折不是很长，但也不算短，把方方面面情况写得很详细："……臣奉皇上旨意，沿东海、黄海一带拟初试海运，不敢怠慢，立刻勘察。经过实地考察后才发现，海运固然可以大量节省费用，不必劳车马人力，但实际却很难实行，其理由有如下等十二条：其一，海运所谓的船只尚不达要求，难以抵御海上狂风骇浪。其二，海运离陆地甚远，虽可以划定几条航线，但沿途所需补给难以办到，致使海船陷入进退维谷的境地，很容易发生危险。其三，因海面情况错综复杂，海运的日期不定，不好把握具体航程，往往耽搁物资的流通。其四，虽说海上大股洋盗已经灭迹，但根据渔民和海商提供的情况，仍有不少小股贼盗出入海上，防不胜防，又不能为此调拨兵船保护，那样成本反而要超过陆运。如此一来，其海运的成本及安全大打折扣……"

先前的乐观一点一点地被各条原因打散，嘉庆看着，脸色一点一点地阴沉下去。虽然脸色阴沉，却不得不无奈地感觉，这些原因那是成立的，那么，海运断不可行了。海运不可行，陆地运输成本太高，这已经是历朝历代最头痛的事，只有指望河运了。一想到河运，立刻就联系到治河上，头疼阵阵袭来，他忽然无比迫切地感到，治河已经刻不容缓了。对，立刻批复下去，叫地方官员还有那些河工，打起精神，治河！

嘉庆一口气把心里的想法写完，又从案上拣一张宣纸，添上几行意犹未尽的字：海运既不可行，漕运就成为重中之重。治河不利，谈何漕运？望各地河工官员加紧治理河道，以确保漕运畅通，以解朕忧！反复诵读两遍，嘉庆取出金灿灿的御印，在朱砂印泥中轻轻按一下，小心翼翼地盖在那张宣纸上，这才如释重负地长叹一口气。站起身，在屋里踱几步，舒展一下麻木的筋骨。

还没想好接下来做什么，就听门外有人轻声嘀咕一句："哎呀，皇上还在批阅公文呢！"

嘉庆一听就知道，是皇后来了。当值太监缩头缩脚地进来禀告，带着讨好的意味："皇上，奴才传旨说皇上要到那边去，皇后阿哥们高兴得什么似的，娘娘非得要过来接皇上……"

嘉庆还没反应过来，皇后已经袅姗着身姿飘然进到屋里，莲花绽放般给嘉庆请安了。望着嘉庆日渐清瘦的面容，皇后心里涌上一腔愧疚。前些日子两人心里头的隔阂该怎么解释，平日里伶牙俐齿，现在却什么也说不出来。

前些日子，海盗头目蔡牵被击毙后，将士把蔡牵的家属美眷一齐捉拿到京城，请皇上亲自发落。嘉庆以前审讯教匪王三槐，无意间得知许多真实情况，感觉对民情有所体察。有了上次的经验，而蔡牵的家属，又关乎沿海一带地方官员的实际治理情况，他当然要亲自审讯。

审讯那天，嘉庆驾临瀛台，蔡牵家属被许多禁卫押着，送到嘉庆面前。嘉庆向众人堆里一望，把蔡牵的兄弟和儿子提出，审了几句，没得到什么要领。嘉庆望着面前这几张稚气未脱的脸庞，既暗恨不已，同时也生出几分怜悯。恨蔡牵一事耗费无数库银，还搭上许多忠勇义士，反过来又怜悯这几个年岁不大的人物，怎么就能兴起这么大的风浪？莫非真的事出有因？只是自己实在不愿穷追根底了。这样想着，嘉庆斜视那堆花红柳绿的家眷，忽然眼睛一亮，发现其中竟有一绝色女子，皮肤雪白，又有几分海风吹过的棱角，天生胭脂嘴唇，小糯米一般的牙齿在阳光下奕奕闪亮。看着看着，嘉庆自己都感觉眼睛过直了，心头怦怦乱跳。

嘉庆向来自诩见过的美人并不在少数，但这样奇异的女子还是让嘉庆眼前一亮。瞅个机会，嘉庆吩咐贴身太监，把她暗暗留在宫中，准备以后慢慢消遣。不料宫里下人们盘根错节，消息传得很快，皇后很快便得知风声。宫女嫔妃争风吃醋尚且不可开交，凭空又来个海盗眷属，心中自然不悦。也是一时气急，不假思索地下了一道懿旨，赐其自尽。

　　待嘉庆得知消息时，那女子已是香消玉殒，再怎么责备也于事无补。到嘴边的美味就这样可惜地给丢了，好长一段时间，嘉庆都闷闷不乐。皇后见嘉庆翻脸，也深愧自己做事太过鲁莽，加上嘉庆借口忙于政务，脱不开身，好久没来过坤宁宫。夫妻心头始终有些隔阂。

　　天很黑，黑得像墨染一样，闪电偶尔划破漆黑的天空，在云缝中跳动闪烁。但乾清宫灯火通明，烛光闪闪。嘉庆望着皇后，一时竟不知该从何说起。

　　闪电时而像金蛇行空，陡然从云缝中窜出来，将幽深空旷的大殿照得一片惨白。哗哗的雨声和呼呼的风声交织在一起，透过檐前摇晃的灯笼，整个宫院好像风雨飘摇中的小船。

　　皇后钮祜碌氏幽幽地望着嘉庆，好几次话到嘴边，却说不出口。沉闷片刻，终于忍不住上前轻柔地说："皇上为国为民，废寝忘食，确是百姓之福，但也要注意自个儿身子才是。眼下秋高气凉，万一皇上有个什么不适，那可是奴婢大大的罪过了。您看，夜已经深了，若皇上没有心思……这就叫奴才们送皇上回养心殿歇息如何？"

　　嘉庆这才转过身，见钮祜碌氏身穿杏花坎肩，下身一抹嫩绿长裙。在大红色宫服下还是那么风姿绰约，神采奕奕。此时她手里摆弄着红纱绢，一脸关切地看着嘉庆，眼光里有期盼，有哀怨。此情此景，嘉庆不禁一呆，心中暗叫断魂，好一朵临风芍药，却让朕给晾在一旁。多年的夫妻感情呢，怎么能说忘就忘了？

　　这样想着，忙上前扶住皇后的纤纤玉手说："皇后不用往其他地方想，朕方才进来时，不知怎的，总觉得心事重重，心中烦闷，无可排遣。唉，这也是老毛病了，你又不是不知道……"

钮祜碌氏忙趁势握住嘉庆的手："皇上，可惜奴婢一介女流，无才无德，不敢过问朝中大事。不过，依奴婢看来，皇上还是不要那么事事躬亲的好，臣子自有臣子的职责，各个担负起他们应该担负的使命，皇上自然安闲。再说，大清江山疆域广阔，地方多了，有些个灾灾病病的，那也是常事，皇上您只要有这份心，就已经算是百姓之福了。"

嘉庆听着皇后轻声细语地宽慰，香兰气息一缕一缕地扑面而来，不禁如饴在口，心中一阵舒坦，近日被那些烦闷困扰着，而又实在解脱不开的捉摸不透的情绪，着实消融大半。"皇后说得有理，一席话让朕宽慰不少。"说着伸手轻轻挽起皇后的腰身，心头又是突地一动。嘉庆暗想，连日忙于政事，被莫名其妙的烦恼困扰着，冷落了皇后，造成误会，皇后不但没有丝毫不满，还这样体贴人，这份心怀，也算母仪天下了。

嘉庆忽然萌发出强烈的愿望，实在太累了，真该找一处安静的所在，寻得片刻无忧无虑的安闲。这样想着，转脸对皇后身边的宫女吩咐："叫御膳房送几样点心到坤宁宫。又回身对皇后说："朕今夜就到爱妃处，好好歇息一夜。"

钮祜碌氏害羞般目光低垂，烛火给她脸上映上了一层红晕，更显得娇媚可人。不大工夫，宫女过来回话："皇上，已经布置妥当，请皇上、皇后移驾吧！"

嘉庆和皇后所乘的车辇到达坤宁宫门时，坤宁宫的内外侍女正搬凳子踩椅子，张灯结彩，忙个不停地摆案设桌。皇后仪态端庄，搀扶着嘉庆，缓缓下了车辇，徐徐步入宫中。嘉庆望着这熟悉的一切，不禁产生一种恍若隔世之感。

"皇上，请用银耳羹吧。"顺着皇后手指的方向，嘉庆见眼前的大案上，已摆好了两小碗银耳羹。嘉庆缓步过去，端起呷了一口，顿觉一股细细的甜香注入心头。他不由得多朝皇后望了几眼，钮祜碌氏虽说已不年轻，但雍容典雅的风度与那一般满人妇女中少见的书卷气同时存在，这就更加难能可贵了。嘉庆眼神不定地望着她，迟疑了一会儿才喃喃说："难为爱妃了……"

钮祜禄氏一双眼睛一刻也未离开过嘉庆，此刻的嘉庆眼神有着一种无尽的愁闷，压抑，看得出眉宇间藏着隐隐的忧愁，有几分黯然神伤，使皇后的神情也显得极不自在。她强作欢喜地想，皇上到底怎么了，难道他从没真正快乐过？

坤宁宫里灯火辉煌，琉璃灯金光四射，照亮嘉庆脚下的紫红地毯，人影憧憧。嘉庆睹物思人，忽然想起坤宁宫的前任主人喜塔腊氏。这些年恍若白驹过隙，此时此刻自己站在窗前思念伊人，却已是物是人非。"物是人非，何处再觅情影，叫朕怎生怅然长叹！"

暗暗感叹一句，透过外边的灯光，嘉庆望着窗台上凋零的梅花，已是留不住的黯然伤怀，窗外的月光依偎在胸前，越发觉得凄惨。梅树是当年喜塔腊氏亲手所栽，如今已经历几载？怕数不清楚了。此刻上前亲手摘下一瓣梅花，咬在嘴里不觉涩涩地发苦。一番异样的苦味在嘉庆心里荡漾开来，久久地……突然，有两只手从腰际环绕过来，嘉庆从深深的缱绻中惊醒过来。

钮祜碌氏见嘉庆放下银碗后，久久伫立窗前，心中已是明白了他在想什么。悄然过来，想以女人的体贴抚慰嘉庆惆怅的心情，却不明白采花容易偷心难。嘉庆扭过忧郁的脸，听得皇后说，为了让皇上消遣，夜宵已备好，京戏亦已准备，聊解愁思。嘉庆不想扫了皇后的兴致，不好再说什么，便携手说声："不要想多了，走，咱们去看看。"不知是激动还是欣慰，皇后眼圈一红，赶忙吩咐秋棠去看是否已准备妥当。

吩咐过，看秋棠匆匆走出门去，皇后忽然松开嘉庆的手，顺势伏在嘉庆胸前饮泣起来。嘉庆顿生深深感叹，想到喜塔腊氏已去世多年，皇帝丧后三年，应册封新的皇后，可是自己心里却一直固执着，一拖再拖，好容易册封下来，却又是按节俭规矩未能大操大办。钮祜碌氏成了皇后，自己却一年中也难得几宿，虽说天天见面，可是总找不到感觉。无论如何，嘉庆想，今夜要补偿些。

京戏的音乐响起，丝竹管弦，声声入耳。那奇妙的感觉仿佛一股涌出山涧的清泉，一洗嘉庆的满腹愁云，随即奏出一片花香鸟语的天

地，烦闷如初冬乍寒，在神奇的弦乐中悄然隐退。嘉庆迈着沉稳的步子，不时用余光瞟那个叫秋棠的宫女粉嫩的脸颊，一阵不可言语的快慰，春风一般掠过心头，晚宴，管弦，美人……

夜如深蓝的海水涌进每一个角落，滋生宁静、深沉，甚至有点庄重，有点恐惧，而这一切是夜色中特有的。月却不同，即使是犹如海面上小舟的月牙，也能给夜驱走点恐惧、孤独，甚至即使是微弱的星星，也会产生众星捧月般的温暖。

戏已散人也静，寝宫中只留下嘉庆和皇后两人。嘉庆觉得提到对皇后的感情，连自己都说不清。当然这说不清之中自然也有很多爱怜，也有几分不确定随时会发生变化的因素。但无论如何，看着皇后按捺不住的惊喜，连那三寸金莲也显得越发轻盈的样子，他觉得自己和眼前的这个女人的生活，应该是幸福的，甚至于自己应该更幸福一点，因为是自己使眼前的佳人变得如此欢乐幸福。这样一想，幸福之中就又滋生了一点成就感。

都说女人天生是用来被宠的。而皇后对于嘉庆的到来就认为自己是被宠的，如此一想，便觉得她依赖着的那个人，心中始终都是有她的，是在乎自己的。女人其实很容易满足，心中的窃喜会情不自禁幻化成脸上的红晕和眉宇间的笑意。她越发觉得她依托于眼前这个男人是明智而且幸福的，她明白自己应该处处体谅他。他虽贵为一国之君，但肩上的担子却重如泰山，虽有那么多臣子辅佐朝政，却几乎没有人能读懂他内心的苦楚与心酸，只有自己能让他远离那些心烦之事，能让他真正享受快乐与幸福。

眼前嘉庆的到来，除了让皇后备感幸福外，也使秋棠紧张之中感觉莫名的欣喜。说不上为什么，除了尽了职责之外，总有种表现的冲动，哪怕只是在皇上跟前闪动一下也行。都说女人是流体，真是连自己也搞不清自己在干什么，或许寂寞得太久了？她有些害羞地想。

深蓝的天际，月色中天，飘浮的薄云早已不知去向。海是宁静的，但宁静下面深藏着许多波澜汹涌。夜是宁静的，但宁静中蕴含了几分骚动。

嘉庆与皇后就寝多时，皇后如月亮美人一样静静地沉醉于夜中，看着她嘴角的微笑，嘉庆知道他还是喜欢身边这个女人的。也许是酒力作用，欢娱过后，总觉得还有一股骚动在涌动。他也说不清在这月色中天的时候，自己还在期待着什么，等待着什么，说不清到底有什么足够的理由让他有起床的冲动。他把皇后葱白似的胳膊放回被中，掖好被角，自己则悄悄坐起。

　　日子恍然过去。转眼就是嘉庆十七年的七月，又到了一年一度"木兰秋狝"的时候。所谓"木兰秋狝"，就是在每年七八月间进行哨鹿，而"木兰"一词是来自满语的发音。这种制度从康熙二十年开始，正式形成一种规矩，也是清朝的一种大典。所不同的是，这个大典并非只为了高兴或者庆贺，也不纯粹为了娱乐，更重要的是它有利于激发八旗子弟的斗志，有利于国家政治、军事的发展。正因如此，康熙和后来的雍正，还专门在昭乌达盟、卓索图盟、锡林郭勒盟和察哈尔东西旗的接壤处设置了木兰围场。

　　木兰围场位于承德府正北四百里，这里树木繁茂，森林茂密，适合野兽栖息。康熙在北京至围场的沿途设置了许多行宫，避暑山庄即热河行宫就是最重要的行宫之一。通过"木兰秋狝"，不仅可以锻炼八旗子弟的骑射，让他们体验野外生活作战的劳苦，保持骁勇善战的本色，抵御他们的骄奢淫逸的恶习，而且木兰围场在蒙古境内，可以加强满蒙关系。

　　避暑山庄靠西边的那间便是皇帝的寝居之处，又称"西暖阁"，门口挂有乾隆帝的御笔"抑斋"二字。斋西门墙下，一张檀木条桌上摆着瓷瓶和几幅御制诗文。墙边仅放着一张矮床，旁边一张描花金漆的小炕桌上，整齐地陈列着文房四宝。天青色的幔帐衬着明黄色的床单，再加上那几床绫被，整个房间在柔和的月光下显得雍容富贵。

　　围猎的时候，嘉庆就在这里就寝。此刻，他搂着特意从皇后身边带出来的美人秋棠，望着蜷缩在被中的玉体，肤似凝脂，一头漆黑油亮的头发，两鬓似用刀剪裁过一样，弯弯的柳叶眉，一双迷人的丹凤眼似闭非闭地微着着。那含嗔带笑抿着的樱桃小嘴，衬着秀美的鼻子，

第二十四章　夫妻情深消隔阂　千总加急报险情

一切完美得找不出半点瑕疵。

听着她均匀的呼吸，嘉庆心头欣喜之情油然而生，白天打猎的疲惫早已跑到九霄云外。再仔细看去，只见秋棠在自己的疼爱中面色红润而幸福，呼吸微微，似在撒娇。嘉庆禁不住抬手轻轻捏住她的小鼻子，几分感慨地想，如雾拢芍药雨润海棠的妙龄女子，躺在自己怀中，真是上天的恩惠呀！皇后能让自己把这个尤物带出来，恐怕也有对以往愧疚补偿的意思。唉，说到底，还是贤惠呀。夜已经很深，更夫的阵阵锣声在寂静山庄响起，风吹拂着窗棂，嘉庆和秋棠相拥而眠，却不知道外边正发生着怎样震撼人心的事情……

张千总带着几个亲兵正快马加鞭赶往这里，日夜奔波，人困马乏却顾不上休息，只求能速见皇上，赶紧禀报汛情。每耽误一刻，就有多少人家妻离子散，这是叫人想都不敢想的活生生的现实。

"嗒嗒"的马蹄声终于逼近。甫进山门，张千总就急着跳下马来，尽量压低声音禀报："八百里加急，地方出现险情，请速禀明圣上！"

随侍小太监张吉庆懒洋洋地斜倚在大门口，一腿前叉，另一腿屈在石阶上，面无表情。这个大呼小叫的人，从装扮上看，倒是个旗牌官，再看旁边那几个瘫坐在地上斜靠在树旁的亲兵，像是累坏了，而那几匹马更是气喘吁吁，人喷气，马吐雾，也真够辛苦的。

不过张吉庆知道，此时皇上正在就寝，你们再怎么急也是白搭！随手摇摆两下："你们都累成这样了，还怎么见皇上？先找个地方歇息吧，皇上正在就寝，有军情明日再报。再说，这些天，皇上白天与几位皇子骑马打猎，着实累了，恐怕早已入睡。另外……皇上围猎，好容易有几天清静，怎么能随意打扰？地方上的情况再紧急，自有地方上的官员，我看你还是耐心等几天，小心皇上发火，连你……"

张千总不甘心地上前一步，嗫嚅一下说："公公，这……救场如救火，地方上灾情……"张吉庆手一扬，挡住他："哎，我说，你别往前走了，再踏一步就是禁地，治下罪来怨不得别人！"

张千总只得按捺住心中怒火，看看几个亲兵："这，这……怎么办？"其中一个亲兵无奈地说："反正咱们已经力尽所能赶到了这里，累死累活……罢了，张将军，先休息吧，急也白急。"张千总虽心急如焚，也知道这是实话，叹息一声："那好……大家到驿馆休息吧！"自己也牵上马，乞求地向张吉庆说："劳烦公公明日一定早早禀报……"没等他说完，张吉庆不耐烦地嘟囔一句："没说过吗，皇上好容易有点心情，谁敢轻易打扰？过几天再说吧！"不容分辩，大门"啪"地已被关上。

一行人来到驿站，躺在硬板床上，张千总尽管连日劳累却无法入睡，想着温大人临行前的交代，如果不能尽快禀报皇上，他们明早必须赶回去，让大人另作安排。他们劳累是应该的，没有谁埋怨，大家只气愤皇上，不是口口声声勤政爱民吗，闹了半天原来这么不关心民生。还有那个什么张公公，不顾灾情如火，依然平平静静把皇上蒙在鼓里，看来当皇上不想挨骂也难哪！议论着，人人摇头叹息一阵，沉沉睡去。

夜月当头，张千总迷迷糊糊入睡了，梦中又现出一幕幕可怕景象。堤坝在排山倒海般的洪流中一分分被侵蚀，渐渐开始动摇颤动，乌云罩在半空中，雷声震耳欲聋，硕大的雨滴，在天地间挂起一个恐怖的帘幕，黑沉沉的恐怖阴森。天昏地暗，洪水滔滔，这一切似乎要把天地都冲得垮掉一般。

张千总虽然不是上品级的大官，他也能想象得出，这堤坝决堤后会怎样地民不聊生，那将又是一次生灵涂炭，万亩良田变成湖泽，颗粒无收，百姓流离失所……他不禁打了一个冷战。夜色渐深，只有那划破夜空的鸟鸣声惊醒了晨曦，他望望窗外，长叹一声，看这情形，禀奏是不可能啦！

皇城外有人担忧，城内也有人心里发怵。这次围猎临行前，嘉庆坚决不要百龄陪行，要他留意处理政务。可百龄哪能放得了心？皇上一出宫门，什么话听不到啊？三人成虎，这是千古不变的哲理。想当年百龄明哲保身，未跟和珅有什么纠缠，才有了现在深得嘉庆重用的机遇。不能因为一个小小的疏漏而使自己晚节不保啊！

想到皇上交代过的：在朕回宫之前，所有的奏折你都必须亲自翻

阅一遍，待朕回京后，你件件陈述上来，包括你对里面提议之类的看法与处理。百龄只得强打精神静下心来，仔细盯着看那些奏折。但盯着一行行的字，却怎么也看不进去，脑子里只顾想着皇上在外边，会不会听到关于自己的风言风语？有没有人趁机给自己使绊子？

胡思乱想着，心烦意乱地翻检几份奏折。突然间，眼前几个敏感的字让他心头一震，不得不收回注意力。"礼坝倒塌"，仔细一看，竟然是他费尽心思设计出来的防洪大坝塌了！这怎么可能？他简直不敢相信自己的眼睛。怎么会？这坝可是他的得意之作啊！怎么说塌就塌了呢？

真是祸不单行，百龄顿时双腿发软，瘫坐在软榻上，怎么可能？怎么会？怎么办？

似乎有意凑热闹，就在这时，门外脚步声嗵嗵响起："大人，大事不好，礼坝倒了！"贴身侍从张千总满脸恐惧与惊慌，已经使他全然忘记什么礼节，风也似的闯进了百龄内室。百龄正抱着刚出生不久的儿子，张千总一声吆喝如晴天霹雳，百龄一阵眩晕，天和地在他眼前乱转，缓缓地就要倒下。

张千总赶忙上前，抱过小孩放在床上，百龄顺着床栏瘫倒在地上。随即是小孩的哇哇大哭，夫人的大喊大叫，仆人的左拥右簇，整个家乱作了一团。

第二十五章

水患蝗灾扰帝心　邪教猖狂乱国家

混乱过后，百龄才慢慢睁开眼睛。他缓缓地站起身，在大家面前，如同死灰一般的脸逐渐恢复了往日的阴冷与高深莫测。他现在最着急的，就是了解一下关于礼坝倒塌的更多的具体情况，以备追查下来，有话可说。

他脑海中恍惚浮现出徐端被革职后悲怆回乡的最终结局，并不自觉地为自己勾勒出一幅革职后的情景。他越想越怕，尽管他是几朝元老，和徐端不在一个档次上，可是谁又能知道，触怒了嘉庆会有怎么样的后果呢？况且礼坝之事非同小可，花了国库数不清的银子啊！可恨这帮具体办事的，逮住银钱就死命往怀里塞，完全不计后果……

越想心越乱。这时忽然想起刚才受到惊吓的儿子，颤巍巍地走过去，看到儿子闹腾过后，正酣睡在凉床上，心里掠过一丝丝欣慰，但立刻又感到一阵阵恐惧："我能给儿子荣华富贵吗？眼前的事，会不会连累家小……"百龄轻叹一声走到客厅。他两眼紧紧盯着那把伴随了多年的太师椅，手在上面轻轻摸来摸去，仿佛谁要夺走一般。然后，又理了理衣装，郑重其事坐上去，一坐，就不再想动弹。

深秋如醉，秋雨连绵。从木兰猎场一直到行宫，耳边单调划一的脚步声夹杂着风雨声，嘉庆揭起轿帘，打量着雨中的宫殿。悠长笔直的青石路尽头，紫德殿突兀着棱角，暗淡的天空仿佛压在头顶，屋脊上的琉璃龙依然怒睛暴须昂首向天，直欲飞去。嘉庆慨叹一声，转头别处，这一路多植梧桐，残叶已凋，光秃秃的枝干，分割着支离破碎的天空。北风一阵阵刮来，树顶的老鸦巢摇摇欲坠，难道就像岌岌可危的江山？道路两旁原有许多宫人清扫落叶，此时都站在路边，恭手而立。嘉庆忽然打了一个冷战，轻轻放下轿帘，暗自解嘲地想，或许是秋凉了阴气太重吧。

"皇上，到行宫了。"小太监恭恭敬敬，用尘拂挑起七攒云黄龙锦幔。嘉庆右手让小太监搀着，缓缓趋步而前。行宫入口处，全为汉白玉铺砌，水珠一团一团地攒簇着，似乎跳跃不定。嘉庆不知怎么，忽然记起先帝乾隆。当年和珅只是个御前侍卫，因为朗声回答一句："典守者不得辞其责。"就成全了一个了不得的人物。机缘呀！嘉庆感叹一句，不由得转头看自己的三百虎贲，虽说倒也全是俊秀可喜，但面容中却无丰神隽彩，倒有一多半张嘴直想打哈欠，愈发显得憔悴不堪。嘉庆当然不会完全想到，他大清朝所赖以立国的八旗子弟，已覆没在了烟馆娼楼之中，嘉庆也不完全知道，他的八旗精锐早已不懂打仗，唯懂得坐吃山空、玩花弄鸟、斗鸡走狗。昔日大清创业之初，师旅精锐，以龙霆虎威之势直下七十二城，两万人一夜之间即至北京城下。之后，平李自成，剿张献忠，传檄而定天下，何等炫耀！只是嘉庆不敢正视眼下，大清朝早已非昔年之光景了！

已过了子夜时分，尚书房依旧亮着灯光。嘉庆盘坐在窗前，听着冷雨敲窗，心头空荡荡的。望着御案上一堆堆急需处理的文书，嘉庆渐渐忘了前两天的柔情蜜意。他捧着一杯淡茶，热气袅袅而去。想着整个秋季，像捅漏了天河似的，从南到北，淅沥淅沥的秋雨就一直下个不停，正是这讨厌的秋雨，让自己平添多少烦恼。

起身踱到御案前，案上文书堆积如山，大都是各地来的河讯奏章。连夜不断的秋雨使嘉庆想到很多，修筑礼坝已经额外支出了一千万两白银，但结果如何？本想乘着这几年战事平定，励精图治，搞好各地工程，让普天之下的百姓遍泽恩惠。可是，计划总跟不上变化，想来想去，反而越做越乱。这问题到底出在哪儿？到底是天灾还是人祸？嘉庆觉得，自己自从亲政以来，就一直在这个问题上纠缠不清，以至于自己逐渐开始迷茫了。

再拿起礼坝具体修筑大臣陈凤翔的奏章："……礼坝坍塌，固然有臣子未临现场之罪，然而礼坝的大堤却不是罪臣督修。当时，罪臣正在家养病，前后有十几天时间，未能亲自察看。开工后，罪臣病愈，但身体依然不爽，加之天气燥热，臣双膝发麻，酸痛不止，结果还是难以成行。直到八月初二，罪臣接到工地急报，下桩松动，有毁堤的危险，当即命令停止下泄河水。皇上圣明，臣以为，若要礼坝彻底恢复功用，还须大量银两……"

看到这里，嘉庆已经一点一点地勃然大怒。好个狗奴才，做错了事情，不主动担待罪责，竟然倒打一耙，觍着脸继续要银子，脸皮真够厚的！压住怒气再转念一想，哪里还能筹措到银饷呢？修圆明园虽还备有八千万两，但岂能随便挪用？皇后生辰虽亦备有两千万两，但还得宴请全国三百家戏班唱戏祝寿，关乎国运威严的体面，这银子更是万万不能动用了。唉，可惜国库空虚，无以济民之灾年，朕虽有忧国忧民之心，奈何有心无力呀！

再翻检出其他奏折，是直隶总督温承惠的急报。奏折中称直隶蓟州一带蝗害蔓延，说自己当即派人前往遵化州南营村督民收捕。而当地老百姓竟跪拜遥谢皇恩，称该地蝗虫不食禾苗，叩请大人们不必下乡。经过多番询问，乡里人都说，此次害虫有黑黄两种，黑者不伤禾，黄者才伤。此地全为黑蝗，并不伤禾，这都是皇恩浩荡，感化天地所至。

草草看过一遍，嘉庆摇摇头啼笑皆非，忽然又有几分怒意地想，把朕当成什么了，为了邀功请赏，竟信口开河到这种地步，天下哪有蝗虫不食苗的道理？记得前一段，山东有蝗灾蔓延，奏报亦轻描淡写，此次分明是故伎重演，真真是再不可忍耐！

第二天，在行宫大殿会见群臣时，嘉庆抖着两纸奏折，气嘟嘟地传下令去，让温承惠即刻赶来见驾，朕倒要仔细问问他，世间到底有没有不吃禾苗的蝗虫？

见皇上发怒，大学士董诰、托津等人赶忙上前，你一言我一语劝慰皇上，请皇上不要为些许小事大动肝火，此行围猎，就是要从政务中脱身出来，休养身体，派遣钦差前去责问也就是了，不劳皇上大动干戈。

乱哄哄的劝说声中，嘉庆缓缓叹口气："诸位爱卿说得句句在理。朕是担心，水患尚未消除，蝗灾又起。若是这样，洪水猛兽，天下百姓又将遭受劫难呀！"

众人听皇上说话语气很是黯然，正要再劝慰几句，忽听行宫外一阵人马骚动，忙打住话头。御前侍卫塔思脱风也似的闯进来禀奏："皇上，阿哥们来到行宫见驾了。"

嘉庆头脑纷乱中这才想起，这次围猎原本不打算带诸皇子，只因他们一再恳求才破例恩准，但也没有同时起身，自己先行一步，让他们随后赶到。没想到这么快就来了，看样子他们倒挺风风火火的。心里有点不安地想，毛手毛脚的，跑这么快，宫里可安排妥当了？忽啦啦一下来这么多人，皇宫由何人看守？万一……来不及细想，摆摆手："快让他们进来！"

皇二子绵宁、皇三子绵恺，规规矩矩地走上大殿，行叩拜大礼。嘉庆面带愠色，轻轻训斥一句："朕命你二人下月初旬来陪驾打猎，为何此时就急急赶来？"

"禀皇阿玛，"皇二子绵宁躬身上前回答，"本打算到时候来的。后来听说皇阿玛一路不畏酷暑，仍在办理政务，不能替皇阿玛分担忧愁，儿等心中惭愧。父皇一贯主张儿臣奋发努力，谆谆教诲不敢忘怀，这才急急赶来，请皇阿玛恕罪！"

"唔，"嘉庆不动声色，心中却掩饰不住地一喜，觉得还是二子深明大义，有孝心，并非出自私心而来，遂变过脸色问："京城可都安置妥当？"

"回皇阿玛"，绵宁挺一下身子，顾不得擦拭挂在眉梢上的汗珠，"一切都按皇阿玛的意思办了，皇阿玛尽管放心将养身子。"

嘉庆望着二位皇子，若有所思地说："你俩来得正好。朕本打算从这里启程，前去察看蝗灾，此番正好你们二人代朕前去，朕倒真能清闲两日。"

二子绵宁挺直身子正色领命："皇阿玛尽管吩咐，替父皇分忧是儿臣的分内之事。"三子绵恺跟在后边，也频频点头。但嘉庆还是看出了他有些不情愿，不过也不点破，只是不经意地想，选二子绵宁做皇太子，倒真没看错人。这样想着，脸上渐渐露出笑容，"绵宁，难为你一片孝心了。"顺手拿起桌上一份奏折，递给绵宁，"你二人快去快回，不要耽搁了八月的围猎。"

绵宁、绵恺拜辞嘉庆，大踏步走出殿外。正要跨马上镫，塔思托急急赶过来叫喊一声："二位皇子留步！"

二人忙转过头，见嘉庆已在华盖下缓缓走了过来。绵宁、绵恺赶紧回身，一脸疑惑地望着皇阿玛。嘉庆对二人笑着说："代朕出行，总要有个信物才好，朕有样东西要让你们带着。"

说着向后招手，随侍太监手捧一柄黄玉如意，恭恭敬敬走上前来。两人立刻惊呆住，不知该说什么。他们知道，这可不是普通的玉如意，这是皇宫的镇案之宝，一般人连碰都不能轻易碰一下的。因为这如意的颜色近于明黄，古今罕见，所以弥足珍贵。从顺治帝起，作为镇国之宝，一代代传下来。嘉庆十分珍惜这件先皇御赐的宝物，一直放在乾清宫的御案上，成了镇案、镇宫之宝，也成了立君传位的象征，这已经是人所共知的事实。

另外，绵宁和绵恺也知道，父皇平常日子一贯不主张以玉相赠，为此还训斥过他们几回。今天……不及多想，绵宁连忙跪倒在地，眼含着泪花说："皇阿玛只不过是叫儿臣办差而已，这都是分内事情，儿臣求之不得的。玉如意乃父皇镇宫宝物，儿臣如何佩戴着它？再说，儿等马上行走，携带此物也不太方便。望父皇收回，儿臣定不辱皇命就是。"

嘉庆口气格外地柔和："也只是一件信物而已，用不着大惊小怪。你俩都起来，朕没别的意思，只是让你们记住，这是你们第一次去民间办事，千万不能有闪失。要记住，足寒伤心，民怨伤国呀！你们带上朕的御诏，要特别留意民间百姓的疾苦，万不可被奸猾小吏蒙蔽住耳目。"

两人唯唯答应着，这才上马而去。嘉庆眺望他们渐渐变小的影子，良久没说一句话。

仰首是春，俯首是秋，岁月的年轮无休无止地转动着。日月经天，牵扯出四季轮回，孕育出生生不息。

有时一个人独坐，张吉庆又一次沉浸于烟花三月杨柳岸边婀娜戏水，廿四桥娇妩媚的吹箫，莲花桥下的悠然见月，小巷深处的幽静芬芳，这样一幅如诗如画如梦如幻的美景只在心里默默地想着，其实自己并没亲眼见过，都是从画上和别人嘴里听说的。但即便自己没有这样的生活，穿梭于小巷之中，到处寻找食物，天天看老太太持刀追杀母鸡，凶婆娘骂着追赶儿子，各色人等推车吆喝，儿媳妇笑盈盈地帮卖臭豆腐的婆婆数钱，乃至乐不可支的某甲用假钞在同样乐不可支的某乙处买得了掺水酒……凡此种种生活，至少比在宫中被打，沦落为太监要强得多。

人只有在清醒的一刻才是痛苦的。

在皇上身边久了，几乎快没了自己。现在皇上让自己先回到宫中，能独自一个人静静地待会儿，张吉庆不自觉地开始臆想起那如梦如幻，本该属于自己的真实生活。

现在自己从木兰围场被打发回到皇宫，有个更伶俐腿脚更利落的小太监安福接替了自己。唉，铁打的营盘流水的兵，当太监当到顶头，也没几天好日子过哟！张吉庆自艾自怜地感叹着。在日子无可派遣中，张吉庆和老乡刘连喜走得很近。从他那里，他惊讶地知道，宫里许多太监都暗中信奉一种叫作天理教的东西，据说信奉天理教，能带给自己好运，并且天理教很快就要得到天下，到那时，太监也可以过上人的生活。

暗中观察，果然有许多太监行动诡秘。张吉庆无聊中又十分好奇，看他们神神秘秘的样子，不免产生几许神往。就这样，一来二去，他委托刘连喜，也加入了天理教，开始和其他人一样，紧张而刺激地四下活动。

顺、康、雍三朝九十年的经营，造就了乾隆鼎盛。这一时期，虽远未达到夜不闭户，但百姓生活大体安定。不过，表面繁荣的背后，并不能掩饰每况愈下滑坡的趋势。贪官污吏多如牛毛，买官卖官之风成灾，已经到了不可遏止的地步。到乾隆末期和嘉庆时候，更由于天灾人祸接连不断，民不聊生、怨声载道成了各地普遍的现象。伴随而来的，便是各地造反不断。其中白莲教起义历时九年半，波及五省区，使得国家耗尽财力。但朝廷精疲力竭，并没能够彻底消除这股势力，经过几年的孕育，他们又成立了天理教。"天皇"就是领导人之一，他们以"真空家乡，无生父母"为"八字真言"，以推翻"腐败天朝"为宗旨，召集各方反朝廷的力量，准备发动大规模起义。

　　远在乾隆四十三年，祸根就已经埋下。戌月寅日，浙江绍兴万里碧空炎暑，树上的知了扯嗓子乱叫着"知了，知了……"绿茵下的黄牛张着血盆大口使劲喘息。

　　林清便在这个骚动的季节里出生。他从小顽皮捣蛋，放荡不羁，经常与村里的小孩打架斗殴。林清父母告诫他要与人友善往来，能忍则忍，有时实在气急了，还不免大打出手，把小林清打得全身紫一块青一块。但倔强的小林清从没掉过一滴眼泪。

　　他家以种田为生，别无其他经济来源。好在父亲林荣善于打猎，每年忙完农事后，就会带着弓箭到山里打野味。

　　一天日暮时分，林清垂头丧气，发似蓬草，脸如蛋黄，简直与乞丐无异，狼狈不堪地回到家里。母亲正在做晚饭，望见他这等模样，猜他十有八九又和人打架了。

　　"又和人打架了？"

　　他不回答，只是低着头走近内室躺在床上。

　　他娘无奈地训斥两声："等你爹回来，看怎么收拾你！"

　　"林荣，林荣，你给我滚出来！"话音未落，一男一女在门外大呼小叫，"看你养的好龟仔。"

　　"是谁啊？"林清娘预感不妙，急忙走出来，"是嫂子和四哥啊。咋了？"

　　"咋了？你儿子做的好事！"妇女一把拉过身后的男孩，左眼肿得像包子。

"怎么了，小中的……"林清娘还没来得及细问，就被两人急急打断："怎么了，问你儿子去，我儿子的眼已经瞎了！这也算半条人命，你看该怎么办吧！"

这时林清娘才意识到，儿子闯下大祸了。她本是个胆小的农村妇女，整天为儿子提心吊胆。现在猛然听人家这样说，又气又怕，如万把尖刀插入心脏，不知所措地冲屋里大喊："畜生，你给我起来！"

喊着大跨步跑进里间，一把扯起林清："你……你这畜生，咱拿啥赔人家？"喊叫着团团乱转，想找根棍子，突然感觉喉咙一热，"噗"地喷出一口血来。林清知道娘原本就有心疼病，这回怕是急火攻心，赶忙上前把娘扶住，失声痛哭地叫嚷："娘，娘，你怎么了，你醒醒！"一手托着娘的后颈，使劲摇晃。过了片刻，娘缓缓睁开眼，望着林清喘了口粗气："儿呀，你……你为……为什么要打瞎小中的眼，那可是人家一辈子的事，了不得呀！"

林清早已泣不成声，娘咽了咽喉咙，有气无力地嘱咐一句："你，以后要听你爹的话，不要再打，打了，要好好做……做人。"一口气没上来，竟撒手而去。林清抱着母亲哭了一夜，但事到如今，什么都晚了。

林荣回来听说后，极度悲伤，安葬了妻子后，看着林清叹息说："你这么没出息，把你娘都给活活气死，又跟乡亲们结下冤仇，这里咱们是不能呆了。明天就迁到直隶顺天府大兴县，到你舅舅那儿，暂且图个安生。"就这样，他们远迁北方，一年之后又迁到了北京。

经历过这么多，特别是母亲因他而死，林清开始懂得为人处世的一些道理。十七岁的时候，先是在北京西单牌楼九如堂药铺当学徒，三年期满后到一家药铺当伙计。为给家里多攒点积蓄，他爹林荣在南路厅谋了一个巡检司小吏的差使。正所谓近朱者赤近墨者黑，林清脑子活络，更不例外。在北京这个繁华的大都市，耳濡目染着各种花花绿绿的生活，他开始嫖娼，经常出没于妓院青楼。没多久，林清就染上了疮毒，后无意间被药铺掌柜发现，逐出了药堂。此时他爹又不在跟前，没了依靠，只得流落街头，讨点残羹剩饭充饥。

毒疮消退后，在一个好心人的引荐下，林清做了顺天城的更夫。半年之后，他爹因病去世，他便辞了更夫，与别人合伙开茶店，因为好赌，终究亏本。后来不得不南下苏州、浙江等地，在官府粮道里充当衙役，又在江宁一带行医。嘉庆十一年，回到大兴，由姐夫介绍，加入京城荣华会。在后来的一段日子里，林清亲眼目睹民间疾苦，对官场黑暗草菅人命等丑恶现象感受颇深，加上自己的复杂经历，在荣华会中，他干得格外卖力，以行医为名，进行传教活动。他对入教的教徒和蔼可亲，虚心指教，深受人们喜欢与爱戴，很快便名声大振。

嘉庆十六年八月，林清三十三岁。趁嘉庆西巡之际，林清三次南下，在河南滑县会见了九宫教首领李文成、离卦教首领冯克善，商讨双方联合事宜。在林清徒弟牛亮臣等人的积极撮合下，很快建立起联合教会，名为天理教，其意为替天行道，重建天理。天理教召开高层大会，大会通过"八卦，九宫，林，李共掌"的教规。林清为"天皇"，冯克善为"地皇"，李文成为"人皇"，三皇既定，林清在天理教成立大会上，高举"替天行道"的旗号宣告天下："今打替天行道之旗号，实属上天之意，天帝号令推翻腐败清廷，众弟子意下如何？"

众徒弟均高声呐喊："替天行道，重建天理，推翻清廷！"

林清豪气万丈："好！我以天皇名义宣布，嘉庆十八年时闰八月寅日午时，攻打紫禁城。那天正是天皇生辰，上天派我来替天行道，又是星射紫薇之时，乃主兵象，凡举大事必成！"

天理教定于嘉庆十八年九月十五日起义。嘉庆十七年十二月，李文成赴直隶大兴县黄村会见林清，两下里约定，时间一到，林清在京城动手，李文成在滑县举事。

八月末伏过后的第二天早晨，是众教徒心神向往的日子。林清率领众人聚集在村边的打谷场上，面朝东方，迎着初升的阳光，高呼八字真言。众教徒纷纷登上高高的草垛，抑制不住兴奋。遥望京城方向，血红朝阳缓缓涌出地平线，灰蒙蒙的天空镶嵌上血色边框，东方湛蓝的天空，也镀上一层紫红颜色，好似海浪涌出白沫冲击着堤岸。林清掐指算来，李文成的精兵不日将到。

正值初秋，水汽浓重，露水打湿了林清的裤脚。在反清大旗下，他们天理教已经把京城一带的白阳教和直鲁豫三省交界地区以震、重二卦为核心的八卦教联合起来。林清自豪地感到，眼下反清的声势该是如何壮大。

据刘连喜打探的准确消息，因为皇上不在家，现在宫中禁卫警戒都已松懈下来，只有几个不大经事的皇子和大学士留守，似乎有意给他们机会，等待他们去进攻。就在三天前，林清托人给李文成送去一封紧急书信，请求速派精锐来助阵，以便抓住大好时机，攻下皇城。如果真能这样，拿下大清便指日可待。林清把这个想法告诉众教徒，众人无不兴奋，个个摩拳擦掌，一切准备正紧锣密鼓地进行着。

"报告天皇，李天王派来的人已来到村口：请天皇定夺！"林清兴奋的思绪被这抑制不住激动的声音拉回到现实。

"来了就好，都到那边去集合！"林清早有准备，传下口谕。见传信人答应着匆匆跑开，林清转身朝正跪在草垛上念经文的众教徒大喊，"大家都回去准备，把精神头养足，成败在此一举！"

"天皇，那边一共来了一百弟兄，"亲兵跟在林清身后，恭敬有加地说，"据来的弟兄讲，地皇人皇那边也准备得差不多了。"

林清微微点头，加快脚步赶回村中央的校场。刚走到场边，就听得一声："天皇到！"河南那边过来的一百精兵个个健形体壮，汗湿重衣，钉子般定立不动。偌大打谷场上，一片肃静。林清挨个儿看看，满意地点点头，背着手提高声音说："各位壮士，为了万古大业，你们远道而来，辛苦了！"话刚出口，众人立刻齐刷刷跪下，一齐高呼："五行生父母，八卦定君臣。为天皇效劳，为百姓立命，万死不辞！"

"好，好！"林清神情又激动起来，"本天皇最近卜得一卦，二八中秋，黄花落地。天数难逃，鞑子是躲不过这一劫了！望诸位齐心合力，打入皇宫，救百姓于水火，光宗耀祖，发扬我天理教宗旨！"见众人听得很认真，林清最后简短地总结一下，"既然来了，就是一家人，各位抓紧时间休息，该吃就吃，该喝就喝，不必客气。将来占据京城，外有地皇人皇势如破竹，内有我天皇接应，天下就是我们的了！"

众教徒群情激奋，立刻齐声呐喊："顺天保民，推翻清廷，拥戴天皇！"

热河行宫，绵宁和绵恺急急忙忙从地方赶来，看望皇阿玛及母后。"苍天保佑，瞧瞧明日就是十五，你们若是不回来，叫为娘那悬着的心怎么放得下？"皇后惊喜之余有点絮絮叨叨地说，"这些日子了，叫为娘的既担心你们，又挂念你们。你俩一路上辛苦了吧。"

"多谢母后挂念，儿臣甚好。"两个人在皇后的爱抚下，轻轻坐在嘉庆对面。

嘉庆心中的重石也落下了，他何尝不惦念他们呢？刚要开口询问路上的情况，绵宁站起身，从怀中取出那柄如意，双手捧着，弯腰递过来："皇阿玛，儿臣有皇阿玛庇佑，差事办得很顺利。"

嘉庆怎么也没有想到他回来之后就先归还玉如意，沉吟着不知该不该接。直接说明赏赐给他的吧，偏偏绵恺也在场，而绵恺又是钮祜禄氏的亲生儿子，搞不好与她还会因此出现隔阂。无奈之中正要身手去接，皇后顺势抬了一下绵宁的手，转脸对嘉庆说："皇上，莫怪臣妾见识短，护着皇儿。绵宁，你收下吧！你做事稳当、细致，少不得还要出去呢，到时候一定用得到。"

第二十六章

同僚相争真无益　木兰围场不养心

闪电划破天际，雷声响彻云霄，雨腥味弥漫刺鼻。

侧脸透过花格子窗棂望去，嘉庆稍稍有些安心，皇后的确很识大体，若是将大清江山交到绵宁手中，应该不会有太多的问题。只可惜托津还没有从京城赶来，按计划过了中秋便可行围打猎。但是从内心来讲，却并不将围猎放在心上，只不过想借此来避一避宫中繁琐的事务。那纷至沓来的奏折，让人看得心惊肉跳，如今享用片刻的闲暇，是一件多么惬意的事情啊！

众宫女端上一盘盘的菜，且不说这玉盘，单看里面的菜，被炸得黄澄澄油中透酥的脆膳，蛋青包虾仁，黄灿灿的大闸蟹，真是色香味俱全，叫人忍不住胃口大开。嘉庆满意地点点头，操起筷子夹块虾仁放进嘴里，慢慢地咀嚼着，语气轻松地问绵宁："说说这次灭蝗的情形吧。"

绵宁连忙直起腰拱手说："皇阿玛圣明。果然不出皇阿玛所料，这天底下哪有蝗虫不吃庄稼之说？儿臣所到之处，无不细察细问，原来百姓不让官兵捕杀是因为他们行善少而作恶多，名为捕虫，实为敛农。儿臣甚是气愤，遵照皇阿玛教训，狠狠责备了他们。儿臣回来时，不少村民跪倒在大道两旁，叩谢皇恩，儿臣也不禁落泪了。"

嘉庆哈口气："你这次看样子收获不小，至少知道地方上一些实情了。来陪朕一起喝酒。"

绵恺则不管许多，奔波劳累好几天，连口热饭都用不上，心中多少有些不快。刚吃几口，忽然小太监急急闯进来，凑在嘉庆耳旁，小声嘀咕几句。嘉庆脸色陡然一沉，叹口气说："让他在颐志堂候着，朕一会儿过去。"说着见小太监退下，自己也没心思地把手中酒杯放下，站起身子，双手背后，面无表情地嘱咐一句："朕已用毕，你们慢慢吃。"然后走出宫门，望着灰蒙蒙的天空，一语不发。突然，一道闪电打在嘉庆脸上，把他的脸照得雪亮。紧接着是隆隆的雷声，而后玉米粒大的雨倾盆而下。

颐志堂坐落在清舒山馆以西，有几间亭台楼阁，圣祖康熙曾御笔亲书匾额。正是修身养性的好去处，现如今却成了自己处理满族内部事务的场所。白白糟蹋了好景致，暴殄天物呀！在去往颐志堂的路上，嘉庆坐在轿子里，重重地感叹着，回想起刚才小太监的话，气嘟嘟的满腔憋闷。

事情的来龙去脉，嘉庆心里很清楚。百龄在朝中，虽说是汉官，但一向为自己所看重。只因上次礼坝倒塌，出于舆论压力，被下令革职，降三级留用察看。不过尽管这样，表面官位虽然小了，但加在他头上的头衔仍不少。这个百龄也是书生意气，不谙世事，做什么事情都只是凭着自己的秉性来。以前见到同僚，不管你官位有多大，他总是很冷漠，因此得罪了不少官员。

百龄自从被革职之后，办事似乎比以前有人情味了，可能他觉得是戴罪之身，比别人低了一等。但江山易改，禀性难移。时候不长，百龄渐渐老病复发，忘了自己是什么身份，又如同从前一样，孤傲冷峻。

礼亲王昭梿五十大寿，给百龄下了一张请柬，这也是再正常不过。当时百龄正在园中喝茶，忽然看到下人从府外直奔花园，手里拿着花花红红的东西，他接过一看，原来是张请柬。他满口答应着说，到时候一定去，并让回了信札。然而不过几天，他把请柬随便扔在案头，到了昭梿大寿的日子，愣是给忘了，贺礼也没送到。至此，礼亲王昭梿便与他结下怨仇。

这日，百龄的老管家王良像往常一样去京郊的庄园察看庄稼长势。

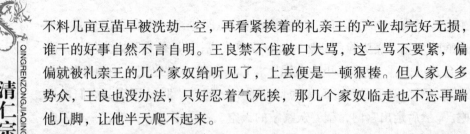

不料几亩豆苗早被洗劫一空，再看紧挨着的礼亲王的产业却完好无损，谁干的好事自然不言自明。王良禁不住破口大骂，这一骂不要紧，偏偏就被礼亲王的几个家奴给听见了，上去便是一顿狠棒。但人家人多势众，王良也没办法，只好忍着气死挨，那几个家奴临走也不忘再踹他几脚，让他半天爬不起来。

王良连滚带爬地回到府中。百龄弄明白事情原委后，不禁拍案而起，破口大骂："好个昭梿，欺人太甚！我百龄虽然革职，尚且留用，即便我有过失，还有圣上管教，哪用得着他来教训我？今天竟然骑到脖子上了，打狗也不看主人，真真气死人了！"盛怒之下，百龄套上朝服，大声吼叫："来人啊，去王府！"下人准备了轿子，怒气冲冲地奔王府而来。

百龄一路怒火冲天，来到王府门口，本来想报仇，狠狠地骂昭梿一顿。却不曾想，这昭梿贵为皇亲，岂是省油的灯？他刚一下轿，只见昭梿早有准备，正站在大门外凶猛的石狮下，双手叉腰对着前来办理公务的官员高声大骂，说百龄是什么东西，不过凭一点小手段博得皇上信任，结果怎样？贪污受贿，怠工拖延，到底还是出了事，辜负了皇恩。出了事不说，还将责任全推到死囚陈凤翔身上，毫无人性，与禽兽何异？一年亏空不计其数，私自侵吞了多少？试问王法何在，天理在？等皇上回来，本王将亲自参他一本，看他猖狂到几时！一边骂，一边朝地上吐唾沫。直骂得百龄狗血喷头，当场气昏过去，让人给抬回府中。

回到府中后，越想越窝火，竟然卧床不起。后来内心实在憋不过，就给远在避暑山庄的皇上参了一本，说明事情原委，诉苦自己遭受满大臣的欺侮。

嘉庆坐在轿子里，感到头顶的雨滴稀稀疏疏，虽不大，却使他本来烦躁的心更加烦躁，忍不住用拳头敲打双腿。

来到颐志堂前，几个大臣迎进殿内。嘉庆让众人仔细看一遍百龄的奏章，继而轻轻问："你们有何看法？"

托津向来愿意做个无主意之人，知道一味奉承总归没错。见皇上生气，便谨慎小心地试探着说："皇上……这百龄也太小气了，芝麻大点事也来惊扰圣上。皇上随便批上两句，宽慰一下，打发了吧！"

嘉庆没言语，又以目示意董诰。正如嘉庆所猜想的，董诰向来是对事不对人，他先替百龄陈情，又提出一些中肯的解决办法。最后嘉庆按照刚才想好的主张，拟了道圣旨，恢复百龄职位，算是给他一点补偿。转眼中秋将至，各类祭祖贡品都已在准备之中。八月赏桂也是宫中不可或缺的一件佳事，山庄内外早已桂花飘香。嘉庆来到祠堂内，开始祭拜，伴随着司礼大臣的长篇大论，仪式虽比往年在京城时简单，但气氛仍很肃穆。

祭拜礼仪完毕，嘉庆派贴身小太监林升去请后边各宫嫔妃，让她们来和自己一块儿热闹，把气氛给烘托起来。吩咐过后，嘉庆难得悠闲地来到御膳房，随意浏览赏桂宴会的准备情况。踱进门来，见皇后跟前的婢女艳琴正低头用彩纸扎供月用的"月光马"。嘉庆满意地看了片刻，忽然嗓子眼儿发痒，忍不住轻轻咳嗽一声。艳琴转身见是皇上，慌忙就要跪下。嘉庆盯着艳琴露在衣服外边细长粉嫩的脖颈，胸中突突乱跳地上前一把扶住："免了，你忙你的。"说着还要往艳琴身边靠，吓得艳琴忙跪下冲里边看看："皇上，皇后娘娘正在那边劳心劳力地忙活呢，这边说话，怕娘娘早听见了，正要请皇上过去看看娘娘的手艺呢。"

"唔，真真儿是个巧手！娘娘那边，自然就更不用说了。"嘉庆明白她的意思，随口应付两句。皇后是自己的，随用随取，反而没多少兴味，倒是她身边这几个花骨朵，像秋棠、艳琴，总偷偷摸摸的拿捏不住，却更感到好玩，更让自己牵挂在心里。

"哟，皇上怎么在这儿呢？担心龙体着凉啊。"忽然有人高声说着，一边让左右取了披风，要亲自给皇上披上。嘉庆不用看，就能想象出皇后那张春风化雨的脸。从纸扎上移开眼光，见钮祜碌氏带着一群贵妃相拥而来，冷清的气氛顿时活跃许多。"皇上，御花园那边正热闹着呢，咱看看去吧。"

嘉庆忙打起精神笑着问："又有什么稀罕劳什子？"

钮祜碌氏见嘉庆还算有兴致，露出更加高兴的神情："皇上还不知道，陕甘总督那彦成特意给皇上送来三十盆鲜牡丹，那花骨朵还是在洛阳城开的呢。"

嘉庆寻思，这那彦成还真是擅长奉承，送东西都能送到点子上，嘴上说着："难得那彦成有那份心，朕就过去，其他都办齐了吗？"

"一切已准备就绪，就等皇上观赏呢。"皇后说着吩咐人传话，说皇上就要过去。

刚进御花园拱月门，就闻到一阵与山庄内不同的花香。那彦成正指挥众人布置花盆，听得一阵说话声，转身看见一群大臣拥着嘉庆徐徐而来，连忙正了正衣帽，三步并作两步来参见皇上。

看着那彦成那风尘仆仆的样子，嘉庆顿时想太上皇乾隆帝称赞那彦成的话：当时乾隆曾不止一次地说过，大学士阿桂这个孙子那彦成将来一定会做出点大事情来。

当初刚登上皇位，嘉庆就下定决心把和珅斩草除根。当时，和珅作为两朝元老，已是权倾朝野，可谓一人之下，万人之上，故吏门徒，数不胜数，官僚纽带千丝万缕。表面上嘉庆与和珅在御花园执手共坐，举杯共饮，内心里恨不能立即把他推出午门斩首，只不过苦苦等待时机成熟。而那彦成和戴衢亨便作为嘉庆对付和珅的棋盘上的两颗棋子，一同留在了军机处。

日子如白驹过隙，如今三十年河东，三十年河西。那彦成也成明日黄花，离过去"声名赫赫"的日子相去甚远了。已做了四年的陕甘总督，那彦成毕竟也还干得不错，董诰不止一次明谏暗说地表示，以那彦成的政绩给个大学士未尝不可，至少也应调至京城任军机大臣。嘉庆自有主张，越是朝中的权贵嫡子孙，越不能破格提拔，所以那彦成由过去的到处奔波到如今做了四年陕甘总督，也是对他的一种关照吧。

"好了，礼数不必讲究那么多，起来吧。"嘉庆亲切地说，如今的嘉庆不管在什么场合，面对什么人物，总能把神情、语调、举止拿捏得恰到好处，既不过分亲昵，也不傲然居高临下。

"你先说说，陕西那边的旱情可有缓解？"听皇上问话，那彦成急忙欠身，低头拱手回答："禀皇上，前几日的一场大雨，使秋种的庄稼有了个好兆头，旱情有所缓解。"

嘉庆有意无意地来到了御花园。他并不是来赏花，而是准备与那彦成好好谈一谈，然后决定留什么位子给他。而御花园自然是个谈话的好去处。嘉庆沉吟着又问："那，饥民怎么处理的？"

那彦成一五一十地回答："回皇上，按照规矩，一般都是由县以下的人员，组织赈灾放款。这样做，是因为地方上人员熟悉地方上事情，可以随时调剂，可以有针对性地发放有限的救灾物资。"

"唔，倒也是这个理儿，不过……要是遇到下面多报或少报的情况，又该如何处置？"那彦成听出嘉庆有意考察自己，忙抖擞精神，决定好好露一手，叫皇上看看自己的能耐。按过去的资历和发展势头，自己大有希望担当首辅之类重臣的。然而，到了今天，时过境迁，一大批迟于自己成名的官员，早已加官晋爵，跳到自己的前头。自己的官级虽说也不小，还不时受到皇上的嘉奖和封赏，但和后进们对照起来，心里总还是不太舒服。这段日子，他一直想回京谋个大学士的差事，早晚与家人共享天伦之乐，平平静静地度过安闲后半生，免却放任在外的苦楚。这次面圣，他不仅与自己的家眷一起乘车马远道而来，更不远千里，从陕甘和洛阳带回些花草献给皇上。

这样想着，那彦成更加认真地回话说："皇上，家有家规，国有国法，有制度在那里放着，谅他们也不敢。灾情一般是由下而上申报，受灾人数、土地面积等上报来的数据，须经由总督派下去的人一一核清，实施边赈灾、边摸底，双管齐下，既及时地传播浩浩皇恩，又可杜绝舞弊现象。"

嘉庆不置可否地点点头，忽然话题一转："那彦成，朕看你为朕选的牡丹花，个个亭亭玉立，株株美艳动人，似颇有讲究，不像是随意拿过来的？"

那彦成一时语塞，把功劳揽过来吧，嘉庆一向最忌奢侈，弄不好反倒成了一桩罪名。矢口否认吧，分明又是不尊敬皇上了。嘴唇哆嗦两下，终于慢慢斟酌着回答："皇上过奖了，臣在督府后面花园内所种的全是牡丹，闲暇时与府中花匠闲聊，从中了解一二养花的常识而已。听人讲，养花可以养性情，臣也是忙里偷闲……"

见皇上脸色没有生气的意思，那彦成忙转移了话题，指着一架一架的盆花："皇上请看，这是叠翠、魏紫、二乔、金钗，单听这些名字，也叫人感觉超凡脱俗，对修养心性，应该大有裨益。"

嘉庆顺着他的手指望去，有的含苞欲放，有的怒放如盘，又刚刚淋了水，更显娇柔可爱，美艳动人。便不自觉地弯腰拨弄花瓣上的水珠，缓缓开口说："唯有牡丹真国色，花开时节动京城。那彦成，你就先留在避暑山庄，等朕秋狝以后，何去何从，再详细商量。"那彦成知道自己这回心血没有白费，忙跪地拜谢皇恩。

小太监林升站在旁边，见大家心情格外舒畅，满脸堆着笑，上前凑兴说："皇上刚才念的那句诗真好听，奴才只一遍就记住了。唯有牡丹真国色，花开时节动京城。这里算是开花时节动山庄了。"嘉庆存心要拿他要乐，乜斜他一眼似乎不经意地问："那你说说，牡丹何时为花开时节？"

"那还用说，就眼下，中秋佳节！"林升想也没想，尖细着声音逞能地回答。一下子惹得嘉庆大笑起来，周围的人看皇上的脸色，也一阵哄笑，笑得林升红了脸也嘿嘿傻笑。哄笑声中，嘉庆边走边说："传下旨意，朕今夜要与大臣们一起赏月。还有，女眷们也都来，到皇后那边，大家同乐。"

夜幕刚刚降临，身份高贵的王公贵族，朝内重臣，一起等在园内候驾。身份稍低的，只能在园外跪接。

只听静鞭三响，哄闹的人群忽然安静下来。嘉庆在众人的跪拜迎接下缓缓走过来。园内外顿时一片齐呼"万岁，万万岁"，声音整齐而又悦耳，气势宏大又不失敬畏之情。嘉庆面含微笑，漫步走进人群中，四下看看，见园内彩绸结篷，宫灯装点，火树银花，缤彩纷呈，"月光马"如月光一般清辉亮丽，矗立在醒目的位置。

"今夕复何夕，共此明月光。今夜朕设宴款待你们，无论宫里宫外，都大可不必拘礼，逢此良辰美景，尽可举杯畅饮！"嘉庆俨然主人翁般伸手朝大家打招呼，手指着殿下已摆好的三十多桌酒席，"大家入座。"又转头对皇后说："朕原本就说要悄悄地过来，结果你还要摆皇后的架子，把朕也拉扯上，结果怎样，礼节一施，情趣就没有了吧？不过还是那句老话，当面教子，背地教妻，大道理就不说了。"

钮祜碌氏知道皇上这是拿自己扯开话头，也不辩解，微笑着对身后的贵妃及王室族内众妃说："男不拜月，女不放债，各干各的事情。走，大家跟我拜月去。"环佩叮当碰撞声中，一群人走到后院，留下嘉庆和众大臣放开说笑。

说笑几句，相继落座后，大臣一个个正襟危坐，等待皇上发话开宴。嘉庆放眼向远处的天空望去，一轮明月高悬，分外清爽。林升赶忙把盛着温水的银盆端到嘉庆面前，嘉庆伸手洗了洗手，接过毛巾揩干后，恭恭敬敬地对月施礼："苍天在上，臣爱新觉罗·颙琰敬告上天，臣一生为民操劳，深知创业艰难，守业更加不易，臣勤谨操持，一心为大清天下苍生。敬天讫怜，赐民万福，臣代民谢恩！"

中秋赏月的兴致让嘉庆心情好了许多天。这天一大早，绵宁和绵恺过来请安，嘉庆看着他们退下去的背影，忽然想起，自己这么长时间不在京城，而两个年龄最长的皇子离京也有一段时间了，心里总不大踏实。再者说，和先皇要求自己的那样，皇子似乎更应该待在宫中，用心研究学问，考虑如何治国平天下，整日四处游逛总归不是太好的事情。

想着忙让林升把两人叫回来，板着脸嘱咐："绵宁、绵恺，你二人在京外已逗留了不少时日，把该办的事情都办完后，就尽快起程回京。一则照应京城中繁琐事务，二则温习功课，切不可玩物丧志！"

绵宁见父皇脸色不对，连连答应："是。皇阿玛教训得极是，儿臣遵命。"

绵恺可没有想这么多，好不容易出了京，小马脱了缰绳一般，看到许多新奇的事情，结交了一帮玩乐的朋友，别提多快活了。想到马上又要回到那个戒备森严的京城，听着那呆板迂腐的所谓锦绣文章，不禁一阵失落。哼，这个绵宁，答应得这么痛快，真正成了表面一套私下一套了，他不是也说城外比宫里要好得多吗？

"绵恺，回去苦读是件好事，怎么，不高兴？"嘉庆看到绵恺赌气似的低下头，又看了看绵宁直给他使眼色，立刻明白了绵恺的心思，提高声调换成训斥的语气，阴沉着脸摆摆手。哥儿俩战战兢兢地退出行宫，返回了京师。

重阳节的前一天，嘉庆接到河南巡抚高杞和辉府郎锦骐的奏折，是由京师的留守军机处转来的。一开始浏览奏折，嘉庆还不敢相信自己的眼睛。"剿匪"不是已剿灭好几年了吗，怎么会忽然冒出个天理教来？这个教是怎样得以迅速发展呢？既然如此发展，怎么这几年来，也不见各地的奏章提及过？不过还好，现在看来事态不是很严重，亡羊补牢，犹未为晚。安慰着自己，嘉庆仍心有余悸地想，过去亲政之初的"苗事"和"白莲教"作乱，把自己弄得焦头烂额，直到现在国势都大受影响。对于这个什么天理教，应当尽早提防，防患于未然，一旦事态扩大，免不了几年的战争，那可就有大麻烦了！千万不能掉以轻心。

本着这个心思，嘉庆一面仔细询问大臣地方上的情况，一面发下旨意，命令高杞和郎锦骐全力弹压。不过根据过去的经验，他还隐隐担心，特别在旨意上加上一条，倘若百姓不堪繁重的苛捐杂税怒而纷起，只需擒住元凶即可，万不可滥杀无辜再激起更大的民变。

就在这时，新的消息传来，天理教在滑县密谋起义的事情，被地方长官强克捷发觉，抓住了匪首李文成等人。后来李文成余部攻陷县城，把李文成解救出来，放火烧了衙门，强克捷被剁成肉泥。这一消息让嘉庆吃惊不小，忙接连颁发一道又一道圣谕，令河南全省调兵遣将，协助朝廷围剿，要严密堵截，万不可让教匪把地盘扩大，更不能让他们直趋京师。

从京城来的奏折中，留守大臣温承惠禀奏说，自己担心事态有扩大的趋势，并提出教匪攻击的目标飘忽不定，或许京师也未可知。奏报传阅后，董诰站出提建议说："皇上，能不能暂且命温承惠为钦差大臣，立即赶往长垣、滑县一带进剿！"

嘉庆点点头。

"皇上，臣以为不可。直隶境内，教徒众多，怎么能命温承惠为钦差大臣？倘若有所闪失，后果不堪设想！"托津不甘示弱，针锋相对地提出自己的看法。

嘉庆望着一张张如临大敌的面孔，很快斟酌一下，挥挥手说："诸位爱卿不必紧张，事情并非大家想象得那样可怕。水来土掩，兵来将挡，只要沉着应对，区区小恙，并非什么邪教。在朕看来，连教字都算不上，不过一群刁民闹事罢了，动摇不了大局。"

"皇上圣明。当年白莲教以教会名义远扬其名，我们万不可称呼天理教为什么邪教，诚如皇上所说，他们连教字都不够格。"几个大臣见嘉庆显出少有的刚气，忙伸展腰身，拱手附和。

然而传言愈演愈烈，闹得嘉庆身在木兰围场，仍不能安心休养。他觉得繁琐事务简直就如大网般铺天盖地罩下来，让他无处躲避。

连日和托津、董诰等人商议了一番，最后给河南巡抚再追加一纸诏书："今温承惠以清剿起事匪徒是第一要务，其他的一切政务都要先行搁置。不仅如此，对于那些在刁民中趁机起哄浑水摸鱼的人，也暂时先放他一马，不要因此失彼，捡了芝麻丢了西瓜。"

第二十七章

皇帝登高无心情　臣子居家乐逍遥

看着草就的诏书，嘉庆陷入了沉思。见到皇上半天没有吭声，托津眼珠子一转，知道皇上一定是在想应该如何妥善处理那些闹事刁民，没怎么细想地说："皇上，依臣之见，官家用兵不如遍地皆兵，让各地村庄招募乡勇，不是更好吗？这样一来，不仅可以节省军饷，还可以各自为战，随时随地堵截匪徒，打他一个措手不及，让这些人在四海之内都无立足之地！"

不料话音刚落，嘉庆摇摇头说："这个不好。当年督办大臣德楞泰和明亮两人，能力并不弱，但却犯过这个糊涂毛病。他们办理三省教匪起事时，就曾招募过乡勇，谁知有些浑水摸鱼的刁民，趁机和朝廷作对，不但没给官兵帮上一丁点忙，反而兵匪混杂，敌中有我，我中有敌，搅成了一团糟，让我朝廷白白葬送了许多无辜性命。教训就在眼前，万万不可再大意。"托津这才明白过来，脸红脖子粗地暗叫惭愧。好在嘉庆并没有责备的意思，按照自己的思路继续说，"在诏书上加一条，命令河南兵力继续北上，官军所到之处，尽力帮助村民挑挖河沟、濠梁，此乃困贼良法。"

董诰挥笔疾书，一篇圣谕很快完成。嘉庆仔细游览两遍，小心翼翼地拿出治国玉玺，蘸着殷红的朱砂，在锦帛上重重盖了个章。随侍太监拿出御制的锦囊，将圣旨放好退下，交给领军旗节官，以八百里加急文书，快速传达下去。

李文成起事以后，正是被这一封诏书给困在了滑县。面对清军层层严密封堵，李文成又身负重伤，两脚被砍断无法行动，急得干发火也没办法。眼见大军不能北上，整个局面不能连成一体，众人商量着，情急之下只有铤而走险了。斟酌再三，李文成下令，派出精悍教徒纷纷北上，企图连硬闯带蒙混，打破封锁包围。谁知人在倒霉时连喝水都塞牙缝，派出去的精锐部队人数毕竟十分有限，如何能抵挡得住大批清军？三下五除二，纷纷被清军堵回，白白折损了不少。

消息送不到北边，彼此不了解情况，两边无法商量协调起事步骤，这是一个致命的打击。李文成真是像热锅边沿的蚂蚁，急得团团乱转，恨不得变成土行孙地遁了去找林清。好在有爱妻李四娘陪在身边，悉心照顾他的起居，时不时地耐心宽慰说："你也不必过分愁虑，他皇帝老儿下令堵截，阻隔了咱们的消息，就一定代表着咱们要失败吗？叫我说，人算人算不死，天算人人必死，咱们谋事在人，成事在天，想必老天也会帮咱们的。你可别忘了，咱们宫中还有眼线呢！只要宫中得手，不愁天下不乱，天下一乱，他嘉庆就算有再大的本领，叫他有窝不能回，叫他真正成了孤家寡人！耐心再等几天，到了重阳节，也是我们下手的大好时机。你就放心养伤吧，两只脚都断了，跑不动挪不动的，干什么都只能操点心，心尽到就行了。你想，咱们的计划又不是小孩过家家忽然想出来的，哪有这么经不起个风吹革动的？放心吧，有我在你身边，什么事都会挺过去，咱们还要等着看嘉庆老儿下台呢！"

李文成在李四娘的帮助下又重振雄心，一面指挥起义军同官军猛战，一面设法传递音讯，把消息尽快送到北边去。河北河南一带如狂风中的湖水，波澜起伏不定，人心惶惶中时间一天天逼近林清起事的日子。

这时节正值金秋，天高气爽。远在木兰围场的嘉庆哪里还有登高取乐的闲情雅致，满脑袋都是乱糟糟的剿匪事项。又想着宫中人多，鱼龙混杂的，又没有主子，其余大小官员，表面恭顺，其实都心怀鬼胎各自只顾家小，万一有个风吹草动，怎会不出乱子？况且皇子绵宁和绵恺年龄不大，经事又少，能不能应付得了突发事端？想到这里不

由得思绪万千，叹气连连。见皇上心情现在更加阴沉，随从也不知道该怎样劝慰，只有站在一旁哭丧着脸，假装伤心。

嘉庆想象不到，此时宫中已经渐渐是另一番景象了。没了主子在场，大家反而更自在。照样过得有滋有味，比嘉庆在宫中更感受到生活的乐趣。特别是一个个有点脸面的奴才，也趁机欺负一下小主子，占点便宜暗暗偷笑。大多数人都会情不自禁地想，要是那个总阴沉着脸孔的皇上一直住在行宫里，该有多好！

京城的习俗，人们在重阳节的前一两天，家家户户都蒸糯米糕，然后大街小巷邻里街坊地相互赠送。为了表示吉祥，手巧些的，大都在糕上插着彩色小旗，或点缀着石榴子、松子肉等小玩意儿，或者做成狮子状，置于糕上，称作"狮蜜"。

辛苦了大半年，百姓图个吉利，互相赠送，彼此祝福，节日气氛愈发浓郁。各禅寺在这个节骨眼儿上也不能消停，他们大都要举办狮子会，热闹一番，以此来答谢施主。耍热闹时，寺院住持通常盘坐在石制的狮子上，做着法事讲解经文，吸引许多游人驻足观看。每每此时，京城大大小小的酒店都会无一例外地拿出自己的镇店之物——上等好酒。那酒香顺风吹去，熏得人不饮也醉，闻一闻都全身舒坦。酒店尚且如此，何况那些财大气粗的钱庄或者有名酒楼，都不约而同地使出浑身解数来装点店面，不管地位有多大差异，大都以色味上好的菊花装饰门面。

重阳节怎能没有菊花？不管雅人俗人此时都高雅起来，弄着菊花游逛。看那一群潦倒的书生，一副不谙世俗的清高样子，左顾右盼地卖弄着自己的文才，大呼小叫地玩着各种文字游戏，尽是迂腐可笑之态。那纨绔子弟则结伴而行，带些美酒熟肉，再跟着一班小奴才，径直朝郊外走来，享受登高望远带来的无限惬意。

不分贵贱差别，这个难得的不冷不热的好时节，穷人和富人都一样享受着这节日所带来的欢乐。偌大的京城，随处可嗅到欢乐轻松的气味，好一副安详和谐风景图。

小百姓的生活尚且过得如此热闹，华丽奢靡的紫禁城自然不会逊色。京城大街上摆放的菊花，那讲究的是雅俗共赏，而宫里头的菊花可就都有讲究了。毫无例外地，都是从各地搜罗而来的名贵品种，个个争奇斗艳，唯恐落后，鼓足了劲开着。二皇子绵宁和绵恺自从回到京城后，就浸泡在浓浓的节日气氛中，整日在后花园中赏玩不已，品头论足，流连忘返。看着那黄白色花瓣，花蕊似莲房一般的"无龄菊"，绵宁脱口说："好，这花朵真把菊花的品质给演绎得淋漓尽致了！"再看那羞答答的"桃花菊"，就如刚出阁的大姑娘，不好意思似的羞红了脸，摇曳着低头不语，绵恺则拍手叫好。

二皇子绵宁天生心细，足足观赏了几天也看不烦。这天正在花园中流连着指指点点，太监刘连喜探头探脑地走进来。刘连喜是重阳节宫中负责看管菊花的，有事没事就跑过来照应。刘连喜捧着一盆"万龄菊"，小心翼翼地正往廊下走，绵宁正好遇到，兴之所至随口说："好好地在那儿摆着，搬弄它作甚？不要弄掉一花一叶，小心你的脑袋，这可比你脑袋值钱多了！"

听他轻蔑的话音，一副拿太监不当人的神气，刘连喜心里立刻气鼓鼓的十分不满。可也不敢公然怎么样，压抑着愤怒，和往日一样唯唯诺诺，卑躬屈膝地回答："阿哥放心，奴才奉命照看这名花，唯恐照顾不周，哪里还有狗胆来作弄这些高贵名品？就是借奴才十万个狗胆，奴才也不敢胡作非为，弄出半点闪失。奴才方才见这花放在檐下，想着这花也和人一样，总得见见太阳光吧，好开得更艳丽些，让二皇子欣赏尽兴。老一直放在阴凉处，就开得慢些了。奴才是怕主子在这个好时段看不上好菊花，才急乎乎地搬动搬动。"

见绵宁满意地连连点头，刘连喜在心里冷笑一声："什么皇子，狗屁，还不是一肚子男盗女娼！今天再让你发威一回，再过七天重阳节，就是你们这班坏种的祭日。等着瞧吧，到时候让你给爷爷我磕头，叫喊着爷爷给我捶腿！"想着入了神，难免有所疏忽，还没等绵宁恩准，便捧着花盆退了下去。绵宁看着他的背影，忽然感觉有点异样，纳闷地嘀咕一句："这奴才，怎么对主子这般无礼，这还成体统？等皇阿玛回来定要禀明，惩罚一下这帮狗奴才，许久没教导，越来越不像话了!"心神不定地想着，走进书房翻阅书本，也就把这个原本奇怪的情形给淡忘了。

刘连喜今天心情之所以出奇地好，因为刚刚接到新任务，见绵宁踱步走了，哪里有心思静静地呆在宫内来看护侍弄菊花？也赶忙回到自己的住处，趁没人时候，取出来一长串早已准备好的钥匙，揣在怀里，趁人不注意偷偷溜出后宫殿门，一脸坦然地向外边走。走出几步，正碰上负责护卫皇宫的步兵统领吉纶，带着几十个兵丁直奔皇宫而来。刘连喜感觉自己既然成了天理教里的人，要事事留心才好，就心下狐疑地站在路边看他们要往哪里去。

还没等看明白，忽然有人拍一把自己肩膀："你上哪儿去？"

刘连喜吓一大跳，扭脸一看，原来是张吉庆，笑骂一句："这兔崽子，吓死老子了！"随即定了定神，压低声音，"正要前往老地方，去一品香茶馆碰头。你火速到常永贵那边打探一下，看见了没，驻守卢沟桥的吉纶怎么这时候来了？好像来得出其不意，千万要快些打听清楚！"

正如俗话所说，没有不透风的墙。林清似乎天衣无缝的起事计划，和李文成那边情形一样，早已透过层层墙上的耳朵泄露了出来。只是由于相关官员整日懈怠政事沉醉于花酒之间，没有及时发现和举发罢了。

林清手下有一个小头目祝现。祝现同族兄弟祝海蒙预王提拔，在预王处谋得一个小官。祝现想拉拢族人祝海一同为天理教效命。可祝海不想陷自己于旁门左道，婉言谢绝了祝现。祝现眼看起义之后，很可能伤害到祝海，出于好心，劝他趁早离开预王处，省得兵荒马乱时，白白跟着亲王陪葬。无奈怎么说都说不清楚，便把起义的具体情况冒死告诉了祝海，为了让祝海相信，祝现还把起义的具体时间和详细步骤都给他交代了。祝海见他说得认真，知道事情一定是真的了，思虑再三，还是倒向亲王这边。初九这天，他连夜驱马赶到王府，把京城即将大乱天理教就要起义的情况密报给了预王。天衣无缝的天理教举事计划，就这样传入了清军的耳朵。

可是得知道消息的预王和清军并未立即采取措施。预王得到祝海的密报，抱着多一事不如少一事的想法，推托说："不用惊慌，咱吃闲饭不管闲事，这等大事，可轻易管不得。再说，距离天理教闹事还有一段时日，不忙，待皇上回来再从长计议。"

举事计划不仅在预王那里露出破绽，卢沟桥巡检陈绍荣在事发前夕，发现居内居民异常慌乱，经过重重打探，也得知了起义实情。陈绍荣不敢怠慢，立即申报到宛平县。宛平县令知道事情非同小可，关系到自己的前程，赶紧派人捕捉主谋林清。不料消息往往互相走漏，林清在衙门里也有眼线，提前得到情报，早已溜之大吉。县令派去的人马扑空后，立即将这个十万火急的大事汇报给吉纶，却把正在赏花的吉纶惹得大怒，厉声呵斥来人说："当今天下太平，享乐还享不完，别拿这样的疯话来蛊惑人心，当心治你个胡言乱语罪！本将军正准备着前往白涧迎接御驾，少来添乱子！"说完，丢下面红耳赤的尴尬县令，上马而去，前往宫里找皇子们商议迎接圣驾的事情去了。

就这样，露出的丝丝马迹被预王和吉纶将军给销声匿迹了。

随着起事日渐临近，各地教徒齐集直隶顺天府大兴县宋家庄，在林清家中会集。商量起义的具体事项时，众教徒喊喊喳喳，兴奋而紧张。正交头接耳地议论着，林清穿布皂褂，脚穿皂靴，一身干练地从后厅走出来，冲大家微微一笑。负责领队的看见头领出来，忙带领众人拜倒在地，声若洪钟地高喊一声："无生父母，真空家乡！"

"好，好，无生父母，真空家乡！诸位斗志昂扬，天皇十分高兴！"林清摆手让大家重新坐好，神情昂然但也掩饰不住担忧，"为了兑现二八中秋誓言，顺应上天旨意，我教特发起九月十五日起义，此等大事在即，可至今尚未有地皇和人皇那边的消息。不但不知道他们是否能按期相应，连他们目前准备的情况也不得而知，似乎不大合乎常理。"本来还想说，半月一次的联络也突然中断了，派出去打探消息的人一拨一拨地出去，却总不见有回来的，似乎很蹊跷。不过这话说出来，又怕引起众人恐慌，林清思绪翻滚着只好咽回嗓子眼儿。

这情况虽然已经在众人之间传开，不过众人听林清亲口说出，仍显得有些不安。纷纷一脸愕然地议论，猜测哪个环节出了差错。

李文成派来的援兵们，听说眼下不见自己头领的消息，比别人更加担心。援兵头目陈爽提议说："天皇，孤掌难鸣，要不，先让我们回去寻找地皇大军，寻到大部队后，再回来合兵一处？起事是人命关天的大事，不能有丝毫马虎，得慎之又慎，稍微有点差池，就是多少人脑袋落地的惨祸。若是能找到地皇大部队，必然会给起事成功加大筹码。叫我们说，还是先别着急，等等再说。"

林清部下将领如龚恕、王世有等八卦各教宫主，本来对李文成忽然中断了联系就不怎么高兴，总以为他这是贪生怕死，中途变卦。现在听陈爽趁机闹着要回去，个个脸上挂着不满神色。先是龚恕站起来，对林清扑通跪下，语气坚决地说："天定的事哪里容得篡改？倘若改期，一来会造成各教徒的内心波动。再说，天理教会把铁定的日期随意改来改去，也会失去苦苦积累下来的民心。在下认为，按原定计划明日攻入皇宫，砍下大清皇帝的狗头。皇帝都没命了，天下还不是咱们的？至于河南那边有没有消息，不用管他！"

林清恰好也正担心李文成果真率领兵马赶到了，众多人马进驻京师，宫中守备森严加上吉纶从城外包抄，一定会腹背受敌。这样一想，失去联系反倒成了好事，对于攻打皇城的难度也就看得淡些，等候大部队会合的心思有所动摇，不由得点点头："这个……似乎也有道理。"

众人正七嘴八舌你一言我一语地商讨对策时，一个侍卫从门外闪进来，快步跑到前边的正座旁，对林清耳语几句。林清点点头，挥手示意大家安静："各位先不忙着争论，正黄旗汉军曹福昌和宫中太监张吉庆赶来了，先让他们讲讲，看看宫里现在有什么新情况，然后再作进一步的规划。"

曹福昌的父亲原为江苏高邮军政长军，一生廉洁，两袖清风，死后没留下什么遗产，家徒四壁。正在曹家不景气的当儿，林清结识了曹福昌，并时常送米送面，雪中送炭的帮助使曹福昌大为感动，两人交往甚密，渐渐无话不谈形影不离。曹福昌的父亲对林清所传扬的天理教里某些教义也很赞同，为了表示对林清的支持，就让曹福昌加入了天理教。

看到他们两人已步履匆匆地走进庭院，林清赶忙出去迎接。大家见面，寒暄两句，林清握着曹福昌的手，压抑不住神情焦灼地望着他："最后又有什么新情况？"

曹福昌半跪着施个礼禀报说："天皇，那边一切正常。另外，徒儿得到确切消息，嘉庆老儿将于十七日返抵白涧行宫，留守京城的大臣们全体出动迎接。叫徒儿说，我们不如兵分两路，一路直奔白涧，杀他个措手不及，擒贼先擒王嘛！到时候，行宫上下一片混乱，我们浑水摸鱼，把众大臣给俘获了。然后返身协助另一路杀进宫中，趁着宫中毫无防备，杀个痛快，给天下的劳苦百姓出口恶气！"

林清没说什么，低着头沉思片刻，转脸问张吉庆说："张公公，最近宫里的情况怎么样？"张吉庆尖声尖气地回答："请天皇放心，一切正常。徒儿这次过来，是受了刘连喜的托付。上次天皇与刘连喜商量，需要派多少弟兄进攻皇城，刘公公和我商议好几回了，都觉得人不要太多，毕竟紫禁城面积不大，人多了容易惹人耳目，露马脚，也施展不开手脚，反而自己碍自己的事。再说了，咱们天理教的人都有逢凶化吉随机应变的本事，到时候随机应变，必能成功！对了，最近又有一些禁兵被抽到白涧去了。"

听他们带来的全是鼓舞人心的消息，林清心头阴霾一扫而空，万丈豪情立刻重新涌动在胸中。他使劲握着张吉庆的手："到时候还得靠内应太监引路啊！"说到太监两个字，觉得不大对劲，但也找不到更恰当的词，见张吉庆并没吃味，就转身对着门外喊，"给两位拿座来！"自己则走到堂前，面对众人坐下。

面对一双双情绪复杂的眼光，林清轻咳一声说："方才听了大家的话，天皇十分高兴。举事时我为天皇，私下里，大家仍旧是弟兄。我林某今生有幸，有你们这些好兄弟，已经知足了！今后的事，只要大家上下一条心，齐心协力，必能取胜。看目前的情形，真是天助我也，大家放心，上天注定咱们定能成功！人吗？就依两位公公的话，先派去二百，不用太多。我本来打算多派几百人去，怕目标太大，到时候还没来得及动手就被发现，可就前功尽弃了。况且皇宫确实容不下那么多人。若没别的意见，就这样定了。"

大厅内外众人齐刷刷拜倒，一起高呼："愿意听从天皇差遣！"震耳欲聋，豪气冲天。

受到激昂气氛的鼓舞，林清拍案而起，抬高嗓门儿大叫："好！各位好兄弟，明天一大早，大家吃饱喝足了，做完晨祷，趁着精神头十足，就准备着进城。大家现在都明白各自的身份了吧？一定要想好，不要到时候出了乱子。等杀入宫门时，大家要齐声高呼'奉天开道，顺天保民'，这样不但能分得清敌我，京城的百姓也会应声接应你们，助你们一道杀入皇宫。我就留在此地，随时策应，同时也再等等地皇和人皇他们的队伍。弟兄们，我就等着听你们的好消息了！昨天晚上我卦了一签:，上上大吉，诸事皆宜，此行我们一定能取狗皇帝的脑袋！"

众人轰然一片答应声，斗志奋发中，原来的紧张不安一扫而光，仿佛已经取得胜利，自己已经成了江山的主人。每个人眼中都闪烁着兴奋期待的光芒。

"大家快回去准备，明天这个时候，大家再好好聚他一顿。明天这时候，大清的天下就是我们的了。那时候，人人封官加爵，土地要多少就给多少！"林清太激动了，竟兴奋得忘了入教时的许诺，即一文钱给一亩地。不过这时也没人去推究这话到底能不能兑现，只是起哄般地连连叫好。

曹福昌见林清没有采纳自己的意见，脸上有点不自然，不过关键时刻，也不便争论，就遮掩着没表现出来。看众人渐渐散去之后，他拱手告辞说："天皇，徒儿还有官务在身，不能露了马脚。待我回去再做打探，有消息随时禀报。"

林清本来想着都这时候了，还打探什么呢，一切就绪。乌龟过门槛，行不行也就这一翻了，你们就不用回去啦。可转念又一想，回去也好，他们俩忽然失踪，难免会引起官府和皇宫的警觉，别关键时刻出了差错，在行动尚未成功之前，切不可暴露任何一个环节。略想一想，转身对曹福昌和张吉庆说："二位一路辛苦，既然二位还有事，我也就不强留了，请便吧。"招手叫过一个教徒，把他们送出庄外。

这是一个安静的夜晚，静得让人有点害怕，有点担心。夜色死气沉沉，连狗也不叫一声，似乎能听到天地万物瑟瑟发抖。林清独自一人徘徊在灯火通明的庄内，看看没有什么问题，他抬胳膊使劲摇摆两下，刷地一下灯火全灭掉，整个大院扑通掉进一片黑暗之中。睁大眼睛抬起头，只能看见天上依稀的星星在百无聊赖地眨着眼睛，朦胧的月光冷冷地注视着地面的一切，使人不寒而栗。明天的现在，会是一番什么情形呢？自己会身在何处？林清激动得忍不住去想，却又不敢真的去想。明天是那样令人害怕而神往。

"他娘的，管他呢，就这样干吧，是死是活就不用考虑了。当一回天皇，就是死了也值得，早死早超生，总比贫苦庄稼人强！"林清狠狠地对自己说。他忽然想，明天应该离开这个大院，换个地方就能换换运气，也能换换心情。

第二天早上起来以后，林清临时决定率队到京郊的黄村。面对二百多名教徒，他作了最后一次总动员："诸位教徒，各位弟兄，推翻满清鞑子的神圣使命，天皇就交给你们了！你们现在要做的就是人人奋勇，个个争先，务必杀尽鞑子，马到成功！"声嘶力竭地说完了，挥手向前指指，做一个出发的姿势。众教徒沉声答应着，各自藏好兵器，按照原先计划好的，散布在京城四周，化装成小商小贩，大摇大摆地进了城。此时，一轮红日正冉冉升起。

接到进城顺利的消息，林清一下放松许多，神情悠然地坐在黄村的一个教徒家中。这个教徒也在出发之列，家里除了这个才过门半月的新媳妇外，其余都是林清带来的随从。新媳妇弄不懂林清是何身份，见他气宇不凡，镇定自若的样子，觉得他大小也是个头头，就殷勤地端茶送水。她总担心丈夫的行动有什么闪失，也不知道这个天理教能给大家带来怎样美好的生活。林清谁也不理会，一个人端坐在那里，默念着天理教的八字真言，似乎要在冥冥中找到眼下大事的最终结局。

九月十五日的午刻终于来到了！紫禁城内平静的没有任何预兆。

第二十七章 皇帝登高无心情 臣子居家乐逍遥

忽然，东华门与西华门被人用力地推开了，原先散落各地的小商小贩，在转眼之间变成了手持利刃的壮士，只见他们红着眼睛，高呼着口号，盘起辫子，在几个头目的带领之下，争抢着冲进宫来，好像中了魔一样见人就砍。惨叫声从这里那里传来，人们不相信眼睛似的终于明白眼前发生的一切，皇宫内外乱作一团。

第二十八章

贼子斗胆闯宫门　皇子齐心平变乱

密云不雨已久的起义正式拉开了帷幕。

一切都在有条不紊地进行着。依照之前的部署，东华门由坎教宫主陈爽带领，刘吴祥压后，太监刘连喜带路；西华门由龚恕带头，刘进玉压后，杨进忠引路。居中应援的是张吉庆，因为张吉庆对宫内各路都非常熟悉而且有头面，可以随意周旋。

进入东华门后，太监刘连喜带领陈爽等几个继续往前走。由于陈爽等人衣着均如平常，看不出什么两样，并没引起太大的注意，况且又有刘连喜领着。刘连喜是宫内有头有脸的人物，大家自然不会过问，也就更不忌惮什么了。

然而事情总多少有点出乎意料。就要进入宫城时，有几个守卫的士兵正好迎面走来，双方走近至不到一丈远时，将校的眼睛便在陈爽等人身上来回打量，似乎觉察出不大对劲。扫视一番后，目光转向刘连喜，士兵们不大认识他，最前面的那位守卫面无表情地问："公公，他们是什么人，好像很面生，不知为何跟着公公，你们要到哪里去，有没有挂牌子？"

"这个嘛……"刘连喜转动眼珠正要找话搪塞过去，陈爽却突然大喝一嗓子："挂你娘的狗屁牌子，爷爷是天理教教徒，来取你们小鞑子脑袋啦！"没等那几个兵丁反应过来，随之只见一道亮光闪过，接着又是一道红光。冒着热气和腥味的鲜血喷溅在陈爽等人脸上，大家立刻变成狰狞的小鬼。

　　见头领动手，跟在陈爽身后的教徒也纷纷拔刀在手，砍杀起来，顷刻又有几个兵丁倒下。其余几个见同伴惨叫着倒在地下，早已吓得魂飞丧胆，双腿止不住打战，想跑却不听使唤，只是口中大叫大嚷："抓…抓……抓贼……贼人啊！"随即被跑进来的天理教徒杀得身首异处。陈爽在前面用手朝空中一摆，后面的人便纷纷跟着他继续向前拥去。

　　直到这个时候，宫城上的守军才稍有察觉，向下探看一番，才知道出大事了。开始他们只是觉得，今天东华门外的小商小贩出奇的多，不过想想也不算什么，没必要大惊小怪。直到此时，亲眼看见商贩们个个脱去长袍，提刀剑向城内冲来，才知道今天不大好过去。

　　事出仓促，守军在慌乱中赶紧冲到城下，一边抵御迎面而来的反贼，一边拼命关住城门。城墙上的守军也急忙向下胡乱投箭。由于过于紧张，教徒前后拉开距离太远，等城门关闭时，冲入城内的也只有陈爽等五人，其余的均被关在城门外，无法里应外合。冲到城下的教徒多被乱箭射中，血污迸溅着，伤亡超过原来预料。其他人见冲不进去，只好边念八字真言，边往后退，不一会儿便退入城中各个胡同，消散得无处可寻。守城的士兵也来不及追赶，急忙上报九门副提督塔思脱。

　　除陈爽等人这一拨外，还有一伙教徒在刘连喜的干弟弟刘金带领下，杀进了熙和门。此外还有龚恕带领的五十人，在太监杨进忠指引下，攻打西华门。这一路教徒均装扮成挑筐的商贩，直到进入门内时也没显露原形，所以西华门兵丁并未认真防御，任由他们轻而易举地攻入城内，返身又把城门死死关住，防止清军增援。随后他们在城门上插起"奉天开道""顺天保民"等白旗，把声势制造起来。

　　九门副提督塔思脱接到报告后，惊出一身的冷汗，立即部署交战，他下令，让杨澍增攻打闯进熙和门的那一路，自己这边也亲自出马，指挥宫城内的守军往外冲，想把教徒堵在门外，尽量把事态缩小到最低程度，也减低自己疏于防范的罪责。

　　署护军杨澍增接到命令，不敢怠慢，立刻率军向熙和门杀了过去。

一彪人马来到城门口，遇上一个太监站在门边阻拦。那太监见一大队人马气势汹汹地赶来，不知道对方是敌是友，出于谨慎小心，上前阻拦着吆喝："大内之地，不可随便撞入，里面的贼子，我们自能拿下，你们还是到前边去清剿大股匪徒吧！"

杨澍增气急败坏，高高端坐马背上横眉怒目："清剿教匪保卫王宫，哪有你说话的份儿？莫非你也是教徒？"也不等他分辩，手臂挥动，大刀过处，溅起一道红光。这下再没人敢上前阻拦，听任他们直冲进去。正碰见几个教徒在宫院纵七横八的甬道上团团乱转，二话不说，两股人马搅浑在一起。毕竟教徒人数太少，没几个回合便显出劣势，除了被杀死的，大多受伤被俘。

熙和门这一路在清兵迅速反击下，轻易被制服。而陈爽等人并不知道这边情况，各自为战地继续向里边乱闯。在刘连喜指引下，沿南北夹道冲入苍震门内，要杀掉总管太监常永贵，把宫内太监力量全把握在天理教手中。

一行人走到半道，迎面看见张吉庆小跑着过来。陈爽让张吉庆速去东华门接应，看自己的人有没有按计划杀进来，若顺利杀进宫城，就给他们引一下路，免得岔道太多，给跑散了，浪费时间分散力量。张吉庆答应着向那边跑去。

陈爽这才招呼手下跟随进来的几个人，疾步进入大内。把守岗门的士兵并没意识到前边翻天覆地的响动，正悠然闲聊，毫无防备。陈爽不等他们察觉，冲上去抬手挥刀砍死一个。突如其来的响动惊醒了另外几个士兵，毕竟是挑选出来的精兵，训练有素，几个领队的还是大内高手。见此情形，瞬间的惊慌后，他们跃身跳起，躲过陈爽等人劈砍下来的刀锋，舞动着兵器迎上去。

教徒都是百姓出身，不过临时训练几天，刀枪拎在手中刚刚顺手，哪里是这帮人的对手？叮叮当当几声刀剑碰撞，陈爽等人立刻被包围在刀光剑影中。武艺本来就差出很远，况且人数相差更多，寡不敌众，败势立刻不言自明。混战中，才几下工夫，就听得同伴个个惨叫着应声倒地。

第二十八章 贼子斗胆闯宫门 皇子齐心平变乱

陈爽知道，自己彻底失败了。眼前有道白光忽地就要闪过来，陈爽勉强躲闪过去，然而更多的白光立刻紧紧跟上。看着横七竖八倒在地上的兄弟，陈爽来不及多想，用力将刀锋划过自己的颈部。大刀落地，陈爽也颓然倒下，只是两眼依然圆睁，眼神中充满了气愤与倔强，似乎要把那深蓝色的天幕看透。

按理说，西华门那一路教徒有四五十人杀进城内，本是一支精锐部队，给宫城造成的威胁也应该最大。可惜慌乱中群龙无首，没有一个很好的指挥！这群人物，也没成什么大事。这队人马在杨进忠的指引下，转来转去，最后到了隆宗门。从这儿可以直通养心殿，逼近朝廷的核心。可城门紧紧关着，怎么推也推不开。情急中，找不到合适的家伙，只得用木棍来撞。可是木棍实在太没分量，久撞不开。随着时间飞速流逝，大家渐渐感觉不妙，头目龚恕更是心急如焚，他向后退了两步，仰头看看高深的城墙，当机立断地吆喝一声："快些，要趁鞑子发觉前冲进去，搭人梯！"

然而已经迟了。塔思脱和杨澎增率军突然出现在城头，挥舞着刀枪冲下边高喊："你们这帮不知死活的匪徒，快些跪下受缚。实话告诉你们，东华门的反贼已都被杀死，你们完蛋啦！"杨进忠一听，知道不妙，跟前就这几个人，偷袭还有几分希望，真正面对面地硬干，哪是人家对手？闪过一个本能的念头，想着保命要紧，便不顾一切地扔下教徒弟兄，自己仗着路熟，抱头鼠窜了。

龚恕见转来转去耽误了时间，任何行动都为时已晚，想冲进去根本不可能，只好硬着头皮率军突围。但四处都是高深城墙，该往哪儿走呢？杨进忠又不见了踪影，一行人转了半天，发现仍在城外转悠。城上的塔思脱和杨澎增趁机向下放箭，同时牢牢关住城门。

此时，绵宁和绵恺正在尚书房读书，忽听到喊关门的声音，接着脚步杂沓，听得出很是慌乱，赶忙召人来问询发生了什么事情。只见总管太监常永贵跟跟跄跄跑进来，面如土色地禀报，阿哥，教匪杀进来啦！见绵宁嘴唇哆嗦着，忙缓和一下口气，阿哥不必惊慌，冲进来的教匪并不多，大体上已经被制服。

听他这样说，绵宁虽说惊魂未定，但也稍有宽慰。犹如当头一闷棍，绵宁简直想象不出，堂堂皇宫，怎么会让教匪冲杀进来，历朝历代哪里发生过这样的事情！这可如何是好，父皇过几天就回来了，怎么在这个节骨眼儿上发生这种变故？该怎么交代？虽说绵宁已三十一岁，绵恺也已十八，年龄上不算小了，但两人从小养尊处优，躲在深宫大院中很少接触实际事务，又没披甲沙场的经历，遇到此等大事，怎能不慌不惊？这九鼎之尊的圣地，万一被教匪攻占了，这亡国的罪名可就加到自己头上了。这责任是何等重大！绵宁感到脊背阵阵发冷。

见绵宁脸色从没有过地难看，常永贵忙接着说，二位殿下，快到储绣宫那边躲躲吧，那帮反贼正穷凶极恶地叫嚷着要往里攻呢！

最初的惊慌过后，绵宁还是更关心怎么保住这基业。要是宫城有半点闪失，即便自己能活着跑出去，皇阿玛回来，也没好日子过。他匆匆闪过几个念头，断然拍打着桌面说："躲，躲过一榔头，倒挨一棒槌，哪里能躲得过去？不行，走，跟我上城墙看看去！"说完转身从墙上取下鸟铳，不容置疑地向外走去。绵恺虽然惊怕交加，但有哥哥在前边挡着，只能看着哥哥的样子做，令内侍太监赶紧准备好腰刀，急急赶向养心殿这边。

二人刚走出不远，站在亭台上，就看见城墙那边浓烟滚滚，火苗直往上蹿。原来龚恕见久攻不下，又无处可走，便命教徒收集一些干柴，要放火烧门。在浓烟的掩护下，他们也不时向上放箭，城头上的清军也稍有损伤。相持不下之际，龚恕抓住时机，拖来几张桌子一层一层地摞起来，登上桌子纵身一跃，便攀上了墙头。他知道，越是重点防御的地段，越是核心地带，虽然不太清楚里边到底是什么地方，但估计离皇上住的地方不会太远。他一边向上攀爬，一边领着众人齐呼："杀呀！杀呀！"这声音充斥着整条深巷，肃穆的宫城从没像今天这样显得恐怖。然而龚恕爬到城头，刚一探脑袋，听听"嗖"的一声响，一支箭飞过来，他急忙用剑一挡，雕翎箭被折为两截。

这箭是塔思脱射过来的。龚恕伏在墙上看清楚后，伸手示意一下，便有一个教徒递上弓箭，龚恕握弓在手，拈箭搭弦，瞄准塔思

脱，"嗖"地飞过去，塔思脱正举着弓四下张望，猝不及防，被那支箭刺中咽喉，应声摔下城墙。下面的教徒见旗开得胜，一片欢呼。龚恕随机跃上了墙头，正要往下跳，忽听"砰"的一声脆响，不容他躲闪，一颗子弹已经穿入胸膛。龚恕摇晃两下，也随之跌倒在墙根的壕沟中。

这一枪是绵宁发的。眼看教徒首领就要冲进城来了，情况万分危急，在常永贵的提醒下，绵宁终于鼓足勇气，抖抖地举起鸟铳，没想到歪打正着，一枪打死了龚恕。继而又有教徒跳上墙头，绵宁四肢发软，不知所措，全然没有了刚才的勇武。常永贵在他身后继续说："阿哥，快，快打，子弹比箭飞得快，教匪躲不过去。快，为今之计，只有将教匪全数歼灭，才可解皇城危难！"

想想也是，绵宁强压住怦怦心跳，再发一枪，又打中了一个教徒。有了这样两枪，教徒不了解又发火又冒烟的是什么武器，不敢再硬碰，攻势渐减。接下来几个爬墙的，也都被鸟铳打死。

教徒见爬墙不行，没有别的好办法，就坐看大火烧门，横竖也没了退路。

趁着这个喘息工夫，绵宁渐渐看出门道，教徒来势凶猛却是孤军奋战，其实并没多少兵力，刚才之所以纷乱惊慌，完全是自己吓唬自己。现在清军应战虽然匆忙，却调集了有火枪装备的健锐营和火器营。即便攻进城内的教徒站在城墙上求救，得到的也只是百姓们冷漠的观看和无动于衷的躲闪。

更让教徒泄气的是，收集来的干柴不少，堆放在城门下，越烧越旺，渐渐火势冲天，尚有侥幸冲杀进去的希望。不料这时忽然下起雨来，雨越下越大，到傍晚时分，大火渐渐熄灭了。这样一来，大家顿时气馁，哄然四散，城内清兵趁机冲出来，交战时间很短暂，有的被杀，有的被擒，四门都被清军派兵把守，举事就此宣告失败。

紫禁城的风暴虽然短暂，但余波震荡不息，人心惶惶。匆匆打扫战场，绵宁只好贴榜昭告天下，宣布皇宫安然无恙，以求息事宁人，安抚民心。但传言各异，众说纷纭，似乎一个王朝已是气数殆尽，在劫难逃。

从九月初十到九月十五，在返回京城的路上，嘉庆就接二连三收到有关鲁豫天理教起事的紧急奏报，四五天时间里，就达十多份。尽管奏折还有些含糊其辞，一会儿请求增援，一会儿又说教徒人数不多，不足忧虑。但嘉庆知道，事情无疑已经非常严重了，他原本就阴沉的脸色更显得面如土色，也不再听奏折上的辩解，当即发下诏书，撤了温承惠的职，命那彦成暂时补缺。

"皇上，即便真是教匪起乱，也不用如此着急。急伤肝脾，火伤心肺，皇上还是要保重龙体为重。"托津站在嘉庆的马车前边，小心地劝解一句。

马车停下来，嘉庆挑开官纱车帘，用阴郁的眼神望向前方，双眉深锁。董诰在后边，见皇上的车驾停下，慌忙钻出车来，跑到嘉庆面前说："皇上，诚如托大人所说的，不过一群乱民闹事，没什么大不了的，不必惊慌。乡下有句话说得好，豆芽哪怕长大天上去，到底也还是小菜一碟。至少目前局势还由朝廷控制，或剿除或安抚，全由皇上吩咐。前面就是白涧行宫，皇上旅途劳累，不妨先驻扎下来好好歇息，看事态发展，再从长计议。"

嘉庆拍着窗框长叹一声："自从白莲教闹事以后，本以为天下就此大平，百姓可以万年安乐。谁知道才过了不到十年，眼看大清朝又要发生不可预测的事端，叫朕怎能不心急？豆芽也罢，小菜也好，都是在朕的心口窝里捅刀子哟！"说到动情处竟带着哭腔，"朕不明白，朕自亲政以后，勤奋治国，从不敢有半分懈怠，为什么总换不来人心安定？总换不来天下太平？朕哪里有疏漏，上天要这样惩处朕！万一再酿起像白莲教匪作乱那样的局面，叫朕如何应付？唉！"

车队轰隆隆走出一天多，九月十六，终于来到白涧行宫。白涧行宫建在官道旁，水绕山环，风景秀丽，山那边是阔溪深涧，乱石交错，山上水流湍急，溅起层层浪花，望去让人心旷神怡，众人都长长舒一口气。

太监宫女和大臣近侍们忙碌半天，终于把皇上和众人的住处收拾停当。托津和董诰唯恐嘉庆再伤心，寸步不离地随时准备找话语宽慰。连日又惊又急，嘉庆实在有点困了，脚下软绵绵的像是踩在云彩上，总不踏实。站在悬崖边上眺望一阵，刚想回去歇息，忽然从远处传来一阵急促的马蹄声，一声长长地叫喊："皇上，有急报！"声音嘶哑凄厉，惊醒了宁静的白涧行宫。嘉庆激灵打个冷战，下意识地抬手按在托津肩膀上。

沉静片刻，嘉庆见将官已经跑到不远处的山脚下跪倒叩拜，强作镇静地呵斥一句："慌张什么？"同时觉得自己从头到脚直冒冷汗。

听见皇上发话，旗牌官顾不上谢罪，从山脚下快步跑上来，尘垢满面，汗水在脸上一道一道地如蚯蚓乱爬，仿佛刚逃出火场一般。衣服也十分不整，顶戴歪在脑袋上，袍子撕开了长长一条口子。嘉庆心里咯噔一下，不祥的预感突地涌上心头，喘气都有些不顺畅。慌乱中他想站直身子，无奈怎么也站不直，只能软软地按住托津肩膀。董诰几步过去，接过递来的奏折，瞪眼看了片刻，忽然气汹汹地责问那人："京城离此地不过百十里路，怎么用六百里文书加急赶来，一惊一乍的，想惊圣驾不成？"来人这才回过神来，叩头不止，连称不敢。

"请万岁爷御览。"小太监林升接过折子，递给嘉庆。

嘉庆表情呆木，双手不住地颤抖，匆匆读过一遍，差点捏不住那张薄薄的宣纸。这是绵宁送来的急报，讲述了昨天也就是十五日，天理教匪徒起事烧宫的详细情况。就在这时，董诰也认出了来人正是统军护卫杨澍增，大家彼此原本很熟悉，现在情急之下竟然相互认不出来了！杨澍增马不停蹄早已疲惫不堪，却还强撑出笑容说："皇上不必忧虑，宫中已安然无恙了，一切等皇上回去再作处理。"

嘉庆面无表情，对书信没发表任何见解，只是略微称赞他两句，加封他为三等男爵，赏赐单眼花翎和白银三千两。杨澍增似乎从惊吓中苏醒过来又得了糖块的孩子，竟趴在地上唔唔地哭了。

回到行宫大殿，林升扶着让嘉庆在软椅上坐下。嘉庆再次把折子拿出来，缓缓浏览着，紧紧抿着嘴唇，半晌不发一言。整个大殿都被这股凝重而诡异的气氛笼罩着，良久，两滴清泪从他消瘦的脸颊上慢慢滑落。托津和董诰看在眼里，脸色立刻惨白。他们熟读史书，再清楚不过，自世间有皇上的那一刻起，皇宫就代表着皇权的威严，除非亡国，那里是绝对不容侵犯的。更何况，宫廷之中供奉着大清历代圣祖圣宗，现在事情发展到这样的程度，万一祖宗牌位受到羞辱，让嘉庆如何面对他的祖宗？如何面对举国百姓？唉，为臣不易，为君更艰难呀！两人忽然想起皇上不止一次说过的话，如今竟然出奇准确地得到了应验。况且，事已至此，仅仅说"无恙"二字就能高枕无忧了吗？绵宁还太嫩，他又知道什么？

随行的众臣在嘉庆的默许下，传阅了这份奏章。众多大臣吃惊震惊之余，手足无措，瞪目结舌，不知道该说什么才好，昔日在皇宫大殿上志得意满的样子已不复见半点踪影，只剩下一派慌乱。除了天理教竟然这么快打进皇宫，速度之快确实叫人吃惊外，还有另一层意思，很多大臣曾亲身参加过剿伐白莲教起义的战争。他们知道，这些教匪都是亡命之徒，一旦沾惹上，想摆脱又岂是一件容易解决的事？接下来若要调兵遣将地征讨，闹不好谁又要丢掉顶戴乃至性命不保。

托津见众人沉默着更显得难堪，忙打圆场似的跪下来禀奏说："皇上，既然情况紧急，叫臣看，不如立即返回盛京。那里是龙兴之地，可以喘息一口气，然后再调大军重新入关。"

这一提议像是点醒了众人，大家马上议论纷纷。有人提议退回热河，凭借蒙古王公的兵力，加上贝勒、贝子和额附的势力，徐徐进攻北京，正所谓留得青山在，不怕没柴烧。有人出于懒和省事的念头，提议干脆就暂时在白涧行宫躲避一阵子，以观动静。人人各执己见，吵得不可开交，嘉庆揪心痛楚中，更被弄得头脑纷乱如麻，阴沉着脸不发一言。

董诰拈着下巴上的几根焦黄胡须，微微摇头，上前一步禀奏说："皇上，臣的意思与诸位大人不同。皇上现在返京，有三大利处。一是可以鼓舞京城将士的斗志，增强他们的信心；二是可以破除大清已亡的谣言，安定民心，稳定局势；再者，皇上进京，亦可以使那些外国、公使、商团明白，我大清王朝仍是一片朗朗乾坤，国泰民安，不过略微出点乱子而已。"说到动情处，这位老臣不禁涕泪交加。

就在这个当口，众大臣中闪出一人，跪在董诰旁边说："皇上，宫内大批亲人仍处在惶恐之中，他们都期盼皇上早早回京。皇上是后宫前庭的支柱，有皇上在，一切都必然坚若磐石，皇上不必担心局势！"嘉庆匆忙中抬眼细看，这是自己的亲侄子，荣郡王绵亿。

头脑轰隆隆似有车马驰过，怎么也集中不起精力，嘉庆疲惫地看看众人，挥挥手声音细微地说："诸位爱卿先退下吧，容朕细细思量，稍后再作定夺。"说着自己先慢慢踱回行宫内屋。

心乱如麻地踱步院中，绕着柱子转悠两圈，仍理不出个头绪。返回盛京？绝对行不通！自己堂堂大清皇帝，岂能临阵脱逃？即便没人用这个字眼，但明眼人一看就知道其中底细。日后如何服众？怎么能在大臣面前说得起话？那么，去蒙古？似乎是个法子，但仔细想来，更不可行。大清朝一百七十年的尊严，怎能断送在自己手中！可是，若留在这儿，进退维谷，只能显得自己软弱无能……

整夜无眠。悄无声息地，一束阳光从窗棂射进来，细小的灰尘在阳光下翻滚着……嘉庆忽地从榻上翻身坐起，似乎从没想过的一个念头蹿进脑际，他猛然下定了决心，对，就这样，冒险进京！没怎么犹豫，决心已定，嘉庆感觉精神抖擞，立即召集群臣，颁布诏书，对绵宁大加褒奖，封他为智亲王，接着又对有功之臣，如皇子绵恺、贝勒绵志，以及九门副提督塔思脱、护军统领杨澍增，还有其他各室王公都一一封赏。

当天下午时分，西斜的日光把嘉庆一行人镀上一层淡淡的红晕，他们站在行宫前，紧张地看着迎面而来的旗牌官——仪亲王永璇。随着永璇把宫里最新情形详细介绍给大家，大臣们的眉头渐渐舒展开。从他说的情况来看，回宫已无大碍，嘉庆与众大臣们马上决定，立即起驾回京。

第三天正午，众人抵达燕郊行宫。嘉庆又是一夜无眠。惊扰过后，剩下的仍然还是烦忧。事情固然有惊无险，但自己身为一国之尊，如何向天一交代？睁着双眼一直到东方泛白，一道灵光突然而现，嘉庆从床上一跃而起，奋笔疾书，一篇洋洋洒洒的《朱笔遇变罪己诏》挥笔而就。

这是一篇"自我检讨"式的诏文，不久便发散到全国各地。全文大意如下：

"我承接父皇的托付，成为皇帝，其间兢兢业业，不敢有丝毫松懈。刚刚即位，白莲教就生发动乱，命将士出征，八年才得以平定。刚刚能与百姓过上好日子，不想九月初二，河南滑县天理教匪又忽然动乱，然而此事尚在千里之外，谁料到九月十五日天理教逆匪进攻大内。祸起萧墙，此次大内得以平定，实属皇次子之功。

"我大清朝开国一百七十年来，列祖列宗，皆仁德深厚泽被万民。我虽然有爱民的政策，没有残害百姓的暴虐之事，突然遭逢如此变故，实不能解，大约德行仍欠缺积累，只有深深自责了。

"然而动乱虽起于突然，祸患却积累了早有时日，现如今中外相同的最大弊端，无外乎'因循怠玩'这四个字。我虽然屡屡告诫，舌已困，唇将焦，可又怎奈何诸臣没能领悟，以至于酿成汉、唐、宋、明诸朝都未曾有过的动乱。与明季挺击一案相较，难道不是倍加严重吗？想到这里，我实在不忍心再说啊！

"我只有返躬自省，改正错误，对上报答老天的恩慈，对下安抚百姓的怨恨。众位臣子若愿意成为大清国的忠良之臣，就应当忠肝义胆，一心为国，尽心竭力，匡正我的错误，为百姓谋利。如果自甘堕落，不愿尽忠，就应当除去顶戴，了却平身。切切不要在其位不谋其政，更增加我的罪过。痛心之处，笔下不禁为之洒泪，通报天下以使众人知道。"

时隔一日，十九日上午，众王公大臣在朝阳门迎候皇上圣驾。看到嘉庆一行人的身影，一些大臣如久别见亲人一般，忍不住鼻子一酸，落下眼泪。嘉庆在众人的簇拥之下缓缓入宫。

"朕以谅德，仰承皇考付托……"皇宫内响起低沉的《罪己诏书》，诸位大臣齐齐跪在殿下，聆听着这悲切的呼喊……

有时在梦中，有时是遐想中，嘉庆往往情不自禁地回想起自己亲政之初，是何等的威风，何等的扬眉吐气。殊不知在这威风之后，却是一副沉重的担子。身为一国之君，天下百姓都倚赖自己的喜好而奔劳，自己的任何一个错误之举都可能引起千万家庭横遭变故。嘉庆知道，自己不想做爱新觉罗氏的不孝子孙，更不愿意成为满族的罪人，自己仿佛被推到一个庞大的舞台前沿，为了这场不知有多少人观看的大戏而苦苦演练着。

回到京城已经有了些时日，思前想后，嘉庆复杂的心情似乎渐渐归于平静。想想自己从小就苦读于书房，深受儒家思想的熏陶，深知一生在世，为国为民的重要性，何况自己身为大清的皇帝，难道连这点责任都不敢承担？

"永定河在京郊决口，淹没宛平、大兴两县，灾民不计其数！"

"黄河暴涨两丈，开封附近决堤，灾情汹汹！"

"辉县、延津等六县黄河堤坝坍塌，流民大有向京城迁移的趋向！"

面对一张张河水泛滥的奏折，嘉庆很快又回到过去的繁琐。头脑中一直纠缠不清的，治水必先用人，而所用的人，自然也就是所谓的吏，治水和治吏，孰轻孰重，孰紧孰松？让嘉庆深感痛心的是，自己任用的吏中，大半为贪吏，似乎古往今来的贪官污吏都撞到自己手里。想到任用贪吏们浪费掉白花花的银子来治理那滔滔洪水，他就情不自禁地感叹，吏治犹如洪水啊！

可是目前并没有时间去认真探索这个问题。奏折上边触目惊心的描述，促使嘉庆下定决心，治水，必须先治水，即使浪费掉大量银子也必须把河口堵住！河口一旦决堤，百姓们就会流离失所，生灵涂炭，紧接着也就是怨声载道，国将不国，白莲教和所谓的天理教，不都是钻了这个空子？想到这些，更加坚定了嘉庆治水的决心。权衡左右，他宁可让贪吏们心花怒放，在银子面前舞之蹈之，也要死死堵住那奔流的洪水，保住百姓臣服的心，保住他的大清河山。无可奈何呀，他只能摇头叹息。

可是派谁去治理这么多缺口呢？把手边的臣子挑来拣去，却始终拿不出合适的人选。最后嘉庆决定起用老河工吴璥。

吴璥有几十年的治河经验，虽然以前有人弹劾他，说他爱财，冒领银两的次数很多。不过由于没查出什么实据，也没拿他怎么样。现在事情到了火烧眉毛的关头，也只有再相信他一次，懂得治河的人，实在太少啦！

终于下了决心，任命吴璥为督办河工钦差，总管河南一带的黄河治理工程。吴璥倒也不含糊，走马上任，没几天工夫，就有奏折递上来。在奏折中，吴璥说自己已经把河南有险情的地方勘察一遍，决口处大约有七八处，其中以马营坝地理位置最重要，决口也最大，急需治理。接着吴璥一项一项地把花费罗列下来，估算出个数目，说若是把这几处都整治好了，大约需要白银一千四百万两。

数字轻描淡写，但嘉庆如同被人擂了一拳，脑袋嗡的一声，浑身瘫软下去。他再清楚不过，去年的国库总收入也就是四千多万两，这个吴璥真敢张嘴，一下就要自己拿出三成的家当！

可是如果没有拨款，灾民……动乱……嘉庆神情有些恍惚，不过他仍能清醒地分出主次。拨款，满足吴璥，只要能把黄河给治理好了，朕什么都舍得给！

嘉庆不知道，吴璥此刻正在工地上摆弄着钦差架势，全然没有自己那番痛苦的模样。地方上负责接待的修河副总督那彦宝见吴璥坐定，赔个小心说："吴大人不辞辛苦来此督察治水，功盖大禹，实在是百姓之大幸呀！"

吴璥摆摆手，对台下众官大声说："为人臣子当然要尽臣责，这个不消说了。托皇上洪福，马营坝这一安邦定国的大工程得以实施。试想假以时日，我天朝百姓又能尽享桃源之悠闲日子。纵然累些，也感觉心里甜丝丝呀！"

众官纷纷拱手称是。吴璥又意犹未尽地补充一句："大坝初建，全赖各河官出力，等我回京之后，定会在皇上面前为大家美言。"众官纷纷称谢。

吴璥说完了，便走下高台，被众官簇拥着走向工地。到了工地，吴璥拿起那把系着红绸的铁锹，为马营坝开了第一锹土。众官及乡绅纷纷鼓掌，顿时欢声雷动，一派热闹。

吴璥破了土，驻足看了看坝址，乘轿到了总管衙门。众官也都在后边紧随着，说说笑笑地约摸小半个时辰左右，轿夫将轿子停在一座宅第门前。吴璥挑帘一看，厅堂巍峨，气度恢弘，比起京城衙门，另有一番气派，满意地笑笑，下轿和众官一道进了宅门。

"好水！"才进大院，吴璥面对这眼前的一方湖泊，不由得击掌赞叹。湖约摸有二亩左右，四周是青石铺路，两排雪松矗立在道边。放眼望去，湖边有一道廊桥，顺着廊桥可以走到湖心。湖心有一个巨大的假山，此刻正是正午，阳光似一道彩鞭抽在那座假山上。假山上的太湖石形状各异，在阳光的照耀下，显得巧夺天工。吴璥等人顺着廊桥到了假山，看着那山，吴璥从心底涌上一种感觉，似乎他们就像一块块太湖石，外表清白，而垒起的山却满是窟窿。不过这话是说不得的，开玩笑也不能随意说。

绕过假山，一片花团锦簇呈现眼前。一座菊花山通过一条游廊与假山相连。菊花山紧靠着人工湖，远远望去似一团点缀在天际的云彩，非常耀眼。吴璥早就听说过，这里的菊花品种不凡，与众官走近一看，原来是由万盆菊兰搭成的菊花山，而由红松搭成的花架上盛开着各种菊花：桃花扇、紫虎须、施晓妆……争奇斗艳，姹紫嫣红，叫人从头到脚都闻到别致的香气。吴璥点了点头："花是好花，可惜终究要败，须得日后细细品味了。等到明春，换上万盆兰花，便又是一番好风景。"那彦宝连忙应是，众人附和着说吴大人果然才学不凡，高雅至极。

众人陪着吴璥看过菊花，来到花山后的屋宇。屋子似乎很大，门口摆放着几株珊瑚树和扶桑。屋内先是一个大厅，四壁挂着飞天壁画和齐墙大镜。周围地上零散着些许铁树、扶桑、橡皮树、八叶金竹等盆景，细细看去，使空旷的大厅显得不那么萧条。那彦宝这时候开了口："大人，这儿是属下们匆匆收拾出来的，专为大人办公的地方，总督堂在后面。"

吴璥向四周看了看，自信满满的大步走出大厅。往前走，有一个四四方方的小湖，湖中心也用太湖石堆了一座假山，山不及前面那一座大，湖中放养了十几对鸳鸯、鹭鸶和仙鹤。湖的外沿是一条石子铺成的小径，花花绿绿的，让人看着心里很舒服。穿过小径的尽头有两排苏铁树，再往后就是总督堂了。

第二十九章

上下官员狎娼妓　六十大寿普天庆

堂前有一阵奇异的花香，大家一看，天竺葵等奇花异草已经在前厅摆满了。前厅中因为蜂蝶的缺席总不及春天那般热闹，但是各种名品竞相开放，倒也不失为一种美。众官们闻着花香，全都聚集在前厅的座椅上歇息。那彦宝领着吴璥进了总督堂后厅。众官一路上可谓是尽观奢华，不由交头接耳，猜测着后庭是如何的华丽。

众人等了约半个时辰，在三添茶的时候，他们终于从后厅走了出来。吴璥脸上带着笑，似乎很满意，那彦宝也呵呵笑着，目光中说不出的暧昧。

那彦宝又继续领路，带众官出了总督堂，向东走了约摸半里路，到了一座外表华丽的独立院落。院内屋宇巍峨，也恰似总督衙门那般景致，湖树生辉。

众官匆匆扫视院落，便急急跟上吴璥走到大厅。厅内摆放着几十桌佳肴，吴璥看了看，椅子上贴着名字，还依官阶分了三六九等。待众官全都坐定，那彦宝拱手说："马营坝乃造福万民之伟业，真真值得喝一杯。"

吴璥点点头，与众官先饮下一杯。那彦宝又笑呵呵地说："酒茶都是水中君子，吴大人最平易近人，大家不必拘束，就开怀畅饮吧！"一片渐渐而起的哄闹中，众官开始用席，前边的戏台也开始敲打。众官亦醉亦醒，沥浸于酒戏之中。那彦宝乘兴对吴璥举起酒杯："吴大人，修筑这样大的工程是国之大事，吴大人亲自监督，更是好事，故从明日起演戏三月。"吴璇喉结动了动，终于缓缓开口："各位同僚，本督以为，庆贺固然好，然灾情严重，就改三月为两月吧！本官一片心意，还望各位大人体谅。"

众官商量好了似的，奉承就挂在嘴边："吴大人真乃国之贤臣，说得好，说得好啊！"

十月的萧霜，踏着沙沙的落木，悄然而至。昏鸦疾驰而过，三步一回头，凄凄哀鸣声回响天际，似有万般无奈，但终于静静地走了。乾清宫外，依旧风和日丽。嘉庆久久伫立在城楼上，若有所思地望着殿宇楼阙，眼光渐渐呆滞得没了表情。

"皇上，奴才可算找到您了。奴才可真急死了，如果再迟一会儿还找不到皇上，奴才可真活不下去了。"近侍太监安福迈着碎步过来，絮絮叨叨地说着，"皇上，不是奴才多嘴，皇上万金之躯，每日忧心国事，日理万机，可得保重龙体。这凉飕飕的风，让皇上有个受冷受寒的，大清国可怎么办？看在苍生的安乐上，您也该好好调息护理，万万不能让这冰凉的风儿把您吹着，快把龙袍穿上，咱回宫吧！"

"回宫，回哪个宫？朕还有宫吗？"嘉庆忽然幽幽地冒出一句，腔调冷峻。

"皇上，您怎么了？皇上，皇上……"安福惶恐万分，不知自己哪句话说错了，急忙扑通趴在地下。

"万年吉地，朕的陵宫，塌了，塌了……"嘉庆望着天，望着云，望着东北方向，那里有"爱新觉罗氏"的发源地，忽然厉声高喊。

安福不等舌音落地，已长跪不起，低声细语地说："那不是国舅爷主持操办的工程吗？不管怎么说，皇上别气，气坏了身子没有人替。不过也是，但凡记着皇上千份里边一份的好也不应该，但凡记着贵妃百份里边一份的恩也不应该……唉！"他忽然觉得这话不该自己这身份的人说，忙收住话头爬起来搀扶嘉庆。

然而嘉庆并没有丝毫责怪的意思，似乎还很认同地点了点头。由小福子搀扶着到了乾清宫，看着大殿内站立整齐的朝廷元老，看着镏金铜炉中那袅袅青烟，不知是紫气东来，还是阴气淋漓。嘉庆摆了摆衣袖，小福子忙宣谕："今日龙体欠安，有本奏来，无本退朝，钦此！"

话音落处，有人低头私语，东边文臣队列中工部官员站出来上奏说："托圣上洪福，黄河决口已填堵六处，现仅剩两处，其他工程进展也甚为顺畅。吾主万岁，万岁，万万岁！但是若要诸事办理妥当，仍缺一百多万两银子，请皇上明鉴。"

衣衫有些陈旧但精神饱满的御史，立刻针锋相对地奏上一本："皇上，我大清虽说目下没什么大事，可是黄河几乎年年暴虐，民不聊生。国库已拨出白银九百六十万两，而状况并没明显改观，那么多银子到底都哪里去了。请皇上明察。"

一片寂然，几十双眼睛，圆溜溜地瞅着高高在上的宝座。

嘉庆仍然没吭声，小福子上前一步，拿出准备好的圣旨宣读道："奉天承运，皇帝诏曰，今黄河之害，犹朕之心疾，即日遣方受畴为钦差大臣，督察治理黄河工程用款事项，务必尽心尽力，勿负朕望，钦此。"

方受畴接奏后，如坐针坠，心头如火燎般难受。他知道，治河官员们贪污作弊是不用说的，只是，若不重办，皇上肯定降罪，若拿办甚紧，万一关系闹僵了，彼此火并起来，那自己在嘉庆十九年冒领工地赏银的事情，岂不暴露？对，来似迅雷去似微尘，就这样办。也真是的，自古都是千变万变，官场不变，自己何必拿个棒槌当针认？

考虑妥当后，正恰逢黄河河管来京催促钱粮，方受畴便让他带路同行，一起前往工地。一路上，河官与方受畴一起过了几天快活日子。来到工地后，河官巴结地说："谢方大人提携，下官将铭记在心。小人今后做牛做马，赴汤蹈火，在所不辞。"方受畴拍了拍他肩膀："小子够义气，不枉我厚待你一场，今后不能小气，要大方才能有前途，国库的金山银山够你富贵一辈子！"

小河官嘻嘻一笑，随后说："大人今晚是否有空光临寒舍，贱内多日不见大人，每每提及大人都含笑三分。今晚略备酒水，小人将与贱内好好服侍大人，略表心意，望多多海涵……"

如清风一阵吹进小河官家门。当天晚上，吴璥续而至，方受畴更是官袍整齐，昂然立于众人之中。雅室雅曲配雅人，梨园班主领进两个优伶，各人就座安绪，一会儿，河官妻子踏风而来，果然芳香袭人，令人陶醉。方受畴一夜尽兴而归，去时单枪匹马，来时则有吴璈专门派来的两辆马车，还有几十名兵丁押运。

孤灯寒照雨，深竹暗浮烟。空气中凝结着霏霏的细雨，悠然落下。嘉庆正欣然赏悦着"翠竹林"中的绿云竹，缓缓向前踱步，不觉已走到内右门外。忽然间，安福从后边跑过来，抓起嘉庆的衣袖，大踏步地往后边殿内跑。

嘉庆只觉身体向前倾了一下，不由自主地被牵扯着，跌跌撞撞向前踉跄。边跑边几分恼怒地叫喊："小福子，你这是干什么，快放手，你不知道这是大不敬的罪吗？"

安福气喘吁吁顾不上作声。向前跑出一大段路，见前面有一所房子，可能是哪个妃子的卧房，便拉着嘉庆闪身进去。

进到屋内，安福才松开嘉庆衣袖，甩袖子长跪在地上喘着粗气说："皇上恕罪，奴才也是为形势所迫。方才皇上独自走那么远，已经出了大内，真叫奴才吓软了腿！皇上，奴才刚看见一人形迹可疑，鬼鬼祟祟。恐对皇上不利，这才……"说着直起身子抬手指指窗外。

嘉庆被一阵疾跑累得头晕眼花，几乎说不出话来。这时从窗户向外张望，果然发现有人探头探脑，左顾右盼。心下咯噔一声，天理教冲进宫内的情形立刻浮现在眼前，他几乎喊叫出声来。好在侍从卫队应时而来，嘉庆赶紧命侍卫把这个可疑的人捉进屋内。细细询问一番才得知，此人不过京城普通小百姓，之所以趁夜色苍茫绵雨蒙蒙的时候潜入神武门，还穿过景运门接近大内，仅为见皇帝以告御状而已，别无他意。嘉庆这才彻底松口气，在心里有几分欣然地感叹："幸亏不是天理教教徒，否则会出现什么后果？唉，真正是一朝遭蛇咬，十年怕井绳啦！"长叹一口气，心里又沉甸甸的不舒服。

嘉庆已年过花甲，身体本来就多有不适，白白遭受这一场惊吓，更是胸闷气短，头脑昏昏沉沉的。安福见嘉庆脸色不对，忙扶嘉庆返回寝宫休息。

嘉庆几乎又是一个彻夜难眠。第二天，总觉身体不适，神色委顿，怎么也打不起精神。侍卫及护军都统倒也乖巧，个个递上奏折，请求治自己的失职之罪。嘉庆一目十行地浏览后，更是气急攻心，拍打着桌子大骂："朕倒要看看你们的脸皮有多厚，把普通百姓都放进宫城，若不是发现及时，就要进到妃子寝宫里了！皇宫也不是皇宫，简直成了集市，想来就来，想走就走。亏你们还是名门之后，还有脸请罪！"负责守卫宫城的将领，一般都是出自名门，如大学士阿桂的孙子，梅兰家的小儿子。对于这群公子，嘉庆气急败坏却也不能严厉治罪，只能虚张声势地吓唬一番，更多的气愤闷在自己肚里。

然而事情并没就此结束。第二天夜幕降临时分，安福在寝宫中照顾嘉庆歇息，闲来无事中悄然告诉嘉庆一个秘密："皇上，有句话说出来皇上不要生气。奴才听说，昨天之所以发生那样的疏忽，值日侍卫中许多人在城外吃酒嫖娼，恰好被巡卫抓到，由于并不了解他们身份，就把他们当成一般纨绔子弟给押进监牢临时看管起来。结果昨晚值日的侍卫就少好多，难怪他们疏于防范……"

嘉庆一听怒火中烧，从软榻上翻身坐起，鼓着眼睛大发雷霆："什么？嫖娼，目无王法！还算不算大清八旗子弟？这样的人，岂可为我大清将士？难怪宗人府不把实情报上来，原来是他们相互隐瞒，共同欺骗朕，把朕当成了聋子瞎子！"气愤中一夜没有睡踏实。

天色刚微微透亮，嘉庆就早早来到乾清宫，命令查案大员立刻把实际情况查个水落石出，尽快奏报上来。结果正如安福所说的，更让嘉庆吃惊的是，这其实已经不新鲜，逛妓院乃京城各兵营习以为常之事，再普遍不过。并且他们还一个个信口开河地四处扬言说，只许州官放火，不许百姓点灯，八旗子弟嫖娼就受罚，你们宗室王公就不受法的约束，有乐同享，谁比谁差多少？

面对相互牵扯，嘉庆瞠目注视着众人："难道宗室中也有人嫖娼？你们不用隐瞒，知道的就如实奏报！"

众人耸着肩膀你看看我，我看看你，谁也不说话。

然而嘉庆并不就此罢休，他严旨命令吏部督察，何谓只许州官放火，不许百姓点灯，一定要追查到根源。见皇上真的动了怒，刑部不敢再袒护下去，犹豫着奏报了实际情况。原来侍卫们含沙射影所指之人竟是嘉庆的亲侄子，郡王绵志。绵志时常游逛青楼，以娼妓为伴，和几个妓女打得火热，八大胡同中人皆知之。并且他还私买民女，金屋藏娇，家中脂粉气冲天。再追查下去，又查出绵志买来的一个小妾，其父李长福私拟谕旨，鱼肉百姓，大肆搜刮民脂民膏横行乡里，成为乡里一大祸害。凡此种种丑事，还有很多。

奏报递上后，不曾想嘉庆看罢竟潸然泪下，当着众人泣不成声："唉，养子不教如养驴，养女不教如养猪，这是朕的罪过！亲侄儿成如此之状，朕竟丁点不知，眼花耳聋，真真老啦！"

在众人劝慰下，嘉庆立即召来哥哥永璇。把情况说清楚后，永璇脸色苍白，瘫坐在椅子上，语无伦次地说："是，是，是我老糊涂了。皇上为国为民，敬事而信，节用而爱人，想当年我也屡获功勋，如今……后代们却……老臣愿皇上治民以法，切勿顾及私情，罚之以律！"

嘉庆终于咬牙发出一道圣旨："郡王绵志，杖打四十，禁闭三年，至于嫖娼的侍从，情节严重者斩首示众，以示国法。其余侍从则流放至伊犁，发配充军，今后此类事件一经揭发，即严惩不贷，切勿效尤。"

然而嘉庆还是没料到，这道义正词严的谕旨一经发出，竟招来更多的奏章。奏章上边比赛似的指名道姓，弹劾揭发高官们乱伦嫖娼、违法乱纪等丑秽事情。譬如巡抚孟岯瞻收留了许多难民少妇为婢妾，有的女子年龄十八九岁；巡抚王台南私通庶民之妻，以致其夫痛而怒杀其妻；更有甚者，广东都统张秉枢，典当歌妓于军中，用这个办法来盈利；官家威正扫地不说，军威丧失殆尽。一桩桩让人啼笑皆非不忍卒闻的事实，令嘉庆怒不可遏，胡须颤抖良久，最后却什么也没说，只是喟然长叹："人人都知道享乐，怎么偏偏就苦了朕呢？"

烦闷气愤忧虑中时光如梭，万寿节即将来临。嘉庆忽然意识到自己已经在不觉中年逾花甲，他不禁想起父皇乾隆，时光可真快呀，快

得叫人不禁感伤起来，人活七十古来稀，白须垒帝有几个，真应当红红火火、热热闹闹地喜庆一番。应该舒心几天啦！嘉庆很快颁下诏书，要众臣好好操办万寿节，以示大清一统江山，万寿无疆之永。

自从诛杀了和珅，搜查出许多官员进献的宝物后，嘉庆就下诏令严禁进贡宝物，还狠狠惩处过几个违背旨意进献礼品的宗亲、官员。这个制度坚持十几年了，然而，就在他六十大寿即将来临之即，嘉庆决定撤销禁令，并且特意吩咐，王公大臣要轮流进献，地方督抚要依次送玉如意，漕盐等官员要献土特产，翰林学士则呈祝寿诗文。到时候全国各地上品级的文武百官要齐集京城，给自己贺寿。万寿节的二十多天中，王公百官着蟒袍补褂，到处张灯结彩，一派祥瑞喜庆。

反常的事情不止这一桩。在六十大寿的特殊日子里，嘉庆下诏赦免全国历年地丁民欠，共两千七百万两白银。这是他继位以来首次普免漕粮积欠，不管怎么讲，替生活在水深火热中的百姓干了一件实事，嘉庆感到十分欣慰。

整个万寿节，嘉庆尽力为他的六十大寿营造一种喜庆气氛。接连下诏普天同庆，要求文职三品以上，一应呈献词章。于是颂论疏表一拥而上，雪片一样飞来。疏表中，无不竭尽讨好巴结之能事，其中自然都是歌功颂德之辞，阿谀奉承之文，读着这些文章，嘉庆渐渐有种飘飘然的感觉，心里非常踏实，他想，尽管经历这么多事情，自己勤恳总归没有白费。

湖南有个生员，带着自己苦思冥想搜肠刮肚而成的颂德辞章，专程进京呈递，希望凭淳淳之辞触动皇帝心灵中最软的那部分，得到皇帝的信任重用，从此飞黄腾达，官运亨通。可是事与愿违，在宫门外要求面见圣上时，被当作无理叩阍而拘留。这本是一件再小不过的事情，可嘉庆仍然专门在告谕中说："这与无理叩阍不同，拘禁献词送表之人，岂不影响喜庆气氛？真是无端引起纷扰！"

盛京义州城守呈递灵芝，随灵芝有颂奏一封。颂中错别字泛滥，漏洞百出。引用《尔雅》一文时，"苟"字误作"菌"，"释日"误作"择日"，"土气和"误作"上气和"，"平"字误作"乎"字，其引用文字错别之多，历史之罕见，堪称前无古人，后无来者。嘉庆看罢，捧腹大笑，这的确是一道丰盛的笑宴，比那些正儿八经歌功颂德的奏章有意思多了。

十月初六终于姗姗而来。万寿节的这天清晨，嘉庆在安福伺候下，精心洗漱完毕，前呼后拥带着王公大臣，先到奉先殿行礼，然后到太和殿，接受王公以下文武大臣、外蕃及四川土司等行祝贺礼。

第二天一大早，嘉庆去圆明园祭拜。一路上，卤薄作前导，皇子们在辇前行走。云集北京的文武百官不下数千，人山人海，人头攒动，摩肩接踵，盛况空前。除了各路大臣之外，京师仕女都走出家门，跪拜于大街两旁。自西直门到圆明园二十多里的甬道上，处处张灯结彩，琼楼玉宇间烟雾缭绕，金碧辉煌，衬托出一派锦绣河山。另外像九华灯、七宝座，集天地之精华，美不胜言，叫人叹为观止。每隔数十步，筑一戏台，戏台上南腔北调，各显其能，都拿出自己的看家本领、祖传绝活，相互唱和，声震天地。

沿路所见，百姓日子似乎比自己想象中要好过得多，嘉庆喜不自胜，应接不暇。鸾驾恋恋不舍地远去之后，商人、小贩一拥而进，这一带就成了热闹的庙会。初七到初九，嘉庆沉浸在万人祝寿的幸福中，圆明园的富丽堂皇，音乐的轻柔激荡，舞蹈的曼妙多姿，令人销魂的寿宴，足以显示皇家的大气。嘉庆特意颁诏书，要在圆明园中设宴，来宴飨万寿节的全体人员。

十月初十，按照原先安排，回到宫中。然而仿佛凑热闹似的，刚安歇下来，忽然听见外边一片喧闹杂乱，随即整个宫中像被捅了的蜂窝，太监宫人四处乱窜。从高高的楼台上望去，只见文颖馆方向冒起了一股股浓烟。

鉴于天理教徒杀入皇宫的教训，此时西华门关着。人们得绕道前去救火。嘉庆连忙传旨，开西华门，放人入宫扑救。然而现场的前护军统领苏冲阿指挥官兵，用刀背敲打着前来救火的王公大臣，不准他们人内。救火的只剩下宫中太监和一些侍卫，由于救火及时，火势得到控制，只烧了了几间房屋。

这一把火烧的不仅是几间房屋，更烧得嘉庆胸中阵阵发冷。他心有余悸地想，如果火烧起来，火势再凶猛一些，就会把整座宫殿化为灰烬，那自己将会成为千古罪人，千古第一罪人！他不顾身份地冲向西华门，向侍卫们吼道："朕的旨意，你们敢违抗，你们到底想干什么？"

苏冲阿等人早准备好了言语，立刻跪倒禀奏："皇上息怒，奴才们也是为皇上着想，担心开门之后，众人冲进闹事，发生不堪设想的后果。万一这是匪徒们设的奸计……"

嘉庆张张嘴却又觉得无可辩驳，只能顿足愤愤地说一句："真是一群酒囊饭袋！"

太监安福忙上前扶住嘉庆："皇上息怒，保重龙体，先回宫休息吧！"这时候众皇子也齐来谢罪，请父皇保重龙体。劝说着把嘉庆扶回殿内。

回到寝宫，安福边替嘉庆宽衣解带服侍就寝，边关切地说："奴才见皇上近来时常头晕心痛，何不召太医诊视一下？"

嘉庆怒气未消，气哼哼地嘟囔着说："朕没什么病，只是被一群狗奴才气的。"

天色蒙蒙亮时分，就能看出今天是个晴和日丽的好天气，稍过片刻，紫禁城整个建筑在初升阳光的照耀下，熠熠生辉，皇宫大院显得不但威严，还呈现一派祥和之气。经过一晚上的调整，嘉庆一扫疲态，满脸洋溢着笑意。

今天是个特殊的日子，要举行武进士传胪大典。国家要选拔新人才了，心头自然高兴。用过早膳，嘉庆在侍从的陪同下来到太和殿，隆重肃穆的礼乐声响过后，典礼开始。可是等到典礼进行到用胪喝酒时，才发现武状元徐开业和武探花梅万清二人均未到场。传胪官连吆喝两声："皇上赐酒！"下边静悄悄的没有回应，嘉庆原本舒展的脸，慢慢双眉紧蹙，怒气一点一点地聚集起来。

他强压住怒气，下令御前侍卫立刻把二人带到殿上。殿下文武百官见皇上龙颜大怒，个个头垂得很低，大气不敢出，唯恐一语不慎，大祸无端地临到自己头上。整个太和殿空气凝滞，艰难地过了大半个时辰，脚步杂沓中，徐开业和梅万清两个被带上殿来。根据侍卫禀报，寻找他们时，发现他们正在馆舍吞云吐雾，吸食鸦片，所以竟然忘了今天是什么日子。嘉庆铁青着脸听着，两耳嗡地一阵轰响，只觉眼前一黑，一阵头晕目眩，双手扶住龙椅勉强坐住。一旁的安福看得真切，急忙给绵宁使眼色。绵宁会意，站出来宣布退朝，让大家暂且退下。

众人暗暗长出口气，徐徐退出太和殿。

绵宁和绵恺等人扶嘉庆躺在软榻上。嘉庆胸部起伏不定地喘息片刻，睁开眼看着两个皇子，声音疲惫沙哑地说："唉，我大清自开国以来，倚赖先祖英明，整个国家由民生凋敝逐渐歌舞升平，百姓安居乐业，国力日益强盛。而今却吏治腐败，鸦片泛滥，实在是我大清两大祸患呀！如若继续任其下去，将会动摇先祖根基，如此亡国灭种的祸患，让朕寝食不安啊！为什么不迟不早，两大祸患同时赶在朕的手里？"

大家相对无言，这些日子，宽慰的话都快要说尽了，似乎再说什么都是多余。

时隔一日，嘉庆下诏，命刑部会同内阁和军机处，定出刑律，务必严禁鸦片流散。又命吏部再选官时，把能否严禁吸食鸦片当成一项考核官吏的重要标准。

冬去春来，大地松动，一片生机勃勃的复苏景象叫人望去就感觉轻松，田地中密密麻麻尽是劳作的身影。紫禁城翠柏绿柳，花开满园，也是一派春的气息。嘉庆坐在镜殿前的软椅上，望着眼前景致，思绪飞扬。嘉庆觉得自己到如今已届六十，登基至今二十五个年头。

二十五年来，虽然称不上功德圆满，但是平苗乱，剿白莲、天理教，平靖了海事，安定边疆摒除西夷，一直都是勤勤恳恳，可以说尽了自己的最大的努力。

现在，天下太平，也称得上对得起列祖列宗了，就决定去祭拜祖先，也可以借此舒缓一下心情。拿定主意之后，让安福发旨准备拜谒祖陵。

第三十章

震怒兵部丢大印　雷电响彻君崩逝

圣旨颁布，正在嘉庆兴致勃勃前往谒陵之际，一件突如其来的事情将他的计划完全打乱了。

兵部监印使鲍平一脸焦急地跑过来禀奏："皇上……皇上出行的时候所带的兵部行印找不到了……"

"兵部行印怎么会不见了呢？"嘉庆开始时还以为是自己听错了，大声地反问了一句。

鲍平立刻浑身哆嗦着扑通一声跪了下去："皇上，臣该死……"说出半句，跪在地上战战兢兢地把行印盒子捧到嘉庆面前。嘉庆打开盒子一看，本该装兵部大印的盒子，里面装的竟然是一枚车驾司的行印。

兵部行印竟然会丢，国家的威严去了什么地方！嘉庆的心不禁抽搐了一下，差一点吐出血来，等到回过神来，立即谕旨庄亲王绵课，会和留京大臣迅速查清此案。

兵部行印是皇上出行时随行的印鉴，在必要的时候，可以凭借它调动兵马，调换人事，批发军需，作用非同一般。前几位皇帝对这枚印章都是小心保管，从来没有发生过遗失的这种事情。难怪嘉庆会有这么大的反应，居然连大印都丢了，若被奸邪小人偷去利用，不但后果严重，而且威风扫地呀！

坐在龙椅上的嘉庆，心里越想越害怕，越想越愤怒惊愕，但是又觉得不可思议。他很快断定，这是典型的官吏渎职造成的，如不严惩，将来必定后患无穷，于是连夜追加了一道诏书："兵部堂官掌管大印，其责任重大，理应尽心尽职，而今却玩忽职守丢失大印，所有人均有应得之咎。大学士明亮管理兵部事务，旧有功勋，今已年迈，只能常到行署，革去大学士一职，且降三级。兵部尚书戴练莹，左侍郎举福、曹师曾，右侍郎掌葵，摘去顶戴，交刑部审理。"

圣旨发布之后，庄亲王绵课、留京大学士曹振镛、吏部尚书英和等人，急忙奉旨拘来兵部有关人员审讯。

兵部监印使鲍平供述说："兵部主管堂印与行印两枚，堂印留兵部，行印随皇上出行，这是不消说的。皇上想要去拜谒祖陵，我们就立刻准备出行事宜。即将启程的时候，微臣到库中取印，抱起匣子，感觉比当时轻了许多，心里就有些奇怪，谁知，打开一看，匣内空无一物，大印不翼而飞！微臣当时被吓得一身冷汗，心想，丢失大印那可是杀头的罪名，随即又侥幸地想，现在天下太平，向来皇上也用不到大印，不过是按照规矩做做样子。于是便不动声色，把车驾司的行印装到了盒子里，一块带了出来。后来，总觉得纸里是包不住火的，越想越害怕，万一皇上出巡的时候想要撤去哪个将官，那时却发现行印不在，那我隐匿不报不是罪上加罪吗？于是便赶紧奏明了皇上。"

绵课等人接连审讯的两天，鲍平对于其他情况一概推辞不知，只说自己是临时发现的，至于怎么就把印给丢失了，却说不上来。绵课看也问不出其他的结果，就把审讯结果报给嘉庆。嘉庆看完之后龙颜大怒，又向留京大臣下谕说：据兵部奏闻，兵部行印武举关防等司印同时放在箱子里面，于库中存放，兵部行印及用印钥匙，皆为银质，其他的印章则为铜质，取印的时候，箱内铜质各印一个都没有少，只有银印与银牌丢失了，大家细细思量，印章都放在一个箱子里，为什么只有银印与银牌丢了呢？难道窃贼仓促间有余暇分辨吗？且银钥匙及银牌所值无几，为什么不一块盗走呢？你们对这样重要的事情不闻不问，只在一些无关紧要的事情严加追问，实在是愚蠢之极！现今尔等继续审问，务必要在两天之内查清，否则革职流放！

诏书颁布之后，嘉庆双眼紧闭，摊在龙椅上，他从来没有感到如此疲惫过。

　　绵课等大臣接到上谕，立刻展开了调查。提审管印的鲍平，问道他和谁一起去取的大印，鲍平说是纪洪。于是，立刻将纪洪叫来询问，但是他却矢口否认，说那一天取印的人不是自己，鲍平一定是记错了，好像是任丘。但是在提审任丘的时候，任丘却说取印的时候行印已经丢失，其他的事情自己也不知道。问来问去，经过七八天没日没夜的审讯，再也没有审问出其他的东西。一干人前思后想，只怕皇上再发火，便病急乱投医，又审其他相关的人。也是歪打正着，一个月后，果然有了重大收获，有人告发说，郭定元拿着盖有兵部关防的印信，称是兵部周恩缓给的。提审周恩缓时，供说曾与鲍平盗用关防，未遂，便串通着拿空白札卖给郭定元，可至于他用这些东西做什么，就不知道了。

　　审讯结果报到木兰围场上来。嘉庆接到奏报后看着信札被气得浑身发抖。从奏折上看，郭定元拿着这信上的行印，并非行在印信而是兵部堂印，而且是用印在前，书写在后，与遗失印信的案子没有一点关系。案子没有审清楚不说，无意中又透露了一条信息，兵部在印章的使用与管理这方面相当混乱。嘉庆简直想要把奏折撕成两半，气恼得几乎想笑出声来，大清到底还存在多少漏洞？

　　绵课等人也认为仅靠这些奏折是没用的，但是此时感到线索全断，垂头丧气不知道从哪里入手。不久，木兰行宫发来诏书，诏书上提到，鲍平和周恩缓等人供词前后矛盾，必要时要严行拷问。于是赶紧连日审讯，还是没有一点收获。

　　绵课等人据实回报，虽然漏洞百出但是没有其他的办法。嘉庆看后龙颜大怒，雷厉风行地颁发诏书，令留京王大臣等追问周恩缓，并且将其周围的人全部关押严行拷问。但是数月之后，但是没有任何成效，于是在盛怒之下，将绵课、曹振镛、英和以及刑部堂官罚俸一年。此外，绵课等人必须每天去刑部审讯此案，早出晚归，严加拷打，一定要理出头绪找回大印。

　　已经过了这么长时间，绵课对于此案没有任何头绪也是自责万分，于是请求处分，当然，还有另外一个重要原因就是想要尽快脱手，将这个烫手山芋给扔掉，让嘉庆另派其他人来审理。但嘉庆考虑到他们已经审讯了这么长时间而且口供经常自相矛盾，不可以由其他人接受，令其必须将此案究出实情，才可以卸责，不然的话，就要对其降旨治罪。

嘉庆也对这件案子仔细思量过，给他们点明一条重要线索：既然是备印匣入了库，那么钥匙、匙牌及正印匣一定会一起丢失。但是入库的时候没有钥匙，匙牌是入不了库的，收贮印信的是鲍平，若是事先鲍平全然不知情，那么想要做手脚简直是异想天开，所以最大的漏洞依旧在鲍平身上。收到上谕，绵课等人紧锁的眉头终于松开了一些，当即对鲍平责打用刑，鲍平终于熬不住，说出了他们串通作弊的过程。

原来，事情的源头还是在去年。嘉庆去年前往木兰秋围打猎时，正好赶上淫雨霏霏，河水泛滥，于是暂且停围，提前返京。在经过宛平行宫时，行印连匣一起被盗。当晚，由于看印的书吏俞辉庭睡迷糊了，窃贼绕过防卫将长房中的行印连匣子一同窃去。发现情况后，俞辉庭被吓得不轻，幸亏行印有正备印匣两份。于是瞒天过海把备用匣加封，想蒙混过去。但问题出就出在钥匙上，而且匙牌也没有，蒙混也蒙混不过去。俞辉庭思前想后，为了保住项上人头，不得不花财消灾。他拿出毕生积蓄，偷偷塞到收贮印信的鲍平手里，又由鲍平买通了兵部司员庆禄和何炳彝二人。三个人一起睁一只眼闭一只眼，只将备用匣空壳收入了库，为了做到天衣无缝，鲍平又收买了两个书役，私自打开库门，将印匣移动，做出行印在库被窃的假象，就这样，几个人将问题推得一干二净。

但是嘉庆心里清楚得很，兵部行印的案子到了这个时候，也仅仅是审出了一半，更重要的不为人知的事情还没有审出来。盗贼盗印的目的是什么？作弊之人的背后指使又是谁？嘉庆此时已经感到心力交瘁，也由此想到了地方官员为了保住自己的功名利禄，能避则避，不愿意为朝廷效忠、尽责。这种现象早已经成为恶习，以至于朝廷政事都颠倒了，酿成桩桩巨案。这群家伙，吃乌饭屙黑屎，偶然中有其必然啊！

想到这些，嘉庆害怕极了，兵部行印事关系朝廷命脉国家安危。丢失已经是非同一般，但是由此牵连出的朝廷人事乃至地方官员问题，更是让嘉庆忧心不已。若是朝廷内外都有这样的人存在，那么朝廷哪有不灭的道理？那枚丢失的兵部大印呢？嘉庆谕令直隶总督方受畴和直隶提督徐琨，在古北口及巴克什营至宿云一带，方圆几百里之内都仔细查看过了，仍是没有任何线索。这样一来，兵器和军队调动的安全问题，成为了一个令人头痛的大问题。嘉庆针对这种特殊的情况，不得不采取特殊的对策，改换许多关防文件和印章，以此来弥补损失。

经过几个月的忙碌，嘉庆早已经身心俱疲，他坐在圆明园的镜殿内，无精打采地躺在椅子上，让安福交替按摩着太阳穴、肩膀和脊背，但是怎么按也不觉得舒服，这些酸困的部位，似乎无奈地向他诉说着烦恼与不安。

午膳后正值未时初刻，烈日炎炎，骄阳似火，紫禁城里一片寂静。只有那一群显示着皇家威严的石狮子仍在张牙舞爪，一个个大张着口却发不出声，一阵一阵的蝉鸣声道尽它们的酸苦。太阳像火盆一样炙烤着这里的一草一木，它们只是低着头，气若游丝地耷拉着软绵绵的叶子。在嘉庆的寝宫中，一条黄色的纱幔懒懒地垂到床边，安福低着头在床边站着，手拿一把蒲扇，机械地扇动，却时不时地响起他轻微的鼻鼾声。两旁的宫女也静静地站着，手帕松松地垂在手指间，脑袋耷拉下来，小心谨慎地喘着气，掩饰不住厌倦和疲乏。

嘉庆忽然从睡梦中惊坐起来，深深地喘着粗气，大喊一声："安福！"

简直是一语惊醒梦中人，原本死气沉沉的屋子里顿时乱了起来。安福闻声一惊，睁眼先瞥到嘉庆额头上豆大的汗珠，还以为是热的，于是吓得弓着身子，拿着蒲扇使劲地扇着。嘉庆定了定神，向安福挥挥手，安福才犹豫着停了下来，用袖口怯怯地揩了揩脸上的汗珠。嘉庆站起来，并没有注意到眼前摆放的洗具，背着手踱步向前，望着远方悠悠地问："绵宁的生母去世几年了？"

安福踏着小碎步紧跟在后面，仍躬着身子回答说："皇上，娘娘……到今年已经有整整二十三年了……"

嘉庆没有回过头，声音颤巍巍地说："刚才，朕好像是听到她在叫朕……刚才就坐在那里。她还是那么年轻漂亮，和从前一模一样。"说着全身微微发颤，深吸了一口气，用含混的声音继续幽幽感叹一句，"小轩窗，正梳妆，相顾无言，唯有泪千行。唯有泪千行啊！"说完就陷入了沉默。

安福用手轻轻抹一把脸上的泪珠，拉长声调说："皇上，依奴才看，既然皇上如此思念娘娘，倒不如择日前往寝陵，痛痛快快地表达一下思念之情，总比憋闷在心里强。"

嘉庆仍在望着远方，似乎想起以前与她一起走过的点点滴滴。半晌工夫，他忽然转过身来，比往常更严厉地吆喝一声："安福，传朕旨意，即刻前往喜塔拉氏寝陵！"安福忙低声答应着退出去，一面向下传达旨意，一面与众多太监宫女为皇上准备路上用的东西。

旨意传下去不久，绵宁首先过来向皇阿玛请安。嘉庆略微痛快一些，准备带他一同前往。然而话还没出口，绵宁却痛彻肺腑地向皇阿玛禀明来意："儿臣深为皇阿玛担忧，天气炎热，皇阿玛要保重龙体，母亲在九泉之下也为皇阿玛的惦记感激涕零……"

"住口！"嘉庆忽然重重地拍打一下案子，双目炯炯地看着绵宁，"松楸月满路，触目总含华。后去逾二十载，朕年届六旬未能同白首，徒自酬黄土，伧看几案陈……"

绵宁从来没有见到皇阿玛如此伤心难过，说出的话就像是在作诗或是在背诵文章，隐隐约约听不清楚。不由得心里一阵酸楚，只好顺着他的意思说："儿臣驽钝，不能体会皇阿玛的心意。这一次出行，儿子愿意伴随左右……"

话还没有说完，门外已经聚集了很多大臣。嘉庆下旨宣他们进来。大家叩拜之后，所说的无非也就是"龙体保重"一类的话，要不就是一个劲地叩头，嘴里喊着万岁。嘉庆本来思妻心切现在又遭到阻拦，心中不由怒火中烧，厉声训斥说："孔圣人曾经说过，滴水之恩当以涌泉相报，腊氏对朕恩重如山，生前朕无以报，如今不过是想要去祭奠一下，你们却这样百般阻挠，难道你们真的要陷朕于不仁不义吗？难道圣人的礼德忠义，你们也全然不顾了吗？"

大臣们本来想讨得一通体恤君王的嘉奖，不料却触怒龙颜，立刻大感惶恐，一个个伏下身子，口中只管高呼"万岁"，再不敢发表别的见解。嘉庆由此联想到这些年事事都不顺心，更加怒气不平，也不理会他们，几步跨出门外。绵宁随后紧跟，看着皇阿玛已日渐衰弱的身体，顿时百感交集，即刻决定，尽快前往喜塔腊氏寝陵。

然而祭奠完毕回宫之后，仍是思念之情无法排遣，嘉庆整日若有所思，无心议政，不觉又想起秋狝来。可是一想起木兰围场，就让人头疼。前两年，政事繁忙自不必说，偶尔有闲暇前去围猎，却总让人心灰意冷。年年动用国库拨款用于木兰围场的管理，可管理人员和硕鼠一样，贪得无厌，常常克扣经费还私自围猎，用猎取的皮毛来卖钱。不仅如此，更有甚者，他们烧伐树木，闹得围场里到处都是黑炭，一片萧条。

想到这些，嘉庆不禁皱皱眉头。不过话又说回来，这两年把原先的官员撤职查办，换了一批颇为信得过的人。他们即使再贪，有前车之鉴，倒也不敢太过放肆。嘉庆舒口气，忽然又想，新官上任三把火，倒不知自己亲手任命的这批新官，办事能力怎么样？考虑到这个问题，嘉庆就更加迫切地想前去围猎，真是一天也不能等了。他疾步走到案前，大笔疾挥，三下两下把圣旨拟好，大意说，为遵从祖制家法绍统守成，决定十月再到木兰秋狝，相关人员提早做好准备。

终于等到十月初八，嘉庆开始踏上去木兰的旅程。前有马队开路，后有近卫军随从，黄旗飘荡，宫女如花，仅是负责侍奉的便不计其数。这条队伍足足排了三四里地长。一路上所见，到处都是峰巅谷地，高峰伟山，时而下辇，时而攀登高峰，神闲意暇，嘉庆感觉自己如挣脱了网的鸟雀，终于可以长舒口气了。

登高望远，嘉庆浮想联翩。近几年，自己的身体一天不如一天，眼皮松弛肥厚，全身困乏无力，而且时常感到心疼头晕。安福时常劝自己请太医来诊治，但是安福却不知道，身子可以请太医诊治，河山却不得不让自己来诊治，但是自己却总找不到良方啊！仗着祖父与父皇都曾经年过九旬，自己其他兄弟也都逾花甲，却仍旧精神矍铄，嘉庆认为自己的身体不会有什么大毛病，或许这次围猎之后，就可以恢复如初。

再想到木兰围场，嘉庆知道，木兰围城在自己心中的地位，就好像是大清缩影一般，木兰围场若是衰落了，那么大清也就没落了。没了纵马驰骋的八旗子弟，怎么能不没落呢？

沿途之上，形影不离的是绵宁和安福。坐在辇车中，边走边闲聊，嘉庆猛然间想起乾隆五十年秋狝木兰的事，一问绵宁，他也记得。那年绵宁九岁，乾隆八十一岁。绵宁引弓射鹿，一发而中，乾隆高兴异常，赐绵宁黄马褂翠翎箭，并专门写诗一首以记之。乾隆看到国家后继有人而深为欣慰，嘉庆由此便念念不忘木兰围场，他不止一次地告诉绵宁，大清就是马背上的民族，没有木兰围场的兴盛，给人的感觉，就仿佛看到了大清的颓废，为人君臣的，都应该深为担心。

十五日那天，辚辚车马已到达广仁岭。一直坐于辇车中的嘉庆，忽然有一种亲自策马翻山的冲动。尽管绵宁和福安等人再三劝阻，嘉庆还是跨上骏马，驰骋于塞外江南的怀抱。马踏之处，秀丽迷人的景色尽收眼底，这片苍茫的大地也不知什么时候如此可亲可近，没有丝竹乱耳，没有案牍劳形，真好呀！抬头面对山峦林木，侧耳倾听淙淙的小桥流水，嘉庆心旷神怡，一生中能有几回这么酣畅忘我，能有几回神情激荡？嘉庆长长吐出一口浑浊气息，几乎没怎么犹豫，命令取消在避暑山庄停留，十七日奔赴木兰围场。

两天以后，人马从张三营行宫出发，经东崖口进入木兰围场。场中的御营已经设好，一切都仿照乾隆年间的式样安设，不知是想超过前朝的盛观，还是怕满朝文武说三道四，嘉庆一再要求，不允许有任何变动。

本想御营简单些没什么，只要将木兰围场弄得壮观大气，就达到目的了。不过围场官员还是在行营上下了很大工夫，御营内方外圆，占地很广，正中设黄幔，高二丈，穹庐盖顶。嘉庆来到中屋的御座上坐下，左右悬挂着的各式武器映入眼帘。虽然刀光剑影鼓角铮鸣已远去，但它们见证的江山却永久保存了下来。想想先祖用铁蹄打下的江山，如今在这里还需要用铁骑来展示它的风采，嘉庆压抑不住心潮彭湃。

走出庭外，看到无数的黄锻小旗，大大小小的连帐，内内外外的城堡。嘉庆仿佛又回到了父皇鼎盛时期的木兰围场。环视着这雄伟壮观的大营，似乎久违的自信与自豪又重回身边。嘉庆长舒一口气，晚膳吃得很多，绵宁也吃了很多，他似乎更了解皇阿玛一些，大营如此俨然整齐，建造得如此一丝不苟，只是好像还缺少了点什么，但愿富丽庄严的外表下亦有丰满的血肉。

为了让围猎重现乾隆时的风貌，嘉庆亲自询问一番具体情况，围场中的各在职官员禀报说，一切准备就绪，单等皇上发令。嘉庆满意地想，明天的围猎将会何其壮观，明天的飞奔又将何其矫健，明天的士兵又会何其勇猛，这都可想而知。朕策马越广仁，手把江山，仍旧是一代明君！

一直回到寝宫，嘉庆心中兴奋仍难以按捺，简直想清清嗓子哼个小曲。然而就在折身进内室的时候，一不留神，脚下被硬邦邦的东西绊一下，差点摔倒。幸好安福手疾眼快，上前赶紧扶住。嘉庆斜瞟一眼，发现红毡铺就的地面上，凸起出一块，很碍眼。什么东西？他好奇地上前踩了一踩，感觉又硬又滑，却估摸不出到底是什么。

安福看着主子的一举一动，忙讨好地再扶住嘉庆，随口说："皇上甭理会了，看样子是块石头吧。这些人也太粗心了。"说着抬胳膊轻轻扶着嘉庆坐在床头。

嘉庆却认真劲头上来，不理会他的话，命令说："安福，将毡子掀起，快把那石头搬走，每日走来走去，早晚要绊个跟头。"

安福想想也是，赶紧叫来门外的太监和侍卫，大家搬动桌椅，忙活一阵，待他们掀起毡子后，不由得都大惊失色。原来毡子下边并不是什么石头，而是硕大的一块野兽骨头，并且皮肉尚未腐烂，那丑陋骨肉里透出一般阴沉潮湿的臭味，感觉不但直冲鼻孔，更令人窒息。

嘉庆站在旁边，看得真真切切，眉头紧皱着，恶心一阵阵袭来。几天来的好精神头顿时被扫去大半，就像在环境优美的后花园里散步，突然踩到一泡狗屎似的，心中不痛快，却也无法发泄出来。恍然间，他似乎明白了许多让他不敢想的隐情。

嘉庆脸色发黑，再次命令说："把那几块毡子都掀起来，让朕看看下面又是什么东西？"

太监和侍卫们不敢怠慢，搬箱倒柜，把红毡一块块都掀起来。果然，地面上一片一片的都是灰烬，灰烬中残留着烧焦的动物皮毛和骨头。

"一丘之貉！"嘉庆额头一滴冷汗掉落在衣衫上，瞬间渗了下去，他有气无力地说，"再铺上吧。"

夜凉了，嘉庆的房间里，几个火盆的木炭暖暖烘烤着整个房间。一会儿，两个太监扭来一个贵人，这是奉了嘉庆下午的旨意。当时打猎的事情办妥当后，嘉庆心中高兴，示意安福，今晚要宠幸嫔妃。可现在，当那个赤裸裸白玉似的胴体出现在面前时，嘉庆心里却没有燃起一丝欲火，他的胸中充满了那令人恶心的味道，令他难以喘息。嘉庆紧绷着脸，大喝一声："滚，都滚开！"

太监和那个浑身一丝不挂的嫔妃不知道哪里出了毛病，连叩头谢罪也忘了，两人二话不说，扛起那个嫔妃，匆匆退到门外。

第二天五更时候，嘉庆用早膳完毕，迈着沉重的步伐走向看城，后面簇拥着皇子皇孙王公大臣。此时，负责围猎的大臣率蒙古官兵一千多人，还有王公大臣的领主，绕着围场由远及近，冲着看城打马连呼："五玛哧哈，五玛哧哈……"合围仪式完成。

嘉庆仔细看看，围场内果然有一群麋鹿，立刻高兴起来，昨日那阴晦的心情消散大半。在几十个侍卫的陪伴下，打马冲出，引弓射猎，数箭中的，四周无不高呼万岁。嘉庆感到酣畅淋漓，一会儿又驰马回到看台，命令王公大臣和皇子皇孙们射猎。他的目光紧随着绵宁，当看到绵宁射中一头鹿后，不由自主地叫道："好，好！"接着发现绵宁旁边那些蒙古王公台吉，一个个似乎并没有卖力，只是懒洋洋地做着样子，好像是给皇上个面子。不经意中，嘉庆又回想起当年，随父皇围猎时，那些蒙古王公和各部落的射手，一个个剽悍非常，捕猎时疾风骤雨般的马蹄声、喊杀声震动山野。可是如今，看看他们一副敷衍了事的样子，嘉庆心里很不舒服，方才的一点高兴立刻化为乌有。

然而散围后，蒙古王公台吉们邀赏时，却让嘉庆大惑不解。自己明明是亲眼所见，在围中这帮王公一无所获，而现在他们马背上的猎物却远远超过了卖力的绵宁。这是怎么回事呢？

第二日的结果依然如此。嘉庆不得不往坏处想了，这其中一定有猫腻。

晚膳后，嘉庆特意叫来绵宁和绵恺，说出了心中的疑惑。而绵恺的话则让嘉庆哭笑不得。

绵恺一五一十地说："昨天围猎时，儿臣就已看出端倪，但恐父皇气恼，没敢明说。围猎时蒙古王公只是做做样子，等到收围时，蒙古骑兵故意开些缺口，让鹿逃逸出围，围外等着的那些王公台吉的奴仆，手持套子正好将其套住，然后献给主子，他们的主子再拿着这些猎物向父皇请赏。这就是他们的小把戏，父皇不用理会他们。"

嘉庆沉思着点点头，觉得与其是装装样子，不如不围了。从第二天起，便不再让蒙古骑兵参加围猎，只是让八旗子弟冲锋陷阵。

第二天，嘉庆带着沉重的心情，再次来到看城。八旗子弟骑兵队伍依次进发，把野兽驱赶入围中，围在核心。嘉庆在看城上看到围场上的军士行列整齐阵容整肃，宽慰中颇有国富民强的感慨。正在感慨后生可畏时，围场上的吵嚷声将他的自豪感风一般吹走。整围时不知什么原因就混乱了起来，嘉庆眼见着几十只鹿现在只剩下三只，最后连一只也没有了，一只只地从队伍中逃窜，而那帮八旗子弟叫嚷着团团乱跑，没头苍蝇似的乱撞，还没有一只小鹿机灵。

次日，围猎刚一开始，指挥上就出现了行列错误，尾系落后跟不上，中系又不知怎么迷了路，队伍一片混乱，就连先前的外表严整也荡然无存，围场上乱哄哄一片，犹如儿童嬉戏一般。嘉庆在看城上看见这种局面，想着要是真刀实枪地打仗，指望这帮东西，还不让敌军给当猪宰了？顿时胸口憋闷，头晕目眩，心中绞痛，满心的失望冲击着他的头脑，差点没从上面一头栽下来。

夕阳西下，晚风忽起，嘉庆悄悄带着安福来到一处高冈上，站在苍茫风中眺望。触目可及的木兰围场一片荒凉，一阵阵悲意夹杂着一股股凉意涌上心头。这就是朕的木兰围场吗？如此惨淡景象让嘉庆不敢相信自己的眼睛。嘉庆又想起小时候，多次跟着皇阿玛来这里狩猎的情形。那是一年当中众皇子最盼望的时刻，狩猎是展现风姿表现才能的一种绝佳方式，每一个阿哥都非常重视。如果表现好，不仅可以博得皇阿玛和众位大臣的夸赞，更重要的是，各位阿哥都心知肚明，皇阿玛会用这样一种方式来物色皇位继承人。谁都渴望得到皇阿玛那赞许的一笑，狩猎与谁是皇位继承人联系非常紧密。众位阿哥们在私下里对弓箭骑射等练习都非常上心。

嘉庆记起那时候来这里狩猎的日子。那时的木兰围场一片苍翠，到处都是高大挺拔茂密的树木，散发出一股股的清香。嘉庆喜欢那种味道，那种味道渗透在嘉庆青年时代的记忆中，时常会在梦中想起。那时自己喜欢骑着白马在风中奔驰追逐猎物。当时自己也搞不懂，为什么木兰围场里有那么多的猎物，老虎、狮子、熊、豹子、鹿、兔子、狼、野猪等野兽令人目不暇接。林中有许多好看会唱歌的鸟儿，自己爱听它们的鸣叫，仿佛那是自然间最美妙的音符。每当皇阿玛一声令下说开始狩猎，猎多者有奖时，自己的心也和众皇子一样跳得特别快，胸中充满了激奋之情。那时候自己扬鞭策马，在婉转的鸟鸣中追逐着一只又一只猎物。唉，过去啦，一切都过去啦！

一阵凉风吹来，嘉庆从回忆中惊醒，望着眼前的木兰围场，眼里不由得滚下泪来。连年来，这里树木惨遭滥伐，动物被偷猎，拨下去的银子都被那些贪官收入囊中。想着自己也曾呕心沥血地整顿过，如今仍落下这么一个惨不忍睹的下场，嘉庆只感到身上一阵阵地冷。实在不忍再看下去，慢慢踱着步子，走下山冈。

刚回到寝宫，军机大臣英和已经满脸苍白地等候在门口了。看嘉庆进去，急匆匆地尾随过来禀报："皇上……皇上，臣……这可怎么说……"

嘉庆预感到不妙，心里一急，直盯着他怒喝一声："结巴什么，给朕抬起头来，有屁快放！"

英和赶忙冶起头，用一种让嘉庆浑身发冷的声音说："皇上……陕西、河南、山东等地连日暴雨，黄河水暴涨……现在……现在……"英和吞吞吐吐，不肯再往下说。

听到这里，嘉庆的一颗心慢慢放下来。国家多灾多难不假，可自己是尽了力的。为防黄河水灾，早在去年自己不惜花费了一千多万银两修筑了马营坝。当时肉痛，现在反倒庆幸了。想到这里，嘉庆望着英和："幸亏前几天马营坝工程已经圆满竣工，百姓可以不再遭殃，幸亏结束了，要不然，一年的功夫就白费了，一千多万银两就白花了。"

英和忽然满脸恐怖，直起眼望着嘉庆，失声叫喊出来："皇上……皇上……"

"到底有什么事，快说！"嘉庆不解地望着他，既然花费了那么多心血修成的马营坝已经竣工，还有什么事情让堂堂军机大臣如此慌张，即便天理教再度起事，也大可不必这样呀。

"皇上……皇上……奴才……"英和吞吐着还是不敢说。

"快说！"嘉庆终于发怒了。

"皇上……皇上千万保重龙体。是这样的，臣刚刚接到七百里急报，说河南那边的马营坝……"

"马营坝？马营坝怎么了？"嘉庆的心立刻揪得紧紧的，感到全身血液都冲上了脑门儿。对于"马"字，从马营坝到围猎中八旗子弟马上功夫的低劣，嘉庆实在太敏感了，红着眼睛盯住跪在地上的英和。

"皇上，马营坝崩决了，其决口比去年更大！整个河南百姓全成了灾民……"英和流下泪来。

嘉庆倏地感到天旋地转，只觉得一股猩红的东西从胸口涌了上来，一口喷出去。英和大惊失色，赶快站起，抱住快要栽倒的嘉庆，惊慌地大喊大叫："来人哪，快来人哪，都死到哪里去啦？快传太医，快传太医！"

伺立在一旁的安福也惊掉了魂魄，惊骇得脸色惨白，差点晕了过去。嘉庆这一刻感到一切都不存在，灵魂仿佛脱离了躯体，脑袋嗡嗡乱响，眼前不断浮现出先帝的影子。他看见先帝爷满脸怒色地注视着自己，而自己不敢看他的眼睛。几个太监急忙奔来，见皇上胸前沾满了鲜血，模糊中嘉庆看到了他们的震惊骇异，无法用言语来形容的恐惧。

心痛啊，一千多万两白银的马营坝工程！国家一年所有财政收入的三成啊！前几天接到工程圆满竣工的奏报，让自己多日阴沉的脸终于有了笑容。可今天就接到了大坝崩溃的急折！这让自己的心怎么承受？

绵宁、绵恺和弈纬还有太医等一大帮人，急急地赶到这里。此时嘉庆已清醒过来，太医要给嘉庆把脉，嘉庆不知怎的甩开他的手，没什么表情地说："朕没病，只是一时气急而已，让朕清静清静。"

太医躬身站在床前："皇上，皇上气急心痛至于喷血昏迷，不能大意啊！奴才以为皇上一定要平心静气，颐养心性。这几日，皇上不要再过问政事，切不可过于劳累。皇上……"说着语气哽咽起来，轻轻拿起嘉庆的手腕，三根指头刚搭在腕上，满脸吃惊地瞪圆了眼睛："皇上的病已非一日，为何不早早诊治……"

安福在旁边哭着说："皇上啊，奴才早就劝过您，可您总说没有什么，没想到，没想到今天您……"哽咽着说不出话来。

"没什么，其实朕确实没什么，"嘉庆没让太医说完，勉强笑着说，"朕没有事，你们不要说得那么严重，至于颐心养性，倒是甚合朕意啊！唉！"是的，自己累了，自己太累了，嘉庆觉得自己真想好好睡一觉，真想在梦中看看那些茂密的树林，闻闻那缕缕清香，看看那万马奔腾的场面。太医忙说："皇上现在就抓紧时间休息，切忌打扰。皇上需静养十几日，然后才可以视事，千万不要性急。"

人们都走开了，周围的一切都静悄悄的。嘉庆静静地躺在床上，不知不觉进入了梦乡。恍惚中似乎闻到了树木的清香，见到了皇阿玛英俊伟岸的身姿。嘉庆好像看到皇阿玛笑着对自己说："朕知道你是勤恳的，你一定不会让朕失望。"

寝宫外夜色深沉，一切都显得那般虚无。

自从嘉庆吐血以来，大臣们对这件事情议论纷纷，都不敢来打扰他。但是嘉庆却恰恰相反，他的心情却豁然开朗了，他突然间意识到，要想像皇阿玛那样把江山坐稳，就需要一个良好的心态，遇到事情不可以心烦气躁，要恢复自己亲政之初的胆识和魄力，将贪污腐败的官吏一一整治。他在心里默默告诉自己，自己并没有老去，反而有一种返老还童的感觉。

晚上吃饭的时候，嘉庆喝了满满一碗鹿茸血，吃了几口燕窝粥，脸色红润放光，双目炯炯有神。绵宁、绵恺等在一旁伺候，看得心里暖暖的，认为皇上的病没有太医们讲的那样严重，心里顿时轻松了许多。晚饭之后，嘉庆让皇子皇孙和几个侍从送到了烟波致爽殿，叮嘱侍从几句，就打发他们离开了。

回到寝殿，嘉庆依旧情绪高涨，叫安福陪着他到外面走走。安福本来想要劝他不要去了，外边风冷。不过既然皇上这样有兴致，总不好扫了兴，只得紧随其后。他们漫步来到正殿中，端详着乾隆为大殿的题词：鸟语花香转情淑，云容水态向暄妍。还有一幅写着：雨润平畴桑麻倾绿，情开远峤草一川明。抬脸看着，朦胧的月光透过门窗照射进来，嘉庆有一种如临仙境的感觉，简直舒服极了。

趁着今天感觉这么好，嘉庆迈开脚步，要去云山胜地欣赏一下那里的夜景。安福小心地跟随着，但是心中很是忐忑，一门心思地想着怎样劝说皇上回去。一路上，嘉庆还是不由得想起现在社会风气的不良原因，这些问题的根源究竟在哪里？

安福劝慰说："皇上，还是不要想了，放松一下自己吧，要不，咱们先回去吧……"

嘉庆笑着摆摆手："好了，好了，不想了，再走几步就回去。"

不知不觉中就来到了云山胜地。这个地方是一个二层楼房，要上得此楼，必须从楼前东侧的假山攀上去。嘉庆小心翼翼地上了楼，安福扶着皇上，亦步亦趋。来到楼上放眼远望，但见山水相接，一望无垠。无数灯光反射到湖面上，银光波澜如鱼鳞一样。再把视角收回到楼前，到处灯火辉煌，隐约有种喜庆之感。嘉庆满意地抚摸着胡须，喃喃自语："如此美景，怎能不让人陶醉呢？若是把酒临风，则更是一种享受了！"

安福出来的时候就带了一件大氅，见风还不小，赶紧把大氅披在嘉庆身上，一边劝说嘉庆回寝宫歇息。此刻嘉庆也真的感到一丝冷意，没作声地便往下走。

两人辗转回到寝宫，殿内确实非常暖和，可嘉庆此时心里总觉得十分寒冷，就像是有块冰在心里凝固不化。他出于本能地反应，或许是刚才受风寒了，马上命令安福出去，叫人熬碗热汤来暖暖身子。

但是一碗热汤喝下去之后，还是觉得浑身发冷。安福赶忙把丝绸被子给他盖了一层又一层，这时，他的心里有一种不祥的预感，他不敢再往下想了。但是自己毕竟只是一个奴才，没有皇上的命令，怎么敢私自请太医呢，再加上皇上只是说自己冷的厉害，并没有什么异常，安福只能焦灼地守护在嘉庆身边。五更时候，宫内一片寂静，安福也不时地瞌睡打盹，忽然听见嘉庆在厚厚的被子下边蠕动，嘴里不时地嘟囔着："热，好热，真难受。"

安福不由得心里咯噔了一下，瘫软在地上。他知道，要是皇上有个三长两短，自己就是有十个脑袋，也不够砍的。来不及多想，安福冲到门外，扯着嗓子大喊道："赶快来人啊，快来人！"

不知道什么时候开始变天了，风呼呼地像是着了魔一样直往嗓子眼儿里灌。惊魂落魄中，安福见到天空中有明亮地舞动起一道一道的闪电，如苍龙在天穹风驰电掣，恐惧而尖利。他几乎不能站稳，酸软得就要倒在地上。

随着凄厉的喊叫声在宫院中彻响，只一会而功夫，绵宁和绵恺还有董诰等人在雷电风雨中呼啦啦全都跑来了。大家踉跄着走进大殿，见嘉庆在被子里颤抖着。走近一些，就发现此时他的脸色十分苍白，两眼万分沉重地紧闭着。还没仔细询问安福究竟发生了什么事情，太医就已经匆匆赶到了，两手在嘉庆腕上刚一挨住，激灵打个冷战："皇上……皇上心疾犯了！"

听他说话的口气，大家知道皇上的情况不妙，一个个面面相觑不知如何是好。正好这个时候，嘉庆喉咙中哼出一声，缓缓睁开眼睛。朦胧中见到很多人围在身边，嘉庆立刻意识到什么，他哆嗦着手，在空中乱抓。安福立刻将小案上的笔墨纸砚捧过来。嘉庆捏着笔，却怎么也不能按到纸上。

绵宁见到这种情况，一阵心痛，正想要上前扶一把。突然雷声隆隆滚过殿宇，一道白光当空劈下，在大殿上空炸开，窗户与琉璃瓦乒乒乓乓被震得粉碎，整个大殿都在颤抖，好似山崩地裂一般。就在骇人的霹雳中，绵宁透过惨白的光看到嘉庆高高翘起两根手指，像一根柱子一样僵在那里。

"皇阿玛，皇阿玛放心，儿臣已经明白您的意思了，一个是吏治，一个是鸦片，儿臣一定和兄弟、大臣们好好处理这两件事情。皇阿玛……"

紧接着，又是一阵惊恐的雷滚过，闪电一道接着一道砸下来，大殿和行宫都在雷雨中颤抖着。隆隆雷电中，众人压抑住惊恐，再去看看躺在龙榻上的嘉庆，已经紧皱着双眉驾崩了，此时他脸上那种愁苦的表情总算不见了。只有两根手指固执地停留在空中，在向众人告诫了什么。

这一年是嘉庆二十五年七月二十八，嘉庆享年六十一，怀着满腔的忧患匆匆离开了人世。一个月之后，绵宁继位大统，改年号为道光。又隔了一个月，众大臣公议嘉庆谥号"受天兴运数化绥猷崇文经武孝恭勤俭端敏英哲睿皇帝"，定庙号为"仁宗"。

嘉庆身后，留下的是一个比乾隆时期更为千疮百孔、积重难返的风雨王朝。历史的脚步栉风沐雨，这个王朝仍将继续把无数的悲欢与离合，缠绵悱恻地演绎下去。